UMA AUTOBIOGRAFIA

Angela Davis

UMA AUTOBIOGRAFIA

Tradução: Heci Regina Candiani

Prefácio: Raquel Barreto

© Angela Davis 1974, 1988
© desta edição Boitempo, 2019

Traduzido do original em inglês *An Autobiography* (2. ed., Nova York, International Publishers, 1988)

Direção editorial	Ivana Jinkings
Edição	Bibiana Leme
Coordenação de produção	Livia Campos
Assistência editorial	Andréa Bruno
Assistência de produção	Camila Nakazone
Tradução	Heci Regina Candiani
Preparação	Mariana Tavares
Revisão	Thaisa Burani
Capa e montagens internas	Ronaldo Alves
Diagramação	Antonio Kehl

Equipe de apoio: Ana Carolina Meira, André Albert, Artur Renzo, Carolina Mercês, Clarissa Bongiovanni, Débora Rodrigues, Elaine Ramos, Frederico Indiani, Heleni Andrade, Higor Alves, Isabella Marcatti, Ivam Oliveira, Joanes Sales, Kim Doria, Luciana Capelli, Marina Valeriano, Marlene Baptista, Maurício Barbosa, Raí Alves, Talita Lima, Tulio Candiotto

---

CIP-BRASIL. CATALOGAÇÃO NA PUBLICAÇÃO
SINDICATO NACIONAL DOS EDITORES DE LIVROS, RJ

D292a

    Davis, Angela Y. (Angela Yvonne), 1944-
    Uma autobiografia / Angela Davis ; tradução Heci Regina Candiani. - 1. ed. - São Paulo : Boitempo, 2019.

    Tradução de: An autobiography
    ISBN 978-85-7559-683-8 (brochura)
          978-85-7559-684-5 (capa dura)

    1. Davis, Angela Y. (Angela Yvonne), 1944-. 2. Revolucionárias - Estados Unidos - Biografia. 3. Feministas - Estados Unidos - Biografia. 4. Estados Unidos - Relações raciais. 5. Estados Unidos - Direito das mulheres. I. Candiani, Heci Regina. II. Título.

19-55235   CDD: 920.932242
                                                          CDU: 929:323.269.6-055.2(73)

Leandra Felix da Cruz - Bibliotecária - CRB-7/6135

É vedada a reprodução de qualquer parte deste livro sem a expressa autorização da editora.

1ª edição: março de 2019
1ª reimpressão: maio de 2021

BOITEMPO
Jinkings Editores Associados Ltda.
Rua Pereira Leite, 373
05442-000 São Paulo SP
Tel.: (11) 3875-7250 / 3875-7285
editor@boitempoeditorial.com.br
www.BOITEMPOEDITORIAL.COM.BR | www.BLOGDABOITEMPO.COM.BR
www.facebook.com/boitempo | www.twitter.com/editoraboitempo
www.youtube.com/tvboitempo | www.instagram.com/boitempo

Para minha família, minha força.
Para minhas e meus camaradas, minha luz.
Para as irmãs e os irmãos cujo espírito de luta me libertou.
Para aquelas pessoas cuja humanidade é valiosa demais para ser destruída por muros, grades e corredores da morte.
E, principalmente, para aquelas pessoas que lutarão até que o racismo e a injustiça de classe sejam para sempre banidos de nossa história.

SUMÁRIO

Prefácio à edição brasileira – *Raquel Barreto* 11
Introdução à segunda edição 15
Agradecimentos 19
Prefácio à primeira edição 21
Parte I – Redes 23
Parte II – Rochas 87
Parte III – Águas 123
Parte IV – Chamas 151
Parte V – Muros 265
Parte VI – Pontes 337
Epílogo 379

PREFÁCIO À EDIÇÃO BRASILEIRA

Raquel Barreto[1]

"Eu sou uma mulher negra revolucionária", afirmou, em 1970, a autora desta autobiografia, a filósofa Angela Davis, uma das grandes personificações do significado da luta pela liberdade negra. Em sua juventude, ela assumiu o compromisso político e o risco pessoal de confrontar o governo estadunidense em nome de seus princípios políticos e ideológicos, em defesa da libertação negra e de uma sociedade justa. Sua militância a transformou em alvo da perseguição política institucional e a levou à prisão por mais de um ano. O processo judicial teve cobertura internacional da imprensa, e sua soltura só foi possível graças ao movimento "Free Angela and all political prisoners" [Libertem Angela e todas as pessoas presas por razões políticas], que se desenvolveu em torno do caso e a tornou muito conhecida.

Angela nasceu em 1944, no Alabama, um estado segregado. Sua infância foi contornada por constantes ameaças e ações de supremacistas brancos contra sua comunidade negra. Graduou-se com distinção acadêmica em literatura francesa na Universidade Brandeis. Nesse período, conheceu o filósofo e professor alemão Herbert Marcuse, que marcou, consideravelmente, sua formação intelectual. Iniciou o doutorado em filosofia na Alemanha, na Universidade de Frankfurt, mas decidiu voltar a seu país para participar das movimentações políticas que floresciam. Em 1967, chegou à Califórnia, um dos centros da *new left* [nova esquerda] e do movimento Black Power, para cursar o doutorado. Envolveu-se e atuou no Comitê de Defesa dos Irmãos Soledad; no Coletivo Che-Lumumba, do Partido Comunista dos Estados Unidos, onde militou até a década de 1990; e em organizações do movimento Black Power, como o Student Nonviolent Coordinating Committee [Comitê Não Violento de Coordenação Estudantil, SNCC, na sigla original] e o Partido dos Panteras Negras, com quem manteve

---

[1] Historiadora, especialista em Angela Y. Davis e Lélia Gonzalez e doutoranda em história na Universidade Federal Fluminense, desenvolve uma pesquisa a respeito do Partido dos Panteras Negras e das relações entre visualidade, política e poder.

uma curta aproximação, sem nunca ter sido de fato uma militante orgânica, mas uma "companheira de luta e jornada".

Esta autobiografia apresenta os primeiros 28 anos de Angela, seu período de formação pessoal e política, quando já estavam presentes questões essenciais para seu pensamento, desenvolvidas nas décadas seguintes. Na época em que esteve presa, por exemplo, escreveu textos e ensaios em que já analisava as relações entre as instituições prisionais e a escravidão, bem como a seletividade das punições sociais aplicadas à população negra. Escreveu um artigo fundamental intitulado "Reflections on the Black Woman's Role in the Community of Slaves" [Reflexões sobre o papel da mulher negra nas comunidades de pessoas escravizadas], uma das primeiras análises feministas negras sobre a experiência da escravidão nas Américas, que serviu de base para o primeiro capítulo de *Mulheres, raça e classe*[2].

A escritora Toni Morrison foi quem encorajou Angela a escrever este livro. Na ocasião, Toni era editora e impulsionava a publicação de autores(as) negros(as). Por essa razão, convidou Angela, recém-saída da prisão, a escrever sua autobiografia. A princípio, ela não estava interessada em contar sobre sua vida pessoal nem em criar nenhuma excepcionalidade sobre si, pois "não queria contribuir com a tendência já difundida de personalizar e individualizar a história"[3]. Ao final, aceitou o convite para escrever uma *autobiografia política*, enfocada no movimento de que participou e que a moldou, retratando a experiência coletiva de uma geração.

Angela seguia uma tradição negra de narrativas autobiográficas com propósitos políticos, estabelecida nos Estados Unidos desde o século XVII, com as *slave narratives*, relatos autorais de ex-escravizados(as), incorporadas pelo movimento abolicionista como denúncia da escravidão. Nos séculos seguintes, afro-americanos(as) mantiveram a prática da escrita de memórias e autobiografias, algumas das quais se tornaram obras de referências para os movimentos negros, como a de Malcolm X[4].

Este livro preenche a lacuna de publicações de textos autobiográficos de mulheres negras, historicamente excluídas por razões de ordem econômica, social e cultural do ato da escrita e, consequentemente, da elaboração de uma *escrita*

---

[2] Ed. bras.: "O legado da escravidão: parâmetros para uma nova condição da mulher", em Angela Davis, *Mulheres, raça e classe* (trad. Heci Regina Candiani, São Paulo, Boitempo, 2016).

[3] Ver, neste volume, p. 15.

[4] Malcolm X, com a colaboração de Alex Haley, *The Autobiography of Malcolm X* (Nova York, Ballantine Books, 2015 [1. ed., Nova York, Grove Press, 1965]).

de si e sobre o mundo. Foram poucas as mulheres negras que narraram suas experiências e reflexões em primeira pessoa, o que faz a autobiografia de Angela tão significativa. Ela levanta indagações, observações e análises sobre a realidade que só um *sujeito histórico socialmente atravessado pela intersecção da raça, gênero e classe* poderia identificar. Por isso, a leitura deste livro é tão singular, porque traz esse outro olhar mais abrangente de ver e interpretar o mundo e, principalmente, transformá-lo. Como declarou a escritora Audre Lorde: "Se eu mesma não me definisse, seria esmagada pelas fantasias de outros e engolida viva" [*if I didn't define myself for myself, I would be crunched into other people's fantasies for me and eaten alive*][5].

Rio de Janeiro, março de 2019

---

[5] Audre Lorde, "Learning from the 60s", em *Sister Outsider: Essays and Speeches* (Berkeley, Crossing Press, 2007), p. 137.

INTRODUÇÃO À SEGUNDA EDIÇÃO

Esta nova edição de minha autobiografia aparece quase quinze anos depois de sua primeira publicação. Agora, agradeço pelo estímulo daquelas pessoas que me persuadiram a escrever sobre minhas experiências em um momento em que eu me considerava muito jovem para produzir uma obra autobiográfica abrangente e significativa. Se eu viesse a refletir hoje sobre os 44 anos precedentes de minha vida, o livro que eu escreveria seria completamente diferente, tanto em forma como em conteúdo. Mas estou feliz por ter escrito este livro aos 28 anos de idade, pois acredito que ele seja um importante documento de descrição histórica e de análise do fim dos anos 1960 e início dos 1970. É, também, minha história pessoal até aquele momento, compreendida e descrita a partir de um ponto de vista particular.

Durante esse período, no qual, como em muitos outros, cada instante do meu dia era dedicado à busca de soluções de militância para os problemas práticos e imediatos colocados pelo movimento de libertação negra e de respostas apropriadas às repressões provenientes das forças adversárias naquele conflito, percebi o quanto era importante preservar a história daquelas lutas em benefício de nossa posteridade. Ainda assim, para as pessoas envolvidas nesses movimentos, a marcha frenética dos acontecimentos parecia impedir a atitude contemplativa necessária para narrar e interpretar aquelas lutas a partir do ponto de vista da história.

Quando expressei minha hesitação em me dedicar a uma autobiografia, não foi por não desejar escrever sobre os acontecimentos daquela época e, sobretudo, de minha vida, mas sim porque eu não queria contribuir com a tendência já difundida de personalizar e individualizar a história. E, para ser totalmente franca, minha discrição natural fez com que me sentisse um tanto constrangida em escrever sobre mim mesma. Assim, não escrevi realmente a meu respeito. Isto é, não mensurei os eventos de minha própria vida de acordo com sua possível importância pessoal. Em vez disso, tentei utilizar o gênero autobiográfico para avaliar minha vida de acordo com o que eu considerava ser o significado político de minhas experiências. O método político de mensuração derivava de meu trabalho como ativista no movimento negro e como membro do Partido Comunista.

Quando estava escrevendo este livro, eu me opunha com veemência à noção, desenvolvida no interior do jovem movimento de libertação feminina, que, de modo ingênuo e acrítico, equiparava o pessoal ao político. Do meu ponto de vista, essa ideia tendia a tornar equivalentes fenômenos tão distintos quanto assassinatos de pessoas negras cometidos por policiais racistas e ofensas verbais de inspiração sexista a mulheres brancas por parte de seus maridos. Uma vez que testemunhei a violência policial em inúmeras ocasiões naquele período, minha reação negativa ao lema feminista "o pessoal é político" era bastante compreensível. Embora eu continue a discordar de todas as tentativas cômodas de definir essas duas dimensões como equivalentes, entendo que haja um sentido no qual os esforços de traçar linhas definitivas de demarcação entre o pessoal e o político inevitavelmente interpretam de forma errônea a realidade social. Por exemplo, a violência doméstica não deixa de ser uma expressão da política de gênero vigente porque ocorre no interior da esfera privada de um relacionamento pessoal. Portanto, lamento não ter sido capaz de também aplicar uma escala de medição que expressasse uma compreensão mais complexa da dialética entre o pessoal e o político.

A verdadeira força da abordagem que faço daquela época reside, creio, em sua honesta ênfase nas contribuições e realizações da base popular, de maneira a desmistificar a noção comum de que a história é produto de indivíduos excepcionais que possuem características inerentes de grandeza. Infelizmente, muitas pessoas supunham que, porque meu nome e meu caso eram tão amplamente divulgados, a luta que se desenrolou durante minha prisão e meu julgamento, de 1970 a 1972, foi um caso em que uma única mulher negra conseguiu se defender do poder repressivo do Estado. Quem tinha uma história de luta ativa contra a repressão política evidentemente entendeu que, enquanto um protagonista dessa batalha era, de fato, o Estado, o outro não era um indivíduo único, mas sim o poder coletivo de milhares e milhares de pessoas que se opunham ao racismo e à repressão política. A bem da verdade, os motivos subjacentes à publicidade concedida ao meu julgamento tinham menos relação com a cobertura sensacionalista do levante de pessoas presas no tribunal do condado de Marin do que com o esforço de incontáveis indivíduos anônimos que foram levados à ação não tanto por meu drama pessoal, mas pelo trabalho cumulativo de movimentos progressistas daquele período. Com certeza, a vitória que conquistamos quando fui absolvida de todas as acusações ainda pode ser considerada um marco no trabalho dos movimentos de base popular.

Em minha vida, os caminhos políticos permaneceram essencialmente os mesmos desde o início dos anos 1970. Em 1988, continuo a integrar o comitê nacional do Partido Comunista e a trabalhar com a National Alliance Against Racist and Political Repression [Aliança Nacional contra a Repressão Racista e Política]. Tornei-me também integrante ativa do conselho executivo do National Black Women's Health Project [Projeto Nacional de Saúde para Mulheres Negras].

Esta é uma época em que um número cada vez maior de pessoas se vê atraído pelas causas progressistas. Durante os últimos oito anos da administração Reagan, mesmo que as forças conservadoras no poder tenham causado a erosão de algumas de nossas vitórias anteriores, testemunhamos uma poderosa onda de ativismo de massa no interior do movimento trabalhista, nos *campi* universitários e nas comunidades. Movimentos abrangentes e influentes contra o *apartheid* na África do Sul, o racismo nos Estados Unidos, a intervenção na América Central e o fechamento de fábricas no país obrigaram a classe política dominante a tratar seriamente esses problemas. À medida que mais mulheres ativistas da classe trabalhadora e de minorias étnicas* começaram a liderar o movimento, a campanha pela igualdade das mulheres adquiriu uma amplitude muito necessária e, consequentemente, amadureceu. Como resultado direto do ativismo de base popular, há mais pessoas negras progressistas eleitas para altos cargos políticos do que nunca. E, ainda que não tenha vencido a indicação do Partido Democrata para a candidatura à presidência, Jesse Jackson conduziu uma campanha realmente triunfante, que confirmou e promoveu ainda mais os modelos de pensamento progressista entre o povo estadunidense.

No momento em que escrevo esta introdução, me junto a muitas pessoas amigas e a camaradas no luto pela morte precoce de Aaron Boye. Aaron era sobrinho de Charlene Mitchell, de Franklin e Kendra Alexander, e primo de

---

* No original, "*women of color*". Expressões como "*people of color*" e "*women of color*" têm um forte significado político e pretendem explicitar o caráter opressivo das condições sociais, econômicas e políticas a que são submetidas pessoas das mais variadas etnias, exceto a branca. Para exprimir essa ideia, adotamos o conceito também político de minoria étnica. (N. T.)

Steven Mitchell – todas pessoas mencionadas com frequência nestas páginas. Há dois anos, quando Aaron se formou pela Universidade da Califórnia (Ucla), em Los Angeles, ele me convidou para discursar na cerimônia de graduação de estudantes da comunidade negra. Em meus comentários*, pedi que se mantivessem conscientes das lutas pelas quais conquistaram o espaço que agora ocupavam naquela instituição e que se dispusessem, por sua vez, a acrescentar suas próprias contribuições à busca permanente por justiça e igualdade. Cercado, na infância, por parentes e pessoas amigas que dedicaram a vida a essas causas, Aaron tinha uma consciência aguda de ter colhido o fruto da contribuição delas. E tinha há muito começado a plantar as sementes de lutas futuras.

Já que esta autobiografia foi originalmente dedicada a camaradas que deram a vida em um período anterior, acrescento o nome de Aaron Boye à lista de pessoas que, se ainda estivessem entre nós, estariam hoje na linha de frente.

1988

---

* Ver, da autora, o texto "Colhendo o fruto e espalhando as sementes", em *Mulheres, cultura e política* (trad. Heci Regina Candiani, São Paulo, Boitempo, 2017). (N. T.)

AGRADECIMENTOS

Infelizmente, não é possível incluir aqui o nome de todas as pessoas que me ajudaram de alguma forma na elaboração deste livro. Entretanto, há algumas que merecem referência especial.

A escrita deste livro me permitiu conhecer e trabalhar com uma escritora magnífica e mulher negra inspiradora. Como editora, Toni Morrison não apenas me deu uma assistência inestimável, mas foi paciente e compreensiva quando o trabalho no livro teve de ser continuamente interrompido por minha responsabilidade no movimento pela libertação de pessoas presas por razões políticas.

Sou profundamente grata ao Partido Comunista Cubano e ao seu primeiro-secretário, Fidel Castro, por terem me convidado a passar no país os meses necessários para trabalhar no manuscrito em tempo integral.

Charlene Mitchell, Franklin Alexander, Victoria Mercado, Bettina Aptheker, Michael Meyerson, Curtis Stewart e meu advogado, Leo Branton, leram o manuscrito em vários estágios. Sandy Frankel e as irmãs e irmãos da equipe da Aliança Nacional contra a Repressão Racista e Política sempre tentaram compatibilizar meu trabalho no livro com as tarefas urgentes que eu precisava realizar como codiretora da organização. Devo muito a todas essas pessoas.

PREFÁCIO À PRIMEIRA EDIÇÃO

Não estava ansiosa para escrever este livro. Escrever uma autobiografia na minha idade parecia presunçoso. Além disso, eu sentia que escrever sobre minha vida, o que fiz, o que pensei e o que aconteceu comigo requeria uma postura de diferença, uma suposição de que eu era distinta de outras mulheres – outras mulheres negras – e, portanto, precisava me explicar. Sentia que um livro desse tipo poderia acabar eclipsando o fato mais importante: as forças que fizeram de minha vida o que ela é são exatamente as mesmas forças que formaram e deformaram a vida de milhões de pessoas do meu povo. Além disso, estou convencida de que minha resposta a essas forças também não é excepcional, que meu envolvimento político, fundamentalmente como membro do Partido Comunista, é uma maneira natural, lógica, de defender nossa humanidade sob ataque.

O único evento singular em minha vida não teve nada a ver comigo enquanto indivíduo – com uma pequena curva da história, outra irmã (ou irmão) poderia facilmente ter se tornado a prisioneira política a quem milhões de pessoas de todo o mundo resgataram da perseguição e da morte. Relutei em escrever este livro porque o foco em minha história pessoal poderia prejudicar o movimento responsável por tornar meu caso conhecido. Também não estava disposta a apresentar minha vida como uma "aventura" privada – como se existisse uma pessoa "real" separada e isolada da pessoa política. De qualquer forma, minha vida não seria adequada para isso, mas, ainda que fosse, um livro desse tipo seria falso, pois não poderia exprimir meu profundo senso de pertencimento a uma comunidade humana – uma comunidade de luta contra a pobreza e o racismo.

Quando decidi, afinal, escrever o livro, foi porque passei a vislumbrá-lo como uma autobiografia *política* que enfatizava as pessoas, os acontecimentos e as forças que, durante minha vida, me impulsionaram em direção ao meu atual engajamento. Um livro como este deveria servir a um propósito muito importante e prático. Havia a possibilidade de que, após a leitura, mais pessoas entenderiam por que muitas de nós não temos alternativa, exceto oferecer nossa vida – nosso corpo, nosso conhecimento, nossa vontade – à causa do nosso povo oprimido. Neste momento, quando os disfarces que camuflam a corrupção e o racismo dos mais altos postos políticos estão rapidamente desmoronando, quando a falência do sistema capitalista global está se tornando aparente, há a possibilidade de que mais pessoas – negras, pardas, vermelhas, amarelas e brancas – sintam-se inspiradas a se unir à nossa crescente comunidade de luta. Só considerarei que este projeto valeu a pena se isso acontecer.

1974

PARTE I
REDES

A rede será rasgada pelo chifre de um bezerro saltitante...

ANGELA DAVIS

Photograph taken 1969 **Alias:** "Tamu" Photograph taken 1970 FBI No. 867,615

DESCRIPTION

Age:	26, born January 26, 1944, Birmingham, Alabama		
Height:	5'8"	**Eyes:**	Brown
Weight:	145 pounds	**Complexion:**	Light brown
Build:	Slender	**Race:**	Negro
Hair:	Black	**Nationality:**	American
Occupation:	Teacher		
Scars and Marks:	Small scars on both knees		

Fingerprint Classification: 4 M 5 Ua 6
 I 17 U

CAUTION

ANGELA DAVIS IS WANTED ON KIDNAPING AND MURDER CHARGES GROWING OUT OF ABDUCTION AND SHOOTING IN MARIN COUNTY, CALIFORNIA, ON AUGUST 7, 1970. S ALLEGEDLY HAS PURCHASED SEVERAL GUNS IN THE PAST. CONSIDER POSSIBLY ARM AND DANGEROUS.

A Federal warrant was issued on August 15, 1970, at San Francisco, California, charging Davis unlawful interstate flight to avoid prosecution for murder and kidnaping (Title 18, U. S. Code, Sec 1073).

F YOU HAVE ANY INFORMATION CONCERNING THIS PERSON, PLEASE NOTIFY ME OR CONTACT OCAL FBI OFFICE. TELEPHONE NUMBERS AND ADDRESSES OF ALL FBI OFFICES LISTED ON

9 DE AGOSTO DE 1970

Creio que agradeci a ela, mas não tenho certeza. Talvez tenha apenas observado como ela revirava a sacola de compras e aceitado calada a peruca que me entregou e que repousava como um animalzinho assustado em minha mão. Eu estava sozinha com Helen, me escondendo da polícia e lamentando a morte de alguém que eu amava. Dois dias antes, em sua casa, situada em uma colina de Echo Park, em Los Angeles, eu soubera da revolta no tribunal do condado de Marin e da morte de meu amigo Jonathan Jackson. Dois dias antes, eu nunca ouvira falar em Ruchell Magee, James McClain ou William Christmas – os três prisioneiros de San Quentin que, junto com Jonathan, tinham se envolvido na revolta que terminou com a morte dele, de McClain e de William Christmas. Mas, naquela noite, parecia que eu os conhecia há muito tempo.

Caminhei para o banheiro e fiquei diante do espelho, tentando encaixar as pontas dos cabelos sob o elástico apertado. Como asas quebradas, minhas mãos se debatiam em torno de minha cabeça, meus pensamentos estavam completamente dissociados daquele movimento. Quando finalmente me olhei no espelho para ver se ainda faltava esconder alguma parte do meu próprio cabelo sob a peruca, vi um rosto tão cheio de angústia, tensão e incerteza que não o reconheci como meu. Com os falsos cachos negros caindo sobre uma testa enrugada, sobre olhos vermelhos e inchados, eu tinha uma aparência absurda, grotesca. Arranquei a peruca, joguei-a no chão e dei um soco na pia. A pia permaneceu fria, branca e impenetrável. À força, recoloquei a peruca na cabeça. Eu precisava ter uma aparência normal, não podia levantar suspeita ao ser atendida no posto de gasolina onde teríamos de abastecer o carro. Eu não queria atrair a atenção de alguém que, em um cruzamento, pudesse parar ao nosso lado e olhar em nossa direção enquanto esperássemos pelo sinal verde. Eu precisava parecer tão comum quanto qualquer figura de uma cena corriqueira de Los Angeles.

Disse a Helen que sairíamos assim que escurecesse. Mas a noite não se desvencilhava do dia, que se mantinha agarrado às suas bordas. Esperamos. Em silêncio. Escondidas atrás de cortinas fechadas, ouvíamos os barulhos da rua, que entravam pela janela ligeiramente aberta da sacada. Cada vez que um carro reduzia a velocidade ou parava, cada vez que passos soavam na calçada, eu prendia a respiração, me perguntando se tínhamos esperado demais.

Helen não falava muito. Era melhor assim. Eu estava contente que ela estivesse comigo durante os dias. Ela estava calma e não tentava encobrir a gravidade da situação sob um monte de conversa fiada.

Não sei há quanto tempo estávamos sentadas na sala mal iluminada quando Helen rompeu o silêncio para dizer que provavelmente não escureceria mais. Era hora de partir. Pela primeira vez desde que descobrimos que a polícia estava atrás de mim, pus os pés do lado de fora. Estava bem mais escuro do que eu imaginava, mas não o suficiente para impedir que eu me sentisse vulnerável, indefesa.

Ali fora, ao ar livre, envolto em meu luto e em minha raiva, também estava o medo. Um medo franco e simples, tão esmagador e tão elementar que só podia ser comparado à opressão que eu costumava sentir na infância quando ficava sozinha no escuro. Aquela coisa indescritível, monstruosa, ficava atrás de mim, sem nunca me tocar completamente, mas sempre lá, pronta para me atacar. Quando minha mãe e meu pai me perguntavam o que era essa coisa que me deixava com tanto medo, as palavras que eu usava para descrevê-la soavam ridículas e bobas. Agora, a cada passo, eu sentia uma presença que conseguia descrever com facilidade. Imagens de ataques lampejavam em minha mente, mas não eram abstratas – eram cenas nítidas de metralhadoras surgindo na escuridão, cercando Helen e eu, abrindo fogo...

O corpo de Jonathan caiu no asfalto quente do estacionamento do Centro Cívico do Condado de Marin. Eu vi na televisão quando o puxaram de dentro de um furgão, com uma corda amarrada na cintura...

Em seus dezessete anos, Jon viu mais brutalidade do que a maioria das pessoas pode esperar ver durante toda a vida. Desde os sete anos, foi separado de seu irmão mais velho, George, por grades e guardas hostis de uma penitenciária. E eu, tola, uma vez perguntei a ele por que sorria tão raramente.

O caminho de Echo Park até o bairro negro nas cercanias de West Adams era muito familiar para mim. Eu já havia dirigido por ali muitas vezes. Mas naquela noite ele parecia estranho, repleto dos riscos desconhecidos de ser uma fugitiva. E não havia como evitar isso – minha vida agora era a de uma fugitiva, e pessoas fugitivas são afagadas a toda hora pela paranoia. Todas as pessoas desconhecidas que eu via poderiam ser agentes sob disfarce, com cães farejadores nos arbustos à espera de um comando. Viver como fugitiva significava resistir à histeria, distinguir entre criações de uma imaginação amedrontada e sinais concretos da proximidade do inimigo. Tinha de aprender a enganá-lo, ser mais esperta que ele. Seria difícil, mas não impossível.

Como eu, milhares de ancestrais tinham esperado o cair da noite para encobrir seus passos, tinham dependido da ajuda de uma amizade verdadeira, tinham sentido, como eu senti, os dentes dos cães em seus calcanhares.

Era simples. Eu tinha de ser digna dessas pessoas.

As circunstâncias que levaram à minha perseguição talvez fossem um pouco mais complicadas, mas não tão diferentes. Dois anos antes, o Student Nonviolent Coordinating Committee [Comitê Não Violento de Coordenação Estudantil, SNCC, na sigla original] tinha promovido uma festa para arrecadar fundos. Depois da festa, a polícia fez uma batida no apartamento de Franklin e Kendra Alexander – que eram membros do Partido Comunista e dois de meus amigos mais íntimos –, na rua Bronson, onde parte do grupo se reuniu. Dinheiro e armas foram confiscados e todo mundo que estava ali foi preso sob a acusação de assalto à mão armada. Assim que descobriram que uma das armas – uma .380 automática – estava registrada em meu nome, fui convocada para um interrogatório. No tribunal, as acusações não se sustentaram e, após algumas noites na prisão, as irmãs e os irmãos foram soltos e as armas, devolvidas.

A mesma .380 que a polícia de Los Angeles me devolvera com relutância estava agora nas mãos de autoridades do condado de Marin, tendo sido usada durante a revolta no tribunal. O juiz que presidia o julgamento de James McClain fora assassinado e o promotor público responsável pelo caso estava ferido. Antes mesmo de Franklin me contar que a polícia estava espreitando minha casa, eu sabia que viriam atrás de mim. Ao longo dos últimos meses, eu tinha passado praticamente todo meu tempo ajudando a construir um movimento de massa pela libertação dos irmãos Soledad – George, irmão de Jonathan, John Clutchette e Fleeta Drumgo –, que enfrentavam uma acusação fraudulenta de assassinato no interior da prisão de Soledad. Eu acabara de ser demitida de meu cargo como docente na Universidade da Califórnia pelo governador Ronald Reagan e pelos Regentes* por ser membro do Partido Comunista. Ninguém precisava me dizer que o fato de minha arma ter sido usada em Marin seria explorado a fim de me atingir mais uma vez.

Em 9 de agosto, agentes (da polícia de Los Angeles? do FBI?) apinhavam-se como um enxame de abelhas ao redor de Kendra, Franklin e Tamu, minha colega de apartamento. Outras pessoas que integravam o Coletivo Che-Lumumba, de nosso partido, e o Soledad Brothers Defense Committee [Comitê de Defesa dos Irmãos Soledad] disseram a Franklin que também estavam sob vigilância. Naquele dia, Franklin levou várias horas para se desvencilhar da polícia no trajeto até o apartamento de Helen e Tim em Echo Park – várias horas fugindo e se escondendo, trocando de carro em becos vazios, entrando pela porta da frente e saindo pela dos fundos. Ele temia arriscar outro deslocamento para entrar em contato comigo. Poderia não dar certo.

Se tivesse início uma busca completa, a casa de Helen e Tim não seria segura. Nós nos conhecíamos há muitos anos e, ainda que não fossem membros de nenhuma organização do movimento, tinham um histórico de ativismo político radical. Cedo ou tarde, seus nomes apareceriam no caderno da polícia. Tínhamos de partir depressa e sob camuflagem.

O endereço dado a mim e a Helen ficava em uma rua silenciosa e bem conservada da região de West Adams. Era uma antiga casa geminada rodeada de cercas-vivas bem aparadas e flores desabrochando. Após me despedir de Helen de forma desajeitada, saí do carro e, tímida, toquei a campainha. E se tivéssemos confundido o número da casa e aquele fosse o lugar errado? Ansiosa, esperando que a porta se abrisse, me perguntei como seriam aquelas pessoas, que aparência teriam, como reagiriam à minha presença. Tudo que eu sabia era que a mulher, Hattie, e seu marido, John, eram pessoas negras simpatizantes do movimento. Não fizeram perguntas quando cheguei e ignoraram as formalidades usuais. Simplesmente me deram abrigo, me aceitaram – completamente, com uma afeição e uma devoção em geral reservadas a familiares. Permitiram que sua vida fosse perturbada pela minha presença. Para me proteger, reorganizaram sua rotina, a fim de que um deles sempre estivesse em casa. Deram desculpas aos amigos que costumavam visitá-los com frequência, para que ninguém soubesse que eu estava ali.

---

* Integrantes do conselho administrativo da universidade. (N. T.)

Depois de alguns dias, comecei a me sentir tão bem instalada e confortável quanto possível em tais circunstâncias. Era como se eu fosse capaz de aprender a fechar os olhos durante algumas horas à noite sem cair em um pesadelo apavorante sobre o que tinha acontecido em Marin. Estava até me acostumando à velha cama dobrável de ferro que descia da parede da sala de jantar. Eu era quase capaz de me concentrar nas histórias que Hattie me contava sobre sua carreira no entretenimento e como ela abrira o próprio caminho por entre toda a discriminação para se afirmar como a dançarina que sempre quisera ser.

Eu estava preparada para me esconder ali por tempo indeterminado; isto é, até que o momento fosse mais auspicioso. Mas as buscas por mim tinham se intensificado (segundo anunciou o âncora conservador George Putnam em seu programa de TV em Los Angeles, elas tinham sido estendidas até o Canadá). Evidentemente, era melhor sair do estado por algum tempo.

Eu detestava o que estava fazendo: os deslocamentos noturnos, os olhos encobertos, toda a atmosfera de disfarce e segredo. Embora fosse verdade que eu estivesse convencida há bastante tempo de que chegaria o dia em que muitas pessoas entre nós teriam de se esconder, a concretização de meus medos não me impedia de odiar essa existência furtiva, clandestina.

Meu amigo David Poindexter estava em Chicago. Não o via fazia um bom tempo, mas tinha certeza de que ele largaria tudo para me ajudar. Estava preparada para fazer a viagem sozinha e não esperava que Hattie insistisse em ficar comigo até que eu encontrasse David. Eu me perguntava de onde vinha sua força. Era como se ela tivesse de fazer aquilo, independentemente da ameaça à própria vida.

Depois de concluídos os preparativos, dirigimos a noite toda até Las Vegas. Pessoas amigas tinham pedido que um senhor negro mais velho – que conheci naquela noite – nos acompanhasse ao longo daquele trecho do percurso.

Toda arrumada, Hattie se parecia muito com a dançarina que havia sido em seus anos de juventude. Com a graça e a dignidade de uma Josephine Baker, ela atraía olhares por onde passava. No aeroporto de Vegas, pela primeira vez desde que eu tinha entrado na clandestinidade, caminhei entre pessoas e, cada vez que um homem branco nos encarava com mais firmeza do que eu achava que deveria, meu coração acelerado o identificava como um agente.

Sabia-se que o aeroporto O'Hare, de Chicago, era um dos centros de ação e de forte vigilância da CIA e do FBI. Nós nos escondemos entre a multidão, procurando desesperadamente por David, que não estava nos aguardando no portão. Eu o amaldiçoei entre os dentes, embora soubesse que ele provavelmente não tinha culpa. Nossa mensagem tinha sido enigmática demais, e ele entendera que eu iria direto para sua casa. Acabamos pegando um táxi até lá.

Hattie foi embora depois de me ver em segurança no apartamento de David, observando do alto as águas calmas do lago Michigan. Ainda que eu estivesse feliz em encontrá-lo, tinha me tornado tão próxima de Hattie que doeu vê-la partir. Quando nos abraçamos, não consegui dizer "obrigada" – essa palavra era pequena demais para alguém que tinha arriscado a própria vida para ajudar a salvar a minha.

David estava no meio de uma reforma em seu apartamento e praticamente tudo estava fora de ordem. Papel de parede colado pela metade, móveis empilhados no meio da sala, quadros, pequenas esculturas e outros objetos largados pelo sofá.

Eu tinha me esquecido do quanto David gostava de conversar. Quer estivesse discutindo uma questão política ou contando sobre uma mancha em sua blusa, ele era sempre falante. Nos primeiros cinco minutos, despejou tantas coisas sobre mim que tive de pedir que fosse mais devagar e desse alguns passos para trás em sua narrativa.

Depois que descarreguei minhas coisas e joguei um pouco de água fria no rosto, fomos ao escritório dele e nos sentamos no tapete azul e grosso, entre os livros espalhados pelo cômodo. Lá, conversamos sobre a situação. Ele disse que não podia cancelar sua viagem para o Oeste, que estava marcada para o dia seguinte, mas iria encurtá-la a fim de voltar em poucos dias.

A perspectiva de passar os dias seguintes sozinha era atraente. Eu podia usar aquele tempo para me orientar, refletir sobre as semanas que viriam, me recompor. A solidão seria boa.

Mais tarde, David me apresentou a Robert Lohman, que morava no mesmo prédio. Naquele momento, Robert Lohman era um "amigo muito íntimo" de David. Alguém que merecia confiança e que, durante os dias seguintes, estaria disponível sempre que eu precisasse dele para passar por lá e garantir que havia comida na geladeira; se eu quisesse companhia, ele ficaria feliz em fazer uma visita.

Conheci Robert à tarde. À noite, ele e David tiveram uma discussão violenta sobre o automóvel que possuíam em sociedade. (Supondo que David fosse preso comigo dirigindo um carro registrado no nome de Robert...) Quando a troca de insultos cessou, a amizade deles estava em ruínas e, a nosso ver, Robert era agora um potencial informante. Isso nos forçou a repensar todos os planos.

Durante a noite, sob uma chuva pesada, David e eu fomos em outro carro até a casa onde ele e sua esposa tinham vivido antes da morte dela. Ele se recusou a ouvir quando tentei me desculpar por trazer essa dor para sua vida e por arruinar suas amizades, forçando-o, no final das contas, a cancelar sua importante viagem para o Oeste. Todas essas coisas eram irrelevantes, ele disse.

Antes de David adormecer (fiquei acordada a noite toda), decidimos que seria melhor deixar a cidade no dia seguinte.

Meu disfarce tinha sido satisfatório para o primeiro trecho da viagem. Mas não era bom o suficiente para uma situação que ficaria cada vez mais perigosa. A peruca encaracolada, muito próxima ao formato de meu próprio cabelo, não mudava realmente a aparência de meu rosto. Antes de sairmos de Chicago, uma jovem negra, a quem me apresentei como uma prima de David que estava em apuros, me deu outra peruca que era lisa e dura, com franjas longas e pega-rapazes elaborados. Ela tirou metade de minhas sobrancelhas, colou cílios postiços em minhas pálpebras, cobriu meu rosto com vários tipos de cremes e pós e colocou um pequeno ponto preto bem acima do canto dos meus lábios. Eu me sentia estranha e excessivamente maquiada, mas achava que nem minha própria mãe conseguiria me reconhecer.

Decidimos seguir para Miami. Como os aeroportos eram mais vigiados do que qualquer outro lugar, traçamos uma rota terrestre – de carro até Nova York e de trem até Miami. Depois de o carro ter sido alugado e de David fazer as malas, iniciamos essa odisseia frenética, cujos detalhes tivemos de improvisar à medida que avançávamos.

Em um hotel na rodovia nos arredores de Detroit, liguei a televisão para assistir ao noticiário.

> Hoje, Angela Davis, procurada pelas acusações de assassinato, sequestro e conspiração ligadas ao tiroteio no tribunal do condado de Marin, foi vista saindo da casa de sua família em Birmingham, Alabama. Sabe-se que ela participou de um encontro da seção local do Partido dos Panteras Negras. Quando as autoridades de Birmingham finalmente a alcançaram, ela conseguiu escapar, dirigindo seu Rambler azul 1959...

Era de minha irmã que estavam falando? Mas ela deveria estar em Cuba. E, na última vez que vi meu carro, ele estava estacionado do lado de fora da casa de Kendra e Franklin, na rua 50, em Los Angeles.

Eu temia por minha mãe e meu pai. O FBI e a força policial local deveriam estar rondando a casa como abutres. Sabendo que as linhas telefônicas estavam grampeadas, não arrisquei um telefonema. Tudo que eu podia fazer era ter esperanças de que Franklin tivesse encontrado uma maneira de dizer à minha família que eu estava a salvo.

Na cidade de Detroit, nos perdemos em meio à multidão enquanto procurávamos um optometrista que pudesse fazer rapidamente um par de óculos para mim. Eu não tinha ido para casa desde as notícias da rebelião e não tinha bagagem. Precisava comprar algumas roupas para conseguir trocar o que eu vinha vestindo nos últimos dias.

De Detroit, dirigimos até Nova York, onde embarcamos em um trem que levou quase dois dias para chegar a Miami. Lá, sob o sol ofuscante do verão, me entrincheirei em um apartamento sem mobília que David alugou, esperando que as condições mudassem. Eu me sentia quase tão prisioneira quanto se tivesse sido trancada na cadeia, e com frequência sentia inveja porque David podia sair quando queria – ele chegou até a voltar para Chicago. Eu ficava ali dentro, lendo e assistindo ao noticiário na televisão: repressão inflexível do movimento palestino pelo rei Hussein, na Jordânia; a primeira das grandes rebeliões prisionais na Tombs*, em Nova York.

Nunca noticiavam nada sobre George. Sobre George, John, Fleeta, Ruchell, San Quentin...

No fim de setembro, os sinais indicavam uma perseguição mortífera e sem trégua. A mãe de David, que morava perto de Miami, contou a ele que dois homens estiveram na casa dela indagando sobre seu paradeiro. Os antigos medos ressurgiram e comecei a duvidar seriamente de que seria possível escapar da polícia sem deixar os Estados Unidos. Mas, cada vez que eu considerava ir para fora, a ideia de ficar exilada em outro país por tempo indefinido era ainda mais terrível do que a de ser trancada na prisão. Ao menos ali eu estaria perto de minha gente, perto do movimento.

Não. Não sairia do país, mas pensei que poderia levar o FBI a acreditar que eu tinha conseguido sair. A última coisa que fiz naquele apartamento vazio

---

* *Tombs* (tumbas) é o nome popularmente utilizado para designar três prisões municipais em Nova York, em períodos históricos diferentes. No ano de 1970, designava a Manhattan House of Detention. (N. T.)

de Miami foi redigir uma declaração que seria entregue a alguém capaz de divulgá-la à imprensa. Escrevi sobre a determinação juvenil e até romântica de Jonathan em desafiar as injustiças do sistema prisional e sobre a enorme perda que sofremos quando ele foi morto em 7 de agosto, no condado de Marin. Afirmei minha inocência e, dando a entender que já estava fora do país, prometi que, quando o clima político na Califórnia se tornasse menos histérico, eu voltaria para me explicar diante da Justiça. Enquanto isso, escrevi, a luta continuaria.

13 DE OUTUBRO DE 1970

Voltamos a Nova York. Eu estava na clandestinidade havia cerca de dois meses. Com o familiar aperto no estômago e o nó, agora habitual, na garganta, acordei, me vesti e lutei com meu disfarce. Outros tediosos vinte minutos tentando fazer com que a maquiagem dos olhos tivesse uma aparência apresentável. Mais puxões impacientes na peruca, tentando diminuir o desconforto do elástico justo. Tentei esquecer que hoje, ou talvez amanhã, ou talvez em algum dos próximos dias da longa sequência por vir, poderia ser o dia de minha captura.

Quando David Poindexter e eu fomos embora do Howard Johnson Motor Lodge no fim daquela manhã de outubro, a situação tinha se tornado desesperadora. Estávamos ficando sem dinheiro muito rápido e todo mundo que conhecíamos estava sob vigilância. Vagando pelos arredores de Manhattan, pensamos sobre nosso próximo passo. Caminhando pela Oitava Avenida, em meio à multidão nova-iorquina desatenta a tudo que se passava ao seu redor, me senti melhor do que me sentira no hotel. Na esperança de acalmarmos nossos nervos, decidimos passar a tarde no cinema. Até hoje não me lembro que filme vimos. Eu estava extremamente preocupada com a dificuldade em despistar a polícia, me perguntando por mais quanto tempo eu conseguiria tolerar o isolamento, sabendo que o contato com qualquer pessoa poderia ser um suicídio.

O filme acabou pouco antes das seis. David e eu conversamos brevemente enquanto seguíamos na direção do hotel. Passamos pelas lojas degradadas da Oitava Avenida e estávamos atravessando para o lado da rua do hotel quando, de repente, era como se houvesse agentes de polícia por toda minha volta. Certamente era apenas mais um dos meus recorrentes acessos de paranoia.

Ainda assim, enquanto passávamos pelas portas de vidro do hotel, senti um súbito impulso de me virar e voltar correndo para o meio da multidão anônima que eu acabara de deixar. Mas, se meus instintos estivessem corretos, se todos aqueles homens brancos indistinguíveis fossem, de fato, policiais que nos cercavam, então o menor movimento abrupto de minha parte daria a eles o pretexto que precisavam para atirar e nos abater de imediato. Lembrei-me de como tinham assassinado Lil' Bobby Hutton*, como atiraram em suas costas após dizerem para ele correr. Se, por outro lado, meus instintos fossem infundados, eu apenas levantaria suspeitas se corresse. Não tinha escolha a não ser continuar andando.

No saguão, meus medos pareciam se confirmar pelo olhar fixo de cada homem branco ao redor. Eu tinha certeza de que todos eles eram agentes que se achavam em uma formação previamente acordada, preparando-se para o ataque. Mas nada aconteceu. Assim como nada tinha acontecido no hotel em Detroit, quando também tive certeza de que estávamos prestes a ir para a prisão. Assim como nada tinha acontecido nas inúmeras outras ocasiões em que meu nível de tensão acima do normal tinha transformado acontecimentos perfeitamente banais em cenas de captura iminente.

Eu me perguntei o que David estava pensando. Parecia que muito tempo havia se passado desde que tínhamos trocado palavras entre nós. Ele conseguia esconder seu nervosismo em situações de tensão e, além do mais, raramente falávamos sobre aqueles momentos em que tanto eu quanto ele suspeitávamos de que a polícia estava prestes a se lançar sobre nós. Quando passamos pela recepção, dei um suspiro de alívio. Nada tinha dado errado. Provavelmente, aquele era apenas mais um dia normal na vida de um típico hotel de Nova York.

Estava começando a me recuperar quando um homem branco roliço e de rosto vermelho, cujo cabelo tinha o mesmo corte curto do regulamento policial, entrou no elevador conosco. Meus medos se reacenderam. Retomei meu monólogo habitual: ele era, provavelmente, um executivo; afinal, se você está sendo perseguida, todos os homens brancos de cabelos curtos e paletós lisos

---

* Apelido de Robert James Hutton, considerado o primeiro jovem recrutado pelo Partido dos Panteras Negras e o primeiro tesoureiro da organização. Foi assassinado em 1968, aos dezessete anos, com mais de doze tiros, durante uma emboscada realizada pela polícia de Oakland, Califórnia. Quando a polícia lançou gás lacrimogêneo contra o edifício em que ele e outros membros do partido estavam, Bobby se rendeu, despindo-se para provar aos policiais que não estava armado. Foi o primeiro membro do partido a morrer vítima da violência policial. (N. T.)

parecem policiais. Além disso, se eles realmente haviam nos alcançado, não teria sido mais lógico realizar a prisão lá embaixo?

Durante o interminável deslocamento do elevador até o sétimo andar, me convenci de que minha imaginação hiperativa tinha inventado essa aura de perigo e que provavelmente passaríamos o dia a salvo. Mais um dia.

Pelo hábito de viver na clandestinidade, fiquei vários metros para trás enquanto David seguiu para verificar o quarto. Quando ele estava virando a chave na fechadura, o que pareceu apresentar mais dificuldades do que de costume, alguém abriu uma porta do outro lado do corredor. Uma figura frágil nos espiou e, embora não parecesse um policial, sua aparição repentina me fez voltar, trêmula, às minhas fantasias apavorantes. Evidentemente, aquele homenzinho pálido podia ser apenas um hóspede a caminho do jantar. Mas algo me disse que a cena da prisão tinha começado e que aquele homem era o protagonista. Pensei ter sentido alguém atrás de mim. O homem do elevador. Agora, não havia a menor dúvida em minha mente. A coisa era real.

Justamente no momento em que todo o pânico deveria ter explodido dentro de mim, eu me senti mais calma e mais controlada, como há muito tempo não me sentia. Ergui a cabeça e comecei a caminhar com confiança para o quarto. Quando passei pela porta aberta diante de meu quarto, o homenzinho frágil se esticou e agarrou meu braço. Ele não disse nada. Mais agentes surgiram atrás dele e outros saíram correndo de um quarto do outro lado do corredor. "Angela Davis?", "Você é Angela Davis?", as perguntas vinham de todas as direções. Eu os olhei com fúria.

Durante os dez ou doze segundos entre o elevador e o local do enfrentamento, todos os tipos de pensamento passaram pela minha cabeça. Lembrei-me do programa de TV que tinha visto no apartamento de Miami: *The FBI*, um melodrama típico e idiota sobre agentes em busca de fugitivos, incluindo o confronto final violento em que a pessoa perseguida terminava com tiros na cabeça e os agentes do FBI como figuras heroicas. Assim que me mexi para desligar a televisão, minha fotografia apareceu na tela, como se fosse parte da perseguição ficcional do FBI. "Angela Davis", disse uma voz grave,

> está na lista dos dez criminosos mais procurados pelo FBI. Ela é procurada pelos crimes de assassinato, sequestro e conspiração. Muito provavelmente, está armada, então, se você a vir, não tente fazer nada. Entre em contato com o FBI local imediatamente.

Em outras palavras, deixe que o FBI, "muito provavelmente armado", tenha a honra de abatê-la a tiros.

Nem eu nem David carregávamos armas. Se eles sacassem as deles, não teríamos nenhuma chance. Quando o homem frágil tentou me segurar, vi as armas sendo sacadas. Imaginei o barulho ensurdecedor dos tiros e nossos corpos caídos em poças de sangue no corredor do hotel Howard Johnson.

Eles forçaram David a entrar em um quarto do lado direito do corredor e me empurraram para outro, do lado esquerdo. Lá, arrancaram a peruca de minha cabeça, algemaram minhas mãos nas costas e imediatamente tiraram minhas impressões digitais. O tempo todo me bombardeavam com a mesma pergunta: "Você é Angela Davis?", "Angela Davis?", "Angela Davis?". Eu não disse nada. Obviamente, eles tinham passado por cenas como aquela muitas vezes antes. Tinham ensaiado aquele momento com a prisão ilegal de muitas, talvez centenas, de mulheres negras altas, de pele clara e cabelo crespo. Apenas as impressões digitais diriam se desta vez tinham prendido a verdadeira. As impressões foram comparadas. No rosto do chefe de polícia, o pânico foi substituído pelo alívio. Seus subordinados revistavam minha bolsa como ladrões. Enquanto eu estava ali, parada, determinada a preservar minha dignidade, preparativos elaborados eram feitos para minha remoção. Eu podia ouvi-los avisando outros agentes que deviam estar posicionados em vários pontos dentro e fora do hotel. Todas essas "precauções", todas essas dúzias de agentes, se encaixavam perfeitamente na imagem construída para mim como uma das dez pessoas mais procuradas do país: a terrível inimiga comunista negra.

Cerca de dez agentes me empurraram em meio à multidão que já tinha se reunido no saguão e na calçada. Uma longa caravana de carros sem identificação aguardava. Acelerando pelas ruas, vi de relance outra caravana levar David para algum destino desconhecido.

Minhas mãos estavam tão fortemente algemadas nas costas que se eu não tivesse equilibrado o corpo na beirada do banco de trás do carro, a circulação sanguínea nos meus braços teria sido interrompida. O agente no banco da frente se virou e, com um sorriso, disse: "Srta. Davis, quer um cigarro?".

Falei pela primeira vez desde a captura. "Não vindo de você."

Na sede do FBI, onde a caravana estacionou, fui recebida por uma mulher de cabelos descoloridos que mais parecia uma garçonete de restaurante de estrada do que a inspetora de polícia que era. Ela me revistou em uma salinha que lembrava um consultório ginecológico, embora minha saia curta de tricô e minha blusa fina de algodão não pudessem ocultar uma arma de qualquer espécie.

Depois, em uma sala com luzes fluorescentes que cintilavam em sofás de vinil vermelho, entraram alguns agentes com pilhas de papéis nas mãos. Sentaram-se à minha frente e espalharam os papéis, confiantes de que estavam prestes a dar início a um longo e intrincado interrogatório. Antes de formularem a primeira pergunta, eu lhes avisei que não tinha nada a dizer ao FBI.

Eu sabia que não poderiam me deter legalmente sem permitir que eu procurasse assessoria jurídica. Ainda assim, cada vez que eu exigia acesso a um telefone, era ignorada. Por fim, disseram que um advogado, Gerald Lefcourt, estava ao telefone e que eu poderia falar com ele. Nunca tinha visto Lefcourt, mas o nome era familiar por causa de seu trabalho para 21 membros do Partido dos Panteras Negras que tinham ido a julgamento em Nova York.

Em uma das inúmeras mesas de uma sala gigantesca, pousava um telefone fora do gancho. Mas Lefcourt não estava do outro lado da linha, apenas o silêncio. Passando os olhos pela sala, percebi que meus pertences estavam espalhados sobre algumas mesas a poucos metros de distância de onde eu estava sentada. Os bens de David estavam dispersos em outra série de mesas. Nossas coisas eram reviradas e meticulosamente analisadas.

Agentes que detinham as algemas, removidas para a revista, para as fotografias da ficha criminal e para a tomada de impressões digitais, reapareceram a fim de atá-las novamente em meus pulsos. Eu me perguntei por que tinham algemado minhas mãos na frente dessa vez.

Enquanto o elevador descia, meus pensamentos vagavam. Eu tentava descobrir como entrar em contato com camaradas ou pessoas amigas. Quando as portas se abriram, furiosos flashes de luz me despertaram de minhas reflexões. Era por isso que tinham algemado minhas mãos na frente. Até onde minha vista alcançava, repórteres e fotojornalistas se amontoavam no saguão.

Esforçando-me para não parecer surpresa, ergui a cabeça, endireitei as costas e, entre dois agentes, fiz a longa caminhada rumo à caravana que aguardava do lado de fora em meio a flashes e fragmentos de perguntas.

Quando o barulho das sirenes diminuiu e a caravana começou a reduzir a velocidade, percebi que estava em algum ponto de Greenwich Village. Assim que o carro embicou em uma via de acesso escura, um portão de alumínio corrugado começou a subir e, mais uma vez, uma multidão de fotojornalistas e as luzes dos flashes saltaram das sombras. O muro de tijolos vermelhos que cercava aquela estrutura alta e arcaica parecia muito familiar, mas levei alguns instantes para localizá-lo em minha memória. Evidente: era o lugar misterioso que eu via com frequência ao longo dos anos em que cursei o ensino médio na Elisabeth Irwin High School, não muito distante dali. Tratava-se da Casa de Detenção Feminina de Nova York, situada ali, no principal cruzamento do Village, o da Greenwich com a Sexta Avenida.

Enquanto o carro passava pela entrada das prisioneiras, um amontoado de lembranças disputava minha atenção. Caminhando para a estação de metrô depois da escola, quase todos os dias eu erguia os olhos para ver aquele edifício, tentando não ouvir os terríveis ruídos que transbordavam pelas janelas. Vinham das mulheres trancadas atrás das grades, que olhavam para baixo, para as pessoas que passavam nas ruas, e gritavam palavras incompreensíveis.

Aos quinze anos, eu aceitava alguns dos mitos que cercavam as prisioneiras. Não as via tanto como as criminosas que a sociedade dizia que eram, mas elas pareciam alienígenas no mundo em que eu vivia. Nunca soube o que fazer quando via a cabeça delas através das janelas quase opacas da prisão. Nunca consegui entender o que estavam dizendo – se pediam ajuda, se chamavam alguém em especial ou se apenas queriam conversar com qualquer pessoa que estivesse "livre". Agora, minha mente estava tomada pelos fantasmas daquelas mulheres sem rosto a quem eu não respondera. Será que eu gritaria para as pessoas que passassem nas ruas, apenas para vê-las fingir que não me ouviam, como eu fingi não ouvir aquelas mulheres no passado?

O interior da prisão contrastava totalmente com o prédio de onde eu tinha acabado de sair. A sede do FBI era moderna, limpa e desinfetada, com uma textura plástica iluminada por luzes fluorescentes. A Casa de Detenção Feminina era antiquada, embolorada, lúgubre e sombria. O chão da sala de admissão era de cimento, sem pintura, com a sujeira dos sapatos de milhares de prisioneiras, policiais e inspetoras de polícia incrustada na superfície. Havia um único balcão onde toda a papelada era preparada e fileiras de longos bancos que pareciam ter sido, no passado, assentos de uma daquelas igrejas instaladas em prédios comerciais.

Disseram para eu me sentar no banco da frente, na fileira da direita. Outras mulheres estavam espalhadas de modo assistemático pelos bancos. Algumas, descobri, tinham acabado de ser fichadas; outras estavam chegando de um dia no tribunal. Trouxeram comida, mas eu não tive apetite para cachorros-quentes amarrotados e batatas geladas.

De repente, ouviu-se um estrondo do lado de fora do portão. Várias mulheres se aproximavam da entrada, esperando que o portão de ferro se abrisse. Eu me perguntei o que poderia ter causado uma prisão em massa como aquela, mas uma das irmãs me explicou que tais mulheres estavam voltando do tribunal no último ônibus.

Todas as mulheres que consegui ver eram ou negras ou porto-riquenhas. Não havia prisioneiras brancas no grupo. Uma das irmãs de Porto Rico gritou: "Você é hispânica?". No início, não achei que ela estivesse se referindo a mim, mas então me lembrei como deveria estar minha aparência, com o cabelo alisado e amassado depois que os agentes arrancaram a peruca. Eu disse "não" no tom mais amigável que consegui, tentando transmitir a ideia de que aquilo não importava realmente: as mesmas carcereiras iriam segurar o mesmo martelo sobre nossa cabeça. Enquanto as mulheres que tinham voltado do tribunal ainda estavam em pé do lado de fora dos portões de ferro, fui levada para fora da sala. Pensei estar a caminho das celas, mas me vi em uma grande sala sem janelas, com uma lâmpada fraca que mal iluminava o centro do teto. Lá, havia o mesmo piso de cimento imundo, paredes de azulejos amarelos descorados e duas escrivaninhas velhas de escritório.

Uma inspetora branca e robusta estava no comando. Quando descobri, entre os papéis grudados na parede, um cartaz de pessoas procuradas pelo FBI com minha fotografia e descrição, ela o arrancou de lá. Meus olhos passaram para o cartaz seguinte. Para minha surpresa, ele trazia a fotografia e a descrição de uma mulher que conheci na escola. Kathy Boudin fora minha colega de turma nos dois últimos anos do ensino médio na Elisabeth Irwin High School. Agora, ela estava na lista de pessoas procuradas pelo FBI.

Eu ainda estava esperando naquela sala suja quando houve a troca de turno. Outra agente prisional foi enviada para me vigiar. Ela era negra, jovem – mais nova do que eu –, usava cabelos crespos naturais e, ao se aproximar, não demonstrou nenhum tipo de agressividade ou arrogância que eu tinha aprendido a associar às inspetoras prisionais.

Foi uma experiência que me desarmou. No entanto, não foi o fato de ela ser negra que me surpreendeu. Já tinha encontrado inspetoras negras antes, nas prisões de San Diego e Los Angeles; foi seu comportamento: sem agressividade e aparentemente solidário.

No início, ela estava taciturna. Mas depois de alguns minutos, em voz baixa, ela me disse: "Aqui, muitas agentes – as agentes negras – estão torcendo por você. O tempo todo, nós torcíamos para que você conseguisse chegar a um lugar seguro".

Quis conversar com ela, mas senti que era melhor ter cautela em relação a qualquer diálogo longo. Até onde eu sabia, ela poderia ter sido instruída a adotar essa postura solidária. Se eu me mostrasse iludida por sua simpatia, se parecesse começar a me familiarizar com ela, isso lhe daria credibilidade caso ela decidisse mentir sobre o conteúdo de nossas conversas. Eu estaria mais segura se mantivesse distância e formalidade.

Imaginando que eu pudesse ser capaz de obter dela alguma informação sobre minha situação, perguntei por que a demora era tão longa. Ela não sabia detalhes, disse, mas achava que estavam tentando decidir como me manteriam separada da população prisional. O problema era a falta de instalações para o isolamento. Seu pressentimento era de que eu seria colocada na 4b, área da prisão reservada às mulheres com transtornos psicológicos.

Olhei para ela com incredulidade. Se me trancafiassem em um depósito para pacientes psiquiátricos, o próximo passo seria me declararem louca. Talvez tentassem dizer que o comunismo era uma doença mental – algo semelhante a masoquismo, exibicionismo ou sadismo.

Surpresa com minha reação, ela tentou me consolar, dizendo que provavelmente eu seria mais feliz lá – algumas vezes, as mulheres pediam para ser transferidas para a ala "das loucas" porque não conseguiam tolerar o barulho da população geral. Mas, para mim, prisão era prisão – não existia gradação de melhor ou pior. E nada poderia me dissuadir da ideia de que queriam me isolar porque temiam o impacto que a simples presença de uma prisioneira política teria nas outras mulheres.

Lembrei a agente prisional de que eu ainda não tinha feito os dois telefonemas que me eram devidos. Eu precisava de assessoria jurídica e sabia que tinha o direito de entrar em contato com alguém da área.

"Um advogado chamado John Abt está tentando entrar para ver você", ela disse. "Mas o horário de visitas jurídicas terminou às cinco horas. Lamento não poder fazer nada."

"Se eu não posso vê-lo, deveria ao menos poder ligar para ele."

"Essas pessoas", ela disse, "não decidiram como vão lidar com você. Dizem que você é prisioneira federal, sob jurisdição de autoridades federais. Sempre temos prisioneiras federais. Eram os delegados que deveriam ter deixado você fazer os dois telefonemas. Ao menos foi isso que disse o capitão".

"Há cinco horas", insisti, "estou tentando fazer um telefonema e todas as pessoas a quem pergunto me respondem com evasivas."

"Sabe, na verdade, nenhuma prisioneira aqui é autorizada a usar o telefone. Você precisa escrever o número e a mensagem em um formulário e uma agente especial faz o chamado."

Comecei a protestar, mas logo percebi que nada do que eu dissesse faria com que me dessem acesso a um telefone naquela noite. A única coisa que me cederam foi um cartão que John Abt tinha deixado no portão principal.

O grupo de mulheres que acabara de retornar do tribunal tinha, aparentemente, "passado pelo processamento", e agora eu podia voltar para a sala de admissão para esperar minha vez naquele misterioso "processo". Quando entrei na sala, vi uma figura deitada em uma maca, quase totalmente coberta com um lençol. Não sabia se estava viva ou morta. Apenas estava ali, sozinha, no canto menos visível da sala de admissão. Quando tentei examiná-la à distância com o máximo de atenção possível, percebi uma elevação no meio que parecia se mover. Era uma prisioneira grávida na iminência de dar à luz – e logo. Será que ninguém ia fazer *nada*? Iam deixá-la ter o bebê ali, naquele lugar imundo? Mesmo se a levassem para um hospital minimamente decente, o que aconteceria com a criança logo que nascesse? Seria colocada em um orfanato enquanto a mãe cumpria sua pena? Senti raiva e impotência enquanto via essa irmã avançar cada vez mais no trabalho de parto. Em pouco tempo, o portão de ferro se abriu e atendentes de uma ambulância da polícia vieram para levá-la embora. Observei enquanto carregavam a maca noite adentro.

Enfim, chegou minha vez. A impressão digital do meu indicador foi estampada em um cartão laranja que, fui informada, era o documento da prisão, que toda prisioneira devia carregar sempre consigo. Então veio outra revista. Protestei energicamente – o FBI já havia me revistado. A agente prisional designada para isso foi ambígua em relação ao procedimento. Enquanto me despia na sala de banho, ela fingiu, discretamente, procurar alguma coisa. Entregou-me uma camisola hospitalar e me disse para sentar em um banco do lado de fora de uma porta fechada. Descobri, com as mulheres que já estavam ali aguardando, que estávamos prestes a passar por uma revista íntima. Cada vez que as prisioneiras saíam da prisão para comparecer ao tribunal, e também na volta, eram submetidas a um exame vaginal e retal.

Era uma da madrugada quando de fato me ficharam na prisão. Restavam apenas três mulheres na sala de admissão. Uma delas olhou fixamente para mim por um longo período e, por fim, perguntou se eu era Angela Davis. Quando sorri e assenti com a cabeça, ela disse que, vindo do tribunal, tinha visto uma multidão do lado de fora protestando a meu favor. Todo tipo de gente: jovem, idosa, negra, branca.

"O quê? Onde?" Fiquei extremamente agitada com a possibilidade de que pessoas do movimento estivessem ali perto.

A irmã nos disse para ficarmos em silêncio por um instante. Se escutássemos com atenção, talvez conseguíssemos ouvir algumas das palavras de ordem. De fato, os ritmos abafados estavam penetrando aquelas paredes sólidas. Bem ali, do lado de fora do edifício, disse a irmã, as pessoas estavam gritando "Libertem Angela Davis". A irmã que descrevia a cena estava presa por posse de heroína. (Segundo ela, a primeira coisa que iria fazer quando saísse seria procurar seu fornecedor.) Com uma expressão de triunfo no rosto, ela me garantiu que eu iria vencer. Disse isso sabendo que, de acordo com os parâmetros da prisão, eu enfrentava acusações muito pesadas.

A prisão inteira estava envolta em escuridão quando finalmente cheguei à cela na ala 4b. Não tinha mais de um metro e meio de largura. A única mobília era uma cama de ferro parafusada no chão e, aos pés dela, um vaso sanitário sem assento. Alguns minutos depois de me trancarem lá dentro, a agente prisional responsável por aquela unidade – outra jovem negra – veio até a porta de ferro. Ela sussurrou pelas grades que estava enfiando um pedaço de chocolate por baixo da porta. Soou bastante sincera, mas não pude arriscar. Não queria ficar paranoica, mas era melhor ser excessivamente desconfiada do que suficientemente imprudente. Eu estava familiarizada com os "suicídios" nas prisões da Califórnia. Até onde eu sabia, poderia haver veneno no doce.

Na primeira noite na prisão, eu não tive vontade de dormir. Pensei em George e seus irmãos em San Quentin. Pensei em Jonathan. Pensei em minha mãe, meu pai, com a esperança de que conseguissem superar aquela provação. E, então, pensei no protesto lá fora, em todas as pessoas que tinham largado tudo para lutar por minha liberdade.

Eu tinha acabado de ser presa; um julgamento me aguardava na Califórnia pelas acusações de assassinato, sequestro e conspiração. Uma condenação em qualquer uma dessas acusações poderia significar a morte na câmara de gás. Podia-se pensar que aquilo era uma enorme derrota. No entanto, naquele momento, eu me sentia melhor do que me senti por muito tempo. A luta seria difícil, mas já havia um indício de vitória. No pesado silêncio da prisão, descobri que, se me concentrasse o suficiente, poderia ouvir ecos das palavras de ordem sendo gritadas do outro lado dos muros: "Libertem Angela Davis", "Libertem todas as pessoas presas por razões políticas".

O barulho das chaves na fechadura da porta da cela me assustou. Uma agente prisional estava abrindo a porta para uma jovem negra rechonchuda que vestia um uniforme de prisioneira azul desbotado e segurava uma grande bandeja nas mãos.

Sorrindo, ela disse com uma voz branda: "Aqui está sua comida. Quer um pouco de café?".

Sua gentileza era reconfortante e fez com que eu me sentisse novamente entre seres humanos. Sentei na cama, agradeci e disse que gostaria muito de uma xícara de café.

Olhando em volta, percebi que não havia onde colocar a comida – a cama e o vaso sanitário eram as únicas peças na cela minúscula. Mas a irmã, obviamente tendo passado por isso muitas vezes antes, já tinha se agachado e estava colocando a comida no chão: uma caixa pequena de cereais, um copo de papel cheio de leite aguado, duas fatias de pão branco puro e um copo de papel em que ela começou a despejar café com leite.

"Tem café puro?", perguntei a ela, em parte porque eu não bebia café com leite e, em parte, porque queria uma desculpa para trocar mais algumas palavras com ela.

"Já entregam assim para a gente", ela respondeu, "mas amanhã vou ver se consigo um pouco de café puro para você".

A agente prisional disse que eu devia me arrumar para comparecer ao tribunal. Depois, bateu a porta da cela quando a jovem saiu. Enquanto ela abria a cela ao lado, a irmã sussurrou entre as grades: "Não se preocupe com nada. Estamos todas do seu lado". E desapareceu pelo corredor.

Olhei para minha comida e vi que uma barata já a encontrara. Deixei tudo espalhado no chão, sem tocar.

Depois que passei pelas complicadas etapas envolvidas no ato de me vestir para o tribunal, uma inspetora desceu comigo. Um grupo de homens brancos circulava pela sala de admissão. Ao me ver, eles correram para cima de mim como abutres e algemaram meus pulsos, que ainda doíam por causa do dia anterior. Do lado de fora, carros beges lustrosos lotavam o pátio de paralelepípedos.

Ainda estava escuro quando a caravana chegou ao tribunal federal. De relance, a manchete em letras garrafais do jornal da manhã, que apareceu sob o braço de um daqueles homens, me atordoou: Angela Davis capturada em Nova York. De repente, me ocorreu que a multidão de jornalistas reunida pelo FBI na noite anterior provavelmente tinha escrito reportagens de capa semelhantes país afora. Sabendo que meu nome agora era conhecido por milhões de pessoas, me senti oprimida. No entanto, eu sabia que toda aquela publicidade não era realmente voltada para mim na condição de indivíduo. Usando-me como exemplo, queriam desacreditar o movimento de libertação negra, a esquerda em geral e, obviamente, também o Partido Comunista. Eu era apenas uma oportunidade para suas manipulações.

A cela de espera onde passei as horas seguintes era mais limpa do que aquela que eu acabara de deixar na prisão e parecia um banheiro imenso, inacabado. Tinha paredes brancas azulejadas reluzentes e um piso de linóleo em tom claro. Um vaso sem assento ocupava um dos cantos. Compridos bancos de metal estendiam-se ao longo de três paredes.

Um dos burocratas federais entrou na cela.

"Até receber orientação jurídica", disse a ele, "não tenho nada a declarar".

"O advogado de seu pai está esperando lá fora", ele disse.

O advogado de meu pai? Talvez fosse um amigo se passando por "advogado de meu pai" a fim de conseguir permissão para me ver.

Em um grande salão repleto de mesas enfileiradas, John Abt esperava por mim. Embora nunca o tivesse encontrado, sabia dos julgamentos em que ele tinha defendido, com êxito, membros de nosso partido. Com uma imensa sensação de alívio, me sentei para conversar com ele.

"Fiquei horas esperando na prisão ontem à noite, mas se recusaram a me deixar entrar", John disse. "Precisei fazer seu pai telefonar esta manhã antes de me deixarem ver você."

Ele disse que eu estava prestes a ser indiciada com base em acusações federais – evasão interestadual para evitar um processo judicial. Antes que ele tivesse ido adiante em sua explicação sobre os procedimentos legais futuros, um grupo de pessoas empurrou a porta do outro lado da sala. Sem meus óculos, que o FBI não se preocupou em devolver, os rostos estavam embaçados. Percebendo uma jovem negra envolvida em uma discussão acalorada com os delegados, apertei os olhos para enxergá-la melhor.

"É a Margaret!", gritei.

Margaret Burnham era minha amiga de muito tempo. Quando eu era mais nova, sua família e a minha moravam no mesmo conjunto habitacional em Birmingham. Quando a família Burnham se mudou para Nova York, por quatro anos nós os visitamos no verão, depois alternamos os encontros – algumas vezes eles vinham a Birmingham, outras nós íamos a Nova York. Nossas famílias tinham se tornado tão próximas que sempre considerei Margaret, suas irmãs, Claudia e Linda, e seu irmão, Charles, mais como parentes do que como amigos. Fazia anos que eu não a via. Ela tinha ido para o Mississípi, se casado e dado à luz. Eu sabia que recentemente ela se formara em direito e supus que agora estivesse atuando em Nova York.

"Margaret", chamei o mais alto que pude, "venha cá." Aparentemente, isso bastou para pôr fim à discussão que ela estava tendo com o delegado, já que ele não fez nada para impedi-la de caminhar até a mesa onde eu e John estávamos. Foi tão bom abraçá-la.

"Margaret", eu disse a ela, "estou tão contente que você veio. Você não imagina como estou contente em ver você." Quando começamos a falar sobre coisas pessoais, quase esqueci que tínhamos assuntos a tratar.

"Você pode atuar no caso?", perguntei a ela, por fim, esperando desesperadamente que ela dissesse sim.

"Você sabe que sim, Angela", ela respondeu, "se é isso que você acha que eu devo fazer."

Foi como se metade da batalha já tivesse sido vencida.

John Abt retomou a explicação sobre a situação legal.

Em agosto, o condado de Marin havia me acusado de assassinato, sequestro e conspiração para cometer assassinato e resgatar pessoas presas. Com base em uma declaração juramentada feita por um agente do FBI de que eu tinha sido vista por "fontes confiáveis" em Birmingham, um juiz federal havia expedido uma ordem de prisão, acusando-me de "evasão interestadual para evitar um processo judicial".

Segundo John, era possível que eu fosse "removida" para a Califórnia, o que significava que, sem mais litígios, eu seria simplesmente transferida da jurisdição federal de Nova York para a jurisdição federal da Califórnia. Mas, muito provavelmente, ele conjecturou, eu seria "entregue" ao estado de Nova York para ser extraditada para a Califórnia, e nós conseguiríamos contestar a Califórnia nos tribunais nova-iorquinos.

Quando estávamos terminando a reunião, David entrou na sala, cercado por guardas. Eu não o via desde nossa prisão. Ele também parecia não ter dormido.

Em um tom sereno e claro, ele gritou para mim: "Agora, lembre-se: não importa o que aconteça, a gente vai conseguir dar um jeito".

"Sem conversa entre os prisioneiros", uma voz anunciou. Poderia ter vindo de qualquer delegado que estava ali.

"Certo, David", eu disse, ignorando a ordem. "E você se mantenha firme."

Eu nunca tinha visto uma sala de audiências tão pequena. Com paredes de madeira clara danificadas, tinha a elegância desgastada de uma velha mansão. Havia espaço suficiente apenas para o banco dos réus e uma única fileira de cadeiras alinhada à parede do fundo. A pequenez da sala tornava exagerada a altura da tribuna do juiz. O juiz, em si, era miúdo como sua sala de audiências. Usava óculos antiquados, de armação plástica, e seu cabelo branco se espalhava de modo espaçado pela cabeça. Pensei no agente prisional O. G. Miller, da prisão de Soledad, empoleirado em sua torre de vigilância, mirando sua espingarda nos três irmãos que ele assassinou no pátio em janeiro.

Não havia público. As únicas pessoas que não eram oficiais eram repórteres – e não estavam presentes em grande número. Quando entrei, uma irmã sentada na cadeira mais próxima da porta levantou um exemplar de capa dura de *Soledad Brother**, de George. Foi a primeira vez que vi o livro, do qual li o manuscrito.

O indiciamento pelas acusações federais foi rápido e direto. Tudo o que o promotor teve de fazer foi provar, para constar dos autos, que eu era a Angela Davis citada na ordem de prisão. O valor da fiança foi uma farsa. Quem poderia sequer considerar levantar 250 mil dólares para me tirar da prisão?

Ainda era cedo – fim da manhã ou início da tarde – quando voltei à cela de espera. Na última vez que estive ali, meus pensamentos tinham sido monopolizados pelo problema de encontrar assessoria jurídica. Agora que eu tinha uma ótima equipe em quem confiava e a quem amava, não podia mais evitar pensar em minha detenção. Estava sozinha com as paredes de azulejos reluzentes e as grades de aço escuro. Paredes e grades, nada mais. Desejei ter um livro ou, se não algo para ler, ao menos um lápis e uma folha de papel.

Lutei contra a tendência de individualizar minha situação. Caminhando de um lado para o outro da cela, de um banco ao outro, repeti a mim mesma que eu não tinha o direito de ficar contrariada por passar algumas horas sozinha em uma cela de espera. E quanto ao irmão – seu nome era Charles Jordan – que

---

* George Jackson, *Soledad Brother: The Prison Letters of George Jackson* (Nova York, Coward-McCann, 1970). (N. T.)

passou não horas, mas dias e semanas nu em uma cela totalmente escura na penitenciária de Soledad, uma cela de tamanho quase insuficiente para que ele se esticasse no cimento gelado, fedendo a urina e excremento humano porque o único vaso sanitário disponível era um buraco no chão que mal podia ser visto no escuro?

Pensei na cena que George descreveu no manuscrito de seu livro – o irmão que pintou um céu noturno no teto de sua cela, porque fazia anos que ele não via a lua e as estrelas. (Quando aquilo foi descoberto, agentes prisionais pintaram tudo de cinza.) E tinha Ericka Huggins na Niantic State Farm for Women [Penitenciária Agrícola para Mulheres de Niantic], em Connecticut. Ericka, Bobby e os irmãos Soledad, os 7 de Soledad, os Rebeldes de Tombs e todas as outras incontáveis pessoas cujas identidades foram ocultadas atrás de tanto concreto e aço, tantas trancas e correntes. Como eu poderia me permitir ainda que uma mínima inclinação à autopiedade? Mesmo assim, andei mais depressa de um lado para o outro da cela de espera. Caminhei com a determinação de alguém que tem um lugar muito importante para ir. Ao mesmo tempo, tentava não deixar que as carcereiras vissem minha agitação.

Quando alguém finalmente abriu a porta, já era fim de tarde. Margaret e John aguardavam, a fim de me acompanhar para comparecer diante do juiz na mesma sala de audiências em que estivemos de manhã. Além de nós, não havia "civis" na sala de audiências, nem mesmo os repórteres presentes nas sessões da manhã. Eu me perguntei que tipo de comparecimento secreto seria aquele.

O juiz, um homem idoso, anunciou que estava anulando a fiança e me liberando com base em meu compromisso em cumprir algumas condições. Eu tinha certeza de ter ouvido errado. Mas agentes federais já se aproximavam de mim para abrir as algemas. O juiz disse mais alguma coisa que mal consegui ouvir e, então, de repente, policiais de Nova York avançaram para substituir as algemas federais pelas estaduais.

Com as algemas de Nova York apertando meus pulsos, fizemos a viagem a um embolorado distrito policial nos arredores, onde fui oficialmente fichada como prisioneira do estado de Nova York. Formulários, impressões digitais, fotografia para a ficha criminal – a mesma rotina. A polícia nova-iorquina parecia estar tão confusa quanto aquele ambiente. Em meio a todos os papéis casualmente espalhados por mesas e balcões, as pessoas corriam para lá e para cá como principiantes. A incompetência delas me acalmou. Devia ser por volta das dez horas da noite quando alguém anunciou que haveria ainda outro comparecimento ao tribunal. (Será que Margaret e John sabiam dessa terceira audiência?)

A sala de audiências do tribunal do condado de Nova York era maior do que qualquer outra que eu já tinha visto. Seu pé-direito alto e as intermináveis fileiras de bancos faziam-na parecer uma igreja de tempos passados. A maioria das salas de audiências não tem janelas, mas esta parecia particularmente isolada do mundo exterior. Quase vazia, exceto por policiais que se sentavam aleatoriamente nos bancos, estava tão pouco iluminada que tive a impressão de que o que estava para acontecer devia ser escondido das pessoas lá fora. Nem Margaret nem John estavam lá. Quando me disseram que eu teria de ser indiciada perante um juiz de Nova York, respondi que não me moveria de onde eu estava sentada até que entrassem em contato com minha advogada e meu advogado. Estava preparada para esperar a noite inteira.

Quando John finalmente chegou, disse que a polícia o enviara para a sala de audiências errada. Ele tinha percorrido toda Nova York tentando me encontrar. Depois de horas de espera, o comparecimento ao tribunal durou, ao todo, dois minutos.

De volta à prisão, eu estava tão exausta física e emocionalmente que só queria dormir. Mesmo a cama dura da cela na ala "das loucas" pareceu confortável. Assim que fechei meus olhos, porém, fui sacudida de minha exaustão por gritos lancinantes em um idioma que parecia eslavo. Vinham de uma cela na outra extremidade do corredor. Passos se aproximaram da cela no escuro. Vozes tentaram acalmar a mulher em inglês, mas não conseguiram amenizar seu pavor. Eu a ouvi a noite toda – até que a levaram embora de manhã.

No dia seguinte, o mesmo café da manhã intragável – cereais, leite em pó e pão branco envelhecido – foi colocado no chão sujo de minha cela. Como havia prometido, Shirley, que trouxera minha refeição no dia anterior, conseguiu uma xícara de café puro para mim. Dessa vez, ela estava acompanhada de uma porto-riquenha alta e magra com um cabelo crespo bem curto. Ela se apresentou como "Tex, apenas" e contou que, quando as irmãs do seu corredor souberam que eu estava na ala 4b, quiseram que eu soubesse que estavam certas de que venceríamos.

Depois que Shirley e Tex saíram, gritei entre as grades, dizendo à agente prisional para trazer meus cigarros – eles haviam sido confiscados quando cheguei do tribunal na noite anterior.

"Você não pode fumar agora", ela gritou da sala de atividades. "Terá de esperar até a hora do cigarro, como o restante das detentas." Ela falou de um jeito como se fosse contra as regras não saber que só era possível fumar na "hora do cigarro". Meia hora depois, quando ela mudou de ideia, me deu um único cigarro e insistiu em acendê-lo ela mesma pela grade da porta da cela. "Desculpe, são as regras. Temos de seguir as regras."

O corredor estava em silêncio naquela manhã. Quando terminei meu cigarro, chamei a agente de novo.

"Estou pronta para tomar banho e me vestir."

Ela voltou à minha cela. "Não posso deixar você sair agora."

"Quero escovar meus dentes, tomar banho e vestir outra coisa que não essa camisola."

"Não posso deixar você sair. Ninguém explicou as regras da 4b? As 'meninas' só podem sair das celas quando *duas* agentes prisionais estão em serviço." (Todas as prisioneiras, tivessem dezesseis anos ou sessenta, eram chamadas de "meninas".)

Nada, eu descobri depois, absolutamente nada era permitido dentro das celas – não só cigarros e fósforos eram banidos, mas livros, material para escrita, escovas de dentes, sabão, toalhas de rosto, roupas e sapatos. Antes de ser trancada na cela, cada prisioneira era revistada para garantir que tirasse a roupa de baixo e que não estivesse usando nada além da fina camisola verde-clara que lhe foi dada. Um livro ou uma revista? Como esses objetos poderiam ser usados para causar ferimentos em si mesma? E papel higiênico? Não podíamos sequer manter um rolo de papel higiênico na cela. Como crianças dependentes, cada vez que queríamos usar o vaso sanitário, tínhamos de chamar a agente para nos trazer papel.

Pouco antes do almoço, a segunda agente chegou e as celas foram destrancadas. Uma estranha mistura de mulheres emergiu das celas: uma negra muito jovem, baixa e corpulenta, com o cabelo crespo escasseando em um dos lados. Algo parecia se revolver dentro dela. Outra mulher negra de cabelos lisos e uma expressão incrivelmente serena. Em seus pensamentos, ela estava longe daquela prisão. Uma mulher branca com cabelos tingidos de vermelho, que em um momento parecia jovem e, no momento seguinte, muito velha, começou a andar freneticamente de um lado para o outro na sala de atividades, murmurando entre os dentes de modo incompreensível. E uma jovem branca pequena, frágil, com cabelos loiros curtos, que parecia prestes a entrar em pânico, mas não sabia como expressar isso.

As mulheres nem sequer notaram que uma nova prisioneira tinha sido jogada entre elas. Com exceção da mulher que continuou a andar de um lado para o outro, cada uma encontrou seu lugar na mesa da sala de atividades e se sentou separada das demais, como se houvesse um acordo de que cada uma iria se abster de invadir o espaço da outra. Depois de tomarem seus lugares, elas ficaram completamente absortas em si mesmas, com olhares vazios que me diziam que, por mais que eu quisesse conversar, seria inútil tentar me aproximar de qualquer uma delas.

Mais tarde, descobri que todos os dias essas mulheres recebiam clorpromazina junto com as refeições e, mesmo que fossem totalmente sãs, os tranquilizantes as deixavam caladas e desinteressadas do que acontecia ao redor. Depois de algumas horas observando-as contemplar o vazio em silêncio, senti como se eu tivesse sido atirada em um pesadelo.

Mesmo ali, na sala de atividades, onde os olhos das agentes prisionais sempre acompanhavam nossos gestos mais sutis, não tínhamos permissão para manter um maço de cigarros ou fósforos. Se você quisesse um cigarro, tinha de abordar a agente sentada à mesa e ela lhe entregava um, retirado do maço que pertencia a você, e o acendia. Para uma fumante compulsiva, como eu era na época, e especialmente para alguém que ainda mantinha a sanidade e a sobriedade, esse pequeno ritual era, em si, enlouquecedor.

Desde o primeiro dia, eu havia protestado aos gritos contra ser mantida na ala 4b. Não pertencia àquele lugar – ou eu *tinha* sido considerada um caso psiquiátrico? A agente prisional disse que eu fora colocada na 4b não por ser psicologicamente doente, mas para minha própria segurança e para me impedir de perturbar a rotina da prisão. Eu não estava convencida disso.

Comecei a fazer todas as solicitações que conseguia imaginar. Sabia que devia haver algum tipo de biblioteca no prédio, então pedi para visitá-la, porque tinha certeza de que, se lesse apenas as pilhas de *Reader's Digest* espalhadas por ali, eu também seria candidata a tomar clorpromazina. A mensagem que recebi como resposta foi que eu podia solicitar os livros da biblioteca e eles seriam trazidos para mim. A mesma regra foi aplicada à cantina – eu poderia pedir o que precisasse e me entregariam. Nunca tinha visto a biblioteca nem a cantina, mas, quando praticamente nada veio em resposta às minhas listas, percebi que tinha superestimado bastante essas duas instalações penitenciárias. Mesmo itens como caneta esferográfica ou pente garfo não eram vendidos na cantina e, portanto, eram considerados "contrabando".

O dia se arrastava e eu começava a me perguntar se planejavam negar meu contato com Margaret e John. A essa altura, eles já deviam ter vindo me ver. Quando perguntei sobre suas visitas, a agente prisional disse que tinham recebido instruções de que, embora eu tivesse permissão para receber visitas jurídicas, não podia ir a lugar algum sem uma "escolta". (Eufemismo da prisão para guarda.) Normalmente, tudo o que as prisioneiras precisavam era de uma licença. Por fim, veio o anúncio da chegada de Margaret e John. Ir ao encontro deles foi minha primeira oportunidade de andar pela prisão em um horário normal – quando as prisioneiras não estavam trancadas nem dormindo.

Mulheres à espera de julgamento tinham permissão para vestir as próprias roupas. No entanto, as mulheres na 4b, os "casos psiquiátricos", vestiam os uniformes de condenadas, por isso tive de descer até o piso térreo para minha primeira visita usando um vestido de algodão cor de estrume, sem bainha, pelo menos dois números maior do que o meu e cerca de doze centímetros acima dos meus tornozelos. Eu tinha lavado a cabeça de manhã e, pela primeira vez em quase dois meses, voltara a usar meu cabelo crespo – mas, como não estávamos autorizadas a usar pentes garfo, meu cabelo estava em uma desordem incorrigível. Ainda assim, a agitação por minha ida ao andar principal aniquilou qualquer preocupação com minha aparência.

Quando a porta de ferro foi aberta, sons peculiares a prisões e penitenciárias invadiram meus ouvidos – os gritos, os rangidos metálicos, o tilintar das chaves das agentes prisionais. Algumas das mulheres me notaram e sorriram de modo amigável ou ergueram os punhos em solidariedade. O elevador parou no terceiro andar, onde ficava a cantina. As mulheres que esperavam o elevador me reconheceram e disseram, de um jeito cordial, como irmãs, que estavam do meu lado, algumas vezes reforçando suas palavras com punhos erguidos. Essas eram as "mulheres perigosas" que, caso eu não fosse escondida na 4b, poderiam me atacar por não gostarem de "comunistas". Tanto esta ida ao andar principal quanto as subsequentes foram mais uma evidência do que eu já sabia: as alegações da administração de que a população prisional poderia me ferir eram absurdas.

No primeiro andar, fui encaminhada a uma cabine que se tornou um ponto de encontro regular ao longo das semanas seguintes. A primeira questão que discuti com Margaret e John foi o que poderíamos fazer para me tirar da 4b e me colocar entre a população geral da prisão. Enquanto conversávamos, percebemos que a agente posicionada na mesa do lado de fora da cabine estava fazendo o possível para ouvir nossa conversa.

Nos dias que se seguiram, a familiaridade com a rotina da 4b não diminuiu o horror de viver atrás das grades. Não apenas pressionei ainda mais para ser solta como estava cada vez mais convencida de que algo precisava ser feito quanto àquele esquema de segurança máxima disfarçado de ala terapêutica. Independentemente do motivo pelo qual as mulheres na 4b tinham sido colocadas ali, estavam todas sendo terrivelmente prejudicadas. Quaisquer que fossem seus problemas iniciais, eles não estavam sendo resolvidos, e sim sistematicamente agravados. Pude ver a erosão de sua força de vontade acontecendo mesmo durante o curto período que passei ali.

Na cela ao lado da minha vivia uma mulher branca com algo entre 30 e 45 anos que tinha perdido qualquer contato com a realidade. Todas as noites, antes de pegar no sono, a ala estremecia sob seus gritos. Algumas vezes, seus barulhos e desvarios tomavam o ambiente muito depois da meia-noite. Seu linguajar perverso, suas fantasias estranhas repletas de epítetos raciais do tipo mais vulgar me deixavam tão irritada que tudo que eu podia fazer era me segurar para não tentar atravessar o aço e o concreto que separavam sua cela da minha. Eu estava convencida de que ela tinha sido colocada ali propositalmente, como parte dos esforços das carcereiras para quebrar meu espírito.

Na manhã seguinte, quando vi aquela figura deplorável, ficou claro que sua doença estava tão avançada – algum estágio de esquizofrenia – que ela estava além do alcance da argumentação. Sua condição havia se tornado um veículo conveniente para expressar o racismo que havia se alastrado como larva em seu inconsciente. Toda noite e toda manhã antes do café, ela passava por um prolongado ritual que assumia a forma de uma discussão violenta com alguma figura invisível em sua cela. Com frequência, essa figura era um homem negro, e ele a atacava com uma espécie de perversidade sexual que seria inconcebível se seu próprio imaginário verbal não fosse tão vívido. Ela expurgava essa figura de sua cela com uma série de sortilégios. Quando o agressor imaginário assumia outra posição, isso ocasionava uma mudança correspondente nos tais sortilégios.

Uma manhã, na sala de atividades, Barbara, a jovem negra da cela logo em frente à minha, quebrou seu silêncio habitual para me contar que tinha recusado sua dose diária de clorpromazina. Era muito simples: ela estava cansada de se sentir como um vegetal o tempo todo. Ia resistir à clorpromazina e sair da 4b. Ela sabia sobre minhas próprias tentativas de sair e, se ambas fôssemos transferidas, disse que gostaria muito de ser minha "companheira de cela" entre a população geral.

Na cela vizinha à de Barbara estava uma mulher branca muito jovem que parecia receber doses de clorpromazina maiores do que as das outras. Um dia, quando ela não estava tão aérea, quis saber se eu podia ajudá-la com seu caso. (Ela tinha voltado do tribunal e, evidentemente, não tinha sido drogada para que parecesse mais ou menos normal perante o juiz.) Quando lhe perguntei sobre as acusações, lágrimas desceram por seu rosto enquanto ela repetia: "Eu jamais poderia fazer algo assim. Eu nunca mataria meu próprio bebê".

Ela não entendia onde estava e não tinha compreensão alguma do sistema judicial. Quem eram suas amigas, ela queria que eu lhe dissesse, e quem eram as pessoas que desejavam prendê-la? Ela temia conversar com o próprio advogado, por medo de que ele contasse tudo ao juiz. Agora, estava completamente arrasada porque um médico que havia se comprometido a guardar segredo tinha acabado de testemunhar e revelar tudo que ela lhe contara. Naquele momento, o que ela mais queria era um pouco de clorpromazina. Queria fugir, esquecer, ficar chapada.

Talvez a história mais trágica de todas fosse a de Sandra – a adolescente acusada de incêndio culposo. Ela era uma das mulheres que estavam na sala de admissão na noite em que fui presa. Eu havia notado, naquele momento, que o cabelo dela caía em tufos e presumi que ela tivesse impingem. No meu primeiro dia na 4b, ela saiu da cela para comer. No segundo dia, ignorou a chave que destrancou a porta de sua cela no horário das refeições. Em silêncio e de modo sistemático, ela arrancava o cabelo pela raiz. Daquele dia em diante, sempre que a via, ela estava sentada na cama, calada, arrancando o cabelo aos punhados. Quando fui embora, ela estava magra como um palito e tudo que havia restado de seu cabelo eram poucas mechas de um dos lados de sua pobre cabeça calva.

De todas as agentes prisionais que foram enviadas para trabalhar na 4b – e quase todo dia havia pessoas diferentes –, nenhuma se preocupou com essa jovem, nenhuma, exceto uma mulher negra doce e maternal que parecia completamente deslocada em seu uniforme de agente prisional. Nas poucas vezes que esteve em serviço, ela tentou, com ternura, persuadir a pobre jovem a sair de sua depressão, extrair palavras de sua alma torturada, tirá-la da cela para a sala de atividades e convencê-la a comer um pouco. Mas essa agente raramente estava lá, e ela era apenas uma pessoa equilibrada contra um sistema inteiro no qual não havia nada que estimulasse a preocupação com uma prisioneira que estava sendo lenta e irremediavelmente engolida pelo próprio desespero.

A semana que passei na 4b foi de longe pior do que minhas piores fantasias sobre confinamento solitário. Foi uma tortura ficar cercada por essas mulheres que precisavam urgentemente de ajuda profissional. Foi ainda mais torturante porque, a cada vez que eu tentava ajudar uma delas a sair de sua aflição, eu descobria que uma parede – muito mais impenetrável do que as paredes de nossas celas – se erguia entre nós. Era impossível não ficar depressiva quando o "médico" delas vinha para examiná-las – ele simplesmente prescrevia doses maiores de clorpromazina, hidrato de cloral ou outros tranquilizantes.

Mesmo se as prisioneiras com transtornos psicológicos severos recebessem mais atenção, eu me perguntava se a abordagem seria fundamentalmente diferente daquela que testemunhei na 4b. A psicologia, do modo como costuma ser praticada, não é orientada para a cura. Com frequência, não atinge a raiz do problema porque não reconhece a origem social de muitas formas de transtorno mental.

Como a mulher da cela ao lado da minha poderia sequer começar a ser curada se a pessoa responsável por seu tratamento psicológico não estava consciente do modo como o racismo, assim como uma praga da Antiguidade, infecta cada articulação, músculo e tecido da vida social nos Estados Unidos? Essa mulher estava apodrecendo em um covil de racismo, autoflagelando-se diariamente com sua imaginação obscena e gráfica. A fim de entender sua doença, é preciso começar pela doença da sociedade – porque foi com a sociedade que ela aprendeu tão plenamente a odiar pessoas negras.

Presa naquela terra devastada habitada por enfermas entorpecidas e suas guardiãs indiferentes, minha vida girava em torno das visitas diárias de Margaret. Eram oásis, retornos reconfortantes à humanidade. Mais do que qualquer outra coisa, nossas conversas – sobre o mundinho de nossa infância, de nossas famílias, e sobre o mundo mais amplo da política global, do movimento, do meu caso – eram o que me sustentava durante aquele período. Ela trazia recados de minha mãe e de meu pai e continuamente assegurava à minha mãe que minha saúde estava boa e meu moral, elevado. Margaret era minha única ligação com camaradas, amigos e amigas, e evitava que eu fosse totalmente engolida pela loucura daquela masmorra.

Ela tinha se tornado muito forte. Junto com as responsabilidades de seu emprego em tempo integral no Fundo de Defesa Legal da National Association for the Advancement of Colored People [Associação Nacional para o Progresso de Pessoas de Cor; NAACP, na sigla original] e a sua total devoção ao filho de seis anos, ela estava totalmente dedicada ao caso. E, sabendo o quanto eu ansiava por suas visitas, raramente faltava um dia.

Ela entrou no caso lutando e assim continuou ao longo de todos os vinte meses. Naquela primeira manhã no edifício do FBI, ela só chegou até mim depois de brigar para abrir caminho em meio a um grupo de delegados. Quando veio me visitar na prisão, as carcereiras disseram que ela não tinha a aparência de uma advogada: parecia jovem demais para ter passado no exame da ordem em Nova York. Além disso, era negra e, para completar, mulher. Quando ela comprovou o direito de me visitar na condição de minha advogada, iniciou uma interminável batalha com a administração carcerária em relação aos meus direitos.

A primeira luta foi travada a fim de me tirar da 4b. Margaret submeteu à administração uma solicitação atrás da outra, exigindo que eu fosse colocada em uma seção regular da prisão. Foi de funcionária em funcionária, subindo na hierarquia, da tenente à capitã, à superintendente auxiliar, até chegar à própria superintendente. Margaret insistia que não conseguia ter uma conversa sensata com a diretora da prisão. (Meus próprios encontros com a mulher confirmaram tudo o que ouvi sobre ela, tanto de advogados quanto de prisioneiras. Infelizmente, ela era negra. Era provável que tivesse sido escolhida por esse motivo – tinha demonstrado ser um instrumento conveniente para as instâncias superiores no Departamento de Execução Penal de Nova York.)

Em nenhuma instância da hierarquia conseguiram dar um motivo para meu encarceramento na 4b, exceto a ridícula noção de que as outras mulheres poderiam me atacar se eu não fosse mantida em um local seguro. A essa altura, com minhas idas da ala 4b até o andar principal para as visitas de Margaret e John, tínhamos acumulado evidências suficientes para provar o afeto que a vasta maioria das mulheres tinha por mim.

Pouco mais de uma semana se passara quando a diretora informou a Margaret que eu seria transferida para a população geral. Eu estava extremamente ansiosa, mas não quis deixar passar às agentes prisionais a impressão de que essa transferência era algo mais do que aquilo que me era devido e pelo qual eu vinha aguardando desde o início. Antes do jantar, uma jovem agente porto-riquenha de aparência esquálida veio me buscar na 4b. Reuni meus pertences – vestidos fornecidos pela prisão, roupas de baixo e as revistas que eu tinha conseguido que me trouxessem –, disse adeus às mulheres (ainda que a maioria estivesse irreparavelmente chapada pelas drogas) e segui a agente, transpondo a porta de ferro. Gritei para as mulheres que estavam no refeitório em frente ao elevador, pedindo a elas que dissessem adeus a Shirley e Tex, encarregadas de trazer nossas refeições na 4b. Quando ficaram sabendo que eu estava indo embora, as duas vieram correndo, pedindo que eu tentasse voltar para vê-las, se pudesse.

A cama que me foi designada no dormitório do décimo andar, onde dormiam ao menos cem mulheres, ficava bem na entrada do corredor, a apenas alguns metros de distância da mesa da agente prisional. Depois de um jantar insosso no refeitório/sala de atividades ao lado, comecei a conversar com várias mulheres. Muitas delas estavam se recuperando e foram alocadas no dormitório porque precisavam ficar perto do hospital, no fim do corredor, caso surgisse algum problema. Algumas tinham acabado de parir. Outras eram idosas que poderiam não sobreviver à rotina normal da prisão.

Uma das mulheres parecia familiar. Logo percebi que era a mulher grávida que vira na noite em que fui presa. Quando perguntei a ela como estava seu bebê, ela ficou surpresa que eu soubesse a respeito. Depois de minha explicação, ela disse que estava com tanta dor naquele momento que não se lembrava do que tinha acontecido. Tivemos uma conversa vigorosa sobre a prisão, seu caso e seus problemas pessoais. Por fim, ela reuniu coragem para pedir que eu explicasse o que era comunismo. Algumas das outras mulheres começaram a ouvir. Estávamos no fim do corredor; não havia agentes prisionais por perto, mas eu sabia que elas descobririam que estávamos conversando sobre política. A maioria das mulheres pareceu sinceramente interessada, e eu agarrei a oportunidade para dizer a elas que a maior parte do que tinham ouvido sobre comunismo era uma rede de mentiras cuidadosamente tecida.

Enquanto organizava minhas coisas em um pequeno armário ao lado de minha cama, uma jovem branca se aproximou e, em uma voz quase inaudível, sussurrou: "Também sou prisioneira política". Ela explicou que um amigo de seu marido tinha sido preso por posse de explosivos em Oakland. Ao que parece, a polícia tinha ligado ela e o marido ao caso e depois realizado a prisão em Nova York. O caso ainda estava na fase de extradição. Ela tinha dado à luz e estava ali, aguardando, quase em total ignorância, os desdobramentos do processo. (Soube depois que as agentes prisionais tinham dado a ela o apelido de "Weatherman"*, embora não parecesse que ela tivesse algo a ver com tal organização.)

---

* Nome dado a membros da Weather Underground Organization (WUO), grupo político da esquerda radical atuante nos Estados Unidos entre 1969 e 1977 que militava principalmente contra o racismo, as ações imperialistas do governo do país e a Guerra do Vietnã. Em 1970, a

Naquela noite, fui apresentada a uma conhecida instituição de qualquer prisão: a rede de boatos. Várias mulheres me contaram que tinham acabado de ouvir "pela rede de boatos" que eu tinha sido transferida da 4b para o décimo andar por motivos de segurança. Segundo elas, a administração temia que, com a ajuda de pessoas amigas do lado de fora, eu tentasse fugir do quarto andar. Aparentemente, isso já tinha sido feito antes. Havia até rumores de que tinham descoberto uma conspiração para me resgatar. Não sei se essas fantasias eram das prisioneiras ou das carcereiras; em todo caso, não descartei por completo a possibilidade de que a administração tivesse sido impelida pelo medo a me transferir para o décimo andar. Isso era divertido, mas também assustador, porque, se tinham agido com base em motivos tão irracionais, não havia como dizer o que mais poderiam tentar.

Como era de se esperar, já no dia seguinte me disseram que eu estava prestes a ser transferida para outra parte da prisão. Protestei contra ser jogada de um lado para o outro como uma bola de pingue-pongue, mas na realidade não me importava em mudar, imaginando que eu iria para a população geral. Eu detestava a falta de privacidade do dormitório. Se eu decidia ler ou escrever um pouco, era impossível me isolar, exceto, talvez, na cabine do banheiro. Ao menos a cela propiciaria um pouco de privacidade. Eu não fazia ideia de que meu desejo por certo grau de reclusão seria mais do que satisfeito. A população principal que imaginei estar prestes a integrar acabou sendo uma sala de isolamento especial localizada no sexto andar, improvisada às pressas e separada de todos os corredores.

Indignada, exigi saber o que estava acontecendo, mas evidentemente não houve explicação por parte da agente prisional que, calada, me conduziu para longe dali. Afinal, ela disse, estava apenas seguindo as instruções de sua supervisora. Não foi difícil perceber a provável conexão entre o inofensivo debate sobre comunismo que tive com as irmãs, alguns andares acima, e essa transferência repentina e injustificada para a solitária.

Olhei ao redor da cela com raiva e descrença. Parecia particularmente ilógico que, depois de me transferirem da ala psiquiátrica para o dormitório, agora me isolassem por completo. Ao mesmo tempo que esses pensamentos passavam pela minha cabeça, percebi que era inútil tentar compreender a lógica deturpada das carcereiras.

WUO declarou guerra contra os Estados Unidos e iniciou uma campanha de bombardeios que tinha como principais alvos edifícios do governo e bancos. (N. T.)

Descobri mais tarde que aquela sala costumava ser usada pelo médico, aparentemente para exames. As unidades de isolamento que existiram no passado tinham sido desativadas há anos, em um esforço para tirar de vista os exemplos mais flagrantes de desumanidade. Obviamente, não foi um esforço bem-sucedido; a desumanidade jorrava de cada rachadura e cada fresta do lugar.

Quando trocavam os turnos – primeiro, à meia-noite e, depois, de manhã cedo –, havia uma mudança perceptível de agentes prisionais na porta da frente. Comecei a notar que tinham designado alguém para me vigiar 24 horas por dia. Não tinham apenas me isolado, tinham me colocado sob segurança máxima.

Depois, naquela noite, observei através da janela as pessoas "livres" que passavam pela avenida Greenwich. Ouvi os sons noturnos do Village e andei de um lado para o outro da sala. Quando, por fim, fui para a cama, fiquei de olhos abertos: não queria ser pega desprevenida no meio da noite.

Na manhã seguinte, me ocorreu que não havia chuveiro na cela. Comecei a me perguntar muito seriamente se iriam construir uma "instalação especial" para mim. Quando avisei a agente prisional do lado de fora que estava pronta para meu banho diário, ela disse que eu teria de esperar. Levou mais de uma hora para organizarem meu banho, porque todas as mulheres tinham de ser retiradas do corredor e trancadas em suas celas antes que me deixassem sair. A agente destrancou a porta e me levou, através de uma porta de ferro, a um longo corredor de celas.

Foi a primeira vez que tive a chance de olhar com mais atenção um corredor da população geral da prisão. Descobri depois que, quando não estavam trancadas em suas celas, as prisioneiras passavam a maior parte do tempo em corredores como aqueles, sentadas no chão de cimento gelado e imundo. Aparentemente, nenhuma das celas tinha latas de lixo, já que papel e sujeira estavam espalhados por toda a extensão do corredor – como se tivessem sido atirados despreocupadamente pelas grades.

O chuveiro não era muito mais limpo – havia um rato morto empurrado para baixo do banco, como se assim fosse menos intrusivo. Quando saí do banho, não me senti nem um pouco mais limpa do que antes, mas tinha obtido um pouco de satisfação com o fato de que minha exigência tinha forçado as carcereiras a ceder de algum jeito.

Quando Margaret e John vieram, fiz uma descrição detalhada da ofensiva mais recente lançada pela administração da prisão. Começamos a mapear nossos planos de contraofensiva. Nossa resposta tinha de ser ao mesmo tempo política e legal. Uma ação judicial federal seria apresentada com base no fato de eu ser vítima de discriminação indevida. A campanha política teria de revelar o precedente que a administração prisional e o governo estavam tentando estabelecer no tratamento de pessoas presas por razões políticas.

Na época, o Departamento de Execução Penal deve ter percebido que era fundamental estabelecer métodos de isolamento da resistência e do radicalismo a fim de evitar sua disseminação em larga escala. Em setembro, um mês antes, a Tombs insurgiu-se em enormes protestos coletivos. Obviamente, cada prisão de Nova York estava buscando novas formas de evitar tais explosões. Se não contestássemos publicamente os esforços para me segregar do resto das mulheres, esse aparato estaria pronto e à espera de qualquer pessoa que fosse considerada uma ameaça política.

Decidi dramatizar a situação me declarando em greve de fome pelo tempo que fosse mantida no isolamento – eu me defenderia deste lado dos muros enquanto as coisas aconteciam do outro lado. Não foi difícil entrar em greve de fome. Se a comida parecesse apetitosa, teria sido um desafio; mas, na verdade, os pratos insípidos colocados na minha frente facilitavam a greve. Depois de passar os olhos pela comida, tinha mais vontade de vomitar do que de comer.

Entre as muitas agentes prisionais designadas para me vigiar ao longo daquelas semanas, algumas eram inequivocamente solidárias. Descobri por meio delas que a diretora da prisão as instruíra a impedir qualquer troca de palavras entre as outras mulheres e eu – nem mesmo um cumprimento era permitido. As agentes que simpatizavam comigo ignoraram essa ordem, apesar do fato de que, se suas superiores soubessem do acordo que tinham comigo, seriam acusadas de insubordinação.

Também descobri por uma dessas agentes que, quando elas chegavam para o serviço, responsabilizavam-se por um livro de registro intitulado "Atividades diárias de Angela Davis". De hora em hora, deviam fazer anotações sobre minhas atividades na hora anterior – se estive lendo (nesse caso, o quê), escrevendo, me exercitando – que esgotassem a gama de atividades que eu conseguia realizar em um alojamento tão apertado.

Algumas delas também me contaram que tinham sido instruídas a realizar uma busca minuciosa no meu alojamento toda vez que houvesse a troca da guarda. As mais amistosas não se davam ao trabalho de conduzir a busca. Mas aquelas que levavam a sério essa obrigação anunciavam sua presença no posto entrando na cela, analisando atentamente as paredes descascadas, como se elas pudessem ocultar uma arma, e, por fim, esquadrinhando as gavetas da mesa de cabeceira. Sempre seguindo meus movimentos com um dos olhos.

Infelizmente, não posso descrever essas agentes solidárias nem me referir a elas por seus nomes. Minhas palavras poderiam significar a perda de seus empregos. Elas formavam um interessante conglomerado de mulheres negras, tanto jovens como idosas, cujas opiniões políticas variavam de "liberais" a francamente simpáticas às alas mais combativas do movimento de libertação negra.

Elas explicaram que tinham sido levadas pela necessidade a se candidatar a esse tipo de emprego. Aparentemente, era uma das ocupações com salários mais altos em Nova York que não exigiam formação universitária. De certo modo, essas agentes prisionais eram elas mesmas prisioneiras, e algumas estavam profundamente cientes de que navegavam em águas incertas. Como seus predecessores, os feitores negros, elas vigiavam suas irmãs em troca de algumas fatias de pão. E, como os feitores, também descobririam que parte do pagamento por seu trabalho era sua própria opressão. Por exemplo, horas extras eram obrigatórias. E, por causa da disciplina militar à qual eram forçadas a se submeter, se não fizessem horas extras podiam ser punidas por insubordinação. Cumprir jornadas de dezesseis horas alguns dias por semana não era incomum para as agentes prisionais jovens que não tinham muito tempo de serviço nem para as mais velhas que não eram benquistas nos altos escalões da hierarquia prisional.

Ainda assim, mesmo que suas próprias queixas fossem motivo suficiente para que se envolvessem em protestos, qualquer papel positivo que pudessem desempenhar dentro da prisão era limitado – elas certamente não podiam revolucionar o sistema penal. Mas, dentro dessas limitações, havia um grande número de coisas relevantes que faziam. Por exemplo, transmitiam mensagens das prisioneiras para o lado de fora, quando não era possível enviá-las pelos canais normais. Traziam artigos de "contrabando", como pentes garfo. Traziam obras literárias para as prisioneiras – especialmente literatura política, que era banida da biblioteca. Se as mulheres interessadas em aprender mais sobre os movimentos de libertação negra ou porto-riquenha formassem grupos de estudos sérios, algumas vezes essas agentes prisionais serviam de escudo entre as prisioneiras e a administração.

Isso tudo implicava risco. Repetidas vezes essas agentes comentaram que, quando foi descoberto que duas de suas colegas tinham laços com o Partido dos Panteras Negras, elas foram prontamente demitidas. Embora estivessem dispostas a arriscar o emprego, elas achavam que, para as prisioneiras, era mais proveitoso que elas fizessem o possível dentro do próprio sistema prisional em vez de se tornarem mártires sem razão. Ainda assim, algumas delas disseram que, se as coisas chegassem a um ponto crítico, largariam o uniforme e se juntariam ao exército de prisioneiras.

Obviamente, era difícil julgar a seriedade e a profundidade desse comprometimento, mas alegrava-me ver uma delas chegar para assumir o posto de vigia. Então, eu podia conversar com algumas das irmãs do andar. Uma tarde, as irmãs dos dois corredores mais próximos à minha cela caminharam em fila indiana em frente à minha porta gritando: "Libertem Angela. Libertem nossa irmã".

Por meio da rede de boatos, fiquei sabendo que por toda a prisão havia mulheres em greve de fome em solidariedade à minha. Fiquei especialmente comovida quando soube que Shirley estava organizando uma greve de fome no quarto andar. Como ela trabalhava na cozinha, isso devia exigir um esforço extraordinário de sua parte. Quanto a mim, tomava um copo de suco três vezes ao dia, no horário das refeições, bebia muita água e fazia exercícios. Isso, juntamente com o *New York Times*, que agora vinha todos os dias, um ou dois livros que eu tinha e as visitas de Margaret e John, era o suficiente para me fazer continuar.

Quando estava na solitária, finalmente comecei a receber visitas vespertinas regulares de amigos e amigas. Uma agente prisional se postava perto o suficiente para ouvir a minha parte da conversa. (Presumi que a resumiam no livro de registro.) Eu não desconhecia os esquemas de visita das prisões, pois já tinha visitado camaradas e pessoas amigas presas em várias ocasiões. Mas essa sala de visitação era, de longe, a pior que eu tinha visto. Não é incomum ter de falar com a visita através de uma vidraça, mas as vidraças da Casa de Detenção tinham menos de trinta centímetros quadrados, e a sujeira cor de ferrugem que as cobria tornava impossível enxergar direito a pessoa que tinha vindo ver você. As prisioneiras tinham de ficar em pé durante os vinte minutos de visita e gritar em telefones que pareciam parar de funcionar exatamente quando começava a parte mais importante da conversa.

Uma noite, enquanto eu ainda estava na solitária, recebi a visita de Kendra Alexander, que tinha sido intimada a comparecer a Nova York, juntamente com seu marido, Franklin, para testemunhar diante do júri de instrução no caso contra David Poindexter. Ela me informou que um protesto contra meu confinamento na solitária estava prestes a começar. Sabiam mais ou menos onde ficava minha cela – eu tinha detalhado cuidadosamente as áreas da avenida Greenwich que conseguia ver de minha janela. Manifestantes se reuniriam na esquina da Greenwich com a Décima Oeste.

Subi correndo. A agente prisional que me vigiava era uma das mais amistosas e virou a cabeça e tapou os ouvidos enquanto eu espalhava a notícia. Em cinco ou seis andares, as mulheres que viviam nos corredores com janelas voltadas para a avenida Greenwich seriam capazes de ver e ouvir o protesto.

Era uma multidão entusiasmada. Seus gritos de "Libertem Angela! Libertem todas as nossas irmãs!" ecoavam na noite. Olhando para baixo pela janela de minha cela, fiquei completamente fascinada pelos discursos, algumas vezes esquecendo que estava em cativeiro e me sentindo ali, na rua, com as pessoas. Minha mente relembrou protestos passados – "Libertem os irmãos Soledad", "Libertem Bobby e Ericka", "Libertem Huey", "Fim à Guerra do Vietnã", "Fim aos assassinatos policiais em nossa comunidade já".

Jose Stevens, um líder do Partido Comunista no Harlem, tinha concluído seu discurso. Franklin dirigia suas palavras cheias de paixão a todas as prisioneiras trancafiadas na Casa de Detenção Feminina. Então, minha irmã Fania pegou o megafone. O som de sua voz me lançou de volta à realidade, pois, por um momento, eu tinha esquecido que o protesto era sobre mim. Eu estava tão concentrada na manifestação que realmente me senti como se estivesse na rua com as pessoas. Pensando na impenetrabilidade daquela fortaleza, em todas as coisas que me mantinham separada de camaradas a menos de cem metros de distância e em meu confinamento na solitária – essa prisão dentro da prisão que me isolava de minhas irmãs de cativeiro –, senti o peso do encarceramento talvez com mais força do que em qualquer momento anterior.

Minha frustração era imensa. Mas detive meus pensamentos antes que eles me conduzissem ainda mais na direção da autopiedade, lembrando a mim mesma que isso era exatamente o que o confinamento na solitária almejava provocar. Nesse estado, as guardas poderiam controlar suas vítimas. Eu não deixaria que me subjugassem. Transformei minha frustração em uma energia furiosa para a luta.

Contra o pano de fundo dos gritos que ressoavam no protesto, repreendi a mim mesma por me entregar à autopiedade. E quanto a George, John, Fleeta e meu coacusado, Ruchell Magee, que tinham suportado coisas muito piores do que eu jamais poderia esperar enfrentar? E quanto a Charles Jordan e seu período naquela cela medieval na prisão de Soledad? E quanto àqueles que perderam a vida – Jonathan, McClain e Christmas?

A experiência do protesto tinha despertado tanta tensão em mim que não senti nenhum dos efeitos debilitantes do jejum. Fiz uma série extra e intensa de exercícios para baixar meu nível de energia de modo a conseguir deitar na cama em relativa calma. Ter uma noite inteira de sono estava fora de questão. Naquela noite, eu precisava ficar especialmente alerta. Tudo estava quieto na prisão, mas eu estava convencida de que o protesto tinha despertado a atenção das carcereiras e eu precisava me manter de prontidão caso decidissem atacar em algum momento durante a madrugada.

No décimo dia da greve de fome, quando eu havia persuadido a mim mesma que poderia continuar sem comer indefinidamente, o Tribunal Federal proferiu uma decisão proibindo a administração da prisão de me manter no isolamento e sob condições de segurança máxima. Tinham decidido – sob pressão, óbvio – que essa punição injustificada me era imposta devido às minhas crenças e afiliação políticas. O tribunal estava quase dizendo que o diretor de execuções penais, George McGrath, e a superintendente da Casa de Detenção Feminina, Jessie Behagan, tinham tanto temor em deixar que as mulheres da prisão descobrissem o que era comunismo que preferiram violar meus direitos constitucionais mais básicos.

Essa decisão judicial foi uma surpresa. Eu não esperava que fosse tão rápida e objetiva. Foi uma vitória importante, porque tínhamos instituído de modo firme que as autoridades responsáveis pelo Departamento de Execução Penal de Nova York não teriam caminho livre quando tentassem perseguir a próxima pessoa detida por razões políticas que caísse em suas mãos. Ao mesmo tempo, porém, eu não me surpreenderia se a administração da prisão tramasse outra situação, que poderia não ser o confinamento em solitária, mas que me faria passar por momentos igualmente difíceis. Esse pensamento reprimiu minha alegria com a notícia da ordem judicial.

Próximo destino: sétimo andar, corredor C. Quando cheguei, havia uma grande mudança acontecendo. Algumas mulheres estavam sendo levadas para outro lugar, outras estavam chegando. Por um momento, me ocorreu a ideia de que estavam preparando um corredor especial para informantes, confidentes das carcereiras – e eu. Mas, como se viu depois, a ação judicial havia forçado a administração a se precaver: as chamadas "rés primárias" deveriam ficar separadas

das que já tinham cumprido pena na Casa de Detenção. Aparentemente, as transferências necessárias estavam sendo feitas.

Eu tinha pouco tempo para me familiarizar com o ambiente antes que todas as portas das celas fossem trancadas, mas algumas das minhas vizinhas fizeram uma visita guiada à minha cela de 2,5 x 1,5 metros. Por ser uma cela de canto – a única que podia ser facilmente espionada a partir da mesa da agente prisional no corredor principal –, era a menor do corredor; o beliche duplo a fazia parecer ainda mais reduzida. As instalações – a cama, a pia minúscula, o vaso sanitário – foram colocadas em linha reta, deixando não mais do que sessenta centímetros de espaço livre no chão em qualquer ponto da cela.

As irmãs me ajudaram a improvisar uma cortina na frente da pia e do vaso sanitário para que não pudessem ser vistos do corredor. Mostraram-me como usar jornal enrolado em retalhos de pano para fazer um assento, transformando o vaso em uma cadeira para ser usada com a mesa de ferro dobrável que ficava presa na parede em frente. Ri alto diante da ideia de escrever sentada no vaso sanitário.

Aproximava-se a hora de trancar as celas; uma irmã se lembrou de que precisava me avisar sobre um dos perigos da vida noturna na Casa de Detenção. "'Mickey' vai tentar entrar na sua cela esta noite", ela disse, e eu teria de tomar medidas preventivas para "mantê-lo do lado de fora".

"Mickey?" Havia algum maníaco que as carcereiras soltavam à noite para importunar as mulheres?

Rindo, a irmã me disse que estava se referindo aos camundongos que corriam por ali na escuridão dos corredores, procurando as portas das celas que não estavam bloqueadas com jornais.

Aquilo se tornou um ritual noturno: colocar jornais meticulosamente dobrados no pequeno espaço entre a porta e o chão, subindo até a metade do vão da porta junto à parede. Apesar das medidas preventivas que tomávamos, Mickey sempre conseguia roer a barricada em pelo menos uma cela, e com frequência éramos acordadas pelos gritos de alguma mulher chamando a agente para tirar o camundongo dali. Uma noite, Mickey se juntou a mim na cama superior. Quando o senti rastejando em volta do meu pescoço, me livrei dele, pensando que eram baratas. Quando, por fim, percebi que era Mickey, gritei pela vassoura – nossa única arma contra ele. Aparentemente, as ratoeiras eram muito caras, e não queriam exterminá-los.

Tinha algo de bom em Mickey. A presença dele nos assegurava que não havia ratos nas redondezas. Camundongos e ratos nunca compartilham o mesmo território.

Em certo sentido, nossas lutas diárias contra Mickey – com todos os meios improvisados para levar a melhor sobre ele – simbolizavam uma luta mais ampla contra o sistema. Entregando-me aos voos da imaginação, às vezes eu fantasiava que todos os preparativos feitos à noite para afastar aquelas criaturas eram as barricadas sendo erguidas contra um inimigo maior. Em toda a prisão, centenas de mulheres politicamente conscientes, politicamente engajadas, estavam agindo em um uníssono revolucionário.

Naquela primeira noite, pouco depois de a irmã me ajudar a obstruir a porta com jornal, uma agente prisional gritou: "Hora de trancar as portas, meninas. Para as celas". Enquanto as mulheres deslizavam as pesadas portas de ferro, fechando-as, a barulheira de batidas metálicas ressoava a partir de todos os quatro corredores do sétimo andar. Pude ouvir os mesmos sons à distância, ecoando por toda a prisão. (Na 4b, eu nunca tinha conseguido entender o motivo daquela comoção. A primeira vez que a ouvi, pensei que tinha sido deflagrada uma rebelião.)

A agente prisional se aproximou para contar as prisioneiras e, às nove horas da noite, todas as luzes do corredor e das celas foram apagadas por meio de um interruptor mestre. No escuro, um ritual de boa noite era realizado. Uma irmã gritava boa noite a outra, chamando-a pelo nome. A citada, adivinhando a identidade daquela voz, gritava boa noite, também chamando a irmã pelo nome. No começo, alguém de meu corredor gritou de modo afetuoso: "Boa noite, Angela!". Mas, mal tendo aprendido o nome das pessoas, muito menos de forma a reconhecer suas vozes, eu era uma intrusa naquele ritual e só pude responder com um solitário e desamparado (embora não menos vigoroso) "boa noite". Meu chamado desencadeou gritos de boa noite para mim, que vieram não apenas do meu corredor, mas também dos outros. Tenho certeza de que nunca se disse um "boa noite" tão longo. As agentes prisionais não o interromperam, ainda que o silêncio devesse ter prevalecido muito tempo antes.

A vida na prisão era organizada e controlada de cima, de acordo com princípios pragmáticos da pior espécie. Eram propiciadas atividades suficientes apenas para distrair as prisioneiras de qualquer reflexão prolongada sobre sua lamentável condição. O objetivo era preencher o dia com atividades sem sentido, com diversões vazias.

Como consequência, toda uma rede de instituições estava ali para absorver a energia das prisioneiras. A cantina, óbvio, era um aspecto importante da sobrevivência em cativeiro. Três dias por semana, as mulheres que aguardavam julgamento visitavam esse pequeno depósito para comprar as coisinhas que tornavam a vida levemente menos intolerável. Às segundas e quartas-feiras, havia um limite de três dólares para os nossos gastos; às sextas-feiras, podíamos gastar um dólar a mais. Os cobiçados itens à venda eram coisas como cigarros, cosméticos, material básico de escrita – lápis (mas não canetas), blocos pautados e selos –, parafernália para tricô e crochê, guloseimas como biscoitos, balas, doces, café instantâneo e chocolate quente. A menos que você estivesse grávida, a única fonte de leite de verdade era a cantina.

A centralidade da cantina surge da privação, que é um elemento importante do controle e da autoridade oficiais. Na prisão, você aprende que nada é garantido; o processo normal de necessidade-satisfação se rompe. Não se pode supor nem mesmo que as necessidades mais básicas serão supridas. Sempre há condições. Se você se comporta de maneira a levar uma agente prisional a confiná-la, você perde seu direito à cantina. Se você, por acaso, estiver sem cigarros, simplesmente terá de passar sem eles. A ameaça de retirada do direito à cantina é um estímulo negativo poderoso.

Outro método usado para preencher o tempo eram os serviços religiosos nas manhãs de domingo. Por curiosidade, desci à capela no primeiro domingo que passei entre a população geral da prisão. Fiquei surpresa com o número de prisioneiras presentes. Logo percebi, porém, que muitas das mulheres tinham segundas intenções sem qualquer relação com um sentimento religioso sério. Aquele era um dos dois pontos de encontro regulares onde mulheres de uma parte da prisão conseguiam ver e conversar com suas amigas de outros andares.

O outro ponto de encontro semanal era o cinema – quer dizer, se o projetor não estivesse quebrado. Nem mesmo a curiosidade que me atraiu aos serviços religiosos conseguiu me fazer comparecer à projeção de um desses insípidos filmes de Hollywood. Não preciso dizer que era um dos lugares favoritos para os encontros românticos homossexuais.

Para aquelas que gostavam de ler, a biblioteca seria uma salvação, não fosse o fato de que a maioria dos livros era de mistério, histórias de amor ou literatura ruim pura e simples, cuja única função era criar vias de escape emocional. Ao longo de meus dias de confinamento solitário, depois de Margaret convencer a diretora da prisão de que eu devia ter acesso a materiais de leitura, passei alguns períodos sozinha na biblioteca. Em um tempo curto, vasculhei todo o lugar, descobrindo apenas alguns livros que me despertavam ligeiro interesse: um livro de Edgar Snow sobre a Revolução Chinesa, a autobiografia de W. E. B. Du Bois e um livro sobre comunismo escrito por um autor pouco conhecido e surpreendentemente objetivo.

Depois da descoberta desses livros, meus pensamentos ficaram divagando sobre sua enigmática presença ali. E, subitamente, me ocorreu: provavelmente, tinham sido lidos por Elizabeth Gurley Flynn, Claudia Jones ou uma das outras líderes comunistas que tinham sido perseguidas com base na Lei Smith* na era McCarthy. Eu mesma ouvi que, se ganhasse qualquer livro durante minha permanência ali, teria de doá-lo à biblioteca – o que seria um prazer, considerando o estado daquele suposto local de aprendizagem. Ao folhear os livros, me senti honrada em estar seguindo a tradição de algumas das heroínas mais extraordinárias dos Estados Unidos: mulheres que eram líderes comunistas, especialmente a comunista negra Claudia Jones.

Se alguém quisesse um livro que não estava disponível na biblioteca, ele tinha de ser enviado por correio diretamente da editora. Decidi fazer com que me fossem remetidos tantos livros quanto possível, a fim de oferecer às prisioneiras que me sucedessem um material de leitura mais interessante, mais relevante, mais sério do que o lixo nas prateleiras da biblioteca. Aparentemente, as carcereiras perceberam meu esquema, principalmente quando chegaram dez exemplares de *Soledad Brother*, de George Jackson, pois foram duras ao me avisar que nenhum livro deveria sair de minhas mãos. Essas obras me seguiriam a qualquer prisão que eu fosse.

As poucas instituições prisionais restantes eram ainda mais limitadas. Havia períodos curtos de exercícios físicos na cobertura do edifício. Essa, admito, era minha atividade favorita e, desde que o clima permitisse, eu ansiava, com prazer, por nossos jogos de vôlei no topo da prisão. Na cobertura, em salas fechadas, havia também arte, artesanato, dança e jogos, como baralho e palavras cruzadas de tabuleiro. Com isso, a variedade de atividades por trás dos muros

---

* Lei que criminalizava a defesa e a participação em organizações políticas que defendessem a derrubada do governo dos Estados Unidos. (N. T.)

estava praticamente completa. Entretanto, era incrível quanto tempo podia ser consumido nessas coisas, a maioria das quais não contribuía em nada para o desenvolvimento educacional, cultural ou social das prisioneiras. O principal objetivo desses passatempos era encorajar, de modo sutil, a obediência e a submissão.

Prisões e penitenciárias são desenhadas para subjugar seres humanos, para converter sua população em espécimes de zoológico – obedientes a nossas tratadoras, mas perigosas umas para as outras. Em resposta, homens e mulheres em cativeiro inventam e invocam continuamente diversos tipos de defesa. Assim, podem ser encontradas duas camadas de existência no interior de praticamente todas as prisões e penitenciárias. A primeira camada consiste nas rotinas e no comportamento determinados pela hierarquia penal dominante. A segunda camada é a cultura das prisioneiras em si: as regras e os padrões de comportamento que vêm das detentas e são por elas definidos, a fim de se proteger do terror explícito ou velado destinado a destruir sua determinação.

De um modo elementar, trata-se de uma cultura de resistência, mas uma resistência desesperada, que é, portanto, incapaz de desestabilizar o sistema. Todos os elementos dessa cultura são baseados na suposição de que o sistema prisional continuará a existir. Precisamente por esse motivo, o sistema não se mexe para exterminá-la. (Na verdade, o que acontece às vezes é que há um encorajamento, por baixo do pano, à subcultura das prisioneiras.) Eu sempre ficava espantada com os infinitos detalhes dos espaços sociais que as mulheres na Casa de Detenção consideravam de seu domínio exclusivo. Essa cultura era desdenhosamente fechada às guardas. Algumas vezes, atravessei essas portas de modo inocente e me vi completamente desorientada. Um exemplo significativo aconteceu no meu segundo dia em meio às detentas. Uma irmã me perguntou: "O que você achou do meu avô? Ele disse que viu você hoje de manhã". Eu estava segura de não ter ouvido a pergunta direito, mas quando ela a repetiu, eu disse que ela deveria estar enganada, porque não tinha ideia de quem era seu avô. Além disso, eu não tinha recebido visitas naquele dia. Mas a piada era eu. Eu estava em um país estrangeiro e não tinha aprendido sua língua. Ela me explicou que uma prisioneira que estivera em minha cela durante o dia era o "avô" a quem ela estava se referindo. Como ela não parecia disposta a responder nenhuma pergunta, contive minha curiosidade até encontrar alguém que pudesse me explicar o que diabos estava acontecendo.

Algumas celas adiante, uma mulher fez para mim uma descrição fascinante de um sistema completo por meio do qual as mulheres podiam adotar suas amigas da prisão como parentes. Fiquei perplexa e admirada com o modo impecável pelo qual a maioria da população prisional tinha se organizado em gerações familiares: mães/esposas; pais/maridos; filhos e filhas; e até tias, tios, avós e avôs. O sistema familiar servia como uma proteção contra o fato de não serem mais do que um número. Humanizava o ambiente e permitia a identificação com as outras detentas dentro de um modelo familiar.

Apesar de seu forte elemento de escapismo e fantasia, o sistema familiar conseguia resolver alguns problemas imediatos. Obrigações e responsabilidades familiares eram um modo de institucionalizar o compartilhamento. Os pais e as mães deviam sustentar os filhos e as filhas, principalmente se fossem jovens, caso não tivessem como pagar os "itens de luxo" da cantina.

Como nos relacionamentos filiais fora da prisão, alguns filhos e filhas tinham, ou desenvolviam, segundas intenções. Muitas dessas pessoas se uniam a certas famílias porque nelas os benefícios materiais eram maiores.

O que mais me impressionava nesse sistema familiar era a homossexualidade que constituía sua essência. Mas, embora certamente houvesse uma superabundância de relacionamentos homossexuais no interior dessa estrutura de parentesco improvisada, ainda assim ela não era fechada às mulheres "hétero". Havia filhas heterossexuais e mães sem maridos, isto é, heterossexuais.

Lembro com carinho de uma jovem de dezesseis anos, com uma beleza muito intensa, que um dia me disse, pura e simplesmente, que a partir de então me consideraria sua mãe. Embora eu compartilhasse minhas compras na cantina com ela (e também com outras mulheres) quando ela não tinha dinheiro suficiente em sua conta, ela nunca me pediu nada. Era calada, séria e muito curiosa a respeito do movimento de libertação negra. Minhas obrigações em relação a ela pareciam consistir, principalmente, em conversar sobre o movimento. Alojada junto com as "adolescentes" em outro corredor no mesmo andar que eu, ela sempre conseguia, com uma firmeza tranquila, convencer as agentes prisionais a deixá-la vir até meu corredor.

Já que a maioria das prisioneiras parecia estar, ao menos informalmente, envolvida na estrutura familiar, tinha de haver um número grande de lésbicas por toda a prisão. A homossexualidade está fadada a ocorrer em uma escala relativamente alta em qualquer lugar de confinamento sexualmente segregado. Eu sabia disso antes de ser presa. Entretanto, não estava preparada para o choque de ver isso tão completamente arraigado à vida da prisão. Havia mulheres que interpretavam os papéis masculinos e outras, os femininos; as primeiras, as *butches**, eram chamadas de "ele". Durante as seis semanas que passei no sétimo andar, não consegui me referir a nenhuma mulher com um pronome masculino, embora algumas delas, se não estivessem usando os vestidos obrigatórios, jamais seriam tidas como mulheres.

Muitas delas – tanto *butches* como *femmes* – tinham claramente decidido abraçar a homossexualidade durante sua permanência na prisão para tornar aquele período um pouco mais excitante, a fim de esquecer a imundície e a degradação ao seu redor. Quando retornassem às ruas, voltariam também aos homens de antes e se esqueceriam rapidamente dos maridos e das esposas da prisão.

Um componente importante do sistema familiar eram os casamentos. Alguns eram extremamente elaborados – com convites, uma cerimônia formal e uma terceira pessoa atuando como "sacerdote". A "noiva" se preparava para a ocasião como se fosse um casamento real.

Com todos os casamentos, a busca por locais para encontros românticos, os esquemas para que uma mulher conquistasse outra, os conflitos e os ciúmes – com tudo isso –, a homossexualidade emergia como um dos centros em torno dos quais a vida na Casa de Detenção girava. Era, com certeza, um modo de neutralizar algumas das dores da vida na prisão; mas, em termos objetivos, servia para perpetuar as coisas negativas da Casa de Detenção. A "vida gay" era exaustiva: impedia muitas das mulheres de converter sua insatisfação pessoal com as condições ao seu redor em uma insatisfação política, porque a vida homossexual de fantasia oferecia uma válvula de escape fácil e atrativa.

Um dos corredores do quarto andar, onde o bloco psiquiátrico estava localizado, era reservado às mulheres com vício pesado em heroína. Quando as via, de relance, durante meus deslocamentos até o elevador, ficava impressionada com sua deterioração física. Seus corpos estavam marcados com feridas semelhantes às da lepra. Eram abscessos causados por agulhas sujas. Outras tinham sinais de picadas de agulha pelas pernas e pelos braços e, como nesses lugares as veias tinham entrado em colapso, começaram a injetar a droga nas veias do pescoço.

A visão mais trágica de todas era a das dependentes muito jovens, várias das quais não podiam ter mais de catorze anos, apesar da idade informada à polícia. A maioria delas não tinha absolutamente nenhuma intenção de permanecer longe

---

* Em linhas gerais, os termos *butch* e *femme* são usados na cultura lésbica dos Estados Unidos para descrever padrões de comportamento associados, respectivamente, às mulheres que adotam um estilo mais masculinizado e àquelas que têm um estilo mais próximo do que é construído socialmente como feminino. (N. T.)

das drogas quando retornasse às ruas. Para mim, o fato de que elas pudessem testemunhar os mais sórdidos efeitos da heroína enquanto estavam na prisão e não se sentir incitadas a reconsiderar os próprios flertes com a droga – flertes que com frequência se tornavam dependência total – estava além da compreensão.

Algumas vezes, mulheres com vícios muito pesados eram trazidas para a prisão e largadas se debatendo sozinhas em suas celas. Elas gritavam de agonia a noite toda, e nenhuma agente prisional as ajudava. Uma noite, uma jovem esquálida foi colocada na cela em frente à minha. No momento em que deveríamos ser trancadas nas celas para passar a noite, ela estava dobrada sobre si mesma, com o rosto todo retorcido de aflição. Ela precisava de ajuda médica urgente, mas não havia profissionais disponíveis. Em meu corredor, as irmãs começaram a contar histórias de mulheres que tinham estado em condições semelhantes e, deixadas sozinhas em suas celas, contorcendo-se, tinham morrido durante a noite. Decidimos nos recusar a ser trancadas nas celas a menos que ela recebesse atenção médica imediata. Apenas depois de adotarmos essa postura, ela foi examinada e levada para o hospital.

Houve várias outras ocasiões em que fomos obrigadas a intervir de modo a assegurar cuidados médicos para uma de nossas irmãs doentes. O caso mais revoltante foi o de uma mulher do nosso corredor que, durante um fim de semana, começou a reclamar de dores severas no peito. Na segunda-feira de manhã, durante a visita médica rotineira, ela foi atendida por um dos profissionais brancos mais velhos, que disse a ela que seu problema era psicossomático – resultado de ficar o dia todo sentada sem fazer nada. O conselho foi para que ela "arrumasse um emprego". (Se estivesse aguardando julgamento, como essa irmã estava, você não tinha direito sequer aos cinco ou dez centavos por hora que as prisioneiras sentenciadas recebiam.)

As dores da irmã pioraram nos dias seguintes e, por fim, decidimos fazer uma ameaça coletiva a fim de forçar as carcereiras a obter o cuidado médico de que ela precisava. Todas nós nos recusamos a ser trancadas nas celas até que ela fosse examinada por profissionais competentes. Naquele dia, ela não voltou para a cela; descobrimos depois que tumores tinham sido encontrados em seus seios, e ela teve de ser levada às pressas ao hospital para exames e uma possível mastectomia, caso os tumores se revelassem malignos.

A negligência em relação à saúde das detentas também se refletia na rotina diária da prisão. Se mulheres grávidas não pudessem pagar por uma caixa de leite nos três dias que íamos à cantina, o único modo de suplementar os três minguados copos de leite que recebiam no horário das refeições era por meio de nossos esquemas. Depois que comecei a ter problemas com meus olhos, uma dieta especial, incluindo leite, foi prescrita para mim (uma ordem judicial permitiu que um médico de fora me examinasse). Em diversas ocasiões, eu desviei o leite para uma irmã grávida.

As primeiras duas semanas passaram penosamente devagar. Parecia que eu estava presa havia muito tempo. No entanto, assim que a rotina da prisão começou a se impor de modo inexorável, os dias desembocavam imperceptivelmente uns nos outros e parecia haver pouca diferença entre três dias e três semanas.

Todas as manhãs, às seis horas, as luzes fracas eram acesas e as portas destrancadas para o café da manhã. Às oito horas, as celas eram trancadas pela primeira vez no dia e assim ficavam pelo tempo necessário para contar as prisioneiras e os talheres, garantindo que nenhuma pessoa ou colher estivesse faltando. Limpeza, ronda médica, hora do correio e cantina às segundas, quartas e sextas-feiras. Então, almoço e contagem dos talheres, seguidos pelo trancamento das celas e a contagem das prisioneiras às três horas da tarde. Dependendo do dia da semana, as tardes eram destinadas a exercícios físicos na cobertura, à biblioteca ou, de vez em quando, a um filme. Jantar, contagem dos talheres, visitas, trancamento das celas às oito horas da noite, contagem das prisioneiras, e todas as luzes eram apagadas às nove.

Eu tinha a sorte de receber as visitas quase diárias de Margaret. John vinha sempre que podia, e eu recebia visitas frequentes de profissionais que trabalhavam com Margaret em processos relativos às condições prisionais. Havia Haywood Burns, diretor da National Conference of Black Lawyers [Conferência Nacional de Advogados Negros], e dois membros da organização, Harold Washington e Napoleon Williams. Discutíamos o andamento do processo relativo à prisão e a luta legal para evitar minha extradição. John e Margaret apelariam da decisão de Nova York de me entregar à Califórnia, indo dos tribunais de apelação até a Suprema Corte dos Estados Unidos.

As mulheres que tinham família ou pessoas amigas que as visitavam aguardavam ansiosamente pelo momento, após o jantar, em que a agente prisional distribuía as fichas de visita para o pequeno grupo reunido atrás das grades no fim de cada corredor. As visitas noturnas nunca duravam mais do que vinte minutos; ainda assim, quebravam a monotonia dos dias.

Uma vez que Margaret e John tinham pressionado a burocracia prisional para permitir que eu recebesse visitas noturnas regulares – logo depois que fui libertada da solitária –, eu tinha visita praticamente todas as noites. Sempre que estavam na cidade, minha irmã Fania, Franklin e Kendra Alexander, Bettina Aptheker e demais colegas e camaradas vinham me ver. Exatamente vinte minutos depois do início da visita, eu podia esperar ouvir o ruidoso aviso de que o tempo tinha acabado; em geral, esse era o tempo que levava para iniciar uma conversa séria.

Eu sempre aguardava ansiosa pelas visitas de Charlene Mitchell. Ela era uma amiga íntima e integrava o comitê político (o órgão de liderança) do Partido Comunista. Nas eleições de 1968, ela foi a candidata de nosso partido à presidência. Charlene teve muita importância em minha decisão de ingressar no Partido Comunista e, ao longo dos anos seguintes, minha amizade com ela me ensinou muito sobre o que significava ser comunista. Quando a perseguição do FBI começou, sem um mínimo de hesitação, ela se colocou em risco a fim de salvar minha vida. Era frustrante conversar com ela por meio de telefones defeituosos, e eu tinha sempre uma dolorosa consciência do vidro e da parede que nos separavam. Ser capaz de simplesmente abraçá-la – ou mesmo apertar sua mão – teria significado muito.

Uma noite, recebi a emocionante visita de Henry Winston, o presidente do Partido Comunista. Winnie, como era afetuosamente chamado por camaradas, tinha nascido no Mississippi e, por ser ao mesmo tempo negro e comunista, tinha sido um alvo importante da fúria anticomunista dos anos 1940 e 1950. Cerca de dez anos de prisão – durante os quais um tumor cerebral ficou sem tratamento – o deixaram quase totalmente cego. Eu nunca o tinha visto pessoalmente antes de sua visita à Casa de Detenção. Do outro lado da vidraça embaçada, ele me saudou com uma voz bastante suave, e senti que ele podia me ver com uma percepção muito maior do que a de alguém com visão perfeita. Ele quis saber sobre minha saúde, a comida da prisão e como eu estava sendo tratada pelas agentes prisionais. Assegurou-me que o partido estava comprometido com a luta por minha liberdade e que ele, pessoalmente, faria o que fosse necessário para garantir a vitória.

Eu pensava em minha família o tempo todo. Não se passava um dia sem que eu me preocupasse com o modo como minha mãe, que ainda estava em Birmingham, estava enfrentando toda essa provação. Apesar de meu desejo de vê-la, eu disse a Margaret que não a encorajasse a viajar para Nova York. Ela é uma pessoa tão sensível que eu temia que não conseguisse suportar a tensão de ver a filha atrás das grades em uma prisão imunda e infestada de ratos. Eu relutava muito em submetê-la à frustração de uma visita de vinte minutos por meio de telefones, concreto e uma janela minúscula e suja.

Minha mãe estava determinada a me ver, não importando as condições. Quando ela nos disse que estava vindo a Nova York, Margaret trabalhou durante dias para organizar uma "visita especial" – na sala da assistente social. Finalmente, quando Margaret disse às carcereiras que minha mãe tinha quebrado o pé e teria dificuldade se não pudesse se sentar, elas concordaram com a visita especial.

A experiência tinha me ensinado a ser cética em relação a tudo. Eu não acreditava realmente que minha mãe teria permissão para entrar na prisão até o momento em que ela chegou de fato. Naquela manhã, ela entrou caminhando com muletas, seu pé ainda com gesso. Quando colocou os braços em volta de mim, pude sentir a tensão de todo o seu corpo. Por ela, tentei parecer especialmente animada. Em um esforço para esconder minha magreza, coloquei o vestido mais largo dos quatro fornecidos pela prisão. Mesmo em circunstâncias normais, ela fica aflita quando perco alguns quilos; durante meu jejum, perdi sete. Embora ela tentasse demonstrar entusiasmo, eu era capaz de dizer, pelas rugas profundas em sua testa, que ela estava muito perturbada. Conversamos sobre a família – papai, que ainda estava em casa; Benny, que tinha uma esposa, Sylvia, e um bebê que eu ainda não conhecia; e Fania, que agora estava grávida de alguns meses. Embora ela não tivesse dito, senti que meu pai estava levando a coisa toda com bastante dificuldade, e pedi que dissesse a ele para não se preocupar – era só questão de tempo. Tenho certeza de que sempre que eu dizia algo assim otimista, ela pensava na câmara de gás da Califórnia. Por isso, continuei afirmando a ela que eu não tinha a menor dúvida de que logo estaria livre – com ela, lá fora.

Foi bom que o Committee to Free Angela Davis [Comitê pela Libertação de Angela Davis] de Nova York tivesse organizado vários eventos para os quais minha mãe foi convidada. Eu sabia que perceber que havia muitas pessoas preocupadas com meu destino a encorajaria. Várias agentes prisionais que me apoiavam compareceram a uma recepção em homenagem a ela. Isso foi especialmente importante, pois ela pôde ver que mesmo entre aquelas que supostamente eram minhas carcereiras havia mulheres interessadas em se juntar ao movimento de massa contra a repressão.

Além dessas visitas oficialmente sancionadas, eu recebia inúmeras "visitas de rua". Embora ilegal, esse era um costume consolidado entre as prisioneiras.

Amigos e amigas simplesmente gritavam da rua para as janelas da prisão. Uma noite, depois do trancamento das celas, várias integrantes do grupo Harlem Black Women to Free Angela Davis [Mulheres Negras do Harlem pela Libertação de Angela Davis] se reuniram na avenida Greenwich para me informar sobre as atividades que tinham planejado em meu favor. Vi um policial se aproximar de uma delas e, obviamente, dar-lhe uma advertência; como ela continuou gritando para mim, ele a agarrou e a arrastou para longe.

Assim que me senti adaptada à população geral, meus pensamentos naturalmente se voltaram para possíveis atividades políticas coletivas na prisão. Muitas pessoas não estavam cientes do fato de que prisão e penitenciária são duas instituições totalmente diferentes. Nas penitenciárias, as pessoas já foram condenadas. As prisões são, principalmente, para a detenção antes do julgamento, até que as prisioneiras sejam ou condenadas ou inocentadas. Mais da metade da população prisional nunca foi condenada por nada, ainda assim definha naquelas celas. Como o sistema de fiança é inerentemente tendencioso em favor das pessoas com algum recurso, as prisões são desproporcionalmente ocupadas por pobres, que não podem pagar a taxa. O programa de liberdade provisória sem fiança – que permite à pessoa ser solta sem fornecer uma caução, com base no próprio compromisso em cumprir algumas condições – é fortemente contaminado pelo racismo. Pelo menos 95% das mulheres na Casa de Detenção eram negras ou porto-riquenhas.

O maior problema que pessoas detidas enfrentam na prisão é como sair sob fiança. A questão política, portanto, é como homens e mulheres acusados podem se beneficiar igualmente da chamada presunção de inocência, permanecendo livres até que sua culpa seja provada. Parti do princípio de que essa era uma questão em torno da qual podíamos organizar nossas irmãs da Casa de Detenção de forma mais efetiva – e, de fato, foi o que fizemos depois.

Inicialmente, as carcereiras insistiram que eu tinha sido colocada em confinamento solitário para minha própria proteção – as mulheres do corredor seriam hostis em relação a mim, disseram, por causa da minha ação política comunista. Era tudo mentira. As mulheres foram hospitaleiras desde o primeiro instante e eram amáveis e protetoras. Nada mostrava isso com mais clareza do que o protesto realizado pelas mulheres do sexto andar em frente à minha cela solitária e a greve de fome que começou a se espalhar por toda a prisão em solidariedade à minha. Ao longo de minha permanência, recebi inúmeras mensagens de apoio escritas pelas irmãs. (Qualquer comunicação por escrito entre as detentas é ilegal; esses bilhetes eram chamados de *kites* – pipas – por causa do formato em que eram dobrados para fácil ocultação.)

No sétimo andar, apenas alguns dias tinham se passado quando as irmãs quiseram conversar sobre o movimento – e essa foi uma iniciativa delas mesmas, sem o menor estímulo de minha parte. Falamos sobre racismo e sobre como ele não é apenas a atitude de tratar as pessoas negras como inferiores. O racismo é, em primeiro lugar, uma arma usada pelas pessoas abastadas para elevar os lucros obtidos – ao pagar menos pelo trabalho do operariado negro. Conversamos sobre o modo como o racismo confunde o operariado branco, que muitas vezes esquece que está sendo explorado por um patrão e desconta sua frustração nas minorias étnicas. No corredor e na sala de atividades, tivemos inúmeros debates sobre o significado do comunismo; as irmãs estavam particularmente interessadas em ouvir sobre minhas experiências em Cuba, em 1969 – uma viagem que mostrou para mim o que o socialismo consegue fazer para erradicar o racismo.

Uma noite, depois do trancamento das celas, uma pergunta ruidosa quebrou o silêncio. Veio de uma irmã que estava lendo um livro emprestado por mim.

"Angela, o que significa 'imperialismo'?"

Eu gritei: "A classe dominante de um país conquista o povo de outro a fim de roubar suas terras e seus recursos e explorar sua força de trabalho".

Outra voz gritou: "Você quer dizer tratar o povo de outros países da maneira como o povo negro é tratado aqui?".

Isso incitou um debate intenso que viajou das celas de meu corredor até as do outro lado e voltou.

Embora eu tivesse em minha caixa da biblioteca dez exemplares de *Soledad Brother*, as cartas escritas por George na prisão, nenhum deles podia entrar no corredor. As agentes prisionais mais amistosas, entretanto, contrabandearam algumas cópias de fora da prisão. Elas se tornaram as peças de contrabando mais valiosas ali. Sempre havia demanda, e eram amplamente lidas. Quando escrevi a George sobre a entusiasmada recepção de seu livro entre as irmãs, ele ficou feliz em saber que elas estavam aprendendo a se identificar com o movimento por meio do estudo da sua evolução política individual. Mas havia uma questão que o perturbava: como as irmãs estavam reagindo à sua atitude em relação às mulheres negras expressa em algumas das cartas iniciais? No passado, ele tinha enxergado as mulheres negras como se muitas vezes agissem para impedir o envolvimento dos homens negros na luta. Desde então, ele descobrira que essa generalização era errada e estava profundamente preocupado que as mulheres da prisão fossem informadas sobre isso.

Óbvio que houve represálias às nossas atividades. Uma irmã foi atingida com particular força. Harriet já tinha estado na Casa de Detenção muitas vezes e sabia como abrir passagem entre as frestas daquela prisão bem melhor do que várias agentes prisionais. Eu a conheci durante meu período na solitária. Seu trabalho na lavanderia permitia que ela circulasse por toda a prisão, e ela era a única prisioneira autorizada a entrar em minha cela. Em suas visitas, ela sempre trazia alguma coisa consigo – quando eu disse que meu lápis não parava apontado, ela me trouxe uma caneta esferográfica contrabandeada.

Harriet tinha conhecido Joan Bird e Afeni Shakur, dos 21 Panteras de Nova York*, quando elas estavam na Casa de Detenção. Ela tinha um profundo interesse em se tornar integrante do movimento pela libertação de seu povo. Depois, quando fui transferida para o sétimo andar, ela vinha todos os dias para cumprir suas tarefas da lavanderia e trazia "pipas" e notícias dos outros andares.

À medida que as semanas passavam, as carcereiras começaram a ficar desconfiadas da solidariedade que unia todas nós, e a segurança se tornou nitidamente mais rígida. Harriet recebeu ordens para ficar longe tanto da minha como das outras celas daquele corredor. Outra mulher foi designada para trazer a roupa lavada ao andar.

Até aquele momento, Harriet tinha mantido uma relação relativamente decente com as agentes prisionais, mesmo com as superiores. Ela tinha um dos trabalhos mais invejáveis, pois significava que podia ir a qualquer lugar nos onze andares da prisão sem permissão explícita. Depois de ser proibida de ir ao nosso andar, ela orgulhosamente atirou esse "privilégio" na cara das carcereiras. Largou o trabalho e se recusou a conversar, exceto com hostilidade, com as agentes responsáveis pela ordem. Muitas não entenderam por que Harriet escolheu uma saída tão drástica – e, considerando as estruturas do encarceramento, aquilo foi, sem dúvida, drástico. Ela me explicou que esse incidente envolveu questões fundamentais e de princípios, sobre as quais ela nunca aceitaria abrir concessões.

---

* Grupo de 21 integrantes do Partido dos Panteras Negras preso em abril de 1969 sob a acusação de planejar ataques a bomba a delegacias de polícia, lojas e trens da cidade de Nova York. As pessoas que faziam parte do grupo ficaram encarceradas até abril de 1971, quando foram julgadas e absolvidas. (N. T.)

Um verdadeiro companheirismo estava se desenvolvendo. Eu estava ansiosa para fortalecer esse senso de comunidade e sabia que isso exigiria mais do que livros e debates para prosperar. A fim de mantê-lo vivo, convidei as irmãs para se juntarem a mim na prática de atividades físicas nos corredores. O exercício era um requisito indispensável para minha própria sobrevivência na prisão. Muitas vezes, eu não conseguia pegar no sono a menos que me exercitasse até a exaustão.

Depois de alguns dias praticando calistenia juntas, adicionamos alguns movimentos simples de caratê. Uma das mulheres, que também sabia um pouco dessa arte marcial, ajudou com as instruções. Não demorou muito para que se propagassem entre os círculos oficiais da prisão boatos de que eu estava ensinando caratê às mulheres a fim de prepará-las para um confronto com as carcereiras. Mandaram que aquilo parasse, mas encontramos uma forma de continuar. Passada a fase calistênica dos exercícios, uma mulher vigiava a porta enquanto percorríamos a extensão do corredor dando socos e pontapés.

Quando minha permanência ali estava se aproximando do fim, vários grupos de mulheres de Nova York começaram a organizar um fundo de fianças para as internas da Casa de Detenção. Havia mulheres que passavam meses na prisão simplesmente porque não tinham cinquenta dólares para pagar a própria taxa. Enquanto esse trabalho estava sendo executado do lado de fora, uma mobilização acontecia do lado de dentro. O problema era evitar que o fundo de fianças se tornasse apenas mais um serviço de caridade que proporcionasse fiança às internas, da mesma forma que a Legal Aid fornece assessoria jurídica. Chegamos a uma solução ideal: as beneficiárias dos fundos da organização externa seriam escolhidas coletivamente pelas mulheres de cada corredor. Quando uma mulher fosse contemplada, ela teria a fiança paga, mas teria também responsabilidades com o fundo de fianças. Uma vez nas ruas, ela teria de trabalhar para o fundo, ajudando a arrecadar dinheiro, dando qualquer contribuição política que pudesse para o desenvolvimento da organização.

21 DE DEZEMBRO DE 1970

Um grande protesto aconteceu na avenida Greenwich em uma tarde fria de domingo. Foi encabeçado pela coalizão do fundo de fianças e pelo Comitê pela Libertação de Angela Davis de Nova York. A multidão estava tão entusiasmada que nos sentimos compelidas a organizar algum tipo de expressão recíproca de força. Nós nos reunimos em nosso corredor para decidir quais lemas seriam bradados e como faríamos isso em uníssono – ainda que fôssemos estar espalhadas pelo corredor em diferentes celas, gritando de janelas distintas. Nunca tinha sonhado que sentimentos tão poderosos de orgulho e confiança pudessem se desenvolver entre as irmãs daquela prisão.

Palavras de ordem ecoavam lá fora: "Um, dois, três, a Casa de Detenção tem de acabar de vez!", "Libertar nossas irmãs, libertar a nós mesmas"* e outros hinos políticos que eram populares na época. Depois de algum tempo, decidimos experimentar os nossos gritos. Por estarmos separadas pelas grossas paredes de concreto que dividiam as celas, era bem mais fácil sermos ouvidas pelas pessoas lá fora, através das janelas, do que por nós mesmas. Ainda que os nossos lemas não tenham sido transmitidos no estilo mais harmonioso, conseguimos fazer nossa mensagem ser entendida: "Libertem os irmãos Soledad", "Libertem Ericka", "Libertem Bobby", "Vida longa a Jonathan Jackson".

Embora os gritos de "Libertem Angela" me enchessem de entusiasmo, eu estava preocupada que, em excesso, eles poderiam me separar do resto de minhas irmãs. Gritei, um por um, o nome de todas as irmãs do andar que participaram do protesto. "Libertem Vernell! Libertem Helen! Libertem Amy! Libertem Joann! Libertem Laura! Libertem Minnie!" Fiquei rouca por uma semana.

Quando o protesto atingiu seu ponto alto, uma agente prisional destrancou a porta de nosso corredor e gritou para que parássemos com todo aquele barulho. Nós nos recusamos. Mandaram uma capitã para tentar interromper nosso protesto. Ela me abordou em minha cela, dizendo que, se não nos acalmássemos, haveria punições para todas nós. Nosso diálogo foi acalorado. Em questão de minutos, um confronto havia se formado. Gritos começaram a chegar do outro lado do corredor – as irmãs do corredor vizinho tinham decidido se unir a nós. Não havia nada que essa capitã pudesse fazer para nos obrigar a aquiescer; cada palavra dita por ela incitava nossa combatividade. Quanto mais militantes ficávamos, menos confiante ela se tornava; por fim, deixou o corredor, derrotada.

Enquanto havia manifestantes do lado de fora, continuamos gritando. Até mesmo depois de as pessoas terem ido embora, o andar vibrava com a agitação. Estávamos orgulhosas da postura firme que adotamos em relação à burocracia.

---

* No original, "*One, two, three, four, the House of D. has got to go*", "*Free our sisters, free ourselves*". (N. T.)

Nesse clima de triunfo, foi uma decepção cruel quando descobrimos que a Suprema Corte de Washington tinha acabado de negar nosso recurso e que eu logo seria extraditada para a Califórnia. Era domingo; presumi que seria levada de volta à Costa Oeste na segunda ou terça-feira.

Naquela noite, ainda exaltadas pelo fervor do protesto, trancadas na escuridão de suas celas, as mulheres encenaram uma demonstração espontânea de apoio: "Um, dois, três, quatro. Não deixaremos a Angela ir!", "Cinco, seis, sete, oito. Não vamos deixá-las passar pelo portão!"*. Sapatos batiam nas grades das celas; os gritos ficavam mais altos. Uma agente tentou, com docilidade, acalmá-las, mas não teve sucesso. Uma irmã que estava em um dos corredores das adolescentes e que falava de maneira bastante vigorosa recebeu ordens para se calar, mas quando ela se recusou e todas as irmãs vieram em seu socorro aos gritos, as agentes a agrediram, sabendo que tudo o que podíamos fazer era berrar. Arrastaram-na para a 4a – a unidade de isolamento punitivo. Frustradas por não termos como ajudá-la, fizemos ameaças e ainda mais barulho, batendo nas grades de nossas celas.

Alguém percebeu um casal branco de olhar solidário na avenida Greenwich fitando, espantado, o edifício, que tremia com os gritos de protesto em nosso andar. Aos berros, explicamos que uma irmã tinha acabado de ser espancada e provavelmente estava sendo torturada num buraco lá embaixo. Naquela noite, estávamos ousadas. Gritamos alto e com nitidez os nomes e escalões das agentes prisionais que a arrancaram de sua cela. Pedimos ao casal para telefonar para a imprensa alternativa e para quantas organizações de esquerda fosse possível, a fim de informá-las que esperávamos uma repressão ainda mais severa. (Descobri depois que o casal passou a noite fazendo contato com todo mundo que pudesse nos ajudar.)

Algumas horas se passaram e nada de extraordinário aconteceu. Nosso ritmo diminuiu gradualmente, até que o andar ficou em silêncio. Quando comecei a cochilar, fui sacudida para a vigília por uma luz forte que iluminava meu rosto. Uma das agentes prisionais "amistosas" mirava uma lanterna em mim. Meu advogado estava lá embaixo, ela disse. Permitiriam que eu recebesse uma visita especial para que ele pudesse me informar sobre meus direitos relacionados à extradição que estava por vir. De fato, era estranho receber uma visita do

---

* No original, "*One, two, three, four. We won't let Angela go!*", "*Five, six, seven, eight. We won't let them through the gate!*". (N. T.)

advogado de defesa às três da manhã, mas, por outro lado, John tinha passado o dia inteiro em Washington para a audiência sobre a extradição na Suprema Corte. Ele provavelmente tinha voltado tarde e agora esperava que eu fosse extraditada antes do amanhecer.

Assim que o elevador parou no andar principal, percebi que elas tinham acabado de me aplicar um golpe. Havia policiais brancos à paisana casualmente espalhados pela área externa da sala de admissão. A assistente branca da diretora, vestida em sua melhor roupa de domingo, deliberava com alguns deles. Uma subdiretora, que às vezes tentava usar uma máscara humana, estava esperando as portas do elevador se abrirem. Ela parecia comandar a operação.

Sem meias palavras, ela me informou que eu deveria me preparar para uma revista íntima. Irritada, eu me recusei. Lembrando a elas, com sarcasmo, que tinham me dito que meu advogado estava esperando por mim, caminhei até o banco onde as prisioneiras aguardavam para ser chamadas para as visitas e me sentei.

Houve à minha volta uma agitação que fingi não perceber. A subdiretora se aproximou de mim novamente, dessa vez acompanhada de uma mulher que era a segunda na hierarquia depois da diretora. Disse, de novo, que eu me preparasse para a revista íntima. De novo, recusei. Quer eu concordasse, quer não, ela disse, a revista aconteceria, dando a entender que, se necessário, usariam a força. Então, as duas saíram do local, aparentemente para conversar sobre a situação com os policiais. Voltaram diversas vezes, algumas delas trazendo uma agente que, até aquele momento, tinha sido relativamente cordial comigo. Faziam o papel da vara e queriam que ela fosse a isca.

Quando o confronto estava ficando mais acalorado, duas agentes conhecidas, vestindo roupas civis, entraram na sala em silêncio. Quando as vi, fiquei intrigada. De todas as agentes da Casa de Detenção, elas estavam entre as poucas pelas quais eu tinha certo respeito. Uma era a bibliotecária; a outra trabalhava no balcão de entrada, registrando os advogados e advogadas que vinham para as visitas.

Por um instante, elas ficaram totalmente passivas, como se fossem espectadoras. Quando eu estava prestes a perguntar o que elas estavam fazendo na prisão àquela hora da noite, vislumbrei pelo canto do olho dois homens em uniformes de guardas prisionais se aproximando de mim por trás. Foi a primeira vez que vi guardas masculinos na Casa de Detenção. Minha mente voltou no passado, ao momento em que as irmãs contaram sobre esses guardas de "último recurso" – o pelotão de choque da prisão –, sempre de sobreaviso para situações em que a força fosse considerada necessária. Percebendo por que estavam ali, dei um salto, adotei uma postura de luta e me preparei para me defender. Um deles agarrou meu braço. Eu o chutei. Quando o outro homem veio em sua ajuda, ambos me derrubaram no chão. Quando consegui me levantar, a subdiretora e algumas de suas ajudantes femininas já estavam em ação – como se dois guardas prisionais masculinos não fossem capazes de me dominar.

Nesse momento, as duas agentes que estavam paradas nas laterais da sala não conseguiram mais manter sua postura de neutralidade. Ambas se lançaram na luta. A entrada delas na batalha foi um choque – elas também estavam dispostas a apoiar o inimigo? Mas foi um choque ainda maior descobrir que elas não estavam tentando me dominar; pelo contrário, estavam batendo nos homens que, a essa altura, me agrediam de verdade.

A luta se tornou um salve-se quem puder. Ninguém sabia realmente quem estava do lado de quem. No meio de toda essa confusão, os dois homens conseguiram me agarrar, cada um deles imobilizando um braço. Dobraram cada braço para cima, nas minhas costas, com um controle que era impossível vencer.

Contundida e sem fôlego, não havia nada que eu pudesse fazer para evitar que prendessem as algemas. Eu sabia que meus direitos tinham sido violados; estavam me raptando antes que eu tivesse a oportunidade de saber as consequências da decisão da Suprema Corte por meu advogado. Mas, por ora, havia pouco que eu pudesse fazer, exceto esperar até restabelecer contato com camaradas do lado de fora.

Com minhas mãos presas nas costas, fui enfiada, sob protestos, em uma sala lateral. Percebendo que eu estava usando o vestido de algodão sem mangas da prisão e tênis de lona sem meias, a bibliotecária me avisou que estava muito frio lá fora. Eu disse a ela que minhas "roupas de tribunal" estavam no balcão de registros.

A recepcionista pegou meus dois trajes civis: a saia azul-marinho e a blusa que eu vestia no dia de minha prisão e as calças de lã com uma jaqueta leve de camurça. Mas eu não podia vesti-las porque minhas mãos estavam presas nas costas. As duas mulheres me ajudaram a deslizar as pernas para dentro das calças, que eu usei sob o vestido, e envolveram a jaqueta em meus ombros.

Tentei me concentrar no que havia de concreto. Eu estava sendo encaminhada ao aeroporto ou a extradição seria cumprida por trem? (Ou por carro, como tinha acontecido no caso de Bobby Seale meses antes?) A incerteza era de enlouquecer.

Com a recepcionista de um lado e a bibliotecária de outro, atravessei lentamente o portão das prisioneiras rumo aos paralelepípedos gelados do pátio. Minha raiva deu lugar a pontadas de tristeza por deixar para trás minhas amigas trancadas naquela imundície. Vernell... Será que retirariam aquela acusação falsa de assassinato? Helen... Será que ela iria para casa? Amy... Tão idosa, tão calorosa... O que seria dela? Pat... Será que ela escreveria seu livro, revelando como era a Casa de Detenção? E a organização para o fundo de fianças... Será que continuaria? Harriet... Tão engajada na luta! Será que continuariam tentando destruir sua determinação?

O camburão da polícia estava esperando no pátio, o mesmo camburão usado para me levar ao tribunal. Através da pesada grade das janelas, eu não conseguia ver nada na escuridão. Mas, de repente, quando o veículo atravessou os portões do pátio, ouvi uma ruidosa explosão de gritos de apoio. Não conseguia entender como tantas pessoas souberam que eu estava sendo levada embora naquela noite. Depois descobri que elas tinham vindo em resposta aos telefonemas feitos pelo casal branco da avenida Greenwich.

Nem uma única luz iluminava o pátio gigante da Tombs. Tudo o que eu podia ver era o contorno de um monte de carros estacionados no centro e as sombras de figuras humanas se deslocando de um lado para o outro entre os veículos. A atmosfera recordava os filmes de espionagem do pós-guerra. Uma dúzia de homens brancos aglomerados em torno de suas viaturas policiais sem identificação esperava nervosamente o fim daquela operação, daquela cerimônia histriônica de repressão que se desenrolava sob o brilho fraco de lanternas.

Nova York removeu suas algemas. Califórnia exibiu as suas e as trancou em volta de meus pulsos.

Nova York entregou documentos. Califórnia iluminou os papéis com suas lanternas antes de aceitá-los, aprovando-os.

Nova York entregou minhas roupas e uma sacola de brim cinza com sapatos. Califórnia as recebeu, como se, ao aceitar meus bens, estivesse declarando controle sobre minha vida.

A bibliotecária e a recepcionista, que tinham me acompanhado até ali, se puseram de lado, em silêncio. Era como se suas identidades individuais estivessem se apagando. Elas pareciam perturbadas com sua impotência. "Espero que as coisas acabem bem", uma delas disse. Contra a própria vontade, ela soava como alguém que precisa dizer alguma coisa animadora para uma paciente terminal.

Havia algo de coreografado naquela cena. No mesmo ritmo silencioso, Nova York se dirigiu para o camburão e Califórnia me arrastou para o veículo de extradição. Alguma coisa no requinte imperturbável daquela manobra era mais assustadora do que a extradição em si. Eu tinha de fazer algo, qualquer coisa, para tumultuar aquele espetáculo. Em um impulso, parei de forma brusca. As mãos automaticamente seguraram as armas com mais firmeza em reação ao meu pequeno gesto de recusa.

"Estas algemas estão muito apertadas... E não há motivo para que minhas mãos fiquem algemadas nas costas. Se estão pensando em me colocar nesse carro, é melhor trocar estas algemas."

Ao menos eu tinha destruído seu ritmo de inevitabilidade. Ao menos eu tinha pegado aquelas pessoas de surpresa e, sem ninguém para lhes dar a deixa, por um instante elas ficaram perdidas. Ainda surpreso, e como se estivesse seguindo ordens superiores, o policial no comando instruiu um dos outros a abrir as algemas e recolocá-las com meus braços na frente do corpo.

Essa caravana sem começo nem fim era o epítome da insana violência estatal. Passou acelerando pela cidade, até que parou abruptamente. Policiais sem nome pularam dos carros, cochicharam e, então, alguns dos veículos seguiram por uma direção, enquanto outros foram para o lado oposto. Quando chegamos a um túnel, os carros pararam enquanto o bloqueio de estrada que estava sendo montado para nós era protegido.

Eu não tinha percebido como estava frio até sentir meu corpo tremendo e ouvir meus dentes batendo. O homem à minha direita segurava minha blusa e minha saia de lã. Talvez, se eu enrolasse a saia em volta dos pés e usasse a blusa para cobrir as mãos, pudesse ficar mais aquecida.

No começo, ele não fez objeções quando pedi a saia, mas enquanto eu tentava, de modo desajeitado, enrolá-la em torno de meus pés com as mãos algemadas, ele se jogou em cima de mim como se esperasse que eu fosse apontar uma arma para ele. Por um instante, pensei que ele tivesse perdido a cabeça. Só um louco podia pensar que eu conseguiria esconder uma arma naquelas roupas finas, que, além do mais, já tinham sido revistadas pelo FBI e pelas carcereiras da Casa de Detenção. Então me ocorreu que qualquer pessoa em seu lugar teria feito o mesmo – era a loucura da instituição a qual ele servia que o levava a conduzir uma revista histérica na barra da minha saia e nas costuras da minha blusa.

Estávamos viajando de carro há tanto tempo que eu comecei a me perguntar se planejavam percorrer toda a extensão do país daquela forma. Mas, quando arrisquei uma pergunta sobre nosso destino, o homem à minha direita, depois de um pouco de hesitação, disse que era a base aérea de McGuire, em Nova Jersey. Então, além de agentes com armas, policiais e a equipe da Procuradoria Geral de dois estados, até o Exército tinha sido mobilizado.

Entramos com o carro na base aérea e então atravessamos na diagonal um campo de aviação envolto na escuridão das primeiras horas de uma manhã de inverno. O avião ainda não era visível, apenas as luzes piscando em suas janelas. Será que esperavam uma batalha aérea? Era por isso que tinham chamado a Força Aérea? Eu não me surpreenderia se alguém dissesse que aviões de caça iriam me escoltar até a Califórnia.

Quando chegamos mais perto da aeronave, vi pequenos grupos de pessoas organizados em U ao redor da escada que saía da parte traseira do velho avião de carga. Agentes com armas nas mãos. Espingardas. Rifles. Metralhadoras.

E se eu tropeçasse no caminho até o avião? Seus reflexos de ataque seriam acionados. E meu corpo seria atravessado por balas. Como essa operação estava sendo conduzida em segredo, fora das vistas da imprensa, não haveria ninguém para contradizê-los se dissessem que eu estava tentando fugir.

Com lenta determinação, apesar de meus pulsos algemados, consegui descer calmamente do automóvel. Caminhando em direção ao avião, cada passo exigia todo o esforço. Os canos das armas seguiam minha trajetória.

Ladeadas por homens uniformizados e à paisana, duas mulheres estavam posicionadas no alto das escadas de embarque. Uma era baixa e magra, com cabelos de um castanho-claro. Seu rosto pálido de expressão ansiosa denunciava a insegurança de novata. A mulher mais velha era alta e de compleição forte. Seu cabelo tinha o aspecto de uma visita recente ao salão de beleza. Pude perceber de imediato que ela era fortemente comprometida com seu trabalho; uma policial por excelência. Parecia gostar de ser responsável por mim, cercada por aqueles homens armados que, no caso de um incidente, teriam de receber ordens suas.

Ao longo da viagem, foi ela quem mais ostensivamente impôs controle sobre mim. Todas as vezes que eu mudava de posição, mesmo que levemente, ela levantava de seu assento para inspecionar a pequena área ao meu redor. E, quando precisei usar o banheiro, ela insistiu em se enfiar dentro da minúscula cabine comigo. Enquanto me observava urinar com toda atenção, não consegui deixar de perguntar: "Você acha que vou descer junto com a descarga?".

Ela parecia uma representante apropriada do governo da Califórnia. Aquele estado detinha a duvidosa honra de ser um dos mais avançados dos Estados

Unidos quando se tratava de reprimir a resistência. A Califórnia já podia reivindicar mais do que sua parcela de vítimas. Eu era capaz de contar a história de meu envolvimento político ali pelo número de funerais a que compareci.

Durante aquele voo interminável, me perguntei se eu também me tornaria uma de suas vítimas. Minha confiança no movimento foi tomada pelo terrível espectro de San Quentin, aquela fortaleza de horrores que se debruça sobre a baía de São Francisco como se estivesse se agarrando às margens da civilização. Pensei em Aaron Henry, a última vítima a ser sufocada pelo gás na câmara da morte de San Quentin. No dia de sua execução, sua mãe implorou por uma audiência com o governador. Ronald Reagan não teve nenhuma compaixão por ela. Nem sequer se preocupou em reconhecer sua presença. Sentada naquele avião, pensei nela e em todas as mães negras como ela.

Levamos doze horas para voar de um extremo ao outro do país. Doze horas para meus pensamentos vagarem de um extremo ao outro de minha vida. Pensei em minha família. O que aconteceria com minha mãe, meu pai, Reggie, Benny, Fania? Tinha se passado tanto tempo desde os dias em que nos reuníamos – em casa, seguros, protegidos.

Mas esse tempo realmente existiu? Será que as pessoas naquele avião não tinham estado sempre ali, nos controlando com ódio no olhar, devassando nossa vida?

PARTE II
ROCHAS

Tenho uma casa em cima daquela rocha, você não está vendo?

A enorme casa branca no topo da colina não ficava longe de nosso antigo bairro, mas a distância não podia ser medida em quarteirões. O conjunto habitacional construído pelo governo na Oitava Avenida, onde morávamos antes, ficava em uma rua abarrotada de pequenas estruturas de tijolo vermelho – nenhuma delas diferente das outras. Era raro que o cimento em torno dessas cabanas de tijolos se abrisse e exibisse canteiros verdes. Sem espaço nem terra, nada que frutificasse ou florescesse podia ser plantado. Mas ali havia gente amiga – e amizade.

Em 1948, saímos do conjunto habitacional de Birmingham, Alabama, para uma casa grande de madeira na rua Central. Minha mãe e meu pai ainda moram lá. Por causa de sua torre, cumeeiras e pintura descascada, dizia-se que a casa era mal-assombrada. Nos fundos, havia um bosque com figueiras, canteiros com amoreiras e frondosas cerejeiras selvagens. Em um dos lados, havia uma grande árvore de catalpa. Ali havia espaço e nenhum cimento. A própria rua era uma faixa de barro vermelho-alaranjado do Alabama. Aquela era a casa que mais chamava a atenção no bairro – não apenas por sua curiosa arquitetura, mas porque, nas redondezas, era a única casa que não fervilhava de hostilidade branca. Fomos a primeira família negra a se mudar para aquela área, e a população branca acreditava que estávamos à frente de uma invasão em massa.

Aos quatro anos de idade, eu tinha consciência de que as pessoas do outro lado da rua eram diferentes – sem ser capaz ainda de associar essa natureza estranha à cor de sua pele. O que as distinguia de nossos vizinhos e vizinhas do conjunto habitacional eram a expressão de censura em seu rosto, o modo como ficavam a trinta metros de distância, nos observando com ódio, sua recusa em responder quando dizíamos "boa tarde". Um casal idoso do outro lado da rua, os Montees, passava o tempo todo sentado na varanda, com os olhos cheios de agressividade.

Quase imediatamente depois de nos mudarmos para lá, as pessoas brancas se reuniram e decidiram estabelecer uma fronteira entre nós e elas. A rua Central se tornou a linha de demarcação. Avisaram que, desde que permanecêssemos do "nosso" lado da linha (o lado Leste), nos deixariam em paz. Se atravessássemos para o lado delas, a guerra seria declarada. Armas foram escondidas em nossa casa, e a vigilância era constante.

A mais ou menos cinquenta metros desse ódio, seguíamos com nossa vida cotidiana. Minha mãe, licenciada do emprego de professora, cuidava de meu irmão mais novo, Benny, enquanto esperava para dar à luz outra criança, minha irmã Fania. Todas as manhãs, depois de me deixar na creche, meu pai dirigia sua velha caminhonete laranja para o trabalho no posto de gasolina. A creche ficava ao lado do Children's Home Hospital – um antigo prédio de madeira onde nasci e onde, aos dois anos, tive minhas amígdalas removidas. Eu era fascinada pelas pessoas vestidas de branco e tentava passar mais tempo no hospital do que na creche. Tinha decidido que seria médica – médica de crianças.

Logo depois de nos mudarmos para a colina, pessoas brancas começaram a sair do bairro e famílias negras começaram a chegar, comprando casas antigas e construindo novas. Um pastor negro e sua esposa, os Deyaberts, atravessaram para o território branco, comprando a casa vizinha à dos Montees, o casal de olhos cheios de ódio.

Era o fim de um dia de primavera de 1949. Eu estava no banheiro, lavando meus cadarços brancos para ir à escola dominical na manhã seguinte, quando uma explosão cem vezes mais ruidosa do que o trovão mais forte e assustador que eu já tinha ouvido fez nossa casa tremer. Vidros de remédios caíram das prateleiras, se espatifando ao meu redor. O chão parecia sumir debaixo dos meus pés enquanto eu corria para a cozinha e para os braços de minha mãe, que estava apavorada.

Grupos de pessoas negras furiosas subiram a colina e ficaram do "nosso" lado, olhando os escombros do bombardeio da casa dos Deyaberts. Até tarde da noite elas falaram sobre morte, ódio branco, morte, pessoas brancas e mais morte. Mas não disseram nada sobre o próprio medo. Aparentemente, ele não existia, já que famílias negras continuaram a chegar. Os bombardeios eram uma reação tão constante que logo nosso bairro se tornou conhecido como Colina Dinamite [Dynamite Hill].

Quanto mais nosso ambiente mergulhava na violência, mais minha mãe e meu pai afirmavam sua decisão de que eu, a primogênita, aprendesse que a batalha das pessoas brancas contra as pessoas negras não estava escrita na natureza das coisas. Ao contrário, minha mãe sempre disse que o amor foi ordenado por Deus. O ódio das pessoas brancas contra nós não era nem natural nem eterno. Ela sabia que sempre que eu atendia o telefone e a chamava, dizendo "Mamãe, uma moça branca quer falar com você", eu estava fazendo mais do que descrever um jeito curioso de falar. Toda vez que eu dizia "moça branca" ou "homem branco", a raiva se aferrava às minhas palavras. Minha mãe tentava apagar a raiva com sensatez. Suas experiências incluíam contatos com pessoas brancas seriamente comprometidas com a melhoria das relações raciais. Embora tivesse crescido na zona rural do Alabama, durante a universidade ela se envolvera nos movimentos antirracistas. Atuou para libertar os garotos de Scottsboro*, e havia pessoas brancas – algumas delas, comunistas – naquela luta. Por meio de sua própria ação política, ela aprendera que era possível que pessoas brancas saíssem de sua pele e reagissem com a integridade de seres humanos. Ela se esforçou para fazer com que sua menininha – repleta de ódio e confusão – visse as pessoas brancas não tanto pelo que eram quanto pelo seu potencial. Ela não queria que eu pensasse nas armas escondidas nas gavetas nem na mulher negra que, aos prantos, viera pedir ajuda em nossa porta, mas em um mundo futuro de harmonia e igualdade. Eu não sabia do que ela estava falando.

Quando famílias negras tinham se mudado para o alto da colina em número suficiente para que eu tivesse um grupo de amigos e amigas, nós desenvolvemos meios próprios de defesa de nosso ego. Nossa arma era a palavra. Nós nos reuníamos no gramado em frente de casa, esperávamos que um carro com pessoas brancas passasse e gritávamos os piores xingamentos que conhecíamos para elas: jeca, caipira! Então, ríamos de modo histérico diante de sua expressão de espanto. Eu escondia esse passatempo de minha mãe e meu pai, que podiam não entender o quanto era importante para nós, que tínhamos acabado de descobrir o racismo, encontrar maneiras de manter nossa dignidade.

---

* Grupo de nove adolescentes negros preso no Tennessee, em março de 1931, acusado de estuprar duas mulheres brancas em um trem. Os jovens foram julgados inicialmente em Scottsboro, no Alabama, e oito deles foram condenados à morte. Entre 1931 e 1937, após uma série de recursos judiciais, as sentenças de quatro deles foram anuladas. Eles tinham passado seis anos na prisão. Dos cinco jovens condenados, um foi baleado por um agente prisional; dois fugiram e foram presos por outros crimes; um foi perdoado; e outro foi libertado após cumprir doze anos da sentença. As acusações contra os jovens se provaram falsas. (N. T.)

Desde que éramos pequenas, nós, as crianças, íamos para a antiga fazenda da família no condado de Marengo. Nossa avó paterna e a família de meu tio Henry moravam no mesmo terreno, em uma velha cabana sem pintura, deteriorada pelas intempéries, semelhante àquela em que meu pai, seus irmãos e suas irmãs tinham nascido. A ida ao campo era como uma viagem ao passado; era um retorno às nossas origens.

Se houvesse uma mansão nas proximidades, a cabana poderia facilmente ter sido a senzala de um século atrás. O casebre tinha dois quartos pequenos, uma cozinha na parte de trás e um cômodo onde nós crianças dormíamos em colchões de palha espalhados pelo chão. Em vez de eletricidade, havia candeeiros a querosene para as poucas horas de escuridão antes de irmos para a cama. No lugar do encanamento, havia um poço externo de onde puxávamos a água para beber e também para esquentar em uma fogueira no quintal para nossos banhos semanais em uma enorme banheira de metal. Quando eu era pequena, o banheiro externo me dava medo, então eu urinava em um penico de esmalte branco e ia para o mato para aliviar o intestino em vez de entrar na casinha de odor fétido, com um buraco em uma prancha de madeira por onde você podia olhar e ver todo o excremento boiando.

A família comia bem; na época, eu não percebia que esse era provavelmente um dos poucos prazeres disponíveis em uma vida que era de trabalho do nascer do sol até o poente, quando a exaustão era tanta que só se conseguia pensar em recobrar as forças para o trabalho do dia seguinte. Na fazenda, quando criança, eu não fazia distinção entre trabalho e brincadeira, porque o trabalho era novidade para mim e porque eu não era obrigada a fazê-lo o tempo todo. Quando eu alimentava as galinhas, ria do modo como elas corriam atrás da ração e a engoliam. Quando apanhava os ovos, dava a lavagem aos porcos, ordenhava as vacas e levava os burros de carga ao bebedouro, eu estava me divertindo.

Ir para o interior, para o espaço aberto e verde dos campos de algodão e tabaco, era como ir para minha própria visão do paraíso. Eu amava correr descalça atrás das galinhas, montar nos cavalos sem sela, ajudar a levar as poucas vacas para o pasto nas primeiras horas da manhã. A única diversão disponível totalmente dissociada do trabalho na fazenda eram os mergulhos refrescantes no córrego – "o córgo", nós dizíamos – e as empolgantes idas ao pântano para explorar esse mundo maravilhoso habitado por criaturas bizarras, rasteiras, pegajosas.

Todos os domingos, depois de voltar da igrejinha de madeira alguns quilômetros estrada abaixo, havia frango frito, biscoitos assados no forno a lenha e cobertos de manteiga caseira, verduras e batatas-doces vindas do roçado e leite fresco das vacas do curral.

Quando eu tinha por volta de doze anos, minha avó morreu. Ela ficara conosco em Birmingham por algum tempo, mas desde então tinha se mudado para a Califórnia, revezando entre morar com as irmãs e irmãos de meu pai que tinham migrado para a Costa Oeste em busca das míticas oportunidades disponíveis ali para pessoas negras. Seu corpo foi levado de volta ao condado de Marengo, Alabama, para ser ungido e enterrado em sua pequena cidade natal, Linden. Foi um tremendo golpe para mim, pois ela sempre tinha sido um símbolo de força, maturidade, sabedoria e sofrimento.

Aprendemos com ela como tinha sido a escravidão. Ela nasceu apenas alguns anos depois da Proclamação de Emancipação*, e seu pai e sua mãe tinham sido, eles mesmos, escravizados. Ela não queria que nos esquecêssemos disso. Quando aprendemos sobre Harriet Tubman e a Underground Railroad** na escola, a imagem de minha avó sempre me vinha à mente.

Sem ter aceitado até então o caráter irrevogável da morte, eu ainda tinha uma noção nebulosa a respeito de uma vida no Além. Portanto, em meio a todos os choros e gritos desesperados no enterro, eu tinha em mente imagens de minha avó indo se juntar a Harriet Tubman, de onde olharia para baixo placidamente, acima dos acontecimentos deste mundo. Não estava ela sendo enterrada no mesmo solo onde ancestrais de nosso povo lutaram com tanto fervor pela liberdade?

Depois de seu sepultamento, as terras do antigo campo assumiram uma dimensão inefável e imponente para mim: tornaram-se o palco no qual a história de meu povo tinha sido encenada. Em morte, minha avó se tornou ainda mais heroica. Senti uma espécie estranha de laço inquebrantável, vagamente religioso, ligando-me a ela naquele novo mundo em que ela tinha entrado.

---

* A Proclamação de Emancipação foi a lei assinada pelo presidente Abraham Lincoln durante a Guerra Civil e que abolia a escravidão em todos os estados confederados. A lei entrou em vigor em 1º de janeiro de 1863. (N. T.)

** Harriet Tubman (1822-1913) foi uma abolicionista negra que, após escapar da escravidão, guiou dezenas de grupos e famílias (inclusive a sua) pela Underground Railroad, uma rede de rotas, esconderijos e pontos de apoio secretos usada na primeira metade do século XIX por pessoas escravizadas nos estados do Sul para fugir em direção aos estados livres do Norte, ou ao México e ao Canadá. (N. T.)

No verão anterior à minha entrada na escola, passei vários meses com a família de Margaret Burnham em Nova York. Comparada a Birmingham, Nova York era Camelot. Passei o verão em êxtase, visitando zoológicos, parques e praias, brincando com Margaret, sua irmã mais velha, Claudia, e suas amigas, que eram negras, porto-riquenhas e brancas. Com minha tia Elizabeth, viajei de ônibus e me sentei no banco bem atrás do motorista.

Aquele verão em Nova York fez com que eu me tornasse mais agudamente sensível à segregação que eu tinha de enfrentar em casa. De volta a Birmingham, na minha primeira viagem de ônibus com minha prima adolescente Snookie, escapei dela e corri para meu lugar favorito, bem atrás do motorista. No começo, ela tentou me persuadir a sair de lá, pedindo, em tom animado, que eu me juntasse a ela em um banco no fundo. Mas eu sabia onde queria sentar. Quando ela insistiu para que eu me levantasse, perguntei o motivo. Ela não conseguiu explicar. Imagino as pessoas brancas se divertindo com o dilema dela, e as pessoas negras talvez um pouco constrangidas com a própria aquiescência. Minha prima estava consternada; ela era o centro das atenções e não tinha ideia do que fazer. Desesperada, ela sussurrou em meu ouvido que havia um banheiro no fundo do ônibus e que se não fôssemos depressa poderia acontecer um desastre com ela. Quando chegamos no fundo do veículo e vi que não havia banheiro, fiquei furiosa não apenas porque eu tinha sido enganada e perdido meu banco, mas porque eu não sabia quem ou o que culpar.

Perto do posto de gasolina de meu pai no centro da cidade havia um cinema chamado The Alabama que me lembrava dos cinemas de Nova York. A fachada do prédio cintilava dia e noite com as luzes brilhantes de neon. Um exuberante tapete vermelho se estendia até a calçada. Aos sábados e domingos, a marquise trazia os títulos dos filmes infantis mais recentes. Quando passávamos por ali, crianças loiras e suas mães com cara de malvadas estavam sempre apinhadas em volta da bilheteria. Não tínhamos permissão para entrar no The Alabama – nossos cinemas eram o Carver e o Eighth Avenue, e o melhor que podíamos esperar em seus auditórios infestados de baratas eram reprises de *Tarzan*. "Se morássemos em Nova York...", eu pensava constantemente. Quando passávamos de carro pelo parque de diversões de Birmingham Fairgrounds, que só permitia a entrada de crianças brancas, eu pensava em como tínhamos nos divertido em Coney Island, em Nova York. No centro de nossa cidade, se estávamos com fome, tínhamos de esperar até retornarmos a um bairro negro, porque os restaurantes e quiosques de comida eram reservados a pessoas brancas. Em

Nova York, podíamos comprar um cachorro-quente em qualquer lugar. Em Birmingham, se precisássemos ir ao banheiro ou quiséssemos um copo de água, tínhamos de procurar o cartaz com a inscrição "de cor". A maioria das crianças negras do Sul da minha geração aprendeu a ler as palavras "de cor" e "brancos" muito antes de aprender o abecedário.

Eu tinha passado a enxergar Nova York como uma fusão dos dois universos, um lugar onde as pessoas negras estavam relativamente livres das restrições do racismo sulista. Mesmo assim, durante visitas subsequentes, diversos incidentes mancharam essa imagem de harmonia racial. Entre os seis e os dez anos, passei parte da maioria dos verões na cidade. Minha mãe estava trabalhando em seu mestrado em educação, frequentando a Universidade de Nova York durante essa época do ano. Ela sempre levava as crianças com ela. No círculo de amizades de minha mãe havia um casal cujos esforços inúteis para encontrar um lugar para morar os tinham levado, e a seus amigos e amigas, ao desespero. Depois de escutar conversas vagas sobre o assunto, consegui extrair das pessoas adultas os motivos dessa dificuldade: ela era negra e ele era branco.

Outra situação em Nova York contradizia de modo ainda mais nítido o mito da harmonia e justiça social do Norte. Quando eu tinha cerca de oito anos, a era McCarthy estava em seu auge. Entre os comunistas forçados a viver na clandestinidade estava James Jackson, que minha mãe e meu pai conheciam desde a época em que ele e a família moravam em Birmingham. Eu não entendia realmente o que estava acontecendo; só sabia que a polícia estava procurando pelo pai de minha amiga Harriet. Sempre que eu estava com as crianças Jackson, elas apontavam os homens que as seguiam e que nunca estavam a mais de meio quarteirão de distância. Eram homens brancos de aparência carrancuda que vestiam ternos, independentemente do calor que fizesse. Começaram até a seguir nossa família, interrogando depois quem quer que tivéssemos visitado durante o dia.

Por que estavam à procura do pai de minha amiga? Ele não tinha feito nada de errado; não tinha cometido nenhum crime – mas ele era negro, e ele era comunista. Como eu era muito nova para saber o que significava ser comunista, o significado da caça às bruxas de McCarthy me escapou. Como resultado, eu entendia apenas o que meus olhos viam: homens brancos malvados determinados a prender um homem negro inocente. E isso não estava acontecendo no Sul, mas em Nova York, o paradigma de harmonia racial.

Assim como Nova York, a Califórnia era considerada muito mais avançada do que o Sul. Durante minha infância, ouvi inúmeras histórias sobre as oportunidades de ouro disponíveis para as pessoas negras na Costa Oeste. Imensas peregrinações rumo ao Oeste ainda eram feitas pelas pessoas pobres e sem emprego. Um irmão e duas irmãs de meu pai tinham se juntado à migração negra para o Oeste. Às vezes, íamos a Los Angeles para visitá-los.

Alguns membros da família tinham criado circunstâncias confortáveis para si – uma de minhas tias que tinha entrado para o ramo imobiliário estava até adquirindo propriedades nas colinas de Hollywood. Mas um outro lado da família estava em situação tão difícil que vivia de programas sociais. Fiquei deprimida ao visitar meus primos e primas e descobrir que não tinham comida suficiente em casa para uma única refeição decente – e que seis ou sete pessoas moravam em um apartamento de um quarto. Lembro-me de perguntarem a meu pai repetidas vezes se ele não podia lhes dar algum dinheiro para que pudessem, ao menos, colocar alguma comida na geladeira.

Era inevitável que minhas amizades de infância e eu desenvolvêssemos atitudes ambivalentes em relação ao mundo branco. Por um lado, havia nossa aversão instintiva em relação às pessoas que nos impediam de realizar nossos desejos, tanto os maiores como os mais triviais. Por outro lado, havia uma inveja igualmente instintiva que vinha de sabermos que elas tinham acesso a todas as coisas prazerosas que desejávamos. Enquanto eu crescia, não conseguia evitar sentir certa inveja. E, ainda assim, tenho uma recordação bastante vívida de decidir, muito cedo, que eu nunca – e eu era categórica a esse respeito –, jamais, acalentaria nem expressaria o desejo de ser branca. Essa promessa que fiz a mim mesma, entretanto, não conseguiu afastar os anseios que enchiam minha cabeça sempre que meus desejos colidiam com algum tabu. Então, para que meus devaneios não contradissessem meus princípios, construí uma fantasia na qual eu vestia um rosto branco e ia, sem cerimônia, ao teatro, ao parque de diversões ou onde quer que eu desejasse. Depois de ter desfrutado completamente da atividade, eu fazia uma aparição dramática e grandiosa diante das pessoas brancas racistas e, com um gesto brusco, arrancava o rosto branco, ria loucamente e chamava todas elas de tolas.

Anos mais tarde, quando eu estava na adolescência, lembrei-me desse devaneio infantil e decidi, de certo modo, concretizá-lo. Minha irmã Fania e eu caminhávamos pelo centro de Birmingham quando, espontaneamente, propus a ela um plano: fingiríamos ser estrangeiras e, falando em francês uma com a outra, entraríamos em uma loja de calçados da rua 19 e pediríamos, em um sotaque carregado, para ver um par de sapatos. Diante da visão de duas jovens negras falando outra língua, as vendedoras da loja correm para nos atender. Seu fascínio pelo exótico foi suficiente para dissipar por completo, ainda que temporariamente, seu desdém habitual pelas pessoas negras.

Assim, Fania e eu não fomos levadas para os fundos da loja, onde a única vendedora negra normalmente nos esperaria, fora do campo de visão das clientes brancas "respeitáveis". Fomos convidadas a nos sentarmos na parte da frente desse estabelecimento segregacionista. Fingi não saber nada de inglês, e o inglês truncado de Fania era extremamente difícil de compreender. As vendedoras se esforçavam para entender que sapatos queríamos experimentar.

Encantadas com a ideia de conversar com estrangeiras – mesmo que fossem negras –, mas frustradas com o fracasso da comunicação, as vendedoras chamaram o gerente. A postura do gerente foi idêntica. Com um sorriso gigante, ele saiu do escritório na parte de trás da loja, dizendo: "Então, o que posso fazer pelas belas jovens?". Mas antes de deixar minha irmã descrever os sapatos que desejávamos, ele nos perguntou sobre nossas origens – de onde éramos, o que estávamos fazendo nos Estados Unidos e o que nos trazia a um lugar como Birmingham, Alabama. "É muito raro termos a oportunidade de conhecer pessoas como vocês, sabem?" Com o conhecimento de inglês rudimentar de minha irmã, foi necessário muito esforço para ela relatar nossa história improvisada. Depois de repetidas tentativas, entretanto, o gerente finalmente entendeu que vínhamos da Martinica e estávamos em Birmingham como parte de uma excursão pelos Estados Unidos.

Cada vez que esse homem finalmente entendia alguma coisa, seus olhos se iluminavam e sua boca se abria, formando um enorme "Oh!". Ele ficava totalmente fascinado quando ela se virava para mim e traduzia suas palavras. No início, as pessoas brancas que estavam na loja ficaram confusas quando viram duas pessoas negras sentadas na seção "apenas para brancas", mas, depois de ouvir nossos sotaques e diálogos em francês, elas também pareceram ficar satisfeitas e animadas diante de pessoas negras de um lugar tão distante que não poderiam representar uma ameaça.

Por fim, fiz um sinal para Fania de que era hora de acabar com a brincadeira. Olhamos para ele: seu rosto tolo e seu sorriso obsequioso estavam a uma piscadela de distância do desprezo que ele teria expressado de forma tão automática quanto um hamster treinado se soubesse que éramos moradoras locais. Caímos na gargalhada. Ele começou a rir conosco, hesitante, da maneira como as pessoas riem quando suspeitam ser o alvo da piada.

"Tem alguma coisa engraçada?", ele sussurrou.

De repente, eu sabia inglês e disse a ele que ele era o que havia de tão engraçado. "Tudo o que pessoas negras precisam fazer é fingir que vieram de outro país e você nos trata como dignitárias." Minha irmã e eu nos levantamos e, ainda rindo, saímos da loja.

Eu tinha seguido quase ao pé da letra o roteiro de meus devaneios de infância.

Em setembro de 1949, Fania tinha acabado de fazer um ano e Benny, meu irmão, estava prestes a completar quatro. Tendo passado três anos brincando das mesmas coisas na creche e visitando o hospital vizinho, eu estava pronta para algo diferente e tinha implorado para ingressar antes da hora no ensino fundamental. Na segunda-feira depois do Dia do Trabalho, usando meu vestido xadrez vermelho novo e engomado, pulei na caminhonete de meu pai, ansiosa para começar meu primeiro dia na escola "de verdade".

O caminho para a escola nos levou pela Travessa 11, cruzou o elevado acima da via férrea, passou pela rua que cortava o cemitério judeu ao meio e subiu três quarteirões na última colina. A escola Carrie A. Tuggle era um conjunto de casas antigas com estrutura de madeira, tão deterioradas que, se não estivessem localizadas em um bairro negro, teriam sido imediatamente interditadas. Alguém poderia pensar que aquilo era simplesmente um conjunto de habitações de qualidade inferior construídas ao lado de uma colina sem vegetação, se não fosse pelas crianças circulando ou pelo túmulo cercado na frente, cuja placa indicava que Carrie A. Tuggle, fundadora da escola, estava enterrada ali.

Algumas das casas eram caiadas de um branco manchado. Outras tinham as laterais cobertas com um betume preto-amarronzado feio. O fato de que estavam espalhadas por uma área de cerca de três quarteirões parecia ser a prova do modo como a burocracia branca tinha lidado com o estabelecimento de uma "escola" para crianças negras. Nitidamente, escolhera um grupo de casas decrépitas e, depois de desalojar as pessoas que moravam ali, declarara que aquilo era uma escola. Essas casas se estendiam ao longo de um declive íngreme; no terreno ao pé da colina havia uma enorme formação, como uma tigela, coberta do barro vermelho que é característico do Alabama. Essa "tigela" vazia tinha sido escolhida como pátio de recreio. Casas similares às da escola estavam localizadas em torno dos outros lados da tigela, construções cujo exterior e interior estavam caindo aos pedaços.

Minha mãe, ela mesma professora do ensino fundamental, já tinha me ensinado a ler, a escrever e a fazer contas simples. As coisas que aprendi no primeiro ano foram mais fundamentais do que o aprendizado escolar. Aprendi que não se tem direito a uma boa refeição simplesmente por estar com fome, ou a roupas quentes quando se está com frio, ou a atendimento médico quando se está doente. Muitas das crianças não tinham sequer condições de comprar um saco de batatas fritas para o lanche. Era angustiante para mim ver alguns de meus amigos e amigas mais íntimos aguardando do lado de fora do refeitório, em silêncio, olhando as outras crianças comerem.

Por muito tempo, pensei naquelas que comiam e naquelas que olhavam. Por fim, decidi fazer algo a respeito. Sabendo que meu pai sempre voltava do posto de gasolina com um saco de moedas que ele deixava no armário da cozinha durante a noite, fiquei acordada até a casa toda dormir. Então, tentando superar meu profundo medo do escuro, entrei na cozinha e roubei algumas moedas. No dia seguinte, dei o dinheiro às minhas amigas e amigos que estavam com fome. Suas pontadas de fome eram mais urgentes do que minhas pontadas na consciência. Eu só teria de sofrer por saber que tinha roubado o dinheiro de meu pai. Minha sensação de culpa apaziguou-se ainda mais ao me lembrar de que minha mãe sempre levava coisas para as crianças de sua classe. Levava nossas roupas e sapatos – às vezes, antes mesmo de estarmos grandes demais para usá-los – e os dava para quem precisasse. Tal qual minha mãe, fiz o que fiz em silêncio, sem qualquer alarde. Para mim, parecia que, se houvesse crianças com fome, algo estava errado e, se eu não tomasse uma providência, eu também estaria errada.

Essa foi minha introdução à diferença de classe entre meu próprio povo. Nós éramos as pessoas não tão pobres. Até as minhas experiências na escola, eu acreditava que todas as outras pessoas viviam do modo como nós vivíamos. Sempre tínhamos três boas refeições diárias. Eu tinha roupas de verão e roupas de inverno, vestidos do dia a dia e alguns vestidos "de domingo". Quando furos começavam a aparecer nas solas de meus sapatos, ainda que eu os usasse com um pedaço de papelão por um curto período, acabávamos indo ao centro da cidade para escolher um novo par.

A renda familiar era obtida tanto por minha mãe quanto por meu pai. Antes de eu nascer, meu pai utilizou seu diploma universitário, conquistado com esforço na St. Augustine, em Raleigh, Carolina do Norte, para conseguir um emprego ensinando história na Parker High School. Mas a vida era particularmente difícil naqueles anos; seu salário era o mais irrisório possível. Então, usou suas exíguas economias para dar entrada na compra de um posto de gasolina na parte negra do centro de Birmingham.

Minha mãe, que, como meu pai, tinha origens muito humildes, também trabalhou para pagar a faculdade e conseguiu um emprego de professora no sistema de ensino primário de Birmingham. Juntos, os salários não eram motivo de orgulho, ainda que fossem suficientes para sobrevivermos e muito mais do que uma típica família negra do Sul ganhava. Minha mãe e meu pai conseguiram economizar para comprar a velha casa na colina, mas por anos tiveram de alugar o piso superior para inteirar as prestações do financiamento. Até entrar na escola, eu não sabia que isso era um feito impressionante.

Naquela época, como agora, o mito predominante era o de que a pobreza é um castigo pela preguiça e pela indolência. Se você não tinha nada para exibir como resultado de seu trabalho, significava que você não tinha se esforçado o suficiente. Eu sabia que minha mãe e meu pai tinham trabalhado duro – meu pai nos contava histórias sobre caminhar mais de dezesseis quilômetros todos os dias até a escola, e minha mãe tinha sua antologia de relatos sobre a vida difícil que levara quando criança na cidadezinha de Sylacauga. Mas eu também sabia que tinham tido descanso.

Minha preocupação com a pobreza e o infortúnio que eu via ao meu redor não seria tão grande se eu não fosse capaz de contrastá-los com a relativa abundância do mundo branco. A Tuggle era ainda mais deteriorada quando comparada à escola branca nas proximidades. Do topo da colina podíamos ver a escola das crianças brancas. Solidamente construído com tijolos vermelhos, o prédio era cercado por um gramado verde-escuro. Em nossa escola, dependíamos de antigos aquecedores a carvão no inverno e, se chovia lá fora, chovia lá dentro. Quando um novo prédio foi construído para substituir o outro, arruinado, eu já estava crescida demais para passar mais de um ano em suas salas de aula, reservadas aos anos iniciais.

Nunca havia livros suficientes, e os que estavam disponíveis eram velhos e rasgados, quase sempre sem as páginas mais importantes. Não havia quadra para aulas de esportes – apenas a "tigela". Nos dias chuvosos, quando o solo vermelho virava uma lama, nos confinavam em um dos barracos.

A Tuggle era administrada e controlada como uma seção das "Escolas Negras de Birmingham" por um Conselho de Educação totalmente branco. Apenas em ocasiões muito especiais víamos seus representantes cara a cara – durante inspeções ou quando estavam exibindo suas "escolas negras" a alguma visita de fora da cidade. No que dizia respeito ao cotidiano, a escola era dirigida por pessoas negras.

Talvez essas condições fossem precisamente as responsáveis por nos dar uma forte identificação positiva com nosso povo e nossa história. Aprendemos com algumas de nossas professoras e professores todos os elementos tradicionais da "História Negra". Do primeiro ano em diante, cantávamos o "Negro National Anthem" [Hino nacional negro], de James Weldon Johnson, quando as turmas eram reunidas – junto ou, às vezes, em substituição a "The Star-Spangled Banner" ou "My Country, 'Tis of Thee"*. Lembro-me de ficar muito impressionada com a diferença entre os hinos oficiais, que insistiam que a liberdade era um fato para todas as pessoas no país, e o "Negro National Anthem", cuja letra falava de resistência. E, embora minha voz não fosse algo para o qual eu gostasse de chamar a atenção, sempre cantava os últimos versos no volume máximo: "Tendo à frente o sol nascente, até o raiar de um novo dia, marchemos até conquistar a vitória!"**.

Quando aprendemos sobre George Washington, Thomas Jefferson e Abraham Lincoln, também conhecemos figuras históricas negras. Óbvio, o Conselho de Educação não permitia que docentes nos revelassem os feitos heroicos de Nat Turner e Denmark Vesey***. Mas ouvimos sobre Frederick Douglass, Sojourner Truth**** e Harriet Tubman.

---

* A canção "Lift Each Voice and Sing" [Ergam todas as vozes e cantem] é conhecida como hino nacional negro dos Estados Unidos. "The Star Spangled Banner" [A bandeira estrelada] é o hino nacional oficial do país e "My Country, 'Tis of Thee" [Meu país, ele é teu] é uma canção patriótica estadunidense que usa a mesma melodia de "God Save de Queen", hino nacional do Reino Unido. (N. T.)

** *"Facing the rising sun, till a new day is born, let us march on till victory is won!"* (N. T.)

*** Nat Turner (1800-1831) foi um escravo, líder da resistência negra durante o período da escravidão nos Estados Unidos e chamado de "profeta" por pregar a Bíblia e afirmar ter visões de Deus. Foi condenado à morte após conduzir uma rebelião na Virginia. Denmark Vesey (1767-1822) foi um escravo que comprou sua liberdade com um prêmio de loteria, acusado e condenado à morte por enforcamento por planejar uma revolta escrava na Carolina do Sul, que não chegou a acontecer, em 1822. (N. T.)

**** Frederick Douglass (1818-1895) foi um abolicionista e escritor estadunidense, ex-escravo e considerado um dos fundadores do movimento pelos direitos civis nos Estados Unidos. Sojourner Truth (1797-1883) foi uma famosa abolicionista e ativista pelos direitos das mulheres. Excelente oradora, Sojourner se tornou célebre por seu discurso "Ain't I a Woman?" [E eu, não sou uma mulher?], de 1851, em que questionou o silenciamento das experiências das mulheres negras no movimento de mulheres da época. (N. T.)

Um dos acontecimentos mais importantes do ano na Tuggle era a Semana de História Negra. Eventos especiais eram planejados para as turmas, e cada criança era responsável por um projeto sobre uma figura negra histórica ou contemporânea. Em todos aqueles anos, aprendi algo sobre cada pessoa negra "respeitável" o suficiente para ter um lugar reservado nos livros de história – ou, no que dizia respeito às pessoas da nossa época, que tinham aparecido na edição negra de *Who's Who in America* ou na revista *Ebony*. Anualmente, no fim de semana anterior à Semana de História Negra, eu sempre tinha muito trabalho a fazer – criando meu cartaz, pedindo a ajuda de minha mãe e meu pai, recortando fotos, escrevendo legendas e descrições.

Sem nenhuma dúvida, as crianças que frequentavam as escolas legalmente segregadas do Sul tinham uma vantagem sobre aquelas que estudavam nas escolas do Norte, segregadas na prática. Durante minhas viagens de verão a Nova York, descobri que muitas das crianças negras ali nunca tinham ouvido falar em Frederick Douglass ou Harriet Tubman. Na Carrie A. Tuggle Elementary School, a identidade negra nos era imposta pelas circunstâncias de opressão. Tínhamos sido empurradas para um universo totalmente negro; éramos compelidas a olhar para nós mesmas em busca de alimento para o espírito. Mesmo assim, ainda que houvesse esses aspectos claramente favoráveis na escola negra do Sul, ela não devia ser idealizada. Quando olho para trás, me lembro da ambivalência predominante na escola, uma ambivalência com que me defrontava em praticamente todas as salas de aula e em todos os eventos ligados à escola. Por um lado, em todas as atividades escolares, havia uma forte tendência em afirmar nossa identidade enquanto pessoas negras. Por outro lado, parte do corpo docente tinha uma inclinação para inculcar em nós a explicação oficial e racista para nossa miséria. E era encorajada uma saída individualista e competitiva para esse suplício. Diziam que o propósito máximo de nossa educação era nos oferecer as habilidades e o conhecimento para nos erguermos isolada e separadamente da sujeira e do lodo da pobreza por "conta própria". Esta criança seria médica, aquela, advogada; outras se dedicariam ao magistério, engenharia, construção, contabilidade, administração – e se você lutasse com uma força extraordinária, poderia se aproximar das conquistas de A. G. Gaston*, nosso milionário negro local.

---

* A. G. Gaston (1892-1996) foi um empresário negro responsável por várias empresas da cidade de Birmingham, Alabama. Embora não tenha sido um ativista político combativo, colaborou com o movimento pelos direitos civis financiando algumas de suas atividades. Várias de suas empresas receberam o nome de Booker T. Washington (1856-1915), escritor estadunidense que

Essa síndrome de Booker T. Washington permeou cada aspecto da educação que recebi em Birmingham. Trabalhe duro e terá recompensas. Um corolário desse princípio era que a estrada seria mais difícil e mais cheia de pedras para as pessoas negras do que para as brancas. Nossas professoras e professores nos alertavam que teríamos de nos preparar para trabalho duro e mais trabalho duro, sacrifícios e mais sacrifícios. Apenas isso provaria que éramos pessoas comprometidas com a superação de todos os obstáculos à nossa frente. Sempre me chocou o fato de que falavam desses obstáculos como se eles fossem existir para sempre, como parte da ordem natural das coisas, e não como o produto de um sistema racista que poderíamos, um dia, derrubar.

Continuei a ter minhas dúvidas sobre essa noção de "trabalhe e serás recompensada". Mas, admito, minha reação não era exatamente objetiva. Por um lado, eu não acreditava inteiramente nisso. Não fazia sentido, para mim, que todas aquelas pessoas que não tinham "dado certo" estivessem sofrendo por causa de sua falta de ambição e de força de vontade para construir uma vida melhor para si mesmas. Se isso fosse verdade, então um número enorme de pessoas de nosso povo – talvez a maioria – era de fato preguiçoso e incapaz, como as pessoas brancas viviam dizendo.

Por outro lado, parecia que eu estava moldando minhas próprias aspirações com base, precisamente, no princípio de "trabalhar e ser recompensada". Decidi que provaria ao mundo que eu era tão boa, tão inteligente e tão capaz de obter sucesso quanto qualquer pessoa branca. Naquela época – e até o ensino médio em Nova York –, eu queria me tornar pediatra. Nem uma única vez duvidei de que seria capaz de realizar meus planos – depois do ensino fundamental, ensino médio e, então, faculdade e pós-graduação em medicina. Mas eu tinha uma vantagem clara: minha mãe e meu pai se certificariam de que eu fizesse faculdade e me ajudariam a sobreviver até que eu conseguisse me sustentar sozinha. Isso não era algo que pudesse ser dito a respeito da maioria das pessoas que estudavam comigo.

A síndrome do "trabalhe e será recompensada" não era a única coisa que parecia contradizer a imagem positiva de nosso povo. Sabíamos, por exemplo, que sempre que gente branca visitava a escola devíamos "andar na linha", como diziam nossas professoras e professores. Eu não conseguia entender por que tínhamos de nos comportar melhor para as pessoas brancas do que para nós

---

considerava o empenho individual nos estudos e no trabalho mais importantes do que a luta política para a população negra. (N. T.)

mesmas, a menos que realmente pensássemos que elas eram superiores. Visitantes do Conselho de Educação sempre vinham em grupos – três ou quatro homens brancos que agiam como se fossem donos do lugar. Feitores. Às vezes, se o líder do grupo quisesse mostrar sua autoridade, nos examinava como a um rebanho bovino e dizia à professora: "Susie, que bela classe você tem aqui". Nós sabíamos que, quando uma pessoa branca chamava uma pessoa negra adulta pelo primeiro nome, era um eufemismo para "Preta, coloque-se no seu lugar". Quando essa agressão branca era encenada, eu tentava decifrar as emoções no rosto da professora: aquiescência, servilismo, desafio ou a dor de perceber que, se reagisse, com certeza perderia o emprego.

Uma vez, um professor negro reagiu. Quando os homens brancos o chamaram de "Jesse" na frente da turma, ele respondeu com uma voz grave, mas fria: "Caso tenham esquecido, meu nome é sr. Champion". Ele soube, quando as palavras saíram de seus lábios, que tinha acabado de abrir mão de seu emprego. Jesse Champion era amigo de minha mãe e meu pai, e fiquei estarrecida com o silêncio que reinou entre a comunidade negra após seu ato. O silêncio vinha, provavelmente, de um sentimento coletivo de culpa por sua resistência ser a exceção, e não a regra.

Nada no mundo me deixava mais irritada do que a inação, do que o silêncio. A recusa ou a incapacidade de fazer alguma coisa, de dizer alguma coisa, quando algo precisava ser feito ou dito, era insuportável. As pessoas que observavam, as que balançavam a cabeça e as que viravam as costas faziam minha pele formigar. Lembro-me de que uma vez, quando eu tinha sete ou oito anos, viajei com minha amiga Annie Laurie e sua família para o interior. Na casa que visitamos, um cachorro corria pelo quintal. Logo apareceu outro cachorro. De repente, um pegou a garganta do outro. Saliva voava e sangue jorrava das feridas. Todo mundo ficou apenas parado, olhando, sem fazer nada. Parecia que ficaríamos ali o dia todo vendo o sol quente do Alabama abater-se sobre a luta estúpida e inútil de dois cachorros que arrancavam as entranhas e os olhos um do outro. Não consegui aguentar mais; corri e tentei separar os cachorros. Só pensei no perigo depois que os adultos, gritando, me arrastaram para longe. Mas então isso já não importava; a briga tinha acabado.

O impulso que senti naquele momento esteve comigo em outras lutas. Não lutas entre animais, mas entre pessoas, e igualmente fúteis e sem sentido. Durante toda a vida escolar houve batalhas absurdas – algumas breves, mas muitas longas e fatais. Quase sempre eu não conseguia evitar me intrometer.

As crianças brigavam por nada – por esbarrarem nelas, por pisarem nos seus pés, por terem sido xingadas, por serem alvo de fofocas reais ou imaginárias. Brigavam por tudo – sapatos sem par, pátios de cimento, casacos finos e dias sem refeição. Lutavam contra a mesquinhez de Birmingham enquanto, em meio ao ambiente tenso, socavam rostos negros porque não conseguiam alcançar os brancos.

Aquilo doía em mim. A luta na qual minha amiga Olivia foi apunhalada. Doeu ver outra amiga, Chaney – furiosa quando uma professora a criticou diante da turma –, levantar-se, pegar a cadeira mais próxima e se lançar sobre a professora. A classe virou um grande ringue, algumas pessoas ajudando Chaney, outras tentando salvar a professora, e o restante de nós tentando separar a briga.

Doía ver que estávamos nos fechando em nós mesmos, usando uns aos outros como pelourinho porque ainda não sabíamos como lutar contra a verdadeira causa de nossa miséria.

O tempo não arrefeceu a ira das pessoas brancas que ainda moravam na colina. Elas se recusavam a adaptar-se à nossa presença. De vez em quando, uma família negra corajosa se mudava para ou construía uma casa no lado branco da rua Central, e o ressentimento latente irrompia em explosões e incêndios. Em algumas ocasiões como essas, o chefe de polícia Bull Connor* anunciava no rádio que "uma família preta" tinha se mudado para o lado branco da rua. Sua profecia de que "haverá derramamento de sangue esta noite" era seguida de um bombardeio. Os bombardeios eram tão comuns na Colina Dinamite que o horror diante deles diminuiu.

No nosso lado, as velhas casas abandonadas por famílias brancas foram gradualmente compradas, e o bosque onde colhíamos amoras estava dando espaço a novas construções de tijolos. Aos meus oito ou nove anos, tínhamos um bairro inteiro de pessoas negras. Quando fazia calor, todas as crianças saíam à noite para brincar de esconde-esconde. Havia muitos esconderijos dentro de nossas fronteiras, que não eram menores do que um ou dois quarteirões. A

---

* Bull Connor (1897-1973) foi comissário de segurança pública em Birmingham, Alabama, eleito várias vezes entre 1936 e 1963, tendo atuado especialmente para garantir o cumprimento das leis segregacionistas e reprimir com violência a organização política da comunidade negra e de comunistas na cidade. (N. T.)

noite tornava a brincadeira mais emocionante, e podíamos fingir que estávamos enganando a gente branca.

Algumas vezes, realmente ousávamos penetrar em seu território. "Duvido que você suba na varanda dos Montees", alguém de nosso grupo dizia. Quem quer que aceitasse o desafio nos deixava do nosso lado da rua enquanto atravessava, hesitante, para o território inimigo, subia os degraus de cimento na ponta dos pés, pisava com um dos sapatos na varanda de madeira, como se estivesse testando o calor de um forno, e então corria de volta até nós. Na minha vez, eu praticamente pude ouvir as bombas detonando enquanto subia os degraus correndo e pisava na varanda pela primeira vez na vida. Quando essa brincadeira começou a perder a aura de perigo, nós a tornamos mais desafiadora. Em vez de apenas pisar na varanda, era preciso correr até a porta, tocar a campainha e se esconder nos arbustos em volta da casa enquanto a velha ou o velho saíam, tentando descobrir o que estava acontecendo. Quando finalmente entendiam nossa brincadeira, mesmo que poucas vezes conseguissem nos encontrar, ficavam em pé na varanda, gritando: "seus pretinhos, é melhor nos deixarem em paz!".

Nesse meio-tempo, as crianças com quem eu brincava e estudava estavam aprendendo a chamar umas às outras de "preta" ou o que, infelizmente, naquele tempo era tão ruim quanto, "negra" ou "africana", termos considerados sinônimos de "selvagem". Minha mãe nunca permitiu que ninguém dissesse a palavra "preto" em casa. (Aliás, nenhuma "palavra feia" – "merda", "maldito", nem mesmo "inferno" podia ser proferida em sua presença.) Se quiséssemos descrever uma discussão que tivemos com alguém, tínhamos de dizer: "Bill me chamou daquela palavra feia que começa com 'p'". Com o tempo, minha boca simplesmente se recusava a pronunciar aquelas palavras, independentemente do quanto eu pudesse querer dizê-las.

Se, no meio de uma discussão com uma de minhas amigas ou amigos, eu fosse chamada de "preta" ou "negra", aquilo não me incomodava tanto quanto se alguém dissesse: "Só porque você é inteligente e tem cabelo bom, você pensa que pode agir como se fosse branca". Era uma acusação típica feita contra crianças negras de pele clara.

Às vezes, eu me ressentia em segredo contra minha mãe e meu pai por terem me dado uma pele clara em vez de escura e cabelos ondulados em vez de crespos. Eu implorava para que minha mãe me deixasse alisá-los, como minhas amigas. Mas ela continuava a escová-los com água e a esfregar vaselina para assentá-los, de modo que pudesse fazer as duas grandes tranças onduladas que sempre pendiam sobre minhas costas. Em ocasiões especiais, ela os enrolava em modeladores feitos de papel pardo para criar meus cachos de Shirley Temple.

Um verão, quando nosso grupo de escoteiras Brownie estava no acampamento de Blossom Hill, começou a chover enquanto caminhávamos do refeitório para nossas cabanas, e as garotas imediatamente levaram as mãos à cabeça. A água não era ameaça para meu cabelo não alisado, então não dei atenção à chuva. Uma das garotas virou para trás e disse: "Angela tem o cabelo bom. Ela pode ficar na chuva de hoje até o dia do Juízo Final". Sei que ela não tinha a intenção de me magoar, mas me senti arrasada. Voltei correndo para minha cabana e me atirei no beliche, chorando aos soluços.

Minhas primas Snookie, Betty Jean e a mãe delas, Doll, moravam em Ketona, Alabama. Sempre adorei passar os fins de semana com elas, porque sabia que colocariam o pente quente no fogão a lenha e o passariam em meu cabelo até que ficasse totalmente liso. Se eu implorasse à minha mãe por bastante tempo, ela me deixaria usá-lo assim na escola por alguns dias antes de me obrigar a lavá-lo.

No centro da cidade, perto dos correios, ficava a biblioteca pública de Birmingham. Ela só era aberta às pessoas brancas, mas em uma sala escondida do edifício, com acesso apenas por uma entrada secreta nos fundos, ficava o quartel-general de uma bibliotecária negra. As pessoas negras podiam passar a ela listas de livros que ela tentaria conseguir na biblioteca.

Devido ao encorajamento e ao estímulo de minha mãe, os livros se tornaram para mim uma agradável diversão. Minha mãe me ensinou a ler quando eu mal tinha chegado aos quatro anos e, finalmente, quando eu estava um pouco mais velha, estabelecemos juntas um sistema de cotas para o número de livros que eu deveria ler por semana. Minha mãe ou meu pai buscavam meus livros no centro da cidade ou então a bibliotecária negra, a srta. Bell, os levava em casa.

Mais tarde, uma biblioteca negra foi construída no pé da colina, na esquina da rua Central com a Oitava Avenida. O novo prédio de tijolos vermelhos, com seu lustroso piso de linóleo e mesas envernizadas, tornou-se um dos meus lugares favoritos para passar o tempo. Por horas seguidas eu ficava ali, lendo avidamente – tudo, desde *Heidi* até *Os miseráveis*, de Victor Hugo, de *Memórias de um negro*, de Booker T. Washington, aos romances sombrios de Frank Yerby.

Ler era muito mais gratificante do que minhas aulas semanais de piano e as aulas de dança nas manhãs de sábado. No meu quinto Natal, minha mãe e meu pai tinham juntado dinheiro suficiente para comprar para mim um piano de tamanho padrão. Uma vez por semana, eu me arrastava até a casa da sra. Chambliss, tocava obedientemente minhas escalas e composições, sofrendo a humilhação de ouvir broncas se eu cometesse um erro. Quando a aula acabava, eu pagava a ela 75 centavos e, se estivesse escuro, esperava Mamãe ou Papai me buscarem para que eu não tivesse de passar pelo cemitério sozinha. Nos outros seis dias, eu tinha de praticar antes de sair pelo bairro com meus amigos e amigas. Todos os anos, mais ou menos no fim de maio, acontecia o recital da sra. Chambliss na Igreja Metodista de São Paulo ou na Igreja Batista da rua Dezesseis, a dois quarteirões do posto de gasolina de meu pai. Com meu cabelo penteado em cachos, usando um vestido franzido de organdi e petrificada de tão nervosa, eu tocava a peça musical que vinha treinando há meses. A recompensa pelo martírio eram três meses inteiros sem a pressão das aulas de piano.

Nas manhãs de sábado, eu me unia a dezenas de meninas vestindo malhas de balé no centro comunitário de Smithfield, no conjunto habitacional onde tínhamos morado. Lá, a sra. Woods e suas ajudantes se certificavam de que fizéssemos nossos *pliés* e *arabesques*. Balé na primeira parte da aula e, depois, os diferentes estilos de sapateado. Minha falta de jeito natural desafiava os passos delicados do balé, por isso eu sempre tentava encontrar um lugar para me esconder em uma das fileiras de trás. Por algum tempo, meu irmão mais novo, Benny, ia comigo, então eu tinha a responsabilidade adicional de cuidar dele. Em uma manhã, enquanto descíamos a rua Central, ele correu na minha frente – diretamente para a Nona Avenida. Um ônibus freou de maneira brusca e quase o derrubou. Tremendo descontroladamente, corri para salvá-lo. Ele estava totalmente alheio ao fato de quase ter sido morto. Durante os exercícios de aquecimento, eu ainda tremia. De repente, senti algo quente escorrendo por minhas pernas. Caí no chão, na poça de minha urina, tão humilhada que não conseguia suportar olhar para o rosto das outras alunas, que me encaravam. Uma menina chamada Emma se aproximou e colocou seus braços em volta dos meus ombros. E me tirou dali, dizendo: "Angela, não se preocupe. Vamos lá para fora". Ela nunca soube o quanto sua atitude significou para mim. Mesmo assim, ter de enfrentar o mesmo grupo todos os sábados me enchia de vergonha.

Alguns anos atrás, as pessoas negras que visitavam Birmingham a turismo tinham nada mais que três opções de cartões-postais para escolher se quisessem uma lembrança da área negra da cidade. A Igreja Batista da rua Dezesseis. A Parker High School. A agência funerária de A. G. Gaston. Talvez as pessoas brancas que tiraram as fotos e as retocaram com vermelho e amarelo vibrantes tenham decidido que nossa vida se resumia à igreja, à escola e aos funerais. Depois de nascer, teríamos a religião e um pouco de estudo; então, não nos restaria nada a fazer além de morrer.

Tentaram fazer esse pouco de estudo parecer vir da mais imponente instituição de ensino das redondezas. Na fotografia do cartão-postal, a Parker parecia nova em folha, ainda mais branca do que se tivesse sido caiada no dia anterior, e havia um gramado verde radiante pintado na frente, onde a terra seca se recusava a produzir até erva daninha. No canto superior da fotografia, impressas em letras pretas em negrito, estavam as palavras: "A. H. Parker High School, a maior do mundo para estudantes de cor" – como se viessem turistas de todas as regiões do planeta para vislumbrar essa maravilha.

Talvez, a princípio, a afirmação fosse verdadeira – não acho que um dia alguém tenha feito uma pesquisa para confirmá-la ou contradizê-la. Mas qualquer que fosse a verdade ali contida, ela se baseava diretamente nas condições miseráveis da população negra. Se a Parker era a "maior escola de ensino médio para estudantes de cor", isso se devia ao mesmo motivo pelo qual não existia uma única escola pública de ensino médio no Harlem e ao mesmo motivo pelo qual a educação da juventude negra na África do Sul não merecia um pingo de consideração. Quando minha mãe estava na idade de cursar o ensino médio, essa tal "maior do mundo" ainda se chamava Industrial High School e era a única escola de ensino médio para pessoas negras em um raio de centenas de quilômetros. Ela morava na cidadezinha de Sylacauga, a pelo menos 120 quilômetros da nossa cidade. A única maneira de poder continuar seus estudos depois do nono ano era deixar a família e se mudar para Birmingham.

Eu e minha turma não estávamos muito ansiosas para entrar no ensino médio. Quando nos formamos na Carrie A. Tuggle Elementary School, tivemos de ir para um anexo da Parker, a vários quarteirões de distância do prédio principal. Era um conjunto de cabanas de madeira deterioradas, não muito diferente daquele de onde acabáramos de sair.

No primeiro dia, quando chegamos, descobrimos que o interior dessas estruturas estava ainda mais dilapidado do que o exterior. Pisos de madeira sem pintura, paredes antigas cobertas de pichações que ninguém se preocupou em remover. Percebemos que, quando a estação mudasse, dependeríamos de um arcaico aquecedor a carvão no canto de cada casa – chamávamo-nas de Barracão I, Barracão II etc.

Raras aulas eram estimulantes – biologia, química e matemática eram as que mais me interessavam. Minhas aulas de história eram uma farsa. Farsescas não tanto pela deficiência do corpo docente, mas pela deficiência dos livros didáticos definidos pelo Conselho de Educação. Em nosso livro de história dos Estados Unidos, descobri que a Guerra Civil foi a "guerra pela independência do Sul" e que a população negra preferia muito mais ser escravizada do que ser livre. Afinal de contas, dizia o livro, a prova de como nossa ancestralidade aceitava com alegria sua situação eram as reuniões semanais de canto e dança aos sábados à noite. No ensino fundamental, já tínhamos aprendido que muitas das canções criadas pelas pessoas escravizadas tinham um significado que apenas elas entendiam. "Swing Low, Sweet Chariot", por exemplo, também se referia à jornada rumo à liberdade *nesta* vida. Mas não havia nada a esse respeito em nossos livros do ensino médio. As professoras e professores ou tinham muito que fazer para manter as classes em ordem, ou então não tinham tanta preocupação quanto o corpo docente do ensino fundamental em nos apresentar um quadro preciso da história negra.

A violência autodirigida que tanto fazia parte de nossa vida escolar na Tuggle aumentou na Parker, chegando ao limite do fratricídio. Dificilmente se passava um dia sem uma briga – dentro ou fora da sala de aula. E, em um dia quente e de muito vento, bem no pátio da escola, um de meus colegas de fato conseguiu tirar a vida de outro, esfaqueando-o.

Parecia que um redemoinho de violência e de sangue tinha nos capturado, e nós não conseguíamos escapar.

Na época em que entrei no ensino médio, o movimento pelos direitos civis estava começando a despertar parte da população negra do Alabama de seu sono profundo, mas aflito. No entanto, a julgar pela inatividade generalizada na Parker High School, nunca saberíamos que Rosa Parks tinha se recusado a mudar para os fundos do ônibus em Montgomery, em 1º de dezembro de 1955, ou que Martin Luther King estava liderando um boicote total aos ônibus a apenas 160 quilômetros de distância, ou que, de fato, estava sendo germinado um movimento de boicote aos ônibus em Birmingham.

Várias pessoas entre nós, porém, foram afetadas pelo boicote. Em algumas ocasiões, eu e um pequeno grupo de colegas de escola decidimos de maneira espontânea nos sentar na frente do ônibus para demonstrar apoio às nossas irmãs e irmãos. Inevitavelmente, seguia-se uma gritaria entre nós e o motorista do ônibus. As pessoas negras que ali estavam eram forçadas a tomar partido.

Por não existir então um amplo movimento organizado em Birmingham, algumas delas tinham medo de nossa audácia e nos imploravam para fazer o que o homem branco dizia.

Nessa época, a NAACP foi declarada ilegal no Alabama, e seus membros foram ameaçados de prisão. Minha mãe e meu pai eram membros da organização e tinham decidido não permitir que o medo espalhado por Bull Connor e companhia resultasse na sua submissão. Como outras pessoas associadas ao movimento, minha mãe e meu pai receberam ameaças de bomba, mas continuaram a cumprir suas obrigações com a NAACP, até que ela foi oficialmente dissolvida e substituída pelo Alabama Christian Movement for Human Rights [Movimento Cristão do Alabama pelos Direitos Humanos; ACMHR, na sigla original], liderado pelo reverendo Fred Shuttlesworth.

O protesto dos ônibus de Birmingham estava programado para ser lançado pelo ACMHR um dia depois do Natal de 1956. Decididos a esmagá-lo antes que ganhasse força, os grupos racistas, encorajados por Bull Connor, tiraram do armário suas velhas e fiéis armas: as bananas de dinamite que tínhamos passado a conhecer tão bem. Na noite de Natal, uma explosão estrondosa destruiu a casa do reverendo Shuttlesworth. A bomba tinha sido plantada sob a casa, bem embaixo da cama onde o pastor dormia. As pessoas disseram que foi por milagre divino que tudo em volta dele voou pelos ares, mas o pastor escapou sem um arranhão. Descobrimos no dia seguinte que ele tinha ido ao hospital levar um vizinho ferido na explosão e tinha voltado para casa de ônibus, sentando-se no banco da frente. Naquele mesmo dia, mais tarde, várias pessoas seguiram o exemplo do reverendo Shuttlesworth e, em seguida, foram presas.

Eu estava muito agitada naqueles dias. Estava acontecendo algo que poderia mudar nossa vida. Mas eu era muito jovem, assim me disseram (eu tinha doze anos), e, além do mais, menina, para ser exposta aos cassetetes e à violência da polícia. Com o passar dos anos, entretanto, as demandas do movimento aumentaram e tornou-se necessário incorporar homens, mulheres e crianças com disposição em todos os níveis de ação de protesto. De fato, pouco tempo depois, as crianças Shuttlesworth começaram a exercer papéis importantes no trabalho do ACMHR.

Enquanto essas revoltas explodiam nas ruas de Birmingham, pouco chegava ao *campus* da Parker. Ao longo dos três anos seguintes, o movimento atingiu seu auge e depois arrefeceu. O cronograma diário de aulas, complementado pelos jogos de futebol e de basquete, prosseguia. A vida social da classe média negra fora do *campus* permanecia inalterada – exceto pelos incidentes racistas usuais, rotineiros.

Por exemplo, em um domingo, eu e alguns amigos e amigas dirigíamos para casa depois de irmos ao cinema. Entre as pessoas no carro estava Peggy, uma garota que morava no fim da rua. Ela tinha a pele muito clara, cabelos loiros e olhos verdes. A presença dela costumava provocar olhares confusos e hostis, porque as pessoas brancas sempre a identificavam erroneamente como branca*. Daquela vez, foi um policial que a confundiu com uma pessoa branca cercada por pessoas negras. E bem quando o grupo estava prestes a me deixar em frente de casa, ele nos obrigou a encostar, querendo saber o que nós, pessoas pretas, estávamos fazendo com uma menina branca. Ele mandou que saíssemos do carro e revistou todo mundo, exceto Peggy, que ele separou do grupo. Na época, havia um decreto estadual no Alabama proibindo qualquer tipo de relacionamento, exceto econômico, entre pessoas negras e brancas. O policial ameaçou nos jogar na prisão, incluindo Peggy, a quem ele chamou de "amante de pretos".

Quando Peggy, furiosa, explicou que era negra como o resto de nós, o policial ficou obviamente perturbado. Descarregou sua perturbação nos assediando com linguagem obscena, agredindo alguns dos meninos e revistando cada centímetro do carro em busca de alguma desculpa para nos levar para a prisão. Esse era um incidente rotineiro, talvez até mais moderado do que a maioria, mas não menos exasperante por ser comum.

Aos catorze anos, no meu terceiro ano do ensino médio, eu me sentia inquieta e extremamente limitada. O provincianismo de Birmingham me incomodava e eu ainda não tinha sido arrebatada pelo movimento pelos direitos civis a ponto de que ele representasse para mim uma sólida *raison d'être*. Eu não conseguia definir nem articular minha insatisfação. Simplesmente tinha a sensação de que as coisas estavam se fechando sobre mim – e eu queria sair. Aproximava-se rapidamente a época em que, para não serem excluídas, as meninas de minha

---

* Nos Estados Unidos, tradicionalmente, a classificação racial se dá por critérios de descendência, ou seja, ainda que tenha pele, cabelos e olhos claros, a pessoa será considerada negra se seus ancestrais, mesmo distantes, não tiverem origem europeia, se ela tiver qualquer gota de "sangue negro", isto é, ascendência africana ("*one drop rule*" [regra da uma gota]). Tal classificação foi por muito tempo usada para justificar a discriminação racial e fez parte das Leis Jim Crow, que institucionalizavam a segregação racial no Sul dos Estados Unidos em locais e serviços públicos, como escolas e meios de transporte, mas também em estabelecimentos particulares, como restaurantes. Sua duração foi de quase um século (de 1876 a 1965). (N. E.)

idade tinham de exercer um papel ativo na vida social consolidada dos círculos da classe média da comunidade negra. Eu detestava os grandes bailes formais e me senti muito inadequada e deslocada em um ou dois eventos do tipo em que estive. Eu tinha de fugir. De um jeito ou de outro, eu sairia de Birmingham.

Descobri duas vias de escape: a entrada antecipada no programa da Universidade Fisk, em Nashville, e um programa experimental desenvolvido pelo American Friends Service Committee [Comitê de Assistência dos Amigos Estadunidenses; AFSC, na sigla original], por meio do qual estudantes de comunidades negras do Sul podiam frequentar escolas de ensino médio racialmente integradas no Norte. Eu me inscrevi nos dois programas e, depois de alguns meses, soube que tinha sido aceita em ambos.

Com a escola de medicina em mente, a princípio tive uma forte inclinação pela Fisk. A Fisk não seria apenas uma saída do provincianismo que eu detestava, mas significaria também que eu teria mais facilidade para realizar meus planos de me tornar pediatra; a Meharry Medical School ficava em seu *campus*. E, em termos acadêmicos, a Fisk estava entre as universidades negras mais respeitadas dos Estados Unidos. Era a Fisk de W. E. B. Du Bois. Mas era também a Universidade da Burguesia Negra *par excellence*, e eu conseguia prever que minha indisposição para me envolver em assuntos puramente sociais criaria enormes problemas pessoais. Provavelmente, se eu não ingressasse em uma agremiação feminina, eu permaneceria uma intrusa.

Quanto ao programa do AFSC, eu tinha conseguido reunir apenas as informações mais rudimentares. Sabia que a escola em que eu estudaria seria a Elisabeth Irwin High School, em Nova York, e que moraria com uma família branca no Brooklyn. Embora eu não soubesse nada sobre a escola, Nova York ainda me fascinava. Pensei em todas as coisas que eu não tinha conseguido fazer nos primeiros quinze anos da minha vida. Eu poderia fazê-las em Nova York. Eu tinha um conhecimento muito pouco desenvolvido de música ou teatro; poderia explorar todo um universo cultural novo.

Pronta e disposta a aceitar o desafio do desconhecido, eu estava só um pouco amedrontada. Minha mãe pensava mais nos perigos que eu poderia enfrentar e, embora quisesse que eu tivesse uma educação completa, estava angustiada por eu ter de sair de casa. Eu tinha apenas quinze anos, e ela temia que um ano em um *campus* universitário, cercada de pessoas muito mais velhas do que eu, roubaria o resto de minha infância e me faria amadurecer antes do tempo. Acho que ela não compreendia plenamente que, de qualquer maneira, toda criança negra criada no Sul é forçada a amadurecer "antes do tempo". Mas, quando ela pensava em Nova York, tudo que conseguia ver era uma gigantesca casa de horrores. A Elisabeth Irwin High School ficava em Greenwich Village, o que, para ela, era o paraíso de *beatniks* e suas esquisitices.

Minha preferência pessoal era pela escola Elisabeth Irwin, na cidade de Nova York, onde eu moraria na casa de W. H. Melish. Mas, devido aos receios de minha mãe, eu estava disposta a me contentar com a Fisk. Telefonamos para a família Melish em Nova York e informamos, com tristeza, sobre nossa decisão. Tentei pensar no lado positivo da Fisk: em quatro anos, eu teria dezenove e poderia estudar na Meharry Medical School; algum tempo depois, eu estaria curando crianças.

Com minhas malas feitas e minha mente tranquila, estava pronta para ir (mesmo sem ter comprado todas as roupas sugeridas na lista, como trajes formais para várias ocasiões). Um ou dois dias antes de partir, meu pai, meu querido pai, deixou de lado sua discrição habitual e pediu que eu dissesse a ele francamente o que eu queria fazer. Mas, antes de eu conseguir responder, ele falou que queria me contar sobre algumas de suas experiências pessoais durante sua breve permanência na Fisk. (Ele se formou pela faculdade St. Augustine, em Raleigh, Carolina do Norte, mas fez uma parte de seus estudos na Fisk.) Era uma escola muito boa, ele explicou. Mas lá, para conquistar qualquer coisa, você tinha de entrar com uma concepção inabalável do que iria fazer. Eu tinha de ver os dois lados da Fisk, ele disse, sua importância histórica para o povo negro – bem como seus problemas.

Ao terminarmos a conversa, eu sabia que não iria para a Universidade Fisk, ao menos não naquele ano. Só precisava convencer minha mãe de que eu era capaz de me defender de quaisquer perigos que pudessem estar à espreita nas ruas de Nova York.

Para o bem ou para o mal, embarquei no trem para Nova York. A viagem foi, em si mesma, simbólica. Na ala reservada às pessoas negras, eu estava cercada de amigos e conhecidos de Birmingham a caminho de escolas localizadas ao longo do trajeto para Nova York. À medida que o trem segregado atravessava o Alabama e a Geórgia e passava por Washington, meus amigos e amigas desembarcavam em pequenos grupos. Algumas pessoas iam para Morehouse, Spellman ou Clark, em Atlanta, e o último grupo desceu em Washington para estudar na

Universidade Howard. A cada uma das principais paradas, o aspecto familiar dos arredores diminuía um pouco mais. Quando o trem saiu de Washington, eu havia sido abandonada à companhia de gente desconhecida e observava com estranheza pessoas brancas entrando no vagão e ocupando assentos que tinham sido destinados às "pessoas de cor" ao longo dos estados do Sul.

As perspectivas tanto me instigavam como me preocupavam. Eu já tinha assumido o compromisso de morar e estudar com pessoas brancas nos próximos dois anos, mas será que conseguiria me acostumar a ficar perto delas o tempo todo? Apesar do fato de que, ao menos em teoria, as pessoas brancas com quem eu conviveria em casa e na escola estavam comprometidas, em algum nível, com a luta pela igualdade de meu povo, o impacto do racismo sobre mim tinha sido tão tremendo que eu sabia que teria de fazer um grande esforço para me encaixar em um mundo predominantemente branco. Teria de estar aberta e na defensiva ao mesmo tempo. Teria de ficar atenta, preparada para qualquer sinal precoce de desprezo ou hostilidade. (Eu ainda não sabia que também enfrentaria a tendência das pessoas brancas liberais de serem excessivamente solícitas com as poucas pessoas negras que conhecem.) Mas me esforçaria para ficar relaxada, para ser acessível a qualquer gesto de humanidade e gentileza que pudessem me demonstrar. Senti uma tensão quase insuportável – era como se eu fosse duas pessoas, as duas faces de Jano. Um perfil contemplava, desconsolado, o passado – um passado de aflição, violência e confinamento interrompidos apenas por borrões ocasionais de sentido e pelo amor que eu tinha por minha família. O outro fitava, com avidez e apreensão, o futuro – um futuro que irradiava desafio, mas também abrigava a possibilidade da derrota.

Quando o trem chegou, o reverendo e a sra. Melish estavam me esperando na estação Pennsylvania. Desde o primeiro momento que ouvi sobre o casal e seus sacrifícios pelo movimento progressista, tive grande respeito por ambos. No auge da era McCarthy, o reverendo Melish (que, junto com seu pai, era pastor da maior igreja episcopal do Brooklyn) tinha usado o púlpito para defender as vítimas da insanidade da caça às bruxas macartista. Fizera pregações sobre a necessidade de que pessoas verdadeiramente cristãs combatessem todas as formas de injustiça e repressão. Além disso, ele era, na época, membro da Soviet-American Friendship Organization [Organização pela Amizade Soviético-Estadunidense] e, naqueles dias, McCarthy e companhia não faziam distinção entre defender o direito de um povo a ser comunista e ser comunista.

A família Melish tinha passado por um período de luta brutal e turbulenta contra a hierarquia da Igreja episcopal; tinha enfrentado calúnias na mídia, o julgamento eclesiástico e, por fim, a perda de sua igreja. Mas seu sofrimento a fez apenas mais forte e mais determinada.

O casal tinha três filhos: dois mais velhos do que eu e um mais novo. Um deles estava no terceiro ano do ensino médio e o outro, no sétimo ano do ensino fundamental na Elisabeth Irwin. Senti um pouco mais de tranquilidade sabendo que alguém poderia me ajudar a me orientar nessa escola que era, pelo que se dizia, diferente de qualquer outra que eu tivesse ouvido falar.

Eu me instalei na casa e tentei explorar o bairro. Foi um alívio descobrir que a casa estava localizada no coração da comunidade negra – em Bedford-Stuyvesant, na esquina da Kingston com a St. Marks. Levei algum tempo para perceber que as pessoas negras também sofriam influência das características de Nova York. Você não saía na rua – especialmente se fosse mulher – e começava a conversar com um irmão que cruzasse seu caminho. Em Birmingham, passar por alguém de seu povo sem um cumprimento do tipo "boa tarde" era considerado o cúmulo da arrogância. Mas aqui, se você falasse com um estranho na rua, as pessoas olhavam como se você tivesse enlouquecido.

Antes do início oficial do semestre, fui com a sra. Melish visitar a escola e conhecer parte do corpo docente. Localizada na margem de Greenwich Village, no meio de um quarteirão cheio de edifícios residenciais de dois andares, a Elisabeth Irwin High School era um prédio de tijolos tão pequeno que não se notaria que era uma escola a menos que se passasse por ali de manhã, quando as aulas estavam prestes a começar, ou no fim da tarde, quando nos deixavam sair.

A história da escola me impressionou. Tinha sido idealizada algumas décadas antes como uma experiência de educação progressista no interior do sistema público de ensino. Quando o Conselho de Educação de Nova York decidiu encerrar a experiência, as próprias professoras e professores resolveram assumir o controle da escola e garantir sua continuidade. Transformaram-na em uma escola privada, mediante o pagamento de anuidade, e estabeleceram a propriedade coletiva da instituição.

Além do ensino médio, havia o ensino fundamental e o jardim de infância, localizados em um prédio de tijolos vermelhos na rua Bleecker apropriadamente denominado The Little Red School House [Escolinha Vermelha]. Para cada série, dos quatro anos de idade até o terceiro ano do ensino médio, havia apenas uma classe, com 25 a 30 estudantes.

A visita de apresentação à escola alterou completamente minha noção de como as instituições de ensino deveriam ser. Todo o corpo docente que eu tinha conhecido até então tinha uma aparência conservadora: os homens vestiam terno e gravata, as mulheres, roupas simples mas elegantes. Um dos primeiros professores a quem fui apresentada estava usando calças jeans surradas, camisa de manga curta de cor berrante, tênis e grande parte do rosto encoberta por uma barba. Fiquei ainda mais chocada com o fato de ter sido apresentada ao grupo por seus primeiros nomes. Até o diretor da escola, um senhor da Nova Inglaterra sério, simpático, de cabelos brancos – até mesmo ele fora apresentado pelo primeiro nome.

Por ser uma escola pequena e pelo número considerável de estudantes que entravam ali aos quatro anos e ficavam até se formarem no ensino médio, havia uma inevitável tendência à formação de tribos. Senti essa atmosfera de família de imediato e não estava totalmente certa de que seria capaz de me integrar a ela.

Na tentativa de obter um retrato mais completo da escola, conversando com a família Melish e outras pessoas, descobri que parte do corpo docente atual tinha sido colocada na lista negra (lista branca?) pelo Conselho de Educação e, portanto, não tinha permissão para lecionar em qualquer escola pública. Suas tendências políticas iam de liberal a radical, incluindo inclinações ao comunismo, ou assim imaginei.

Tentando juntar tudo isso, me senti como se estivesse nadando sozinha em águas inexploradas. Eu não conhecia as correntes submarinas, nunca conseguia saber se estava em águas rasas ou profundas, talvez em um pântano ou areia movediça. E eu não tinha uma pessoa para me guiar que compreendesse minhas forças, minhas fraquezas – as potências e desvantagens de uma jovem negra vinda do Sul racista.

Quando superei os obstáculos apresentados por meu novo ambiente, comecei a me sentir mais confortável em casa e na escola. Ao aprender sobre o socialismo nas aulas de história, um mundo completamente novo se abriu diante de meus olhos. Pela primeira vez, me familiarizei com a noção de que poderia existir um arranjo socioeconômico ideal; de que cada pessoa poderia contribuir com a sociedade de acordo com suas habilidades e talentos e que, em troca, poderia receber ajuda material e espiritual de acordo com suas necessidades.

Eu ainda não compreendia o socialismo *científico*, mas tentei entender as experiências do socialismo utópico que debatemos em nossas aulas de história. Fiquei fascinada por esses grupos de pessoas que decidiram se isolar completamente a fim de construir uma nova sociedade em miniatura, humana e socialista. Não me limitei ao material que lemos em nossos livros de história. Fui à biblioteca e li tudo que consegui achar sobre Robert Owen e as outras lideranças daquele movimento.

Talvez tenha sido o traço romântico dentro de mim que me aproximou do socialismo utópico. Porque, quando comecei a considerar a possibilidade concreta de resolver os problemas do meu povo e também os problemas das pessoas brancas exploradas, não consegui encontrar a transição entre o mundo real de opressão, racismo e injustiça e o mundo ideal do comunismo. Talvez algumas poucas pessoas lá e cá pudessem salvar suas almas da corrupção do capitalismo, mas pequenas sociedades agrícolas coletivas e comunistas definitivamente não eram o caminho para libertar milhões e milhões de pessoas.

O *Manifesto Comunista* me atingiu como um raio. Li-o com avidez, encontrando nele respostas a muitos dos dilemas aparentemente irrespondíveis que me atormentavam. Li-o várias vezes, sem entender por completo todas as passagens nem todas as ideias, mas ainda assim cativada pela possibilidade de uma revolução comunista nos Estados Unidos. Comecei a ver os problemas do povo negro dentro do contexto de um amplo movimento da classe trabalhadora. Minhas noções sobre a libertação negra eram imprecisas, e eu não conseguia encontrar os conceitos certos para articulá-las; ainda assim, eu estava adquirindo algum entendimento sobre como o capitalismo poderia ser abolido.

Fiquei particularmente impressionada com uma passagem do *Manifesto* que retratava o proletariado como redentor de todas as pessoas oprimidas:

> Todos os movimentos históricos têm sido, até hoje, movimentos de minorias ou em proveito de minorias. O movimento proletário é o movimento autônomo da imensa maioria em proveito da imensa maioria. O proletariado, a camada mais baixa da sociedade atual, não pode erguer-se, pôr-se de pé, sem fazer saltar todos os estratos superpostos que constituem a sociedade oficial.*

O que me impressionou tão fortemente foi a ideia de que, uma vez que a emancipação do proletariado se tornasse realidade, estaria lançada a base para a emancipação de todos os grupos oprimidos da sociedade. Em minha mente, surgiram imagens da classe trabalhadora negra de Birmingham subindo todas as manhãs até as usinas siderúrgicas ou descendo para o interior das minas. Como

---

* Ed. bras.: Karl Marx e Friedrich Engels, *Manifesto Comunista* (1. ed. revista, São Paulo, Boitempo, 2010). (N. E.)

um exímio cirurgião, esse documento removeu cataratas da minha vista. Os olhos cheios de ódio da Colina Dinamite, o estrondo dos explosivos, o medo, as armas escondidas, a mulher negra chorando em nossa porta, as crianças sem merenda, o derramamento de sangue no pátio da escola, os jogos sociais da classe média negra, o Barracão I e o Barracão II, o fundo do ônibus, as revistas policiais – tudo fez sentido. O que parecia um ódio pessoal contra mim, uma recusa inexplicável das pessoas brancas do Sul em enfrentar as próprias emoções e uma persistente propensão das pessoas negras em aquiescer se tornaram a consequência inevitável de um sistema brutal que se mantém vivo e forte ao encorajar o rancor, a competição e a opressão de um grupo por outro. Lucro era a palavra: o motivo frio e permanente para o comportamento, o desprezo e o desespero que eu tinha visto.

Agora, eu sentia a necessidade de mudar algo em minhas ideias sobre a libertação. Percebi então que, apesar de minha aversão superficial a algumas atividades sociais da classe média negra, eu era dependente disso para guiar as pessoas trabalhadoras, desempregadas e pobres entre nós para a liberdade.

Óbvio, o impacto mais poderoso que o *Manifesto* teve sobre mim – o que mais me inspirou -- foi a visão de uma nova sociedade, sem opressores nem oprimidos, uma sociedade sem classes, uma sociedade em que não seria permitido possuir tanto que se pudesse usar as próprias posses para explorar outros seres humanos. Depois da revolução comunista "surge uma associação na qual o livre desenvolvimento de cada um é a condição para o livre desenvolvimento de todos".

As palavras finais do *Manifesto* inspiraram em mim um desejo esmagador de me lançar no movimento comunista:

> Os comunistas se recusam a dissimular suas opiniões e seus fins. Proclamam abertamente que seus objetivos só podem ser alcançados pela derrubada violenta de toda a ordem social existente. Que as classes dominantes tremam à ideia de uma revolução comunista! Nela os proletários nada têm a perder a não ser os seus grilhões. Têm um mundo a ganhar.
> Proletários de todos os países, uni-vos!

Por coincidência, mais ou menos na época em que li o *Manifesto Comunista*, fui convidada por uma amiga para os encontros de uma organização de jovens chamada Advance [Progresso]. Ela era filha de um membro do Partido Comunista, e a Advance era uma organização de jovens marxista-leninista irmã do partido. Muitos dos encontros aconteciam na casa de Herbert Aptheker – o respeitadíssimo historiador comunista –, com sua filha, Bettina Aptheker, exercendo o papel de principal liderança da organização.

Eugene Dennis, filho do líder comunista de mesmo nome, também fazia parte do grupo, assim como Mary Lou Patterson, filha do grande advogado negro comunista William Patterson. Foi Patterson quem levou à ONU a petição que protestava contra o genocídio do povo negro, em 1951. Harriet, filha de James Jackson, Mary Lou, Margaret e Claudia Burnham já eram minhas amigas íntimas; agora, com nossas atividades na Advance, nos tornávamos verdadeiras "camaradas de armas".

Herbert Aptheker estava lecionando um curso sobre os fundamentos do marxismo no American Institute for Marxist Studies [Instituto Estadunidense de Estudos Marxistas]. Junto com outros membros da Advance, frequentei as aulas, que me ajudaram a penetrar os mistérios do *Manifesto*.

A Advance participava de todas as passeatas pela paz que estavam sendo organizadas pelo Sane (Committee for a Sane Nuclear Policy [Comitê para uma Política Nuclear Sensata]) e dos protestos pelos direitos civis em solidariedade ao movimento no Sul. Os primeiros protestos sentados* começaram em 1º de fevereiro de 1960, em Greensboro, Carolina do Norte, e tinham se espalhado por todo o Sul. Depois que foi introduzida a exigência de contratação de pessoas negras como atendentes na loja de departamentos F. W. Woolworth, todos os sábados de manhã carregávamos nossos cartazes e impressos até a Woolworth na rua 42, formávamos uma fila e tentávamos convencer a população nova-iorquina a não frequentar a loja até que ela concordasse em contratar pessoas negras no Sul.

Embora eu estivesse envolvida no movimento, eu me sentia traída: exatamente quando decidi sair do Sul, um movimento começou a se espalhar pela minha região natal. Em 1961, quando o ônibus transportando Viajantes da Liberdade chegou ao Greyhound Depot, em Birmingham, telefonei à minha mãe e meu pai para dizer que queria ir para casa – e que, por favor, me mandassem

---

* No original, *sit-ins*. A autora se refere à série de protestos pacíficos em que manifestantes simplesmente se sentavam em locais públicos onde havia segregação racial. O mais emblemático deles aconteceu em fevereiro de 1960, quando quatro estudantes negros – Joseph McNeil, David Richmond, Ezell Blair Jr. e Franklin McCain – ocuparam bancos no balcão de uma lanchonete de Greensboro, na Carolina do Norte. Inspirados nas ideias pacifistas de Martin Luther King, os protestos sentados se multiplicaram pelo Sul dos Estados Unidos como forma de chamar a atenção para a violação dos direitos civis da população negra. (N. T.)

o dinheiro para a viagem. Quando me explicaram que era melhor eu ficar em Nova York e terminar meu último ano escolar, estava angustiada e frustrada demais para manter minha cabeça nos estudos. Cada vez que eu via uma fotografia ou imagens na televisão em que a polícia aparecia apontando jatos d'água de alta potência contra manifestantes ou atiçando cães contra criancinhas, eu fechava a porta do meu quarto para que a família Melish não me visse chorar.

Aqueles foram anos estimulantes, e nunca me arrependi de minha decisão de passá-los em Nova York. Mas foram anos de tensão. A cabeça de Jano ainda estava fixa – um olho repleto de anseio de participar da luta em Birmingham, o outro contemplando meu próprio futuro. Muito tempo se passaria antes que os dois perfis se unissem e que eu conhecesse o rumo tanto do passado quanto do futuro.

PARTE III
ÁGUAS

Vou à paisagem do gênesis
*de estrondos, choques e águas [...]**
Federico García Lorca

---

* Traduzido a partir da versão em inglês do poema "Cielo vivo", "Heaven alive", usada por Angela Davis: "*I go into genesis' landscape | of rumblings, collisions, and waters*". (N. E.)

ELA DAV
FECH'71

SETEMBRO DE 1961

Pousada sobre uma enorme rocha que sobressai de uma colina coberta de grama nos arredores de Waltham, Massachusetts, há uma escultura de latão do juiz da Suprema Corte Louis Brandeis com os braços estendidos como asas, parecendo prestes a levantar voo – como se não houvesse outro lugar para ir.

Cheguei à conclusão de que, a fim de proteger seu caráter heterodoxo, a escola Elisabeth Irwin tinha tecido um casulo ao redor de si mesma. Durante aqueles dois anos em Nova York, nunca superei totalmente a sensação de estar deslocada, de ser uma intrusa que tinha penetrado naquele casulo por acaso. Mesmo assim, confrontei aquela sensação de frente. E, quando o ambiente se tornava fechado demais, opressivo demais, eu podia sempre abrir uma fresta nas paredes e escapar para outros mundos – minhas amigas de infância Margaret, Claudia, Mary Lou Patterson, Phyllis Strong; a ação política na Advance; minhas amizades negras e porto-riquenhas do centro da juventude dirigido pela sra. Melish no Brooklyn.

A Universidade Brandeis era diferente. Não havia caminhos que conduzissem para o mundo lá fora.

Tanto o isolamento físico quanto o espiritual se reforçavam mutuamente. Não havia nada em Waltham, exceto uma fábrica de relógios, e as cidades de Cambridge e Boston eram inalcançáveis para quem não podia comprar um carro.

Vasculhei os grupos de calouros e calouras em busca de outras pessoas negras. O simples fato de saber que estavam ali teria feito com que me sentisse um pouco mais confortável. Mas a bolsa de estudos integral que a Brandeis tinha me concedido era, aparentemente, uma tentativa, motivada pela culpa, de ampliar a população negra no primeiro ano, composta de duas pessoas.

Éramos três, todas mulheres. Fiquei contente que uma delas, Alice, morava no mesmo andar que eu.

Ainda que Alice e eu tenhamos ficado amigas imediatamente, isso não alterou na essência minha atitude em relação à universidade. Eu me sentia alheia, irritada, sozinha, e teria abandonado o *campus* se tivesse tido coragem e soubesse para onde ir. Já que estava ali – aparentemente, para ficar –, convivi com esse alheamento e comecei a cultivá-lo em um estilo romântico. Se eu me sentia sozinha, me recusava a ter pena de mim mesma e me recusava a lutar contra isso buscando fazer amizades; eu *ficava* sozinha, indiferente, e parecia apreciar isso. Não ajudava a situação o fato de eu estar muito envolvida nos escritos dos chamados existencialistas. Camus. Sartre. Eu me refugiava em mim mesma e rejeitava praticamente tudo que vinha de fora.

Apenas no ambiente artificial de um *campus* universitário isolado e quase totalmente branco eu podia me permitir cultivar essa atitude niilista. Era como se, a fim de lutar contra o caráter irreal de meu entorno, eu mergulhasse desesperadamente em outro modo de vida igualmente irreal.

Durante aquele primeiro semestre, não estudei muito. Disse a mim mesma que, de qualquer modo, as disciplinas que eu era obrigada a cursar eram irrelevantes. Eu me mantinha longe da vida social da faculdade ou perambulava por um baile formal vestindo as calças jeans que usava o tempo todo – apenas para me posicionar. Dizia que era comunista, mas me recusava a ser atraída pelo pequeno movimento do *campus* porque senti que as pessoas envolvidas com política tinham me abordado de modo nitidamente condescendente. Pareciam determinadas a ajudar "as negras pobres e infelizes" a se tornarem iguais a elas, e eu simplesmente não achava que valia a pena me igualar a elas.

A única coisa que me animou durante aquele ano como caloura foi a notícia de que James Baldwin daria uma série de palestras sobre literatura. Desde que descobri *Go Tell It on the Mountain* [Vá dizê-lo na montanha], li todas as obras de Baldwin que consegui encontrar. Quando ele foi à Brandeis, me certifiquei de pegar uma cadeira na frente. Mas ele mal tinha começado sua exposição quando veio o anúncio de que o mundo estava à beira da Terceira Guerra Mundial. A crise dos mísseis de Cuba* tinha estourado.

---

* Em outubro de 1962, Estados Unidos e União Soviética entraram em confronto devido à decisão do então líder soviético Nikita Khruschov de instalar bases de lançamento de mísseis em Cuba, em resposta à presença de bases semelhantes dos Estados Unidos na Turquia e na Itália. A crise foi considerada o auge da possibilidade de uma Terceira Guerra Mundial, mas chegou ao fim

James Baldwin declarou que não podia continuar as palestras sem contradizer sua consciência moral e abdicar de suas responsabilidades políticas. Ao mesmo tempo, uma manifestação estava sendo organizada no *campus*, enquanto estudantes vagavam com assombro, em silêncio, ou expressavam aos gritos seu medo de que o mundo estivesse prestes a ser consumido em um holocausto nuclear.

Algumas pessoas entraram em seus carros e partiram em pânico, dizendo que estavam a caminho do Canadá. O que havia de tão extraordinário na reação dos estudantes à crise era seu caráter fortemente egoísta. Não tinham interesse no fato de que o povo cubano corria um terrível perigo – ou mesmo de que milhões de pessoas inocentes em outro lugar poderiam ser exterminadas se irrompesse um conflito nuclear. Tinham interesse em si, em salvar a própria vida. Namoradas e namorados foram viver seus últimos momentos de amor.

Quando a manifestação aconteceu, um número grande de estudantes tinha partido e não pôde ouvir os discursos poderosos de James Baldwin, Herbert Marcuse (foi a primeira vez que o ouvi) e outros docentes e estudantes de pós-graduação. O argumento de suas falas era que não nos assustássemos, não entrássemos em desespero, mas pressionássemos o governo para recuar de sua ameaça.

Foi bom me sentir parte de um movimento e, mais uma vez, frequentar assembleias, aulas abertas, passeatas. Mas, quando a crise acabou, as coisas voltaram à velha forma. Durante o breve período de manifestações, me aproximei de pessoas com quem senti que tinha mais em comum – estudantes de outros países. Fiquei amiga de um homem indiano que era extremamente gentil e tinha uma percepção aguda do que estava acontecendo ao nosso redor. Foi minha amizade com Lalit que, mais do que qualquer outra coisa, suponho, me ajudou a compreender de forma concreta a interconexão entre as lutas libertárias dos povos de todo o mundo. Fiquei profundamente comovida quando ele falou sobre a inacreditável miséria de seu povo na Índia. Enquanto o ouvia, eu me pegava pensando a todo momento em meu próprio povo em Birmingham, meu povo no Harlem.

Também fiquei amiga de Melanie, uma jovem das Filipinas, e Mac, uma sul-vietnamita prestes a ser deportada porque se opunha a Diem. Mais ou menos na mesma época, comecei uma forte amizade com Lani, provavelmente porque nos sentíamos muito distantes das coisas em Brandeis.

---

com um acordo histórico em que os governos estadunidense e soviético concordaram em retirar seus mísseis dos três países e estabelecer uma linha direta de comunicação entre si. (N. T.)

Eu e Flo Mason, uma de minhas amigas da Elisabeth Irwin, nos correspondíamos com regularidade. Não lembro quem teve a ideia inicial, mas ambas decidimos ir à oitava edição do World Festival of Youth and Students [Festival Mundial da Juventude e de Estudantes] em Helsinque, na Finlândia, no verão seguinte. Eu estava ansiosa por conhecer a juventude revolucionária de outras partes do mundo, mas minha decisão de fazer essa viagem também tinha sido motivada pelo simples desejo de sair do país a fim de ter uma perspectiva melhor sobre as coisas. Parecia que quanto mais eu me distanciava de minha casa, de minhas raízes, mais confinada eu me sentia e mais longe eu queria ir.

Durante o resto do ano, trabalhei para financiar a viagem. Eu colocava os livros da biblioteca de volta nas estantes, arquivava fichas no Departamento de Biologia e trabalhava na Cholmondeley's, a cafeteria do *campus*. E arrumei um emprego em uma loja de refrescos em Waltham. Tendo retomado o hábito de estudar, entre meus empregos e meus livros, eu não tinha muito tempo para fazer qualquer outra coisa. Até minha vida social – nessa época, eu estava saindo com um estudante alemão, Manfred Clemenz – consistia, na maior parte das vezes, em tomar um café na cafeteria depois de uma tarde de estudos.

Então, chegou junho. A bolsa que ganhei para o festival pedia que eu fizesse algum trabalho voluntário na sede do comitê do evento em Nova York: datilografar, mimeografar, encaminhar correspondências. Um voo fretado da Brandeis me levou a Londres, onde vaguei sozinha por um ou dois dias antes de pegar o trem para Paris. Minha amiga Harriet Jackson ia me encontrar na Gare du Nord, mas uma greve desorganizou todos os horários e lá estava eu, sozinha, em Paris, sem conhecer ninguém e sem a menor ideia de como localizá-la.

Depois de alguns dias em um hotel sujo no Quartier Latin, explorando a cidade e lendo, horrorizada, as frases racistas que ameaçavam as pessoas argelinas de morte e que tinham sido rabiscadas nos muros por toda a cidade, finalmente fiz contato com minha amiga. Ela tinha deixado um recado na American Express, na esperança de que eu pensasse em ir até lá. Quando Flo chegou, tínhamos nos mudado para um quarto minúsculo no último andar de um edifício residencial no 16º Arrondissement, tão perto da Torre Eiffel que pelo vidro da janela de trinta centímetros quadrados era possível ver o elevador subindo e descendo. A *chambre de bonne* tinha sido alugada por uma das amigas de Harriet que estava estudando em Paris e que concordara em nos deixar usá-la enquanto estivesse fora.

Aquele era um de dez quartos semelhantes e só podia ser acessado por meio de seis lances de uma escada enferrujada, parecida com uma escada de emergência. Como todos os outros, o quarto não tinha encanamento, apenas um vaso sanitário imundo e um hidrante de água fria no fim do corredor. Só havia espaço suficiente para uma cama, um pequeno armário, uma mesa e um pedaço de chão para um colchão inflável e outro de palha. Flo, Harriet e eu nos revezávamos entre dormir na cama, no colchão inflável e no chão. Achávamos que nosso quarto estava lotado, até conhecermos as pessoas do outro lado do corredor – uma mulher frágil vinda da Martinica, tentando viver no mesmo espaço com suas quatro filhas robustas, com idades entre catorze e vinte anos. Tendo acabado de chegar do Caribe, elas saíam diariamente em busca de trabalho. Todo fim de tarde, retornavam sem conseguir nada, exceto corpos cansados, um pouco menos de dinheiro e, geralmente, histórias horríveis por serem confundidas com mulheres argelinas.

Nós três percorremos Paris como turistas, fazendo as coisas que tinham custo mínimo e davam descontos para estudantes: Louvre, Museu Rodin, Molière na Comédie-Française (que custava um franco para estudantes). Frequentando os cafés lotados ao longo do Boulevard St. Michel, conhecemos pessoas que tinham histórias interessantes e emocionantes para contar – principalmente em relação à sua aversão pelo povo francês. Eram pessoas da África e do Haiti, outras das Antilhas e da Argélia. Fomos apresentadas aos locais onde a classe trabalhadora argelina comia, escondidos na rede de ruas secundárias do Quartier Latin.

Ser da Argélia e morar em Paris em 1962 era viver como um ser humano perseguido. Enquanto argelinos e argelinas combatiam o Exército francês em suas montanhas e nas cidades europeizadas de Argel e Orã, grupos terroristas paramilitares atacavam indiscriminadamente homens e mulheres na capital colonialista porque eram, ou pareciam ser, da Argélia.

Em Paris, explodiam bombas em cafés frequentados por pessoas do Norte da África, corpos ensanguentados eram descobertos em ruas sombrias, e pichações contra o povo argelino arruinavam as laterais dos prédios e as paredes das estações de metrô. Certa tarde, fui a uma passeata a favor do povo argelino na praça em frente à Sorbonne. Quando os *flics* [policiais] a dispersaram com seus jatos d'água de alta potência, foram tão cruéis quanto os policiais interioranos de Birmingham que receberam os Viajantes da Liberdade com cães e mangueiras.

Os lugares novos, as experiências novas que eu esperava descobrir ao viajar acabaram se mostrando os mesmos lugares antigos, as mesmas experiências antigas, com uma mensagem comum de luta.

Depois que Harriet partiu para a União Soviética, eu e Flo decidimos, de impulso, embarcar em um trem para Genebra, mas acabamos tentando pedir carona junto com um estudante suíço que acabava de voltar da Universidade de Wisconsin. Um exemplo típico de nossa sorte foi que, por acaso, era 14 de julho – o aniversário da tomada da Bastilha – e, portanto, era praticamente impossível pegar carona. Chegamos até o Aeroporto de Orly, nos arredores da cidade, armamos a barraca do estudante suíço em um campo, jantamos no aeroporto e fomos dormir, enquanto ele ficou do lado de fora vigiando. Não nos saímos melhor na manhã seguinte, então pegamos ônibus e trens até chegarmos a Lausanne, onde a mãe do estudante nos hospedou por alguns dias.

Com suas casinhas singulares construídas em níveis cada vez mais altos nas encostas de colinas, Lausanne era a cidade mais limpa e mais bonita que eu tinha visto. Passei a entender por que as pessoas abastadas mandavam suas crianças para a Suíça.

De Lausanne fomos a Genebra, voltamos a Paris e seguimos para o festival na Finlândia. A arquitetura banal e monótona da Helsinque do pós-guerra escondia a extraordinária vitalidade da juventude de todo o mundo que se reunia ali.

Nas duas breves semanas de festival, houve uma programação cultural espetacular, manifestações políticas de massa e incontáveis seminários sobre a luta na África, na América Latina, na Ásia, no Oriente Médio. A dimensão mais emocionante do festival, em minha opinião, veio dos encontros bilaterais das delegações, porque permitiam um contato mais próximo com a juventude de outros países.

A apresentação cultural feita pela delegação de Cuba foi o evento mais impressionante do festival. Não que tenham se apresentado da forma mais sofisticada e ordenada, mas sua exibição transmitiu um espírito revolucionário intensamente cativante. Eram jovens de uma revolução que ainda não tinha completado três anos. Com a delegação dos Estados Unidos na plateia, o grupo cubano satirizou o modo como capitalistas estadunidenses abastados tinham invadido seu país e roubado todos os traços de sua soberania. Seu ataque contra os invasores foi apresentado em peças, canções e danças. Durante aqueles dias, muito antes de a libertação das mulheres ser colocada em pauta, assistimos a uma milícia de mulheres cubanas defender com ardor a vitória de seu povo.

Não é fácil descrever a força e o entusiasmo da delegação cubana. Um dos eventos, entretanto, ilustra seu dinamismo contagiante e seu impacto sobre nós.

No fim do espetáculo, o grupo cubano não deixou a cortina simplesmente cair. Afinal de contas, sua "performance" tinha sido muito mais do que um mero espetáculo. Tinha sido vida e realidade. Se fechassem a cortina e se curvassem aos aplausos, teria sido como se seu empenho fosse apenas "arte". A juventude cubana continuou sua dança, fazendo uma conga vigorosa e deixando o palco rumo à plateia. Aqueles entre nós que se sentiram mais abertamente cativados pelo povo cubano, sua revolução e a batida triunfante dos tambores se levantaram e espontaneamente se juntaram à fileira da conga. O restante – as pessoas tímidas, talvez até mesmo agentes – foi fisicamente puxado pela delegação cubana para a dança. Antes que percebêssemos, estávamos executando os passos daquela conga – trazida para a cultura cubana pelas pessoas escravizadas que dançavam em uma fileira de grilhões – por todo o prédio até as ruas. Intrigada, a população finlandesa olhava descrente para as centenas de jovens de todas as cores que, ignorando o trânsito, circulavam pelas ruas de Helsinque.

Embora fosse o tema predominante do festival, a camaradagem não era tudo. Alinhada aos preceitos da Guerra Fria, a CIA tinha plantado agentes e informantes em todas as áreas estratégicas do festival, incluindo a delegação dos Estados Unidos. (Fato posteriormente admitido pela Agência.) As provocações eram frequentes e assumiam formas variadas. Por exemplo, membros da delegação da República Democrática Alemã sofreram sequestros, bombas de gás lacrimogêneo foram detonadas em meio à multidão durante eventos de massa e figuras ao estilo dos Hells Angels tentaram trocar socos com membros das delegações nas ruas do centro de Helsinque.

Depois de me despedir de minhas novas amizades e de passar algum tempo visitando meu amigo alemão Manfred, voltei aos Estados Unidos para descobrir um investigador do FBI à minha espera.

"O que você estava fazendo no Festival da Juventude Comunista durante o verão?", o agente perguntou. "Você não sabe o que pensamos de comunistas? Não sabe o que fazemos com comunistas?"

Com as experiências do verão ainda muito vivas, eu me sentia mais velha e mais confiante quando iniciei meu segundo ano na Brandeis. Conhecer pessoas de todo o mundo tinha me ensinado o quanto era importante ser capaz de derrubar as barreiras superficiais que nos separavam. A língua era um desses obstáculos que podiam ser facilmente removidos. Decidi me especializar em francês. Naquele ano, mergulhei completamente em meus estudos: Flaubert, Balzac, Baudelaire, Rimbaud e as milhares de páginas de *À la recherche du temps perdu* [*Em busca do tempo perdido*], de Proust. Meu interesse em Sartre ainda era bastante intenso – em cada momento livre que eu conseguia encontrar, eu me dedicava com afinco às suas obras: *La Nausée* [*A náusea*], *Les Mains sales* [*As mãos sujas*], *Les Séquestrés d'Altona* [*Os sequestrados de Altona*] e o restante de suas peças anteriores e posteriores e de seus romances, incluindo a série *Les Chemins de la liberté* [*Os caminhos da liberdade*]. Li alguns de seus ensaios políticos e filosóficos e até tentei ler *L'Être et le néant* [*O ser e o nada*]. Já que, de um jeito ou de outro, eu tinha de lidar com a solidão do *campus*, decidi fazer um uso construtivo dele, passando a maior parte de minhas horas na biblioteca ou em algum lugar isolado com meus livros.

No início, dividi o quarto com Lani, mas, como nós duas preferíamos morar sozinhas, ela se mudou para um quarto individual quando um deles ficou disponível. Tina, uma amiga sueca que queria morar fora do *campus* com um amigo, fingiu se mudar para o meu quarto, me deixando, então, com a privacidade que eu desejava.

Gwen e Woody, estudantes de pós-graduação da universidade, eram responsáveis pelos dormitórios masculinos de Ridgewood. O fato de sermos pessoas negras e termos amigos e amigas em comum em Birmingham fez com que nos sentíssemos próximos mesmo antes de começarmos a nos conhecer. Se quisessem sair à noite e nos fins de semana, sempre podiam contar comigo para ficar com seu filho enquanto eu estudava. E, sempre que eu tinha vontade de conversar, estavam prontos para me ouvir e dar conselhos.

Era um ano tranquilo e desanimado no *campus* – até que a complacente sensação de conforto que reinava nessa faculdade branca liberal foi bruscamente abalada pela presença de Malcolm X. No maior auditório do *campus*, Gwen, Woody e eu nos sentamos um pouco antes das fileiras do meio, tendo a impressão de que a multidão branca que esperava, ofegante, para ouvir esse homem que era o porta-voz do profeta Elijah Muhammad nos engolia. Elijah Muhammad se autodenominava o mensageiro do Deus islâmico, escolhido para revelar a mensagem de Alá ao povo negro dos Estados Unidos.

Anos antes, na Parker High School, um de nossos colegas tinha sido preso por vender um jornal "muçulmano negro". Ele era um menino reservado, de aparência pacífica e fala tranquila. Várias vezes tentei, sem sucesso, conversar com ele. No dia seguinte à sua prisão, ouvi pela primeira vez que havia uma organização "muçulmana negra" nacional e, sem questionar a propaganda corrente, imaginei que se tratava de uma seita estranha de pessoas vociferando e delirando sobre a futura destruição de toda a população branca por Alá – basicamente, um grupo incapaz de ajudar a resolver o problema do racismo. Por muito tempo, me incomodou que esse meu colega fosse muçulmano. Eu não conseguia conciliar minha própria noção estereotipada da religião muçulmana com a sensibilidade dele. Esperei que ele saísse da prisão e voltasse à escola para perguntar quem eram, realmente, as pessoas muçulmanas. Mas nunca mais o vi.

Enfim, Malcolm entrou, caminhando com passos largos, imaculadamente vestido, cercado por homens em trajes conservadores, sem barba nem bigode, e por mulheres com longos mantos ondulantes. Por seu porte, pude sentir o orgulho que emanava daquelas pessoas. Em silêncio, tomaram seus lugares nas primeiras três fileiras. Malcolm, acompanhado de vários dos homens, subiu ao palco.

Malcolm X começou seu discurso com uma eloquência discreta, falando sobre a religião do Islã e sua importância para a população negra dos Estados Unidos. Fiquei fascinada com sua descrição do modo como o povo negro tinha internalizado a inferioridade racial imposta a nós por uma sociedade supremacista branca. Hipnotizada por suas palavras, fiquei chocada ao ouvi-lo dizer diretamente a seu público: "Estou falando sobre vocês! Vocês!! Vocês e seus antepassados, por séculos, têm estuprado e assassinado o meu povo!". Ele estava se dirigindo a uma multidão totalmente branca, e me perguntei se a partir daquele momento Gwen, Woody e as outras quatro ou cinco pessoas negras na plateia se sentiram tão escandalosamente deslocadas como eu me senti. Malcolm falava às pessoas brancas, criticando-as e informando-as sobre seus pecados, alertando-as do armagedom que estava por vir, no qual seriam todas destruídas. Embora eu tenha experimentado um tipo de satisfação mórbida ao ouvi-lo reduzir as pessoas brancas a praticamente nada, sem ser muçulmana era impossível, para mim, me identificar com sua perspectiva religiosa. Fiquei pensando que deveria ser uma experiência extraordinária ouvi-lo falar para um público negro. Para as pessoas brancas, ouvir Malcolm tinha sido desnorteante e perturbador. Foi interessante que a maioria delas estava tão empenhada em se defender e se diferenciar de senhores de escravos e segregacionistas do Sul que nunca lhes ocorreu que elas mesmas poderiam começar a fazer algo concreto para combater o racismo.

Um pouco antes, naquele ano, eu tinha me candidatado a uma vaga no programa da Hamilton College para cursar o terceiro ano da faculdade na

França. Depois de receber a notícia de que tinha sido aceita, briguei muito com o departamento de bolsas da Brandeis, até que finalmente concordaram em abrir o precedente de estender minha bolsa regular para cobrir meu terceiro ano de estudos na França.

Quando os dois ônibus lotados em que viajávamos chegaram de Paris, o balneário de Biarritz, no Golfo da Biscaia, perto da fronteira com a Espanha, já tinha sido abandonado pelos turistas ricos. Era ali que faríamos nossos cursos preparatórios de línguas. Desertos, os espalhafatosos cassinos à beira-mar pareciam ainda mais decadentes do que se estivessem transbordando de jogadores vorazes em férias. As incontáveis lojas de quinquilharias enfileiradas nas galerias tinham uma aparência desolada que era intensificada pela ausência de clientes. Lojistas pareciam em desespero, como se estivessem imaginando como sobreviver nos próximos meses sem o dinheiro de turistas e, ao mesmo tempo, sentindo alívio por terem conseguido resistir à invasão do verão.

Ao caminhar pelas ruas de Biarritz, me senti como alguém vagando por um lugar onde uma longa festa regada a bebida tivesse acabado de acabar. Cambaleando, as últimas pessoas presentes já tinham ido para casa, mas ninguém viera limpar a bagunça. Os resquícios da orgia de verão eram constrangedores – como roupa de baixo suja largada para trás – e, ao mesmo tempo, exasperantes. Eu podia ver gente esbanjando uma enorme riqueza sem o mais remoto sentimento de compaixão pelas pessoas cuja escravidão havia produzido aquela abundância.

Não muito depois de nossa chegada, algo curioso aconteceu na cidade abandonada: houve uma repentina e gigantesca invasão de pulgas, do tipo que a classe trabalhadora de Biarritz nunca tinha visto. Ao longo de vários dias, foi impossível encontrar uma única porção de terra ou de ar livre de pulgas. Em nossas salas de aula, a professora mal podia ser ouvida por causa da coceira constante. As pessoas se coçavam nos cafés, nos cinemas, nas livrarias e simplesmente caminhando pelas ruas. Pessoas com pele sensível começavam a parecer acometidas pela lepra, com os braços e pernas cobertos de picadas infeccionadas. Como os lençóis de todo mundo, os meus estavam cheios de pequenas manchas de sangue.

Se Ingmar Bergman tivesse feito um filme sobre os turistas opressores e parasitários que iam a Biarritz e tivesse incluído a invasão de pulgas no roteiro, a crítica teria escrito que seu simbolismo era escancarado demais. Nessa cidade, em sua estranha condição de tentar se recuperar dos turistas e das pulgas – nesse típico grupo de estudantes estadunidenses, que sem minha presença seria totalmente branco –, minha conhecida sensação de desorientação foi reavivada.

16 DE SETEMBRO DE 1963

Depois da aula, pedi ao grupo de três ou quatro estudantes com quem eu andava que esperasse um instante enquanto eu comprava o *Herald Tribune*. Com minha atenção dividida entre caminhar e ouvir a conversa, ao passar os olhos pelo jornal, vi uma manchete sobre quatro garotas e o bombardeio de uma igreja. No início, eu tive apenas uma vaga consciência das palavras. Então, me dei conta! Senti tudo desmoronando à minha volta. Birmingham. Igreja Batista da rua Dezesseis. Os nomes. Fechei os olhos, apertando as pálpebras até formar rugas, como se eu pudesse eliminar de minha cabeça o que tinha acabado de ler. Quando abri os olhos novamente, as palavras continuavam ali, os nomes impressos em tinta preta berrante.

"Carole", eu disse. "Cynthia. Eles as mataram."

As pessoas que estavam comigo me olhavam com uma expressão confusa. Incapaz de dizer qualquer outra coisa, apontei para o artigo e entreguei o jornal a uma mão estendida.

"Eu as conheço. São minhas amigas..." Eu balbuciava.

Como se repetisse falas ensaiadas, uma delas disse: "Lamento. É terrível que isso tenha acontecido".

Antes dessa fala, eu estava prestes a colocar para fora todos os sentimentos desencadeados dentro de mim pela notícia do bombardeio que tinha dilacerado quatro jovens negras de minha cidade natal. Mas os rostos à minha volta estavam inexpressivos. Aquelas pessoas não sabiam nada sobre racismo e a única forma que conheciam de se relacionar comigo naquele momento era me consolar, como se minhas amigas tivessem morrido em um acidente de avião.

"Que coisa terrível", uma delas disse. Eu as abandonei de repente, sem desejar que tivessem qualquer coisa a ver com meu sofrimento.

Continuei olhando fixamente para os nomes. Carole Robertson. Cynthia Wesley. Addie Mae Collins. Denise McNair. Carole – sua família e a minha tinham sido próximas desde sempre. Carole, rechonchuda, com longas tranças ondulantes e o rosto meigo, era uma das melhores amigas de minha irmã. Ela e Fania tinham mais ou menos a mesma idade. Brincavam juntas, iam às aulas de dança juntas, iam às festas juntas. Eu e a irmã mais velha de Carole sempre tivemos de lidar com nossas irmãs mais novas querendo nos acompanhar quando saíamos com nossos grupos. Minha mãe me contou depois que, quando a sra. Robertson soube que a igreja tinha sido bombardeada, ligou para pedir que minha mãe a levasse de carro até o centro da cidade para buscar Carole. Minha mãe disse que a sra. Robertson só descobriu quando elas viram partes do corpo da menina espalhadas.

Os Wesleys estavam entre as famílias negras que se mudaram para o lado Oeste da rua Central. Nossa casa ficava na Travessa 11; a deles, na Avenida 11. Da porta dos fundos de nossa casa até a deles era só atravessar os poucos metros de uma entrada para carros coberta de cascalho que cortava o quarteirão ao meio. O casal Wesley não tinha crianças e, pelo modo como brincava conosco, ficava claro que as adorava. Lembro quando Cynthia, com apenas alguns anos de vida, chegou para ficar com os Wesleys. A família biológica de Cynthia era grande e sofria com uma pobreza extrema. Cynthia ficava com os Wesleys por algum tempo e, então, voltava para sua família – isso aconteceu até que os períodos que ela passava com o casal Wesley se tornaram mais longos e as permanências em sua casa ficaram mais curtas. Por fim, com a aprovação da família dela, o casal a adotou legalmente. Ela estava sempre imaculada, seu rosto parecia sempre limpo, seus vestidos estavam sempre engomados e suas bolsinhas sempre combinavam com os sapatos recém-lustrados. Quando minha irmã Fania chegava em casa encardida e desgrenhada, minha mãe perguntava por que ela não conseguia se manter limpa como Cynthia. Ela era uma criança magra, muito sensível e, mesmo eu sendo cinco anos mais velha, achava que ela tinha uma compreensão das coisas muito mais madura do que eu. Quando vinha à nossa casa, ela parecia gostar mais de conversar com minha mãe do que de brincar com Fania.

Denise McNair. Addie Mae Collins. Minha mãe tinha sido professora de Denise no primeiro ano, e Addie Mae, embora não a conhecêssemos pessoalmente, poderia ser qualquer criança negra de meu bairro.

Quando a vida dessas quatro garotas foi aniquilada de modo tão cruel, minha dor foi profundamente pessoal. Mas, quando a mágoa e a raiva iniciais diminuíram o suficiente para que eu pensasse com um pouco mais de clareza, fiquei impressionada com o significado objetivo desses assassinatos.

O ato não foi uma anomalia. Não foi algo incitado por poucos extremistas desvairados. Ao contrário, foi lógico, inevitável. As pessoas que plantaram a bomba no banheiro feminino no subsolo da Igreja Batista da Rua Dezesseis não eram doentes, mas sim o produto normal de seu entorno. E foi esse acontecimento espetacular e violento, o desmembramento bárbaro de quatro garotinhas, que emergiu da rotina diária, algumas vezes até banal, da opressão racista.

Não importava o quanto eu falasse, as pessoas ao meu redor eram simplesmente incapazes de compreender isso. Elas não conseguiam entender por que toda a sociedade era culpada desse assassinato – por que seu amado Kennedy também devia ser responsabilizado, por que a camada dominante dos Estados Unidos, ao ser culpada pelo racismo, também era culpada por esse assassinato.

Óbvio, aqueles racistas que manusearam a bomba não tinham planejado especificamente a morte de Carole, Cynthia, Addie Mae e Denise. Talvez não tivessem sequer levado em conta de maneira consciente a possibilidade de alguma morte. Queriam aterrorizar a população negra de Birmingham, que tinha sido sacudida de sua letargia para o envolvimento ativo na luta pela libertação negra. Queriam destruir esse movimento antes que ele criasse raízes muito profundas em nossa mente e em nossa vida. Isso é o que queriam fazer, e não se importavam se, por acaso, alguma pessoa acabasse morta. De um jeito ou de outro, não importava para eles. Os corpos destroçados de Cynthia, Carole, Addie Mae e Denise eram secundários à questão principal – que se tratava, precisamente, do motivo pelo qual os assassinatos eram ainda mais abomináveis do que se tivessem sido propositalmente planejados.

Em novembro, nosso grupo se mudou para Paris. Eu fui designada para a família Lamotte na rue Duret, número 13 bis, perto do Arco do Triunfo. Outras duas mulheres do programa Hamilton também moravam lá. Jane estava no terceiro andar com o *monsieur* e a *madame* Lamotte e suas três crianças. Christie e eu dividíamos um dos dois quartos do apartamento menor, que pertencia à mãe de *monsieur* Lamotte, no segundo andar. Todas as manhãs, ela nos trazia uma grande bandeja de madeira com duas tigelas grandes de café com leite, fatias de uma *baguette* recém-assada e dois pedaços generosos de manteiga. No fim do dia, jantávamos com a família no andar de cima. Caminhávamos pelo antigo pátio de paralelepípedos até a estação de metrô da esquina e viajávamos nos velhos trens subterrâneos vermelhos até o Quartier Latin para assistirmos às aulas. A maioria das minhas disciplinas era no departamento da Sorbonne chamado Institut de Préparation et de Perfectionnement de Professeurs de

Français à L'Étranger [Instituto de Formação e Aperfeiçoamento de Docentes de Francês no Exterior].

Na Sorbonne, eu me sentia sempre como se estivesse numa igreja – o prédio tinha centenas de anos, pilares gigantescos sustentando tetos excepcionalmente altos que exibiam pinturas antigas desbotadas. A sacralidade que o lugar exalava forçava milhares de estudantes ali dentro a respeitar o silêncio. Minha atividade parecia incongruente com o entorno. Meus estudos eram quase totalmente dedicados à literatura contemporânea – um curso sobre romances franceses contemporâneos, um sobre peças, um sobre poesia e um sobre ideias. O único outro curso que eu fazia era organizado pelo próprio programa Hamilton e exigia ir ao teatro uma vez por semana, debater e escrever sobre as peças que tínhamos visto. Quando o ano acabou, tive a sensação de ter visto grande parte do que havia de interessante nos palcos de Paris – incluindo a Ópera de Pequim e o Balé Africano da Guiné.

Quando a notícia de que Kennedy havia levado um tiro chegou a Paris, corremos para a embaixada dos Estados Unidos. O assassinato de Kennedy certamente não era fonte de nenhuma alegria para mim. Embora suas mãos estivessem longe de estar limpas (eu ainda lembrava da Baía dos Porcos), matá-lo não resolveria problema algum. Além disso, o vice-presidente, que era do Texas, e seus cupinchas dos monopólios petrolíferos provavelmente só tornariam as coisas piores para meu povo. Ainda assim, eu me senti deslocada na embaixada, cercada por uma multidão de "estadunidenses em Paris", e foi difícil me identificar com seu pranto. Eu me perguntava quantas daquelas pessoas tinham derramado lágrimas – ou sentido verdadeira tristeza – quando leram no *Herald Tribune* a matéria sobre o assassinato de Carole, Cynthia, Addie Mae e Denise.

Mais tarde, ainda no mesmo ano, acompanhei uma amiga que tinha sido convidada para uma celebração do Têt vietnamita. Naquela noite estavam acontecendo duas programações de ano-novo: uma organizada e frequentada por sul-vietnamitas que permaneciam fiéis a Diem, e a outra organizada e frequentada por norte-vietnamitas, juntamente com socialistas e outras forças opositoras do Sul. Nós fomos à celebração norte-vietnamita. Realizado em um estádio gigante, em um distrito da classe trabalhadora de Paris, o grande espetáculo durou sete horas e contou com canções, quadros cômicos, números de acrobacia e esquetes, tudo repleto do vigor de sua luta e transmitindo uma mensagem que não exigia a compreensão do idioma vietnamita. Assim como milhares de vietnamitas presentes no estádio, eu estava encantada. Mas fui trazida de volta à realidade brutal de suas experiências pelas sátiras recorrentes dirigidas ao governo dos Estados Unidos e seu Exército. As risadas e os aplausos mais longos e veementes aconteciam sempre que aparecia um ator vestido como um soldado estadunidense, que era o alvo das piadas ou, nos episódios mais sérios, caía derrotado.

Embora eu estivesse prestes a receber um diploma de literatura francesa, o que eu realmente queria estudar era filosofia. Estava interessada em Marx, seus antecessores e sucessores. Ao longo dos últimos anos, sempre que encontrava tempo, lia filosofia como atividade paralela. Não sabia realmente o que estava fazendo, exceto que me dava uma sensação de segurança e conforto ler o que pessoas tinham a dizer a respeito de coisas tão formidáveis quanto o universo, a história, os seres humanos, o conhecimento.

Durante meu segundo ano na Brandeis, eu tinha pegado para ler *Eros e civilização*, de Herbert Marcuse, e tinha lutado com o livro do começo ao fim. Na época, ele estava lecionando na Sorbonne. Quando cheguei a Paris no ano seguinte, ele já tinha voltado para a Brandeis, mas as pessoas ainda estavam entusiasmadas com seus cursos fantásticos. Quando retornei à Brandeis, o primeiro semestre de meu quarto ano estava tão abarrotado de cursos obrigatórios de francês que não consegui me inscrever formalmente na série de palestras de Marcuse sobre o pensamento político europeu desde a Revolução Francesa. Ainda assim, assisti a cada sessão, correndo para pegar um lugar entre as primeiras fileiras. As carteiras eram dispostas em volta da sala em níveis cada vez mais elevados, ao estilo do salão da Assembleia Geral das Nações Unidas. Quando Marcuse subia na plataforma, situada no nível mais baixo do salão, sua presença dominava tudo. Havia algo de imponente nele que inspirava silêncio e atenção totais quando ele aparecia, sem que ele tivesse de pronunciar uma única palavra. Estudantes tinham por ele um respeito raro. A concentração não só era total durante a hora inteira em que ele andava de um lado para o outro enquanto dava sua palestra, mas se, ao tocar o sinal, Marcuse não tivesse terminado, o ruído dos papéis não começava até que ele encerrasse formalmente a palestra.

Um dia, logo depois do início do semestre, reuni coragem suficiente para solicitar uma reunião com Marcuse. Tinha decidido pedir que ele me ajudasse a elaborar uma bibliografia básica em filosofia. Supondo que eu teria de esperar semanas para encontrá-lo, fiquei surpresa quando me disseram que ele estaria livre naquela mesma tarde.

De longe, Marcuse parecia inacessível. Imagino que a combinação de sua altura, seu cabelo branco, o forte sotaque, seu ar de extraordinária confiança e sua riqueza de conhecimento o fizesse parecer eterno e a epítome de um filósofo. De perto, ele era um homem de olhos brilhantes e questionadores e tinha um sorriso jovial e muito afável.

Tentando explicar meus motivos para o encontro, disse a ele que eu tinha a intenção de estudar filosofia na pós-graduação, talvez na Universidade de Frankfurt, mas que minha leitura independente de filosofia tinha sido assistemática, sem levar em conta quaisquer relações de nacionalidade ou história. O que eu queria dele – se não fosse abusar demais – era uma lista de trabalhos na sequência em que eu devia lê-los. E, se ele permitisse, eu desejava me inscrever em seu seminário de pós-graduação sobre *Crítica da razão pura*, de Kant.

"Você quer realmente estudar filosofia?", o professor Marcuse perguntou, devagar e enfatizando cada palavra. Ele fez soar tão sério e tão profundo como a iniciação em alguma sociedade secreta na qual, uma vez que você ingressasse, jamais poderia abandoná-la. Eu temia que dizer um simples "sim" poderia soar vazio e estúpido.

"Ao menos, quero ver se sou capaz", foi praticamente a única coisa que consegui pensar como resposta.

"Então, você deve começar com os pré-socráticos, depois Platão e Aristóteles. Volte na semana que vem, e discutiremos os pré-socráticos."

Eu não fazia ideia de que minha pequena solicitação daria origem a discussões semanais estimulantes sobre os filósofos sugeridos por ele, discussões que me deram um quadro muito mais estimulante e vívido da história da filosofia do que o que teria surgido de um curso árido de introdução à filosofia.

Logo depois da tomada do poder pelos nazistas na Alemanha, Marcuse emigrou para os Estados Unidos com um grupo de intelectuais que tinha criado o Institut für Sozialforschung [Instituto para a Pesquisa Social]. Entre eles estavam Theodor Adorno e Max Horkheimer. Por vários anos, eles deram continuidade ao seu trabalho nos Estados Unidos, mas, depois da derrota do fascismo, restabeleceram o instituto como um departamento da Universidade de Frankfurt. Soube pela primeira vez do trabalho do instituto por meio de Manfred Clemenz, o estudante alemão que conheci no meu primeiro ano na Brandeis. Durante o verão, depois de minha temporada de estudos na França, passei várias semanas em Frankfurt, assistindo a algumas palestras de Adorno e conhecendo estudantes de lá. Naquela época, meu conhecimento de alemão era mínimo, mas as pessoas à minha volta traduziam os pontos fundamentais das palestras para o inglês ou o francês. Mais tarde, li todos os textos de Adorno e Horkheimer que tinham sido traduzidos para o inglês ou o francês, além dos escritos de Marcuse. Dessa forma, me familiarizei com o pensamento deles, que era conhecido conjuntamente como teoria crítica.

Durante esse último ano na Brandeis, decidi me candidatar a uma bolsa de estudos para estudar filosofia na Universidade de Frankfurt. Marcuse confirmou minha convicção de que aquele era o melhor lugar para estudar, dado meu interesse em Kant, Hegel e Marx. Os meses restantes do ano letivo foram gastos na preparação intensiva em filosofia e alemão e nos requisitos finais de meu bacharelado, incluindo um projeto de pesquisa de um ano de duração sobre a atitude fenomenológica que eu pensei ter descoberto nas obras do novelista francês contemporâneo Robbe-Grillet. O curso mais desafiador e gratificante foi o seminário de pós-graduação sobre a *Crítica da razão pura* comandado por Marcuse. Debruçar-me durante horas sobre uma passagem que parecia incompreensível e então, de repente, entender seu sentido me dava uma sensação de satisfação que eu nunca tinha experimentado.

Minha mãe e meu pai não ficaram radiantes com a ideia de eu sair novamente dos Estados Unidos, principalmente porque eu ainda não tinha decidido quanto tempo ficaria na Alemanha. Ainda assim, sentiram enorme orgulho em assistir à cerimônia de formatura, na qual ouviram meu nome ser chamado entre os [graduados] Phi Beta Kappa e *magna cum laude*. Dei à minha mãe os diplomas, certificados e medalhas, empacotamos as coisas que acumulei ao longo dos últimos quatro anos, deixamos minha amiga Celeste em Providence e pegamos a estrada para Birmingham.

No caminho, paramos em uma loja de bebidas onde meu pai comprou várias garrafas de uísque para levar para casa – nas lojas do Alabama, controladas pelo estado, as únicas marcas disponíveis eram aquelas aprovadas pelo governo. (Nós sempre achamos que um dos parentes de Wallace* devia ser proprietário da fábrica que produzia todas aquelas marcas bizarras de bebidas alcoólicas que não se via em lugar algum, exceto no Alabama.) Atravessamos a fronteira para o Tennessee tarde da noite e, como sabíamos que nunca encontraríamos um

---

* George Wallace, governador do estado do Alabama de 1963 a 1967. (N. T.)

hotel de beira de estrada dirigido por pessoas negras onde pudéssemos passar a noite, decidimos continuar dirigindo até o Alabama.

Por volta das duas horas da manhã, em uma daquelas cidades do Tennessee à beira da rodovia, ouvimos uma sirene berrando atrás de nós. Mascando tabaco e soltando sua voz arrastada de branco do Tennessee aos trambolhões em meio a um sorriso grotesco, o policial gordo disse para meu pai: "Vocês sabem que estão dirigindo depressa demais. Saiam do carro". Ele ficou o tempo todo com os dedos no coldre preso à cintura. Pensei nas histórias que eu tinha ouvido sobre pessoas negras ou brancas do Norte que desapareciam por semanas, algumas vezes para sempre, em prisões de cidadezinhas como aquela. O policial revistou a frente do carro e disse para meu pai abrir o porta-malas. Quando viu toda a bagagem, pareceu surpreso e imediatamente perguntou de onde estávamos vindo. Depois que meu pai disse que tinha acabado de assistir à formatura da filha na faculdade, o policial adotou uma postura menos desleixada e se tornou mais burocrático. Mas, quando viu o uísque, seus olhos se iluminaram.

"Neste condado há lei seca, sabe. Nenhuma bebida alcoólica é permitida em lugar algum desta jurisdição."

"As garrafas não foram abertas, e só estamos de passagem", meu pai insistiu.

"Não faz diferença. No condado há lei seca e nenhuma bebida alcoólica é permitida, de jeito nenhum. Vocês podem ficar trinta dias na prisão por isso. E o juiz nem está na cidade – não volta até semana que vem. Parece que vocês vão ter que ficar na prisão até ele voltar."

Quando meu pai falou sobre entrar em contato com seu advogado, o policial disse: "Vou falar uma coisa. Vou fazer um favor pra você. Vou tratar você como eu trato os meus garotos por aqui. Volte para o carro e me siga até a cidade". Ele levou o uísque para o carro de patrulha.

Pensando que ele nos conduziria à delegacia e sabendo que seria fatal tentar fugir, seguimos a viatura pelas ruas escuras. Quando ela parou, nada em volta guardava a mais remota semelhança com uma delegacia. Estávamos em uma viela não pavimentada, e o policial estava abrindo a porta de uma garagem. Embora não fosse a primeira vez que caíamos em uma armadilha daquelas, dividíamos um silêncio nervoso.

"Davis", minha mãe disse, "não acho que você deva entrar ali. Não se sabe o que ele pode tentar fazer". Mas não havia o menor resquício de medo em meu pai – na verdade, nunca o vi com medo de nada. Ele seguiu enquanto esperávamos, aflitas, no carro. Depois do que pareceram horas, ele voltou, com um sorriso irônico no rosto. Ligando o carro, ele nos disse, rindo: "Tudo o que o homem queria era a bebida e vinte dólares". Tratava-se de uma pequena extorsão que ele provavelmente praticava sempre que encontrava pessoas negras atravessando a cidade de carro. A alternativa a dar a ele os vinte dólares teria sido provavelmente muito pior do que trinta dias na prisão.

Quando embarquei no navio para a Alemanha, Watts estava em chamas. Senti novamente a tensão da cabeça de Jano – deixar os Estados Unidos naquele momento foi difícil para mim. Mas em pouco mais de uma semana eu estava do outro lado do oceano.

Minha remuneração consistia no valor da passagem de navio e cem dólares por mês – para aluguel, alimentação, passagem de bonde para ir à universidade e voltar, livros e o que mais eu precisasse. Enquanto procurava um quarto por toda a cidade, as agências continuavam a dizer: "*Es tut uns leid, aber wir haben keine Zimmer für Ausländer*". "Lamentamos, mas não temos quartos para pessoas estrangeiras", com uma atitude que insinuava claramente: "Nossos quartos são apenas para pessoas arianas de bem".

No tempo histórico, o período de vinte anos não é muito – metade de quem eu via nas ruas e praticamente a totalidade das pessoas adultas tinham passado pela experiência de Hitler. E, na Alemanha Ocidental, ao contrário da República Democrática Alemã, não houve uma campanha firme para combater as atitudes fascistas e racistas que tinham se tornado tão profundamente arraigadas.

Finalmente, depois de dias lendo as letras miúdas do *Frankfurter Allgemeine*, encontrei um pequeno quarto perto do zoológico, no último andar de um edifício residencial do pós-guerra – como a *chambre de bonne* em que morei em Paris. A família que vivia no apartamento parecia ser excepcional em relação à massa da população da Alemanha Ocidental. Eram pessoas curiosas, preocupadas com a situação da população negra estadunidense e nunca deixaram de estabelecer os paralelos apropriados entre a opressão nazista à comunidade judaica em seu país e a repressão ao meu povo nos Estados Unidos. Várias vezes me convidaram para jantares e conversas em seu apartamento. No começo, quando meu alemão não era muito refinado, esses debates me ajudaram a me adaptar ao idioma.

Nas primeiras semanas, eu não entendia uma palavra do que Adorno dizia. Não apenas os conceitos eram difíceis de compreender, mas ele falava sua própria variação pessoal e aforística do alemão. Foi um consolo descobrir que a maioria dos alunos e das alunas da Alemanha que assistiam às suas palestras pela primeira vez tinha quase tanta dificuldade em entendê-lo quanto eu.

Revi pessoas que conheci em viagens anteriores à Europa e também fiz novas amizades. Foi um grande alívio encontrar, não muito longe de mim, um jovem negro de Indiana que, depois de ser baseado em Frankfurt quando era soldado, decidiu ficar para estudar literatura na universidade. Estabelecemos uma forte amizade durante toda minha permanência na Alemanha. Eu era amiga de um grupo de estudantes do Haiti, de um sul-africano negro e de dois casais que, como eu, tinham vindo dos Estados Unidos para estudar com Adorno.

Eu pagava oitenta marcos por mês pela minha hospedagem – praticamente um quarto dos cem dólares que tinha para viver. Era quase inevitável que, perto do fim do mês, eu não comesse nada além de *quark* (algo entre iogurte e queijo cottage) e escrevesse à minha família pedindo alguns dólares para me ajudar até que o próximo cheque chegasse. Fiquei muito aliviada ao encontrar um quarto na Adalbertstrasse, perto da universidade, que custava apenas alguns marcos por mês. Ficava em um enorme prédio antigo de tijolos vermelhos caindo aos pedaços, uma fábrica abandonada que o proprietário alugava, imagino, a fim de evitar pagar um vigia.

Os três andares de um dos lados eram ocupados por um escultor que criava gigantescas formas abstratas em metal que ele mantinha no pátio. O lado para o qual me mudei tinha sido tomado por um grupo de estudantes tão pobres quanto eu. Todo o lugar nos custava 75 marcos (menos de 20 dólares) por mês e podia acomodar confortavelmente até cinco pessoas em pequenos cantos que tinham servido como escritórios quando a fábrica estava em funcionamento.

Era um prédio velho, abandonado e dilapidado, com chão de cimento imundo, sem chuveiros – nem mesmo água quente – nem aquecimento central, apenas aquecedores a carvão. Mas, pagando apenas cerca de cinco dólares mensais pelo aluguel e alguns dólares a mais pelo carvão durante os meses de inverno, eu tinha condições de comer um pouco melhor – até comprar carne um ou dois dias por semana –, comprar mais livros e uma blusa nova de vez em quando. Como em toda a Europa, estudantes podiam frequentar os eventos culturais com grandes descontos, então, por mais ou menos cinquenta centavos, eu podia ver um filme ou ir ao teatro, à ópera, ao balé ou ao museu.

Na primavera do meu primeiro ano ali, estudantes que recebiam bolsas de estudos do programa de intercâmbio ganharam uma viagem a Berlim de qualquer parte da Alemanha em que estivessem vivendo. Ansiosa para ver a Alemanha socialista, passei a maior parte de meu tempo em Berlim, capital da República Democrática Alemã. Todos os dias eu atravessava a pé o Checkpoint Charlie – o posto de controle para pessoas com passaportes de países capitalistas. Multidões de pessoas brancas dos Estados Unidos sempre estavam na fila, provavelmente esperando para atravessar a fronteira a fim de contar às pessoas que tinham visto o outro lado do "muro" – então poderiam dizer, nas palavras repletas de belicismo de Kennedy, "*Ich bin ein Berliner*" [Eu sou berlinense], isto é, estou pronto para combater o comunismo. Turistas sempre reclamavam da espera. Mas nunca tive qualquer problema – todas as vezes que atravessei, recebi o sinal para passar apenas alguns instantes depois de mostrar meu passaporte. Essa era sua maneira de demonstrar solidariedade ao povo negro.

Recentemente, o meio-irmão de Claudia e Margaret Burnham, Bob, tinha visitado Frankfurt, passado algum tempo na "fábrica" e depois ido estudar no Teatro Brecht, em Berlim. Fui apresentada por ele a várias pessoas da RDA que me mostraram a cidade. Havia um grupo cubano – o diretor do balé nacional e assistentes – morando no prédio de Bob. Fiquei impressionada com a juventude do grupo – o diretor tinha vinte e poucos anos e o restante, mais ou menos a mesma idade. Falaram sobre seus esforços para integrar de forma mais plena o elemento africano da cultura cubana em suas danças clássicas e descreveram o modo como estavam desenvolvendo as antigas danças iorubá que, antes da revolução, tinham ficado restritas às regiões remotas do país onde o povo negro mantinha costumes africanos.

Esther e James Jackson, amizades antigas de minha mãe e meu pai em Birmingham, estavam em Berlim na época. Jim, diretor de relações internacionais do Partido Comunista dos Estados Unidos, estava representando o partido na celebração do Primeiro de Maio. Passei uma noite com o casal. Conversamos sobre os velhos tempos em que Jim esteve na clandestinidade e como fiquei intrigada, quando criança, ao ver aqueles homens brancos sinistros nos seguindo por toda Nova York em busca dele; Jim foi um dos sortudos que o FBI nunca conseguiu localizar. Discutimos a transformação socialista da RDA e sua campanha ativa contra os resquícios do fascismo na mentalidade da população. No dia seguinte, assisti ao desfile, participei das festividades do Primeiro de Maio e retornei pelo Checkpoint Charlie para pegar meu avião para Frankfurt.

Quando a polícia da Alemanha Ocidental disse que iria me deter no aeroporto, tive certeza de que seria acusada de comportamento excessivamente amistoso com a população na RDA – e, óbvio, estariam certos. Mas, de acordo com eles, o motivo pelo qual não me deixariam embarcar no avião estava ligado ao fato de eu não ter dado baixa junto à polícia de Frankfurt quando me mudei, alguns meses antes, do quarto próximo ao zoológico e não ter me registrado na delegacia nas cercanias da fábrica. Eu nunca consegui me acostumar com a inacreditável burocracia na qual uma pessoa precisa se enredar como mero pré-requisito para viver uma vida comum. Todas as pessoas, cidadãs ou estrangeiras, que não se registrassem na delegacia mais próxima -- e não eram poucas – estavam tecnicamente sujeitas à prisão, inclusive aquelas que estavam visitando amigos e amigas somente por um ou dois dias. Embora eu tivesse me registrado quando me mudei para o primeiro endereço (o processo se chamava *Anmeldung*, "declaração de chegada"), não tinha me passado pela cabeça avisar à polícia que estava saindo (o que se chamava *Abmeldung*) nem passar pela *Anmeldung* na delegacia de Adalbertstrasse. A polícia de Berlim Ocidental não estava brincando: falava em me deportar. Passaram-se várias horas até eu conseguir persuadi-los de que o fato de não ter me registrado tinha sido uma omissão inocente. Depois que tudo acabou e eles foram embora deixando a ameaça de me expulsar do país caso eu não prestasse esclarecimentos à polícia de Frankfurt no dia seguinte, eu ainda estava convencida de que o assédio fora uma pequena retaliação pela minha viagem à RDA.

Frankfurt foi uma experiência muito intensa de aprendizado. Palestras e seminários estimulantes conduzidos por Theodor Adorno, Jürgen Habermas, professor Haag, Alfred Schmidt e Oskar Negt. O estudo atento de obras formidáveis, como as três *Críticas* de Kant e o trabalho de Hegel e Marx (em um seminário, passamos um semestre inteiro analisando cerca de vinte páginas da *Lógica*, de Hegel).

A maioria do grupo de estudantes que morava na fábrica estudava filosofia ou sociologia. Algumas pessoas integravam a SDS – Sozialistischer Deutscher Studentenbund, a Liga Estudantil Socialista Alemã – e se empenhavam com muita seriedade para chegar a alguma forma de resistência prática capaz de finalmente derrubar o sistema inimigo. Além da preocupação com as contradições sociais dentro do próprio país, tentavam estimular de maneira sistemática uma consciência internacionalista entre seus quadros. Eu participei de manifestações e protestos contra a agressão estadunidense ao Vietnã. As pessoas que, como eu, não eram cidadãs tinham de ter particular cautela, porque uma prisão significaria deportação certa. Um protesto que aconteceu em frente à embaixada dos Estados Unidos foi especialmente perigoso. Cantando "*U.S. raus, U.S. raus, U.S. raus aus Vietnam!*" [Estados Unidos fora, Estados Unidos fora, Estados Unidos fora do Vietnã!] e "*Ho, Ho, Ho Chi Minh!*", a multidão de manifestantes foi quase imediatamente atacada pela polícia montada. Uma jovem foi pisoteada pelos cascos dos cavalos. Como tinha sido decidido de antemão que resistiríamos a esse ataque já esperado, foram colocadas em operação as táticas disruptivas de tumulto e fuga previamente combinadas. A ideia era nos deslocarmos pela rua principal rumo ao centro da cidade, atrapalhando o funcionamento da linha de bondes. Enquanto manifestantes marchavam pela calçada dos dois lados da rua principal, de tempos em tempos algumas pessoas se separavam do grupo e se sentavam nos trilhos do bonde. Observando a aproximação da polícia, elas aguardavam até o último instante para correr e se refugiar na multidão. Nem todas as pessoas conseguiram. Quando chegou a minha vez de realizar o processo de sentar e correr, tive de me certificar de que seria suficientemente rápida para alcançar a segurança da multidão, pois não queria ter um caso imposto contra mim pelos tribunais da Alemanha Ocidental. Depois de várias horas desse processo e de um número considerável de detenções, chegamos ao Hauptwache, o centro da cidade, e ouvimos um discurso empolgante de Rudi Dutschke, presidente da SDS, que tempos depois levaria um tiro na cabeça disparado por um aspirante a assassino que disse ter se inspirado no assassinato de Martin Luther King.

Quase no fim de meu segundo ano, uma passeata estudantil de massa organizada pela SDS em Berlim contra a visita do xá do Irã foi atacada pela segurança dele com a ajuda da polícia de Berlim Ocidental, utilizando uma força tão terrível que acabou na morte de um estudante – Benno Ohnesorg, que participava de seu primeiro protesto político. A reação por toda a Alemanha Ocidental foi imediata e intensa. Em Frankfurt, houve assembleias de massa, manifestações e aulas abertas.

Fiquei muito impressionada com a consciência do movimento estudantil quando soube da campanha liderada pela SDS em Berlim contra o filme *Africa Addio** [Despedida da África], dirigido por dois *playboys* romanos, sobre a expulsão dos colonizadores do continente africano. O filme não era apenas

---

* Direção de Gualtiero Jacopetti e Franco Prosperi, 1966. (N. E.)

completamente racista ao retratar os Combatentes pela Libertação Africana como agressores de indivíduos brancos puros, educados e civilizados, mas os diretores foram tão longe a ponto de organizar assassinatos reais com o objetivo de fazer uma cobertura documental *in loco* na África. Membros da SDS em Berlim destruíram um cinema que se recusou a boicotar o filme.

Estudantes e trabalhadores juntavam-se em massa à arena de manifestações políticas na Alemanha. Ao mesmo tempo, grandes revoltas aconteciam nos Estados Unidos.

Minha decisão de estudar em Frankfurt tinha sido tomada em 1964, tendo como pano de fundo uma relativa tranquilidade política. Mas quando parti, no verão de 1965, milhares de irmãs e irmãos gritavam nas ruas de Los Angeles que já tinham seguido as regras do jogo por tempo suficiente, tempo demais.

Watts estava explodindo, queimando furiosamente. E das cinzas de Watts, como uma fênix, nascia uma nova militância negra.

Enquanto eu estava escondida na Alemanha Ocidental, o movimento de libertação negra passava por uma metamorfose decisiva. O lema "*Black Power*" [Poder negro] surgiu em uma marcha no Mississippi. As organizações se transformavam – o Comitê Não Violento de Coordenação Estudantil, uma importante organização de defesa dos direitos civis, estava se tornando o principal defensor do Black Power. O Congress of Racial Equality [Congresso pela Igualdade Racial] estava passando por transformações semelhantes. Em Newark, tinha sido organizada uma conferência nacional Black Power. Nos grupos políticos, sindicatos operários, igrejas e outras instituições, convenções negras estavam sendo formadas para defender os interesses específicos da população negra. Havia revoltas por toda parte.

Enquanto eu lia filosofia em Frankfurt e atuava na retaguarda da SDS, jovens negros em Oakland, Califórnia, tinham decidido que precisavam pegar em armas a fim de proteger a comunidade negra contra a brutalidade policial indiscriminada que assolava a área. Huey Newton, Bobby Seale, Lil' Bobby Hutton – foram alguns dos nomes que chegaram até mim. Um dia, em Frankfurt, li que tinham entrado com suas armas na Assembleia Estadual da Califórnia, em Sacramento, para salvaguardar o próprio direito (um direito dado a todas as pessoas brancas) de carregá-las como instrumentos de autodefesa. O nome dessa organização era Partido dos Panteras Negras pela Autodefesa.

Quanto mais as lutas em meu país se aceleravam, mais frustrada eu me sentia por ser obrigada a vivenciar aquilo de modo totalmente indireto. Eu estava avançando em meus estudos, aprofundando minha compreensão da filosofia, mas me sentia cada vez mais isolada. Estava tão distante da arena de combate que não conseguia analisar os episódios da luta. Eu nem sequer tinha informação ou entendimento para julgar quais correntes do movimento eram progressistas e autênticas e quais não eram. Tentava sustentar um árduo equilíbrio, e era cada vez mais difícil me sentir parte da tomada de consciência coletiva de meu povo.

Estou certa de que o que eu estava sentindo era uma variação e um reflexo dos mesmos sentimentos que dominavam um número cada vez maior de pessoas negras que moravam fora dos Estados Unidos. Muitas outras entre nós devem ter se sentido aflitas ao ler sobre alguma nova crise na luta em nosso país por saber daquilo por fontes secundárias.

Achei que vivia o dilema perfeito: a luta no meu país *versus* a necessidade de permanecer em Frankfurt até completar meu doutorado, já que eu tinha certeza de que Frankfurt era muito mais propícia aos estudos filosóficos do que qualquer outro lugar. Mas a cada dia se tornava mais evidente para mim que minha capacidade de realizar algo dependia diretamente de minha capacidade de contribuir de forma concreta com a luta.

Adorno tinha concordado prontamente em orientar minha tese de doutorado. Mas agora eu sentia que, para mim, era impossível permanecer na Alemanha. Dois anos tinham sido suficientes. Marquei uma reunião com Adorno no instituto e expliquei a ele que eu precisava ir para casa. Em minha correspondência com Marcuse, ele já tinha concordado em trabalhar comigo na Universidade da Califórnia em San Diego (UCSD), onde aceitara um cargo depois de ser praticamente expulso da Brandeis por motivos políticos. Eu queria continuar meu trabalho acadêmico, mas sabia que não podia fazer isso a menos que estivesse envolvida politicamente. A luta era um nervo vital; nossa única esperança de sobrevivência. Eu estava decidida. A jornada começava.

PARTE IV
CHAMAS

*[...] engolidores de fogo do sol,
vamos colocar a alta cúpula branca sob cerco,
cobrir os gritos com asas sagradas e, nesses dias,
seremos terríveis.**
Henry Dumas

---

* "[…] *fire eaters from the sun / we shall lay the high white dome to siege / cover screams with holy wings, in those days / we shall be terrible*" ("Saba: black paladins"). (N. E.)

NGELA DA
OMMITTEE TO FREE ANGELA DAVIS •
NOW

Era o verão de 1967. A caminho de casa, parei em Londres para assistir a uma conferência em que, entre outros palestrantes principais, estavam Herbert Marcuse e Stokely Carmichael. Foi bom conversar com Herbert e sua esposa, Inge, que eu não encontrava havia bastante tempo, e eu estava ansiosa para ouvir a apresentação de Stokely. Organizada em torno do tema "A dialética da libertação", a conferência foi realizada em uma enorme plataforma giratória ferroviária chamada Roundhouse. A reunião era uma improvável mistura de pessoas que se dedicavam à teoria marxista, à filosofia, à sociologia, à psicologia e ao ativismo político radical ou que eram parte dos movimentos *hippie* e Black Power. Na imensa estrutura semelhante a um celeiro, com o chão coberto de serragem, o ar recendia fortemente a maconha, e havia rumores de que um dos palestrantes, um psicólogo, estava chapado de LSD. Stokely Carmichael e Michael X, o militante das Índias Ocidentais que liderava as lutas comunitárias em Londres, eram as duas figuras centrais do pequeno contingente negro ali presente.

Meu cabelo crespo natural, naqueles dias ainda uma raridade, me identificava como uma simpatizante do movimento Black Power. Fui imediatamente abordada pelo grupo de Michael e Stokely.

Entre uma sessão e outra da conferência, eu passava meu tempo com o grupo de Stokely e Michael X, acompanhando-os a reuniões nos guetos de Londres, ajudando ocasionalmente a organizar os encontros. Fiquei impressionada com o modo como as comunidades das Índias Ocidentais de Londres espelhavam imagens das comunidades negras de meu país. Aquelas pessoas calorosas, receptivas, enérgicas e entusiásticas também buscavam alguma forma de vingança. Como nos Estados Unidos, havia uma tendência natural em identificar o homem branco como inimigo. Natural porque a maioria das pessoas brancas, tanto nos Estados Unidos quanto na Inglaterra, tem sido portadora do racismo que, na realidade, beneficia apenas um pequeno número delas – os capitalistas. Como as massas de pessoas brancas nutrem atitudes racistas, nosso povo tendia a pensar que as vilãs fossem *elas*, e não as formas institucionalizadas de racismo que, embora definitivamente reforçadas por atitudes preconceituosas, servem fundamentalmente apenas aos interesses dos grupos dominantes. Quando as pessoas brancas são vistas indiscriminadamente como inimigas, é quase impossível desenvolver uma solução política. Eram esses os meus pensamentos enquanto eu circulava pela conferência. Aprendi mais sobre o novo movimento ali em Londres do que em tudo que eu tinha lido até então. Eu estava aprendendo que, enquanto a reação negra ao racismo continuasse a ser puramente emocional, não chegaríamos a lugar algum. Como as lutas no pátio do recreio na Parker High, como a raiva esporádica e desgovernada daquelas pessoas que eram derrubadas pelos cassetetes da polícia no Alabama – aquilo não resolveria nada no longo prazo.

Ao ouvir as palavras de Stokely, penetrantes como um canivete, acusando o inimigo como nunca o tinha ouvido acusar antes, reconheço que senti o poder catártico de seu discurso. Mas eu também queria saber para onde ir a partir dali. Fiquei angustiada ao descobrir que, entre algumas lideranças negras, havia a tendência de descartar completamente o marxismo como "coisa de homem branco". Há muito tempo tinha ficado evidente para mim que, para atingir seus objetivos máximos, a luta pela libertação negra teria de se tornar parte de um movimento revolucionário, abarcando toda a população trabalhadora. Também me parecia evidente que esse movimento deveria pressionar na direção do socialismo. E eu sabia que a população negra – a classe trabalhadora negra – tinha um importante papel de liderança a representar na luta como um todo. Portanto, achei decepcionante o fato de a postura nacionalista dos líderes negros em Londres envolver uma forte resistência ao socialismo. Entretanto, senti-me encorajada ao descobrir que Stokely estava prestes a fazer uma viagem a Cuba. Uma vez que visse pessoas negras, pardas e brancas construindo juntas uma sociedade socialista, ele seria forçado, pensei, a rever a própria posição. Quando perguntei a Stokely sobre os contatos do movimento no sul da Califórnia, ele me falou sobre Tommy J., um líder comunitário de Los Angeles. O endereço que ele me deu era em Watts.

Quando cheguei ao sul da Califórnia, algumas semanas depois, uma das primeiras coisas que fiz foi procurar o endereço que Stokely me fornecera. O número não existia. Depois de bater desesperadamente de porta em porta, me convenci de que ninguém na vizinhança jamais tinha ouvido falar em Tommy J. Como eu estava empenhada em me envolver de modo permanente, ser incapaz de encontrar esse irmão me deixou bastante deprimida. Parti para San Diego de má vontade, sem qualquer contato ou informação concreta do movimento no sul da Califórnia.

Em San Diego, as únicas pessoas que eu conhecia eram estudantes de pós-graduação do Departamento de Filosofia, principalmente quem estava ali por causa de Marcuse. Ricky Sherover e Bill Leiss, por exemplo, tinham frequentado a pós-graduação na Brandeis durante meu último ano e foram com Marcuse para a UCSD. Ainda assim, consegui o número de telefone de dois líderes comunitários negros: o diretor de uma organização de jovens de San Diego e um homem que, descobri depois, era membro do Partido Comunista.

Telefonei para o primeiro irmão.

"Olá, sou Angela Davis. Acabei de chegar a San Diego para estudar filosofia na universidade. Estive fora do país nos últimos dois anos e quero tentar contribuir como puder com o movimento negro daqui. Uma pessoa me deu seu nome e telefone..."

Ao fim de meu breve discurso, só houve silêncio. Não entendi naquele momento como aquilo deve ter soado – como uma adolescente empolgada ou como uma agente tentando se infiltrar. O silêncio continuou por algum tempo; por fim, ele prometeu me retornar em breve para me falar a respeito de uma reunião da qual eu poderia participar. Não senti muito entusiasmo em sua voz e não esperava realmente receber notícias dele depois de desligar. Eu estava certa.

Os dias se arrastavam e a possibilidade de ser rapidamente aceita na comunidade de San Diego se tornava cada vez mais remota. Às vezes, por pura frustração, eu entrava em meu carro, dirigia pela cidade até o bairro de Logan Heights, onde estava a maior concentração de pessoas negras, e circulava por ali sem rumo, sonhando acordada e tentando pensar em alguma maneira de escapar daquele terrível isolamento.

Havia pouco mais a fazer além de esperar que as aulas na universidade começassem. Então, estudei, participei de encontros com estudantes e docentes de filosofia e esperei, esperei. Finalmente, os dormitórios ganharam vida com o retorno de estudantes ao *campus*. À medida que o grupo de residentes crescia, também crescia minha decepção. Nem todo mundo havia chegado, mas eu estava empenhada em vasculhar cada canto e cada brecha em busca de irmãs e irmãos. Cada dia trazia um desânimo mais profundo, porque ainda não havia pessoas negras no *campus*.

Eu era como uma exploradora que, depois de muitos anos, retorna à terra natal com uma recompensa preciosa, mas ninguém a quem entregá-la. Eu acreditava que minha energia, meu comprometimento, minhas convicções eram o tesouro que eu tinha acumulado e procurava em toda parte uma maneira de aplicá-lo. Perambulei pelo *campus*, examinei os quadros de avisos, li os jornais, conversei com todas as pessoas que pudessem saber: onde está meu povo? Parecia que, se eu não descobrisse logo uma válvula de escape, ficaria abalada e destruída por dentro por esses desejos incontroláveis de ser parte de um movimento de libertação. Assim, recorri à organização de estudantes radicais do *campus* e participei do planejamento de um ato contra a Guerra do Vietnã.

Em 1967, a massa da população ainda não tinha chegado à conclusão de que a guerra deveria ser imediatamente interrompida. Por isso, muitos de nossos esforços para falar com as pessoas nas ruas de San Diego foram direta e bruscamente repelidos. Diversas pessoas se recusavam até mesmo a pegar nossos panfletos. Mas como aquela era minha primeira manifestação nos Estados Unidos em vários anos, eu estava muito entusiasmada. As atitudes hostis das pessoas nas ruas me davam motivos para falar com maior firmeza, por mais tempo e de modo mais persuasivo.

Por mais animada que estivesse, por mais nítida que fosse minha compreensão da necessidade política daquela manifestação, eu ainda experimentava uma sensação de alheamento em meio àquele grupo de estudantes. Emocionalmente, eu era uma estranha – de um modo que eu nunca tinha sido antes entre pessoas brancas. Não era o sentimento de minha infância no Sul. Não era o alheamento que experimentei em Nova York ao perceber que muitas das pessoas brancas ao meu redor estavam se esforçando para fazer com que eu sentisse que elas não eram racistas. Eu sentia uma estranheza nova. Mas com a qual eu teria de lidar mais tarde.

Enquanto isso, o contingente policial que vigiava nossa manifestação se tornava cada vez maior. Havia agora uma viatura estacionada em cada esquina. Agentes de uniforme ou à paisana estavam por toda parte. San Diego não estava acostumada com manifestações como aquela. O fato de que a segurança seria ostensiva poderia ter sido previsto.

Quando pareceu que a atmosfera estava chegando ao ponto de ebulição, foi decidido que voltaríamos ao *campus* e buscaríamos reforços. Como meu Buick 1958 era um dos maiores carros que tínhamos, aceitei a missão de fazer a viagem de quase 25 quilômetros de volta a La Jolla. Quando chegamos à universidade, porém, tinham telefonado para avisar que já haviam começado as detenções.

O passo seguinte era resgatar as pessoas detidas. Arrecadamos o suficiente para a fiança. Em três – um homem, outra mulher e eu –, fomos à prisão, depositamos o dinheiro e aguardamos a libertação. As acusações que tinham sido apresentadas ainda eram um enigma para nós. Questionamos a respeito das circunstâncias exatas das detenções. Anteriormente, tinham dito que a acusação era de "obstrução à circulação de pedestres".

Como ninguém na recepção conseguiu nos convencer, nos encaminharam ao escritório do capitão. Entramos em uma sala escura e embolorada que cheirava à justiça de San Diego. Novamente, fizemos a pergunta. Por que essas detenções? Novamente, a resposta foi declamada mecanicamente: "obstrução à circulação de pedestres nas calçadas". Insistimos. O que queria dizer aquilo? Nós também tínhamos distribuído panfletos; sabíamos que não impedíamos a passagem de ninguém.

"Bom", disse o capitão, "ficar parado na calçada pode ser considerado uma obstrução ao tráfego de pedestres".

"Então, quantas vezes vocês detiveram Testemunhas de Jeová que distribuíam seus panfletos religiosos?"

Silêncio.

"Será que o senhor poderia ser um pouco mais explícito e um pouco mais objetivo em sua explicação dos motivos para a detenção de nossos amigos?"

O capitão começou a dizer algo, mas ficou com a língua tão travada que não foi capaz de deixar as palavras saírem. Enfim, por pura frustração e claramente perturbado com nossa lógica, ele deixou escapar: "Não é trabalho da polícia entender a lei; isso é trabalho da promotoria pública. Se vocês querem entender o que essa lei significa, vão até lá!".

Embora soubéssemos que estávamos na sala de nosso inimigo, essa observação era tão estúpida e tão engraçada que nós três gargalhamos alto.

"Fora daqui! Fora!", o capitão, já descontrolado, gritou.

Tentávamos recuperar nossa compostura quando percebemos que ele estava discando um número no telefone. Em menos de um minuto, a sala estava cheia de policiais que tinham um único propósito: jogar-nos na prisão.

Nosso colega foi levado embora; Anna e eu fomos algemadas e jogadas no banco de trás de uma viatura estacionada no pátio quente e úmido do complexo prisional da cidade. As janelas estavam fechadas, e vimos que os carros da polícia não tinham maçanetas do lado de dentro. O policial bateu as portas e foi embora. Quinze minutos se passaram, depois vinte. O calor tinha se tornado insuportável. O suor escorria de nosso rosto, e nossas roupas estavam ensopadas. Batemos nos vidros e gritamos. Não veio ninguém.

Quando nosso medo começou a se aproximar do pânico, o policial caminhou na direção do carro, entrou e ligou o motor.

"Vocês fazem o que para viver, garotas?", ele perguntou.

"Não temos emprego", respondemos.

"Se vocês não têm emprego, então podemos acusá-las de vadiagem."

"Temos dinheiro na bolsa; isso prova que não estamos vadiando."

"É melhor ainda", ele disse. "Se vocês têm dinheiro, mas não têm emprego, podemos acusá-las de assalto – ou, melhor do que isso, de assalto à mão armada."

A caminho da prisão, vimos San Diego pelas janelas da viatura policial. O barulho da sirene atraía os olhares das pessoas na região central da cidade. O que estariam pensando? Que éramos prostitutas, usuárias de drogas, ladras ou que havíamos caído em um golpe? Duvido que a ideia de que éramos revolucionárias tenha passado pela cabeça daquelas pessoas.

Na seção feminina da prisão do condado, fomos encaminhadas a uma sala e instruídas a tirar toda a roupa na presença de uma inspetora. Anna e eu passamos muito tempo protestando veementemente contra essa humilhação, até que fomos obrigadas a nos sujeitar. A etapa seguinte foi um banho quente em uma sala onde uma pesada porta de ferro foi trancada atrás de nós. Depois de sermos deixadas por uma hora na sala de banho, nos colocaram em celas separadas, acolchoadas e de cor prateada, onde tivemos de passar pelo sofrimento de outro período de espera. Pensando que eu podia usar parte desse tempo de forma construtiva, rabisquei lemas políticos nas paredes com um fósforo queimado para as irmãs que viriam a ocupar essa cela depois.

Muitas horas se passaram até que as fotografias e as impressões digitais fossem finalmente tiradas e nossa ficha prisional, preenchida. Demos os telefonemas a que tínhamos direito, vestimos o uniforme de prisioneiras e fomos levadas à população prisional no andar de cima.

Colocaram-nos em uma grande cela coletiva separada do corredor externo por uma porta dupla de grades controladas eletricamente. A primeira porta se abriu ao ser pressionado um botão. Anna e eu ficamos entre as duas portas. A primeira se fechou. Apenas quando estava trancada de forma segura, a segunda porta que conduzia à cela foi aberta.

A cela em si era tão sem vida quanto celas de prisões são planejadas para ser. Era dividida em duas partes – uma com os beliches, para dormir, e outra para a alimentação e os passatempos. A cada irmã que nos perguntava, explicávamos o que tínhamos feito para sermos detidas. Em 1967, nossa justificativa nos transformava em curiosidades. Muitas das irmãs, na prisão por acusações como posse de drogas ou prostituição, tentaram nos reconfortar. Achavam que as acusações contra nós eram idiotas e seriam retiradas.

Elas estavam certas. Por fim, fomos liberadas.

Nesse meio-tempo, outro grupo de manifestantes tinha informado a imprensa de que três pessoas tinham sido presas em San Diego quando tentaram perguntar sobre a natureza de uma lei. Uma rádio de rock sediada em Los Angeles estava divulgando boletins de hora em hora: "Vocês ouviram falar das pessoas detidas em San Diego porque queriam saber sobre a legislação?".

A universidade concordou em abrigar uma manifestação oficial e, em um prazo de dois dias, a promotoria pública de San Diego retirou as acusações e apresentou um pedido formal de desculpas.

Alguns dias depois, durante uma reunião do grupo que tinha organizado o protesto, fiquei animada ao perceber um jovem casal negro sentado no outro lado da sala. Eram os primeiros estudantes negros que eu via no *campus*, e sua presença ali significava que tinham interesse no movimento. Depois da reunião, nos apresentamos e, em pouco tempo, Liz, Ed e eu decidimos tentar organizar uma associação de estudantes negros. Começamos a investigar sistematicamente os dormitórios, perguntando se havia algum aluno ou aluna negra no andar. Depois de esquadrinharmos todos os corredores, atacamos os departamentos de pós-graduação, indo a cada secretaria com papel e caneta para pedir o nome de todas as pessoas negras, estudantes ou funcionárias. Também incluímos trabalhadores e trabalhadoras negras; se não fizéssemos isso, o grupo seria pequeno demais para atrair a atenção necessária para atuar.

Fizemos contato com cerca de quinze a vinte pessoas que estudavam e trabalhavam ali. Em torno de dez compareceram à nossa reunião e nos deixaram com orgulho de nossos esforços iniciais de mobilização política independente. Um professor negro participou do encontro e concordou em atuar como padrinho do grupo. Logo, outro professor, da Jamaica, se envolveu fortemente no trabalho da organização.

Percebemos que, para ter sucesso, seria preciso estabelecer vínculos com grupos similares. Caso contrário, ao fazermos reivindicações, teríamos dificuldade em convencer a administração universitária de nossa força. Decidimos, então, nos afiliar informalmente ao Black Student Council [Conselho Estudantil Negro; BSC, na sigla original] da Faculdade Estadual de San Diego e, além disso, criar laços com a comunidade.

Na época, me surpreendeu o fato de eu estar sendo considerada uma espécie de líder do movimento negro na universidade. Não que eu tivesse buscado essa posição; aquilo aconteceu simplesmente porque, apesar de meus dois anos de ausência, eu era uma das mobilizadoras mais experientes do *campus*.

Descobrimos que a San Diego Black Conference [Associação Negra de San Diego] – uma coalizão de organizações comunitárias encabeçada pela US Organization [Organização Nós*], de Ron Karenga – tentava levantar apoio a um marinheiro negro, Ed Lynn, que estava desafiando a discriminação racial na base naval de Balboa. Liz, Ed e eu decidimos comparecer à reunião da associação na quinta-feira à noite. Os fatos em torno do caso de Ed Lynn eram típicos. Criou-se uma enorme comoção na base quando Ed circulou uma petição protestando contra o preconceito racial, pedindo que os marinheiros, tanto brancos quanto negros, a assinassem. Durante a campanha pela petição, Ed acusou o presidente [Lyndon B.] Johnson de tolerar o racismo nas Forças Armadas. Em um período muito curto, Ed foi avisado de que enfrentaria a corte marcial por ter feito afirmações "ofensivas" a respeito do presidente dos Estados Unidos.

O pequeno encontro estava acontecendo em um centro comunitário de Logan Heights. As pessoas presentes observavam fixamente o estranho trio que dizia estar representando os estudantes negros da Universidade de San Diego – ninguém tinha ouvido falar de nosso grupo. Algumas pessoas provavelmente pensaram que éramos agentes. Tivemos dificuldade em convencê-las de que tínhamos um interesse sincero no caso de Ed Lynn. O próprio Ed estava bastante disposto a nos deixar ajudá-lo em sua defesa. Aceitou prontamente nosso convite para falar sobre seu caso na universidade e recebeu com entusiasmo nossa ideia de instalar uma mesa permanente na praça do *campus*, com panfletos sobre ele e a batalha na base naval de Balboa. Desse modo, o Conselho Estudantil Negro iniciou uma estreita relação de trabalho com Ed Lynn. Ao longo dessas atividades, eu e Ed nos tornamos bons amigos.

---

* O nome tem como base um trocadilho, uma vez que "US" pode significar tanto a palavra "*us*" ("nós", como contraponto a "eles") como a sigla "US" (de "United States", Estados Unidos). (N. E.)

A Segunda Igreja Batista de Watts estava radiante, com exuberantes tecidos africanos estampados – as mulheres usavam os "tradicionais" vestidos longos em vermelho, roxo, laranja e amarelo; os homens vestiam *bubas* que rivalizavam em todos os aspectos com a intensa beleza das roupas femininas. As paredes da sala de recepção estavam vivas com pôsteres artísticos que aclamavam a negritude como uma beleza ancestral e incomparável.

Era novembro de 1967, e minha euforia estava tão brilhante e intensa quanto as cores que salpicavam a sala. Eu não estava acostumada com esse tipo de reunião e achei literalmente desconcertantes a energia e a determinação das pessoas que participavam da Black Youth Conference [Conferência da Juventude Negra]. Londres e San Diego pareciam tristes miniaturas quando comparadas com essa gigantesca demonstração de força. Andei por ali chamando todo mundo de irmã e irmão; sorrindo, cheia de alegria, nas alturas com tanto amor.

Desci à terra. Inicialmente, devagar, mas depois com um baque.

Nas primeiras horas, começou uma troca de tiros entre duas organizações – a United Front [Frente Unificada] e a US Organization, de Ron Karenga. Sob a fachada da unidade, sob as lindas cores das *bubas*, estavam guardadas diferenças ideológicas de peso, conflitos políticos explosivos e, talvez, até agentes infiltrados. Eu sabia que era tão importante compreender esse lado do movimento quanto o lado mais agradável – mas meu idealismo tinha sofrido um golpe forte e, provavelmente, necessário. Eu tinha esperanças demais, necessidades demais, e minha avidez em aprender e me embrenhar nesse movimento me deixou atordoada de tanto entusiasmo.

Em meio ao caos que se seguiu ao tiroteio, li os panfletos, participei de algumas oficinas e descobri que praticamente a única coisa que de fato tínhamos em comum era a cor da pele. Não era de se estranhar que a unidade fosse frágil.

Havia as organizações culturais nacionalistas, falando sobre uma nova cultura, um novo sistema de valores, um novo estilo de vida entre as pessoas negras. Havia as facções rigorosamente antibrancas que consideravam que apenas a medida mais drástica – a eliminação de toda a população branca – daria ao povo negro a oportunidade de viver livre do racismo. Outras simplesmente queriam separar-se e construir uma nação negra independente dentro dos Estados Unidos. E algumas queriam o retorno à África, terra de nossos ancestrais.

Havia as que consideravam que a tarefa mais urgente do movimento era refinar o espírito de enfrentamento entre a população negra. Queriam desencadear levantes de massa, como as rebeliões em Watts e Detroit. Associadas a elas estavam aquelas que nos convocavam a "pegar em armas" como o principal instrumento de libertação e transformação – embora raramente parecessem saber com exatidão o que pretendiam alcançar com essas armas.

Havia os grupos pseudomilitantes, que insistiam que a classe dominante racista deveria ser contestada – mas apenas a fim de pressionar grandes fundações a financiar programas assistenciais que eles mesmos desenvolveriam e com os quais, provavelmente, teriam lucro. Um sinal da confusão foi o fato de que uma oficina chegou a propor, antes da sessão plenária, o uso de tambores como uma nova forma de comunicação entre a população negra nas cidades.

Para mim, parecia que dois firmes raios de lucidez brilhavam em meio à desordem: James Forman, do Comitê Não Violento de Coordenação Estudantil [SNCC, na sigla original], e Franklin Alexander, do Partido Comunista. Forman falou ao plenário da conferência e defendeu enfaticamente a proposta de que não podíamos nos dar ao luxo de fazer uma análise isolada da *pele*; também precisávamos de uma análise de *classe*. Observei Franklin enquanto ele codirigia uma oficina sobre política e economia negras. Sua apresentação foi objetiva e incisiva: as relações de poder que colocavam o povo negro na camada inferior tinham origem no uso do racismo como ferramenta da classe economicamente ascendente – a capitalista. O racismo significava mais lucro e, no que dizia respeito à classe trabalhadora branca, divisão e confusão.

Depois que a conferência foi interrompida para um intervalo entre as sessões, fui convidada, por casualidade, a acompanhar uma pequena reunião privada em que James Forman e Ralph Featherstone falaram sobre sua recente viagem à África. Eles fizeram uma fascinante e detalhada descrição do que tinham visto na Tanzânia e debateram planos de criar no SNCC um "banco de talentos" por meio do qual pessoas negras estadunidenses com habilidades técnicas e científicas específicas se comprometeriam a passar alguns períodos na África.

Além de Franklin e Kendra Alexander, estavam presentes nessa reunião representantes de uma organização chamada Partido dos Panteras Negras. Tratava-se de um pequeno grupo de especialistas que entendia que seu papel era desenvolver análises teóricas a respeito do movimento negro, bem como construir estruturas no interior do movimento. O grupo não guardava nenhuma relação com o Partido dos Panteras Negras pela Autodefesa, de Huey Newton e Bobby Seale, exceto pelo fato de ambos terem tirado esse nome do Partido dos Panteras Negras do condado de Lowndes, no Alabama. Na verdade, para diferenciar-se do partido de Huey e Bobby, esse outro era chamado Partido Político dos Panteras Negras [BPPP, na sigla original].

Essa reunião foi o início de minha longa e profunda relação com muitos dos membros do BPPP. O entendimento que tinham sobre o movimento de libertação negra era muito mais sofisticado e satisfatório do que o que eu tinha descoberto em San Diego. Embora eu tenha mantido meu compromisso tanto com a universidade quanto com a comunidade em San Diego, encontrei força e visão verdadeiras em Los Angeles.

Uma de minhas missões durante essa viagem a Los Angeles era fazer contato com pessoas que pudessem discursar em uma manifestação que estávamos planejando em San Diego em apoio a Ed Lynn. Líderes de diversos grupos concordaram em participar: John Floyd, presidente do Partido Político dos Panteras Negras; Brother Crook, líder da Community Alert Patrol [Patrulha de Alerta da Comunidade]; Ron Karenga, cuja US Organization era popular em San Diego; e Walter Bremond, presidente do Black Congress [Congresso Negro], uma coalizão de organizações negras da região de Los Angeles.

Durante a organização dessa manifestação em San Diego, me envolvi em uma situação que viria a se tornar um problema constante em minha vida política. Fui criticada muito duramente, em especial por membros da organização de Karenga, por fazer "trabalho de homens". As mulheres não deveriam exercer papéis de liderança, insistiam. Uma mulher devia "inspirar" seu homem e educar as crianças dele. A ironia dessa queixa era que muito do que eu estava fazendo tinha sobrado para mim por negligência. Os planos de divulgação do evento, por exemplo, estavam nas mãos de um homem, mas, como seu trabalho deixou muito a desejar, me dediquei a ele apenas para garantir que fosse feito. Também era irônico que justamente aqueles que mais me criticavam eram os que menos tomavam medidas para assegurar o sucesso da manifestação.

Eu me familiarizei muito cedo com a presença generalizada de uma lastimável síndrome entre alguns ativistas negros do sexo masculino: a de confundir sua atividade política com a afirmação de sua masculinidade. Eles viam – e alguns ainda veem -- a condição de homem negro como algo separado da condição de mulher negra. Esses homens enxergam as mulheres negras como uma ameaça à realização de sua condição de homens -- particularmente aquelas mulheres negras que tomam a iniciativa e trabalham para se tornarem líderes por meio de seus próprios esforços. A ladainha constante dos homens estadunidenses era a de que eu precisava redirecionar minhas energias e usá-las para dar ao meu homem força e inspiração de maneira que ele pudesse contribuir com suas habilidades de forma mais efetiva para a luta pela libertação negra.

Para mim, a revolução nunca foi uma "coisa temporária a se fazer" antes de eu me estabilizar; não era um clube da moda com jargões recém-criados nem um novo tipo de vida social que se tornava emocionante pelo risco e pelo confronto ou glamoroso pelo figurino. Revolução é uma coisa séria, a coisa mais séria na vida de uma pessoa revolucionária. Quando alguém se compromete com a luta, deve ser para sempre.

Quando 1968 começou, percebi o quanto eu precisava encontrar um grupo. Pular de uma atividade para outra não era nada revolucionário. A ação individual – esporádica e isolada – não é revolucionária. O trabalho revolucionário sério consiste em esforços persistentes e metódicos por meio de um coletivo de outras pessoas revolucionárias a fim de mobilizar as massas para a ação. Como há muito tempo eu me considerava marxista, as alternativas abertas para mim eram bastante limitadas.

Eu já tinha começado a considerar a possibilidade de me afiliar ao Partido Comunista e tinha me envolvido em vários debates sobre isso com Kendra e Franklin Alexander. Em janeiro, eu estava entre as pessoas convidadas a acompanhar uma reunião aberta do Coletivo Che-Lumumba na casa de Charlene Mitchell, a presidente fundadora desse coletivo negro do partido. Charlene fez uma apresentação sobre a relação entre reforma e revolução. Seu estudo era brilhante. Era a análise mais lúcida que eu tinha visto sobre como mobilizar pessoas em torno de seus próprios problemas cotidianos e, por meio disso, impulsioná-las na direção da derrubada revolucionária do sistema capitalista.

No entanto, como havia muitas perguntas sem resposta em minha mente, não me afiliei ao partido naquele momento. Desde o ensino médio, em Nova York, e desde o verão de 1962, quando fui à oitava edição do Festival Mundial da Juventude e de Estudantes, em Helsinque, eu tinha mais ou menos perdido contato com membros do Partido Comunista. Em vez disso, estava me ligando a grupos, intelectuais e ativistas marxistas que costumavam criticar com veemência membros dos partidos comunistas tradicionais. Mais tarde, recordando o tempo que passei na Europa, percebi o quão profundamente fui influenciada pelo anticomunismo que permeava a esquerda europeia. Eu enxergava os partidos comunistas como muito conservadores e antiquados por sua atitude acrítica em relação à classe trabalhadora. Quanto a isso, eu achava que não havia esperança para a classe trabalhadora branca nos Estados Unidos – ela tinha sido irreparavelmente corrompida pelo racismo, de um lado, e pelas concessões da classe dominante, de outro.

Ainda assim, mesmo no caso de esses problemas específicos não me incomodarem, eu não estava preparada para me afiliar ao Partido Comunista. De qualquer modo, tornar-se comunista é assumir um compromisso vitalício que exige muita reflexão séria a respeito de se possuir o conhecimento, a força, a perseverança e a disciplina que uma pessoa comunista precisa ter. Nos primeiros meses de 1968, deixei em aberto a questão de me unir ao partido.

O Partido dos Panteras Negras, entretanto, parecia flexível o suficiente para aceitar ideias marxistas. Era um pequeno coletivo de jovens, em sua maioria da *intelligentsia* negra – estudantes, educadores e um ou dois professores universitários.

Conheci alguns dos membros do BPPP após a Conferência da Juventude, em novembro, e comecei a estabelecer amizade com alguns deles. No início de janeiro, quando decidiram chamar mais três membros, fizeram um convite a um irmão da Califórnia que tinha a reputação de ser um excelente escritor. O segundo convite foi estendido a Franklin Alexander e o terceiro, a mim. Aceitei-o. Convidar Franklin, pensei, era um sinal de que o grupo estava disposto a se abrir às ideias marxistas. Eu enxergava o partido como uma base política temporária a partir da qual eu poderia refletir e decidir que direção política definitiva tomar. O partido, por sua vez, me via como sua representante no sul, em San Diego. O BPPP integrava o Congresso Negro de Los Angeles – uma ampla coalizão de grupos comunitários da região.

Mais ou menos nessa época, o Partido dos Panteras Negras pela Autodefesa, cujo principal líder, o ministro da Defesa Huey Newton, estava na prisão, decidiu criar uma seção em Los Angeles. Infelizmente, algumas das pessoas recém-recrutadas pelo partido chegaram àquele território reivindicando, de forma hostil, a exclusividade do nome "Partido dos Panteras Negras". Certa tarde, quando eu estava no prédio do Congresso Negro, fui notada por um irmão que bebia uma garrafa de vinho – algo que, pelo que me lembro, era proibido no prédio do Congresso. Desviei os olhos e comecei a seguir pelo corredor em direção a um escritório. Quando passei por ele, ele sacou uma arma do bolso e, com uma velocidade relâmpago, me agarrou pelo ombro, apontando o objeto para minha têmpora e me puxando para o escritório mais próximo.

Ele disse que queria conversar. Sua fala estava arrastada e sua respiração, pesada pelo vinho. Ele queria falar sobre o Partido dos Panteras Negras e o seu Partido dos Panteras Negras pela Autodefesa. A garrafa de vinho, as palavras confusas, o fato de que ele tinha uma arma e eu não tinha nada me diziam que, se eu não quisesse que minha cabeça fosse pelos ares, era melhor manter a boca fechada. Então, escutei.

"O Partido dos Panteras Negras pela Autodefesa", ele gritou, "exige que o filho da puta do seu partido se livre do nome Partido dos Panteras Negras. Na verdade, é melhor vocês trocarem para Partido Filho da Puta das Gatinhas Cor de Rosa. E, se vocês não tiverem mudado o nome até a próxima sexta-feira, vamos matar vocês".

Para mostrar que estava falando sério, ele disse que descobriu que eu morava em San Diego, que tinha meu endereço e que eu podia esperar que alguém batesse em minha porta se não fizéssemos o que estavam exigindo. (Com toda a justiça ao Partido dos Panteras Negras de Huey, é importante dizer que esse bêbado armado e aos gritos foi depois expulso da organização por ser um agente infiltrado.)

Uma situação de crise havia irrompido. Outras pessoas de nosso grupo foram igualmente ameaçadas. As armas eram o instrumento comum de persuasão; o resultado da desobediência era a morte. Eu tinha duas opções: obedecê-lo ou obter minha própria proteção. Escolhi esta última e, por um tempo, andei armada em período integral. Sabia que, se fosse abordada pela polícia e revistada, eu podia acabar na prisão, mas, se não corresse esse risco, podia facilmente acabar jogada em algum beco com uma bala no cérebro.

Fizemos várias reuniões de emergência seguidas, mas, naquele breve período, não conseguimos resolver a crise. Parte do grupo queria um confronto aberto com os Panteras pela Autodefesa, mesmo que isso significasse o confronto físico. Outra parte queria simplesmente ignorar as ameaças, insistindo que os Panteras estavam blefando. E havia uma ou duas pessoas dispostas a desistir, submeter-se às intimidações dos Panteras e dissolver a organização.

A solução surgiu como resultado de uma viagem casual de James Forman a Los Angeles. Ele veio à cidade para falar em uma manifestação organizada pela New Politics Convention [Convenção pela Nova Política]. Aproveitamos a ocasião para explicar a ele a disputa entre as duas organizações e ouvir suas ideias sobre como evitar que o conflito terminasse em guerra. Depois de pensar um pouco sobre essa complicada situação, ele disse que tinha uma proposta.

Ele apresentou sua proposta nos contando sobre esforços recentes para estreitar as relações entre o SNCC e os Panteras pela Autodefesa. Ambas as organizações haviam concordado em evoluir para uma fusão. Stokely Carmichael já tinha sido nomeado primeiro-ministro dos Panteras pela Autodefesa, Rap Brown tornou-se ministro da Justiça e o próprio Forman, ministro das Relações Exteriores.

Um dos obstáculos para a consolidação da fusão era a distância geográfica entre as sedes das organizações: o SNCC ficava em Nova York; os Panteras pela Autodefesa, na região da baía de São Francisco. Forman sentia que era fundamental criar uma seção forte do SNCC na costa Oeste. Se considerássemos nos transformar no SNCC de Los Angeles, disse Forman, nossos problemas, assim como os do SNCC, seriam resolvidos. Em primeiro lugar, nosso nome deixaria de ser uma questão. Também ganharíamos novas dimensões nacionais para nosso coletivo e superaríamos, assim, parte do provincianismo que nos atormentava. Do ponto de vista de Forman, estaríamos ajudando o SNCC – que, na época, era considerado por muita gente como a principal força do movimento de libertação negra – a construir uma base na costa Oeste. Por fim, poderíamos cimentar a relação entre os Panteras pela Autodefesa e o SNCC. Se uma coalizão duradoura se desenvolvesse, seria um imenso avanço.

No começo, houve oposição. Algumas pessoas qualificaram a recomendação de Forman como superficial demais para oferecer uma solução duradoura para nossos problemas. Disseram que teríamos de lidar com irmãos como aquele que colocou a arma na minha cabeça quer permanecêssemos em nossos antigos trajes, quer vestíssemos os trajes novos do SNCC.

Eu fui a favor da junção com o SNCC – não porque achasse que a fusão dissiparia a discórdia entre nós e a nova seção dos Panteras pela Autodefesa de Los Angeles, mas porque respeitava as contribuições históricas que o SNCC tinha feito para o movimento. A negociação de paz, no entanto, de nenhuma forma me encorajou a baixar minha própria guarda. Minha fiel arma permaneceu ao alcance em todos os momentos. A maioria das irmãs e irmãos do nosso lado teve igual cautela e não se desarmou imediatamente.

Com todo mundo ainda abalado pelo nervosismo, foi convocada uma reunião de pacificação. Foi um encontro impressionante. Com exceção de duas ou três pessoas de nosso grupo que acabaram desistindo, o comparecimento foi total. Pelo lado dos Panteras, o grupo era formado pelas principais lideranças (exceto Huey, claro, que havia sido preso em outubro). Eldridge Cleaver estava presente. Até aquela reunião, a maioria de nós sabia muito pouco sobre ele, exceto que era o "ministro da Informação" e que estava "na clandestinidade", de acordo com a designação que acompanhava semanalmente o título do jornal dos Panteras. Bobby Seale, Emory Douglas e Lil' Bobby Hutton também estavam lá, assim como outras sete ou oito pessoas.

Fiquei muito impressionada com Lil' Bobby. Ele era generoso, natural e claramente indiferente à ideia de se encaixar na imagem de um revolucionário frio e calculista. Lil' Bobby puxou uma conversa amistosa comigo, fazendo perguntas cotidianas: de onde eu era, o que fazia. Ele tinha um sorriso bonito e um entusiasmo juvenil e puro. Depois de conversar com ele por alguns minutos, percebi que ele levava a luta a sério e que havia pouco, se é que algum, egoísmo em suas intenções.

Para mim, a conversa despretensiosa com Lil' Bobby foi o único alívio em uma reunião que, no mais, esteve envolta em tensão.

Quando, alguns meses depois, soube que Lil' Bobby tinha sido baleado, senti como se um irmão meu tivesse sido assassinado pela polícia de Oakland.

Para o bem ou para o mal, ambos os grupos decidiram que nosso primeiro esforço conjunto seria lançar uma convocação a todo o movimento de libertação negra na costa Oeste para duas reuniões de massa – uma no norte e outra no sul da Califórnia – a fim de exigir a liberdade para Huey Newton em seu aniversário.

Huey Newton, o prisioneiro político mais conhecido, era um símbolo importante da militância negra. Em uma época em que, na Califórnia, era perfeitamente legal portar armas de modo ostensivo, ele e seus camaradas se armaram para proteger a comunidade negra de Oakland da brutalidade arbitrária do Departamento de Polícia local. Como ele representava uma séria ameaça à autoridade da polícia, o cercaram em uma situação que o deixou com uma bala no estômago e que levou um policial à morte. Huey aguardava julgamento por assassinato. Canalizamos nossas energias com força total para organizar aquela manifestação e transformá-la em um grande evento.

Obtivemos o apoio do Congresso Negro e, após uma série de inconvenientes, conseguimos a Sports Arena para o encontro. Na época, era o maior espaço fechado para eventos de Los Angeles. Imprimimos milhares de folhetos, compramos espaços publicitários e pedimos tempo gratuito em estações de rádio e televisão.

Foi uma noite emocionante. Embora o comparecimento não tenha sido o que esperávamos, praticamente todo o piso principal da arena ficou lotado. A lista de oradores foi impressionante: Stokely Carmichael, Rap Brown, Bobby Seale, James Forman, Reies Tijerina, Ron Karenga.

A relevância da manifestação era evidente. Por isso, fiquei particularmente incomodada com o conteúdo de alguns dos discursos. Stokely, por exemplo, falou do socialismo como "coisa de homem branco". Marx, ele disse, era um homem branco e, portanto, irrelevante para a libertação negra. "Como pessoas negras", Stokely gritou, "temos de esquecer o socialismo, que é uma criação europeia, e começar a pensar no comunalismo africano".

Seu discurso era ainda mais perturbador porque eu sabia que ele tinha estado em Cuba no verão anterior e que tinha sido recebido de maneira calorosa por onde passou. Ele felicitou oficialmente o povo cubano – negro, pardo e branco – por seu grande êxito na construção do socialismo. Além disso, eu sabia que ele havia declarado em público que sua viagem a Cuba tinha provado a ele, de modo inequívoco, que apenas o socialismo podia libertar as pessoas negras. Em um país socialista, para pessoas cujas irmãs e irmãos, mães e pais, deram a vida em defesa da revolução socialista, Stokely disse estar convencido de que o socialismo também era a resposta para seu povo. Agora que estava de volta aos Estados Unidos, onde a propaganda oficial havia tornado o socialismo menos popular, ele mudava de posição de forma oportunista. Como sabia distorcer uma frase, fez o público aplaudi-lo não tanto pelo que dizia, mas pela maneira como o dizia. Fiquei feliz por ele não ser mais o presidente do SNCC, porque, depois de ouvir seu discurso, eu teria deixado a organização naquele mesmo instante.

O discurso de Rap Brown, que substituiu Stokely na presidência do SNCC, foi um dos melhores da noite.

Um sério problema permeou toda a manifestação. Deveríamos pedir o apoio em massa a Huey Newton. No entanto, nenhuma estratégia acompanhou, honrou ou mesmo ilustrou esse pedido. Nenhuma proposta concreta, específica, foi apresentada a quem estava presente. Em resposta ao apelo, o aplauso foi suficientemente abundante, mas para onde iríamos a partir dali? A única resposta a essa pergunta era o lema "O céu é o limite". Ou seja, se Huey Newton fosse sentenciado à morte, a classe dominante podia esperar o ataque a uma centena de delegacias, o bombardeio de cinquenta usinas elétricas etc. etc. etc. Nem ao menos ficou claro se quem discursava estava dizendo que realizaria pessoalmente essa destruição ou se estava pedindo às pessoas que saíssem e respondessem dessa maneira caso Huey fosse condenado. O imenso vazio foi a única linha de ação definida para explicitar a estratégia de mobilização de massas em luta a fim de garantir que Huey Newton fosse libertado.

Naquela época, Rap Brown enfrentava várias acusações muito graves – e claramente fraudulentas – decorrentes de seus discursos e atividades políticas. Ele tinha sido libertado sob fiança, com a condição de que permanecesse nos limites de Manhattan, na cidade de Nova York, excetuando as viagens para se consultar com seu advogado. Ele estava justamente em um desses deslocamentos para se encontrar com William Kunstler – uma viagem conveniente para nós, porque ele conseguiu falar nas manifestações em comemoração ao aniversário de Huey.

Não sabíamos – Rap não sabia – que ele não iria muito longe quando deixou a Califórnia. Ele estava prestes a ser detido pelo FBI e levado de volta à prisão, desta vez com uma fiança de 100 mil dólares, mais um extra de 25 mil dólares por supostamente insultar o policial que o prendera.

Dessa forma, nosso primeiro esforço de mobilização da base popular foi uma campanha para arrecadar a fiança do presidente nacional de nossa organização. Decidimos fazer circular uma petição exigindo que aquela soma exorbitante fosse reduzida. Ao mesmo tempo, começamos a organizar uma campanha de porta em porta para levantar fundos para a fiança de Rap. Recrutamos irmãs e irmãos para sair pela comunidade nos fins de semana – fomos a casas, igrejas, centros comunitários e *shopping centers* pedindo às pessoas que depositassem suas doações em nossas latas de moedas e assinassem a petição.

A modéstia dessa abordagem foi superada apenas por seu sucesso. Como resultado das expedições de dias inteiros com latas que diziam "*Let Rap rap*" [Deixem Rap falar], atraímos um número considerável de irmãs e irmãos para nossa organização. Aumentar o quadro de membros do SNCC na costa Oeste foi uma conquista importante, acima e além do dinheiro arrecadado e da mensagem que atingiu um número grande de pessoas negras de Los Angeles.

Logo depois de nossa campanha em apoio a Rap decolar, abrimos uma sede na avenida Jefferson, perto de Arlington. Quando concluía minhas responsabilidades universitárias da semana, eu entrava no meu surrado Buick 1958 e disparava pela estrada entre La Jolla e Los Angeles, indo direto para o escritório do SNCC, para me juntar ao grupo na verdadeira atividade de luta.

Enquanto percorríamos os bairros de Los Angeles – em ruas, casas, *campi*, escritórios – dirigindo, caminhando, fazendo reuniões, cumprimentando pessoas, nos sentíamos com a energia de cavalos e a confiança de águias. Experimentamos a fraternidade e a sororidade em seu grau máximo, fazendo algo por nosso próprio povo de forma aberta e livre. Aquilo não era a manipulação dissimulada do *establishment*, marcada pela concessão e pelo gradualismo. Nem era o heroísmo individual de uma única pessoa cuja indignação tinha atingido um ponto sem retorno. Nossa postura era pública e nosso compromisso era com nosso povo – e, para algumas pessoas entre nós, com nossa classe. De fato, era um momento para aproveitarmos. Apesar da ausência de uma ideologia homogênea, apesar das formas díspares como os problemas eram abordados, sabíamos que não podíamos nos retirar para refletir, não podíamos deter a maré até que cada detalhe tivesse sido resolvido de modo satisfatório para todas as pessoas. Como alquimistas iniciantes, acendemos o fogo e confiamos no calor para refinar nossa fórmula de vitória.

Aqueles eram tempos emocionantes. O potencial que tínhamos para construir um movimento de massa entre a população negra de Los Angeles era impressionante, e começamos a trabalhar imediatamente, articulando um programa mais abrangente a ser seguido por nossa equipe de mobilização. Estávamos por conta própria. Devido às origens de nossa afiliação, não estávamos sob a autoridade direta da organização nacional do SNCC. Além disso, a fusão com os Panteras estava praticamente desfeita. Depois de um pequeno desentendimento com Eldridge e companhia a respeito do dinheiro arrecadado na manifestação de 18 de fevereiro, qualquer acordo superficial que prevaleceu inicialmente perdeu força pela falta de vontade mútua em sustentá-lo. Felizmente, as hostilidades públicas também tinham enfraquecido.

Embora tentássemos aprender com as experiências de mobilização do SNCC – principalmente durante o ano em que sua influência no Sul foi maior –, não sentíamos a obrigação de seguir de forma rígida a mesma linha ou programa que tinham sido desenvolvidos pelo SNCC. Para todos os efeitos, éramos uma organização autônoma.

Com todo o entusiasmo de principiante, aceitei a responsabilidade de elaborar planos para uma "Escola de Libertação" e de ser sua diretora depois que fosse criada.

Foi na época do trabalho na campanha pela fiança de Rap que soubemos de um assassinato brutal cometido pela polícia no mesmo dia da manifestação, 18 de fevereiro. Certa noite, quando estávamos no escritório do SNCC – se bem me lembro, Franklin, Bobbie Hodges, John Floyd, eu e outras pessoas estávamos profundamente envolvidas em uma discussão exaltada sobre a importância do marxismo para a luta pela libertação negra –, chegaram dois irmãos (um dos quais era o escritor Earl Ofari). Eles nos contaram os detalhes sórdidos do assassinato pela polícia de Gregory Clark, de dezoito anos, não muito longe de nossa sede. Os irmãos pediram que organizássemos um movimento de resistência imediatamente.

No dia seguinte, saímos para investigar os fatos do assassinato e para sondar a opinião da comunidade. Segundo a família, as pessoas amigas de Gregory e as testemunhas da ação, estes eram os fatos: em uma tarde quente de fevereiro, Gregory Clark e um amigo passavam pela alameda Washington em um Mustang último modelo. Eles bebiam refrigerante, com as latas cobertas por sacos de papel pardo. Quando chegaram à avenida Vineyard, um policial do Departamento de Polícia de Los Angeles [LAPD, na sigla original] fez sinal para que encostassem no meio-fio. O policial, de acordo com o irmão que sobreviveu, disse-lhes que eles não pareciam "combinar" com o carro que dirigiam. Então, vendo os sacos marrons, sem nenhuma prova, os acusou de beberem cerveja ao volante.

De acordo com as testemunhas, os dois irmãos protestaram. Eles tinham o documento para provar que não haviam roubado o carro, e as próprias latas demonstravam aquilo que estavam bebendo. Mas o policial, Warren B. Carlson, recusou-se a ouvir explicações. Tudo o que ele ouviu foram pretos retrucando a um homem branco de uniforme. Ordenando que saíssem do carro, ele se preparou para algemá-los. Talvez Gregory tenha começado a erguer a voz em protesto. Talvez tenha puxado as mãos para impedir que o policial fechasse as algemas. Talvez não tenha feito nada. De qualquer forma, houve uma briga rápida antes que Carlson travasse as algemas em volta dos pulsos de Gregory. A vítima foi capturada, mas Carlson não parou por aí. De acordo com testemunhas, Carlson jogou Gregory Clark na calçada e, enquanto este estava deitado com o rosto voltado para o chão e as mãos algemadas nas costas, Carlson atirou em sua nuca com um revólver calibre 38.

Durante o tempo que fiquei ali parada, na esquina da Washington com a Vineyard, olhando para as manchas de sangue havia duas semanas na calçada, essa cena se revelou diante de mim em todo o seu horror original. Mas a mágoa e a raiva não significavam nada por si sós. Era preciso uma luta organizada.

Mais de cem pessoas foram à reunião comunitária que convocamos. Elas ouviram com grande interesse quando as testemunhas do assassinato contaram o que viram. As pessoas da comunidade aceitaram prontamente nossa sugestão de que deveríamos mobilizar a população para que comparecessem ao inquérito do médico legista que determinaria, com o benefício da dúvida para as autoridades, se deveriam ser apresentadas acusações contra o policial ou se a ação tinha sido uma expressão legítima de sua responsabilidade como "agente da paz".

Naquele momento, não nos sentíamos fortes o suficiente para influenciar o resultado do inquérito com nossa simples presença. Muito provavelmente declarariam que o assassinato de Gregory Clark tinha sido um "homicídio justificável". Mas, com certeza, um número grande de pessoas ali alertaria a corja no poder de que estávamos nos preparando para a batalha.

A situação se desenrolou como prevíramos. Foi aceita a versão de Carlson: ele teria se assustado; pensando que Gregory Clark podia estar armado (prostrado, com as mãos algemadas nas costas?), atirou em legítima defesa. O veredito: homicídio justificável.

Ainda assim, houve uma vitória parcial: os folhetos que enviamos para a comunidade; a vigilância no inquérito. Nossas promessas de expor o caso de Gregory Clark colocaram o LAPD contra a parede. Mandamos pessoas para seguir Carlson em suas rondas a fim de fotografá-lo para nossos impressos, mas o LAPD o escondeu em algum lugar. Naquela noite, Carlson foi entrevistado por uma grande emissora de televisão e forçado a justificar seu ato diante dos olhos de milhares de pessoas; tiramos uma foto dele que usamos para anunciar um tribunal popular. Carlson seria julgado pelas pessoas contra as quais tinha atentado. As irmãs e irmãos que tinham se aproximado do SNCC por causa dos protestos que estávamos liderando constituiriam o Comitê do Tribunal Popular. Uma data foi marcada para o julgamento, a ser realizado em South Park. Enquanto eram selecionadas as pessoas que desempenhariam papéis significativos no julgamento, como de "advogadas" e "juízas", membros do SNCC e do Comitê do Tribunal Popular compunham e imprimiam os panfletos. Eu estava no departamento de propaganda. De todo o material que produzimos, fiquei mais orgulhosa do cartaz que trazia a fotografia de Carlson, tirada do aparelho de televisão. Se estávamos conscientemente procurando a imagem de um típico "porco racista", não podíamos ter feito uma escolha melhor. A alma de Carlson estava totalmente revelada em seu rosto. Impressa no cartaz, em letras garrafais, estava a palavra "Procurado". Abaixo do retrato, a legenda: "Policial do LAPD, pelo assassinato do irmão Gregory Clark".

Os cartazes foram colados por toda a comunidade negra – a área onde o irmão tinha sido morto estava repleta deles. Informativos sobre o caso e folhetos que anunciavam o julgamento foram distribuídos de porta em porta, na saída das fábricas, em igrejas e onde quer que a população negra estivesse.

Os frutos de nossos esforços foram uma extraordinária conscientização da comunidade sobre o caso de Gregory Clark e um comparecimento muito grande no julgamento popular.

O promotor público foi Ben Wyatt, um advogado e ativista comunitário negro. Ninguém queria a posição de advogado de defesa, mas finalmente Deacon Alexander – irmão de Franklin – aceitou esse papel nada invejável. O corpo de juízes era constituído por várias pessoas ativas na comunidade negra, todas representantes de organizações que se consideravam defensoras da libertação negra.

Se alguém nos acusasse de unilateralidade, não alegávamos imparcialidade. Não estávamos tentando reproduzir o sistema judiciário burguês, que procura ocultar seu preconceito de classe e de raça atrás de procedimentos sem sentido e chavões vazios a respeito da democracia. Estávamos exigindo justiça – em relação à qual a população negra precisava ser desafiadora e veemente. Depois de centenas de anos sofrendo com a bestialidade e a violência mais persistentemente unilaterais, como poderíamos assumir de modo sério uma postura de observação imparcial?

As testemunhas foram chamadas e deram seu depoimento sobre os fatos que antecederam e que se seguiram à morte de Gregory. Outras testemunhas foram convocadas para dar "depoimentos de especialistas" sobre o racismo irrefreado do LAPD. Ponto a ponto, foram documentados homicídios cometidos no passado por policiais na comunidade negra, e teceu-se uma tapeçaria de horrores racistas. No centro dessa tapeçaria estava Gregory Clark, cujo assassino alegava, de forma arrogante, "legítima defesa". Julgamos e condenamos Carlson – não por ser o criador e único perpetrador do crime, mas porque ele tinha sido um cúmplice de muita boa vontade da atividade rotineira de um sistema racista. Warren B. Carlson não agiu sozinho; ele ajudou o sistema a adicionar mais uma vítima ao seu rol. E foi por isso que ele mereceu a pena máxima.

"Vocês ouviram as provas contra o réu e também ouviram sua defesa. Já são capazes de pronunciar seu veredito?"

"Culpado! Culpado! Culpado!", gritou a plateia, e o veredito unânime e estrondoso cortou o ar do parque como as balas de uma arma.

Teria sido frustrante se o processo terminasse na mera representação do veredito. No entanto, não podíamos executar uma pena, a menos que isso envolvesse a continuidade de nossa luta coletiva. Assim, nossa proposta ao tribunal foi pressionarmos o legislativo municipal, particularmente vereadores negros e vereadoras negras, para que exigissem que Carlson fosse julgado por assassinato. Como uma dramatização da seriedade de nossa proposta, queríamos levar centenas de pessoas – milhares, se possível – à prefeitura; pessoas que exigiriam que o veredito popular de culpado recebesse a devida consideração.

Foi muito pouco. Depois de toda a agitação, do sentimento de força, da vontade de resistir que tinham sido despertados no decorrer do julgamento, a proposta pareceu bastante conservadora.

"Morte! Morte!", gritava um grupo de pessoas. Outras manifestavam estar de acordo. "Morte ao porco", os irmãos continuavam a gritar. Indiquem uma comissão para executar a sentença, diziam. Ofereciam-se voluntariamente.

A raiva tinha transportado aqueles irmãos para um mundo de fantasia desesperada. Eu entendia como se sentiam. Quando vi o sangue de Gregory Clark na calçada, a raiva arrastou meus instintos na mesma direção. Mas, entendendo o real valor da ação de massa, eu tinha outra coisa em que me apoiar, algo capaz de absorver minha ira e colocá-la no caminho certo.

O caos reinava na multidão. As reações eram, em parte, produto de frustrações reprimidas que buscavam a via de escape mais fácil. Em parte, eram resultado do encorajamento consciente por parte do movimento para "pegar em armas", talvez auxiliado por agentes infiltrados entre nós para criar tumulto.

Foi Franklin quem uniu as coisas. Ele tinha realizado um trabalho irrepreensível ao presidir o tribunal, e a confusão representava o teste supremo de sua capacidade de liderar as massas. Foi incrível vê-lo juntar, quase sem nenhum esforço, todas as peças do encontro e transformá-las novamente em uma unidade. Ele se comoveu com as pessoas, identificou-se com o desejo delas de assistir a uma consumação rápida da justiça que exigiam. Explicou o fato de que, embora estivéssemos cada vez mais fortes, o equilíbrio de poder ainda estava esmagadoramente do lado do inimigo. Isso não começaria a mudar até que conseguíssemos trazer um número crescente de pessoas para o nosso movimento. Era o que exerceria o maior impacto sobre quem pretendia nos governar. Nossa estratégia, portanto, tinha de ser alcançar mais e mais pessoas entre nós, trazendo-as para o nosso lado.

Quando Franklin estava prestes a encerrar o tribunal, as pessoas aplaudiam com entusiasmo e tinham concordado com a proposta de realizarmos uma passeata até a prefeitura para apresentar nossas demandas. A capacidade fenomenal de Franklin de se comunicar com o público me impressionou profundamente, não apenas como indivíduo, mas também – e ainda mais – como comunista. O respeito que ele obtivera, a clareza de sua explicação e a força do método que utilizou para apresentá-la estavam enraizados em anos de experiência que ele tinha acumulado como membro do Partido Comunista.

4 DE ABRIL DE 1968

Passei a manhã na sede do SNCC. À tarde, fui ao Committee to Defend the Bill of Rights [Comitê de Defesa da Declaração de Direitos] de Los Angeles para tratar de um material que eu queria imprimir.

O desenrolar cotidiano daquela quinta-feira foi destruído por um grito: "Martin Luther King foi baleado!". A incredulidade petrificou meu rosto. O ferimento era na cabeça, provocado por um assassino branco, e havia pouca esperança de que ele sobrevivesse.

Minha descrença deu lugar a uma tristeza que, naquele momento, fez com que eu me sentisse muito impotente, como se estivesse naufragando. Um sentimento amorfo de culpa caiu sobre mim. Tínhamos criticado severamente Martin Luther King por sua rígida postura de não violência. Algumas pessoas entre nós, infelizmente, supunham que sua religião, sua filosofia de não violência e sua dedicação aos "direitos civis", em oposição à luta mais ampla pela libertação, faziam dele um líder, em essência, inofensivo. Jamais qualquer pessoa entre nós teria previsto que ele seria atingido pelo tiro de um assassino. Jamais qualquer pessoa entre nós teria previsto que ele precisava de nossa proteção. Acho que não tínhamos percebido que sua nova noção de luta – envolvendo pessoas pobres de todas as cores, envolvendo pessoas oprimidas de todo o mundo – tinha o potencial de representar uma grande ameaça ao nosso inimigo. Não era coincidência, pensei, que naquele dia ele estivesse marchando nas ruas com trabalhadores em greve do sistema de coleta de lixo.

De volta à sede do SNCC, minha raiva e minha tristeza pela morte do dr. King encontraram sua expressão adequada – a expressão coletiva. Juntamente com camaradas do SNCC, discuti o modo como iríamos contra-atacar.

Muitas pessoas na comunidade procurariam por nós, o SNCC de Los Angeles, para obter orientação. Precisaríamos de todas as mentes e músculos que conseguíssemos encontrar. A crise do assassinato de King irrompeu no exato momento em que estávamos tendo alguns problemas sérios em nosso próprio quadro de membros, alguns dos quais preferiam ser revolucionários de TV e animar multidões com a retórica militante, mas não gostavam do trabalho do dia a dia, sem romantismo, de construção de uma organização duradoura. Desde o tribunal popular, Franklin havia emergido como o líder mais capacitado entre nós. Sua competência e seu magnetismo provocaram inveja entre os revolucionários de Hollywood e estimularam um sentimento latente de anticomunismo, o que complicou ainda mais nossa situação interna. Ainda assim, se não agíssemos imediatamente, estaríamos abdicando de nossa responsabilidade em relação à comunidade negra. Franklin não estava na cidade. Tinha aproveitado a relativa calma em Los Angeles para visitar Kendra, que estava frequentando a escola ideológica para membros do Partido Comunista em Nova York. No momento do assassinato, ele atravessava o país de carro – nos telefonou de Chicago para perguntar o que achávamos que ele deveria fazer. Queríamos que ele desse meia-volta e retornasse a Los Angeles.

Naquela noite, em Nova York, as ruas do Harlem e de Bedford-Stuyvesant estavam ocupadas por jovens de comunidades negras que, em fúria, atacavam o comércio branco com pedras e garrafas – e pela polícia, enviada para reprimir essa juventude. Raleigh, na Carolina do Norte, rebelava-se; Jackson, no Mississippi, e Nashville, no Tennessee, estavam prestes a explodir.

Por toda Los Angeles, os guetos podiam facilmente atingir o ponto de ebulição e reencenar agosto de 1965*. Sabíamos que alguns grupos encorajariam irrupções espontâneas de frustração e desespero coletivos, facilitando as coisas para a polícia, e tínhamos certeza de que o LAPD ficaria muito feliz com a oportunidade de testar seus novos "equipamentos antimotim". Qualquer pessoa negra que parecesse inquieta com o assassinato de Martin Luther King seria um alvo potencial de ataque. Com muitos de seus membros recrutados no Sul Profundo**, o LAPD era, talvez, o mais cruel do país – e mais importante do que sua crueldade era o fato de ser também o mais bem equipado.

---

*   Em agosto de 1965, uma série de tumultos aconteceu em Watts, distrito de Los Angeles, desencadeada pela prisão de um jovem negro acusado de dirigir embriagado. O evento criou uma forte tensão entre o LAPD e a comunidade negra e, durante seis dias, houve saques, ataques e bombardeios. As tentativas de pacificação falharam. O Exército foi chamado a intervir, impondo toque de recolher. Trinta e quatro pessoas morreram e mais de mil ficaram feridas. (N. T.)

** No original, *Deep South*, como é denominada a área formada pelos estados escravagistas do Sudeste estadunidense. A configuração exata do *Deep South* varia de acordo com diferentes fontes, mas compreende principalmente os sete estados que formaram a Confederação no período da Guerra Civil dos Estados Unidos, entre 1861 e 1865: Alabama, Carolina do Sul, Flórida, Geórgia, Louisiana, Mississipi e Texas. (N. T.)

O confronto físico tinha de ser evitado, porque nele a comunidade negra estaria condenada. Ainda assim, não se podia permitir que o ímpeto de contra-atacar fenecesse – ele precisava ser canalizado em uma direção política. Precisávamos de um evento político de massa para propor uma luta renovada e intensiva contra o racismo: o racismo era o assassino de Martin Luther King, e era o racismo que tinha de ser destruído.

O Congresso Negro ratificou essa posição. Todas as organizações que o integravam concordaram em trabalhar para convocar uma manifestação de massa pela intensificação da batalha contra o racismo. Enquanto isso, precisávamos desenvolver uma quantidade crescente de atividades de massa que culminariam na manifestação. A comunidade tinha de ser mantida em movimento, sem que fosse pressionada a ponto de explodir. No dia seguinte ao assassinato, pedimos que estudantes do ensino médio participassem de uma campanha para explicar o crime à comunidade e distribuir panfletos chamando nosso povo a comparecer a uma reunião na Segunda Igreja Batista. Nossos três mimeógrafos funcionavam 24 horas por dia, imprimindo os folhetos entregues por centenas de estudantes do ensino médio que esperavam o dia inteiro dentro e fora do nosso escritório.

Algumas pessoas nos acusaram de tentar "apaziguar" a comunidade e de assumir uma postura conservadora perante o assassinato. Essas acusações vinham de quem defendia a rebelião imediata. Nossa estratégia, no entanto, mostrou-se correta, pois, no dia seguinte ao crime, a própria polícia estava pronta para provocar uma rebelião. Os batedores que enviamos para investigar o estado de espírito da comunidade retornaram com relatos de provocações policiais por toda a cidade. Havia metralhadoras montadas no alto das principais delegacias de polícia no gueto; atiradores permaneciam em seus postos o tempo todo. No fim daquele dia, um irmão mais novo entrou no escritório com sangue escorrendo pelo rosto, dizendo que tinha sido espancado pela polícia do outro lado da cidade e depois deixado em frente à nossa sede. Cuidamos de seus ferimentos e garantimos que ele chegasse em casa.

A tensão aumentava; sentíamos como se estivéssemos no alto de um vulcão ativo que poderia entrar em erupção a qualquer momento. Em 5 de abril, o dia seguinte ao assassinato, Lyndon B. Johnson deu ordens ao secretário de Defesa para utilizar toda a força necessária para salvaguardar "a lei e a ordem". Em 6 de abril, havia vinte pessoas mortas em todo o país: nove em Chicago, cinco em Washington, duas em Detroit e uma em Nova York, Tallahassee, Minneapolis e

Memphis, local do crime. Mil pessoas ficaram feridas e duas mil foram presas. Vinte e três cidades estavam rebeladas.

Na noite do encontro na Segunda Igreja Batista, deixamos três irmãos de nossa força de segurança vigiando a sede. A situação estava muito tensa; qualquer coisa poderia acontecer. Os irmãos ficaram lá como proteção contra o frenesi da polícia.

O primeiro sinal de problema foi que ninguém atendeu quando batemos na porta ao voltarmos da reunião na igreja. Bobbie e eu estávamos prestes a ficar com raiva dos irmãos por abandonarem seus postos em um momento tão crítico. Mas sabíamos que eles eram extremamente confiáveis – não parecia provável que tivessem deixado o lugar sem vigilância.

A porta da frente estava destrancada – algo estava errado. Lá dentro, cadeiras tinham sido viradas, panfletos haviam sido retirados das prateleiras e espalhados pelo chão, e nosso pôster de Rap Brown fora rasgado em pedaços. Na sala de mimeografia, os cilindros das máquinas tinham sido cortados com cacos de vidro. Tinta de mimeógrafo tinha sido esguichada pelo chão e pelas paredes.

Dentro de poucos minutos, as duas mulheres que dirigiam o restaurante ao lado entraram correndo no escritório. Contaram que cerca de dez a quinze carros preto e branco da polícia tinham parado em frente à sede. Policiais foram até a porta dos fundos. Vimos que a tinham derrubado com um machado. Segundo as duas irmãs, cerca de dez minutos depois, levaram nossos três irmãos da segurança pela porta da frente, com os pulsos algemados uns aos outros. Colocaram-nos em um carro de patrulha e foram embora.

Não foi coincidência o fato de terem atacado nossas impressoras. O trabalho de nossa organização era, acima de tudo, educativo. Tínhamos acabado de produzir centenas de milhares de panfletos protestando contra o homicídio do dr. King, explicando as forças racistas por trás de seu assassinato e apresentando sugestões de como deveríamos expressar nossa resistência. Embora nem sempre admitissem isso, os círculos dominantes temiam essa abordagem educativa muito mais do que as ameaças retóricas do tipo "morte aos porcos". Sabiam que nossa estratégia era organizar as massas e que um número crescente de pessoas estava procurando conhecimento e orientação em nós.

Nós nos recuperamos do choque inicial, deixamos de lado nossa fúria pelo tempo necessário para inspecionar a bagunça mais de perto e começar a tomar as providências para depositar a fiança dos irmãos. Alguém sugeriu que nos alimentássemos, e acendemos o fogo sob uma grande panela de espaguete que tinha sido cozido no início do dia. Tigelas foram distribuídas, e estávamos começando a comer quando alguém gritou: "Ei, tem um prego neste espaguete". Era verdade. Havia tachinhas em sua comida e nas outras tigelas também – elas tinham sido misturadas na panela pelos policiais que invadiram nosso escritório.

Decidimos deixar o lugar como estava, incluindo a panela de espaguete no fogão, e convocar uma coletiva de imprensa para a manhã seguinte, de forma que jornalistas pudessem ver com os próprios olhos o trabalho mal-intencionado da "corajosa" polícia.

No fim de abril de 1968, o SNCC de Los Angeles mal tinha completado dois meses de existência. No entanto, tinha se transformado em uma das organizações mais importantes da comunidade negra da cidade. Nosso Comitê do Tribunal Popular, ainda ativo em relação ao caso de Gregory Clark, lidava com a brutalidade e a repressão policiais. Tínhamos criado uma organização juvenil – a SNCC Youth Corps [Unidade Juvenil do SNCC] – que atraíra mais de cinquenta membros em atividade, e a Escola de Libertação, sob minha responsabilidade, trazia um número grande de pessoas que se reuniam constantemente.

Nosso telefone tocava sem parar; eram pessoas que relatavam atos de discriminação e repressão e pediam nossa orientação sobre como combatê-los. O escritório quase nunca ficava vazio: era o lugar para onde as pessoas iam em busca de informação sobre a luta, sobre como participar dela.

À medida que a organização se tornava mais forte, aumentava a distância entre membros com compromisso verdadeiro e quem desejava o crédito, mas não a responsabilidade de construir o SNCC. Na equipe central original, havia seis homens e três mulheres. As três mulheres da equipe – Bobbie, Rene e eu – sempre ficavam com uma parcela desproporcional das tarefas necessárias para manter o escritório e a organização funcionando. Agora, apenas dois dos homens estavam fazendo algo significativo na organização – Franklin, é claro, e um irmão chamado Frank, que comandava a segurança e a Unidade Juvenil do SNCC. Bobbie, Rene e eu trabalhávamos em tempo integral.

Alguns dos irmãos só apareciam para as reuniões de equipe (às vezes), e sempre que nós, mulheres, estávamos envolvidas em algo importante, começavam a falar sobre "mulheres assumindo o comando da organização" – chamando aquilo de golpe de Estado matriarcal. Todos os mitos sobre as mulheres negras vinham à tona. Bobbie, Rene e eu éramos dominadoras demais; tentávamos controlar tudo, inclusive os homens – o que, por extensão, significava que desejávamos roubar sua masculinidade. Alguns insistiam que, ao desempenharmos um papel tão importante na organização, estávamos ajudando e encorajando o inimigo, que queria ver os homens negros fracos e incapazes de conquistar o próprio espaço. Essa condenação era particularmente amarga porque éramos uma das poucas organizações na Black Liberation Front [Frente de Libertação Negra] em Los Angeles, e provavelmente nos Estados Unidos, em que as mulheres de fato desempenhavam papéis de liderança. Naquele período, uma infeliz característica de certos grupos nacionalistas era sua determinação em jogar as mulheres para segundo plano. Os irmãos que se opunham a nós apoiavam-se fortemente nas tendências supremacistas masculinas que abriam caminho no interior do movimento, embora eu tenha certeza de que alguns deles tinham maturidade política suficiente para entender a natureza reacionária de tais tendências. Afinal, foi uma voz do governo Johnson, Daniel Moynihan, que reavivou, em 1966, a teoria do matriarcado negro induzido pela escravidão, sustentando que o papel dominante das mulheres negras na família e, por extensão, na comunidade era uma das causas centrais do estado de miséria da comunidade negra.

Os irmãos sabiam disso; também sabiam que Bobbie, Rene e eu, juntamente com Franklin e Frank, havíamos assumido a liderança do SNCC porque o engajamento deles era falho. Ainda assim, estavam determinados a provocar uma briga. Eu sabia que as coisas iam mal, que estávamos à beira de algo sério, talvez devastador. Mas não sabia que esse conflito se transformaria em uma guerra declarada.

Naturalmente, Franklin e Frank ficaram do nosso lado. Quando o trabalho da organização desacelerou, afetado de maneira negativa por essa luta interna, decidimos pedir ajuda à sede do SNCC em Nova York. Forman estava fora do país; outro membro da equipe nacional disse que viria. Mas, quando chegou, ele não estava tão interessado nas dificuldades específicas que tinham motivado nossa consulta quanto na qualidade geral do trabalho que estávamos fazendo em Los Angeles. Desprezou sumariamente nosso problema quanto às relações políticas entre homens e mulheres, dizendo que não era importante o suficiente para merecer uma discussão especial. Isso se resolveria, ele disse, ao lidarmos com outros problemas. O que esse irmão queria discutir era a grande discrepância entre nossa organização e as outras seções do SNCC país afora, em especial a direção nacional em Nova York. Ele estava certo, obviamente.

Tínhamos formulado nossa própria estratégia e nosso próprio programa sem levar em conta as políticas do SNCC de Nova York. Na verdade, mal recebemos qualquer contribuição do SNCC nacional, exceto a permissão para usar o nome e o conselho inicial que nos foi dado por Forman.

O irmão de Nova York reclamou que o escritório não era "profissional"; havia gente demais "circulando" por ali que "não estava sentada atrás de escrivaninhas". Não estávamos cumprindo o que deveria ser um de nossos principais deveres, isto é, angariar fundos para a organização nacional. Ele nos repreendeu por não planejarmos coquetéis suficientes no alto das colinas, onde a parcela mais abastada de nosso povo poderia ser persuadida a dividir sua prosperidade com o SNCC.

Fui pessoalmente criticada pelos cursos que incluí no currículo da Escola de Libertação. Enquanto eu enxergava a escola como um veículo de conscientização, responsável por transmitir educação *política* para a comunidade, o irmão de Nova York achava que ela devia ser voltada fundamentalmente para o ensino de habilidades técnicas – como conserto de aparelhos de rádio e TV e programação de computadores. A escola, ele disse, devia se tornar um instrumento de sobrevivência; devia dar às pessoas o conhecimento necessário para conseguir um trabalho. Embora a falta de empregos e de qualificação tivessem atingido um nível crítico nas comunidades negras, não era papel da Escola de Libertação do SNCC ser um centro de treinamento profissional. Minha visão geral da escola que eu dirigia era a de um lugar onde a compreensão política deveria ser formada e aguçada, onde a consciência se tornava explícita e era impelida em uma direção revolucionária. Era para isso que eu lecionava e que tinha encontrado outras pessoas para dar cursos sobre temas como tendências atuais do movimento negro, movimentos de libertação no Terceiro Mundo e competências para a organização comunitária.

O representante nacional também me criticou pela inclusão de cursos que envolviam ideias marxistas. Afinal, ele disse, a população negra temia o comunismo; ela se afastaria da organização se pensasse que comunistas estavam por perto. Esse foi o primeiro sinal de que um grande ataque contra Franklin estava sendo preparado.

Depois de um evento de arrecadação de fundos durante a permanência desse irmão em Los Angeles (realizávamos eventos assim para cobrir nossas próprias despesas locais), Franklin convidou alguns dos irmãos da segurança para ir ao seu apartamento. Eles estavam com o dinheiro coletado e armados, para protegê-lo. Usando o pretexto de que havia barulho vindo do apartamento, a polícia invadiu o local, prendeu os irmãos, confiscou o dinheiro e as armas (todas tinham registro legal) e os acusou de assalto à mão armada.

Não foi difícil perceber o motivo desse ataque aparentemente arbitrário. Uma manifestação estava marcada para a manhã seguinte, em frente à prefeitura, como ponto culminante de uma série de confrontos com a Câmara municipal em relação ao caso de Gregory Clark. Franklin era a figura central da manifestação. Uma grande mobilização era aguardada, e a polícia prendeu Franklin na esperança de enfraquecer o evento. O indiciamento foi marcado para o mesmo horário da manifestação e não havia possibilidade de libertá-lo sob fiança antes da audiência no tribunal, naquela manhã de segunda-feira.

A polícia, sem dúvida, esperava que cancelássemos a mobilização – ou provavelmente achava que, mesmo que não a suspendêssemos, seria uma derrota para o Comitê do Tribunal Popular tentar realizá-la na ausência de seu líder. Naquela manhã, em frente à prefeitura, as pessoas presentes decidiram, de forma quase espontânea, transferir a manifestação para o tribunal, do outro lado da rua, e exigir a libertação imediata de Franklin. Ansiosa, a multidão correu pelos corredores do tribunal e lotou a sala de audiências onde ocorria o indiciamento. Sem qualquer explicação, o juiz anunciou subitamente que estava retirando todas as acusações contra Franklin e os outros irmãos.

Franklin não tinha tomado banho nem feito a barba, e foi fácil perceber que ele não tinha dormido durante a noite passada na prisão. Ainda assim, ele conduziu a manifestação com seu vigor habitual, e as pessoas pareceram ainda mais combativas do que se a polícia não tivesse tentado intervir. Depois de testemunhar a prova de seu poder coletivo – a libertação de Franklin em resposta às suas exigências –, o público estava ávido por lutar por mais vitórias semelhantes.

No dia seguinte, o *Los Angeles Times* publicou um extenso artigo sobre a manifestação e a forma como a libertação de Franklin foi alcançada. No artigo, Franklin era chamado de "comunista maoísta". Como membro do Partido Comunista dos Estados Unidos, Franklin não era, evidentemente, maoísta. No entanto, mesmo sabendo que a afirmação era falsa, o irmão da sede de Nova York ficou hipnotizado com essa frase. Imagino que ele não se importasse com o tipo de comunista que Franklin era. O que tanto o preocupava era o fato de Franklin ser comunista e de a imprensa ter explorado isso.

O artigo do *Times* incitou-o a convocar uma reunião da equipe e de outras pessoas que trabalhavam para o SNCC. Descobri mais tarde que parte da equipe tinha sido informada de que o objetivo da reunião era discutir se seria conveniente ter um comunista exercendo papel de liderança na organização. Eu não havia sido informada porque eles sabiam de que lado minha política e minhas lealdades estavam.

A apresentação do representante do SNCC diante das pessoas reunidas foi tão simples quanto oportunista. O SNCC não podia se permitir ser associado a comunistas. Tinha sido um erro deixar que Franklin desempenhasse um papel tão "visível" na organização, principalmente sem uma consulta prévia à sede de Nova York. Ele estava expulsando Franklin, insistiu, em cumprimento à política da organização nacional e estava decretando também que todos os vestígios de comunismo e marxismo deveriam ser expurgados do escritório e da administração. Silêncio. Aquilo seria uma reencenação dos expurgos de McCarthy? Somente eu e o irmão de Franklin, Deacon, resistimos a essa ação. E éramos uma minúscula fração das pessoas presentes. Se um homem da sede de Nova York podia chegar e expulsar a principal figura entre nós sem um débil esforço de resistência sequer, era evidente que havíamos ignorado uma deficiência fatal na organização que construíramos. Ou será que o medo do comunismo era tão poderoso a ponto de conseguir engendrar negociações de princípio e concessões de todas as coisas que tínhamos lutado tanto para alcançar?

Foi um momento deprimente. Eu me sentia afastada de irmãs e irmãos a quem eu considerava não apenas camaradas de armas, mas que também tinha passado a enxergar como amigas e amigos íntimos. Franklin havia sido expulso unilateralmente da organização, sem que lhe fosse dada a oportunidade de se defender diante de pessoas que o tinham como um companheiro e líder. Franklin, Deacon e eu nos reunimos para decidir nossas próximas ações. Meu primeiro impulso foi renunciar. Mas, depois da discussão, resolvemos que Deacon e eu aguentaríamos mais um pouco; talvez pudéssemos ajudar as outras pessoas a voltar à sanidade política.

Mas era tarde demais. A primeira concessão, o primeiro endosso a uma política irracional e anticomunista, o primeiro ato de tolerância em relação a uma espécie de empresário autocrático e apolítico que se autodenominava revolucionário foi o começo do fim de nossa organização. O representante nacional nomeou um presidente que assumiu a mesma postura ditatorial. E, de modo eficaz, esse presidente isolou, uma a uma, todas as pessoas do SNCC. Fui afastada do cargo de diretora da Escola de Libertação, quando então apresentei meu pedido de demissão e assisti de longe às outras pessoas serem, primeiro, intimidadas e, depois, expulsas da organização. Em questão de semanas, só sobrou a casca do que tínhamos criado. Embora tivéssemos chegado a mais de duzentos trabalhadores e trabalhadoras com quem podíamos contar e outras centenas que podiam ser mobilizadas, no início do verão não restavam mais do que dez pessoas.

O SNCC de Los Angeles estava morto. O escritório foi fechado e as pessoas se perguntavam o que tinha acontecido conosco. Foi uma vitória das forças reacionárias. A derrocada do SNCC não teria sido tão bem planejada caso o trabalho tivesse sido feito por agentes do governo.

Horas, dias foram consumidos em discussões exaustivas sobre a destruição do SNCC de Los Angeles. Será que o fim poderia ter sido evitado? O que fizemos de errado? Teríamos conseguido trazer a maioria da equipe para o nosso lado? Poderíamos tê-la convencido a se retirar da organização nacional? Afinal, tínhamos construído tudo sem a ajuda de Nova York.

Kendra, que durante aquele período crucial estava estudando na escola do Partido Comunista, criticou Franklin, Deacon e eu por não termos travado desde o início uma batalha mais assertiva contra os pequenos sinais de anticomunismo. Houve sinais – uma aquiescência passiva, bem como um encorajamento ativo ao anticomunismo –, mas eles tinham sido sutis, esporádicos ou desconectados. Eu não tinha percebido que podiam ser as sementes de uma atitude coletiva capaz de se converter tão depressa em uma caça às bruxas.

Percebi que eu não estava totalmente isenta de culpa, pois algumas vezes concordei com certas noções anticomunistas predominantes na esquerda. Não o fiz em qualquer função oficial nem em circunstâncias que envolvessem reuniões formais. Ainda assim, em conversas casuais no escritório, às vezes me uni a outras pessoas para colocar Franklin contra a parede. Acusamos o Partido Comunista de não prestar atenção suficiente às dimensões nacionais e raciais da opressão do povo negro e, portanto, de colocar as características específicas de nossa opressão em posição inferior à exploração geral da classe trabalhadora. Concordei com outras pessoas em críticas feitas a partir do ponto de vista da extrema-esquerda ao "conservadorismo" geral do partido.

Não que eu não devesse ter criticado o Partido Comunista. A questão era que eu tinha feito essas acusações sem ter investigado meticulosamente as posições do partido. Dadas as circunstâncias, minhas afirmações – em especial, como era o caso, vindas de alguém que se autodenomina marxista – podem ter encorajado de alguma forma uma atitude predominante de tolerância ao anticomunismo.

A partir daquele momento, tentei obter as informações necessárias para decidir se queria me tornar membro do Partido Comunista. Naquela fase de minha vida e de minha evolução política – ainda mais do que na época de San Diego –, eu precisava me tornar parte de um *partido* revolucionário sério. Eu queria um esteio, uma base, um ancoradouro. Precisava de camaradas com quem pudesse compartilhar uma ideologia comum. Estava cansada de grupos *ad hoc* efêmeros que desmoronavam diante da menor dificuldade; cansada de homens que mediam sua grandeza sexual a partir da genuflexão intelectual das mulheres. Isso não quer dizer que eu fosse destemida, mas eu sabia que, para vencer, tínhamos de lutar, e a luta vitoriosa era aquela travada coletivamente pelas massas de nosso povo e da população trabalhadora em geral. Sabia que essa luta tinha de ser liderada por um grupo, um partido com membros e estrutura mais permanentes e uma ideologia mais substancial. Os confrontos eram oportunidades a ser enfrentadas; problemas eram emaranhados a ser destrinchados por meio da abordagem exata, das ideias corretas. E eu precisava conhecer e respeitar o que eu estava fazendo. Até agora, todas as nossas ações pareciam terminar em elipses – três pontos de irresolução, inconsistência e ineficácia.

Durante aquele triste período, reli o livro *Que fazer?*, de Lênin, o que me ajudou a esclarecer meu próprio dilema. Li Du Bois novamente, em particular suas declarações da época em que decidiu ingressar no Partido Comunista.

Desde Frankfurt, desde Londres, desde San Diego, eu desejava participar de um partido revolucionário. De todos aqueles que se diziam revolucionários ou marxistas-leninistas, apenas o Partido Comunista, em minha opinião, não exagerava a própria importância. Apesar de minhas críticas a alguns aspectos das políticas do partido, eu já tinha chegado à conclusão de que ou seria o Partido Comunista ou, até segunda ordem, nada.

Antes que pudesse tomar minha decisão, porém, eu tinha de examiná-la, estudá-la. O Coletivo Che-Lumumba, a célula negra do partido em Los Angeles, era a seção partidária que me interessava. Eu queria saber quais eram seu papel e suas responsabilidades dentro do partido e como a organização mantinha sua identidade e consistência conforme seu quadro de membros se envolvia no movimento pela libertação negra. Assim como todos os outros partidos comunistas, a unidade básica do Partido Comunista dos Estados Unidos [CPUSA, na sigla original] era e continua a ser o "coletivo" (ou célula, como se diz em outros países). Em geral, o coletivo é composto de cerca de cinco a vinte membros. Há seções, distritos, estados, regiões e, por fim, a liderança nacional, que executa a política definida em convenções nacionais periódicas. No que dizia respeito à estrutura democrática centralista do partido, o Che-Lumumba era como qualquer outro coletivo. Entretanto, tinha, de fato, um papel especial, decorrente do fato de que as pessoas negras comunistas de Los Angeles tinham lutado dentro do partido por um coletivo que fosse totalmente negro e cujas principais responsabilidades fossem levar as ideias marxistas-leninistas à luta pela libertação negra local e oferecer orientação para o partido como um todo no que se referia ao movimento negro.

O coletivo tinha sido criado em 1967 – época em que o movimento negro se aproximava de seu auge. Do Harlem a Watts, o Partido Comunista fatalmente seria afetado pela agitação nos guetos. Como Los Angeles tinha sido palco de um dos primeiros levantes negros recentes de grande escala, parecia inevitável que o Coletivo Che-Lumumba fosse estabelecido naquela cidade.

O conhecimento que obtive sobre o Coletivo Che-Lumumba não me deixou totalmente satisfeita, porque eu tinha pouca informação direta a respeito do partido como um todo. Por isso, Kendra e Franklin me apresentaram a camaradas brancas. Comecei a fazer visitas a Dorothy Healey, que na época era a organizadora do distrito do sul da Califórnia. Tivemos discussões longas e complexas – às vezes, altercações – sobre o partido, seu papel no interior do movimento, seu potencial como partido de vanguarda da classe trabalhadora, como o partido que levaria os Estados Unidos de seu estágio atual, atrasado e historicamente explorador, a uma nova era de socialismo. Esses debates com Dorothy me trouxeram grande prazer, e senti que estava aprendendo muito com eles, independentemente de minha decisão sobre me tornar membro do Partido Comunista.

Em julho de 1968, entreguei meus cinquenta centavos – a taxa inicial de afiliação – à presidência do Coletivo Che-Lumumba e me tornei uma integrante habilitada do Partido Comunista dos Estados Unidos. Pouco tempo depois, tive de retornar a La Jolla a fim de me preparar para meu exame de qualificação do doutorado. Durante semanas e semanas, só estudei. De dia, estudava em meu escritório na universidade. À noite, trabalhava – muitas vezes, madrugada adentro – na casa isolada em Del Mar que me foi emprestada até o fim do verão. Meus pensamentos se tornaram tão inteiramente dedicados a assuntos filosóficos que, às vezes, eu me pegava sonhando com as ideias de Espinosa,

Kant, Hegel. Queria ser aprovada nos exames naquele momento, e não esperar até depois do meu segundo ano de aulas, como era o procedimento normal. Isso significava que eu tinha de estudar sozinha obras que geralmente estariam associadas às disciplinas. Tinha de trabalhar, trabalhar e trabalhar – até o ponto de saturação absoluta.

Com a aproximação da semana do exame, o desespero latente entre estudantes de pós-graduação que se preparavam para a prova explodiu em um pânico declarado. No meio de uma discussão, por exemplo, alguém caía no choro sem qualquer motivo aparente. O medo de não passar era onipresente. E havia algo ainda mais temido do que a reprovação: passar com um diploma de mestrado em caráter terminal e, dessa forma, ficar totalmente de fora do programa de doutorado. Se a pessoa fosse simplesmente reprovada nos exames, sempre podia realizá-los novamente na primavera. Mas o mestrado em caráter terminal era o fim.

Foi um grande alívio saber que me saí bastante bem nos exames. Uma vez aprovada, comecei a trabalhar no projeto de minha tese e me tornei professora assistente do Departamento de Filosofia, uma exigência adicional do doutorado. Eu dedicava cerca de metade da semana à pesquisa e ao ensino em La Jolla e a outra metade ao meu trabalho político em Los Angeles.

Fiquei feliz por ter condições de voltar a frequentar as reuniões semanais do Che-Lumumba. Era uma época extremamente importante para nós. Em junho, Charlene Mitchell, nossa presidente fundadora, tinha sido escolhida pela convenção nacional para ser a candidata do partido à presidência dos Estados Unidos, tornando-se assim a primeira mulher negra a concorrer ao cargo. Sentíamos um orgulho imenso de que a primeira mulher negra candidata à presidência fosse também comunista. Como fazia 28 anos que o partido tinha participado das eleições presidenciais, a candidatura de Charlene marcava o início de uma nova era para a organização. Os resquícios do macarthismo estavam sendo rejeitados, e cada vez mais pessoas percebiam que eles precisavam ser destruídos de uma vez por todas.

Durante setembro e outubro, Charlene ficou constantemente na estrada, discursando em 21 estados e também em Porto Rico. (Nenhuma outra candidatura se deu ao trabalho de ir a Porto Rico.) No sul da Califórnia, fizemos campanha para Charlene em frente aos portões das fábricas, nas reuniões sindicais, nas igrejas, nos *campi*, nas ruas e em qualquer outro lugar onde nossa mensagem pudesse encontrar ouvidos receptivos. Naturalmente, não alimentávamos ilusões quanto ao resultado do pleito. Por isso, não tínhamos tanto interesse no número de votos que ela atrairia quanto em sua capacidade de alcançar pessoas que, de outra forma, nunca teriam sido inspiradas a considerar alternativas políticas para além dos partidos Republicano e Democrata, e alternativas econômicas para além do capitalismo monopolista. A candidatura de Charlene nos deu a oportunidade de falar sobre o socialismo como uma solução concreta para os problemas enfrentados pela classe trabalhadora e, especialmente, pela população negra e parda.

Mais ou menos naquela época, eu e o irmão de Charlene, Deacon, começamos a dialogar com líderes do Partido dos Panteras Negras de Los Angeles, que tinham nos abordado a respeito de trabalharmos com seu partido. Pensavam em abrir um escritório na região oeste da cidade e queriam que Deacon comandasse essa seção. Eu fui convidada a participar do programa de educação política. Como todas as pessoas que integravam o coletivo já estavam profundamente envolvidas em movimentos de massa de um tipo ou de outro, consideramos aquela ideia com seriedade. Algumas pessoas eram ativas no movimento contra a guerra, lutando por uma abordagem entre ativistas antibelicistas que reconhecesse a relação entre o ataque ao Vietnã, o racismo e a repressão dentro dos Estados Unidos. Outras, incluindo Kendra e Franklin, estavam trabalhando com estudantes, principalmente na Southwest Junior College. Senti que seria importante ajudar no trabalho do Partido dos Panteras Negras, que era então como um ímã, atraindo para suas fileiras em todo o país um número grande de jovens da comunidade negra.

Após uma série de reuniões com os Panteras para expor problemas, elucidar e colocar de lado as hostilidades do passado, e depois de discutir a proposta com o Coletivo Che-Lumumba, Deacon e eu concordamos em ingressar no Partido dos Panteras. Encontramos um prédio para a sede da região oeste na esquina da Sétima Avenida com o bulevar Venice e, em poucos dias, jovens irmãs e irmãos da vizinhança começaram a chegar. Assim que os programas eram organizados, ficavam lotados de uma juventude ávida. Das três e meia da tarde, quando estudantes dos anos finais do ensino fundamental chegavam, até as dez da noite, o escritório era palco de reuniões, aulas e discussões sobre temas como a luta pela libertação negra nos Estados Unidos, o movimento negro na região de Los Angeles, estratégia e táticas de organização comunitária e teoria marxista-leninista da revolução.

Se eu ainda conservava algum traço do elitismo que penetra de maneira quase inevitável na mente de estudantes das universidades, o perdi completamente durante as sessões de educação política dos Panteras. Quando lemos *O Estado e a revolução**, de Lênin, havia irmãs e irmãos na turma cuja educação em escola pública nem sequer tinha permitido que aprendessem a ler. Algumas pessoas me contaram como haviam passado muitas horas penosas com o livro, usando com frequência o dicionário para descobrir o significado de dezenas de palavras em uma página, até que finalmente pudessem entender o que Lênin estava dizendo. Quando explicavam para o restante da turma o que haviam tirado de sua leitura, ficava claro que sabiam tudo – tinham compreendido Lênin em um nível muito mais fundamental do que qualquer docente das ciências sociais.

Logo depois da abertura do escritório, ficamos sabendo de um assassinato brutal ocorrido na vizinhança. Eis a descrição que nos foi apresentada: certa noite, quando um jovem irmão tentou comprar cerveja em uma loja de bebidas nas proximidades, o proprietário se recusou a aceitar seu dinheiro pela falta de um documento que comprovasse que ele era maior de idade. Irritado por não conseguir levar sua cerveja, ele disse algumas palavras duras ao proprietário e saiu furioso da loja. Aparentemente, sem qualquer outro motivo além da pura frustração, o irmão chutou uma lata de lixo na esquina. O proprietário da loja pegou sua arma, escondida sob o balcão, e disparou através da porta de vidro, matando instantaneamente o irmão que não tinha feito nada, a não ser descontar sua raiva em uma lata de lixo. Quando interrogado sobre o incidente, o dono da loja alegou que tinha o direito de proteger sua propriedade. A ironia dessa tragédia era que tínhamos acabado de ler sobre a função do Estado como provedor de proteção para as classes proprietárias. Ficou claro que, se as pessoas não fizessem com que seus protestos fossem ouvidos, essa desculpa esfarrapada seria aceita sem questionamento pelos tribunais. Ou seja, aceitariam a afirmação do proprietário de que a vida daquele jovem negro valia menos do que uma lata de lixo de cinco dólares.

Assumimos a responsabilidade de organizar a comunidade para garantir que aquele homem fosse levado à Justiça. Isso significava marchas pela vizinhança, panfletagem de porta em porta, manifestações de rua, principalmente no estacionamento da loja, e um piquete permanente solicitando às pessoas que deixassem de ser clientes daquele homem, que considerávamos um assassino. Como resultado, os negócios da loja caíram para uma mera fração do que tinham sido outrora, e foram apresentadas acusações criminais de homicídio

---

* Ed. bras.: trad. Avante! e Paula Vaz de Almeida, São Paulo, Boitempo, 2017. (N. E.)

culposo contra o proprietário. Entretanto, como de costume, ele não passou sequer uma noite na prisão, já que sua fiança foi tão baixa que era como se não houvesse fiança alguma. Ainda assim, nosso foco era que ele fosse processado – e condenado – por assassinato.

Esse movimento ganhou impulso. As aulas e reuniões na sede alcançavam um público total de mais de duzentas pessoas. Lidávamos com uma perseguição policial muito mais concentrada. De repente, em meio a tudo isso, a crise atingiu o Partido dos Panteras Negras. Em todo o país, foram descobertos vários agentes infiltrados da polícia no partido. Iniciou-se um expurgo. Uma vez em marcha, ele começou a afetar muitas irmãs e irmãos que eram tão inocentes quanto qualquer uma das pessoas que defendiam o expurgo. Minha opinião era a de que alguns simpatizantes do inimigo, que deveriam ter sido eles mesmos expurgados, conseguiram se infiltrar no processo decisório que determinava quem seria expulso e quem permaneceria na organização. O escritório da região oeste foi praticamente dizimado. Deacon foi chamado por causa de sua participação no Partido Comunista – praticamente da mesma maneira que ele poderia ter sido chamado perante a Subversive Activities Control Board [Comissão de Controle de Atividades Subversivas]. Obviamente, havia algo mais por trás disso, além do simples fato de ele ser do Partido Comunista – isso com certeza era de conhecimento público quando ele foi abordado para se juntar à liderança intermediária do Partido dos Panteras Negras. Além disso, não me confrontaram com o ultimato dado a Deacon – isto é, ter de escolher entre um dos dois partidos, Panteras Negras ou Comunista. (Isso foi discutido antes de entrarmos no Partido dos Panteras, e os dois lados tinham concordado que os partidos não competiam entre si e que, portanto, não existia qualquer problema de conflito de lealdades.)

Desnecessário dizer que aquele era o momento perfeito para o inimigo entrar e se aproveitar da desordem e da confusão. Como já era previsível, mais ou menos nessa época, um dos principais membros do Partido dos Panteras Negras – alguém que ajudara muito na construção da seção da região oeste – foi encontrado certa manhã em um beco, com um tiro na cabeça. Logo depois, em meados de janeiro, antes que pudéssemos nos recuperar do choque da morte de Franco, Deacon e eu ouvimos no rádio: dois líderes do Partido dos Panteras Negras, Bunchy Carter e John Huggins, tinham sido mortos a tiros durante uma reunião da Black Student Union [União Estudantil Negra] no *campus* da Ucla. Eu tinha planejado visitar John e sua esposa, Ericka, naquele mesmo dia para continuarmos nossa conversa sobre os problemas no partido. Junto com algumas irmãs e irmãos da sede da região oeste, corremos para o apartamento dele para nos certificarmos de que nada havia acontecido com Ericka e sua filha recém-nascida. Quando chegamos, a polícia estava acabando de completar seu ataque. Para justificar a prisão das irmãs e irmãos que estavam no apartamento, incluindo Ericka e a bebê, os policiais disseram ter ouvido relatos de que os Panteras tentariam uma retaliação pela morte de seus integrantes. Aquilo era absurdo, porque naquele instante ninguém estava plenamente ciente das circunstâncias em torno dos assassinatos. Apenas mais tarde soubemos que, na verdade, foram dois membros da US Organization de Ron Karenga que puxaram o gatilho.

Muitas vezes antes, líderes e ativistas do movimento tinham tombado sob as balas da polícia, de agentes conscientes ou de irmãos confusos, desvairados, que se deixaram usar. Tínhamos chorado antes, comparecido a enterros antes, sentido e expressado a raiva de ver a vida de um irmão, um camarada, ser-lhe arrancada tão cruelmente. Sabíamos que, por ora, nosso engajamento significava que estávamos presos a um círculo vicioso de violência – desse jeito, nossos inimigos tentavam nos forçar a recuar por medo. Portanto, em certo sentido, sempre esperávamos pela violência, sabíamos que ela viria, embora jamais pudéssemos prever o próximo alvo. Ainda assim, cada vez que ela nos atingia, era igualmente devastador para nós. Não importava quantas vezes aquilo se repetisse, não havia como se acostumar.

A morte de John Huggins foi especialmente dolorosa para mim – de todas as lideranças dos Panteras, ele e Ericka estavam entre as pessoas de quem me sentia mais próxima. Apesar dos problemas recentes que haviam surgido, eu tinha um respeito e uma admiração enormes por John e sentia que ele agia de boa-fé em sua determinação em encontrar uma saída para a crise no interior do partido. Na época, eu estava convencida, como permaneço ainda hoje, de que a polícia tinha algum tipo de envolvimento em seu assassinato porque temia sua força e sua vontade de fazer sempre o que era melhor para seu povo.

Ericka e as outras irmãs e irmãos foram libertados tarde da noite. Quando, sob a chuva forte que caía naquela madrugada, ela atravessou os portões do Sybil Brand Institute for Women [Instituto Sybil Brand para Mulheres], parecia mais forte do que nunca. Vendo nossa tristeza, nossa empatia diante da dor que ela certamente estava sentindo, nos disse: "O que há de errado com vocês? Não podemos parar agora. Temos de continuar lutando". Jamais vou esquecer aquele momento. As irmãs que estiveram presas com ela disseram que

Ericka era quem mantinha o moral de todas elevado. Foi ela quem continuou a carregar a bandeira da luta de forma mais resoluta.

Em meio à especulação sobre os motivos do assassinato e aos ataques verbais à US Organization, fomos ao enterro de Bunchy, e Ericka partiu para Connecticut para enterrar seu marido e encontrar um lugar seguro para sua filha Maya. Soubemos que ela começou imediatamente a organizar uma seção do Partido dos Panteras Negras em New Haven, onde, alguns meses depois, a polícia a prendeu sob a acusação de conspiração de assassinato.

Enquanto isso, as coisas ficaram mais calmas em torno do Partido dos Panteras Negras de Los Angeles e, como os problemas relativos à participação de Deacon no Partido Comunista nunca foram resolvidos, senti que seria uma falta de princípios de minha parte continuar a trabalhar com os Panteras. Decidi passar o resto do ano letivo no *campus* de La Jolla, onde voltei a trabalhar diariamente no Conselho Estudantil Negro. No início do segundo trimestre, as irmãs e os irmãos na liderança da organização concordaram que era necessário fazer algo para mobilizar nossa militância novamente. Precisávamos de uma questão em torno da qual lutar. Mas qual era a questão adequada? Qual era a mais magnética e mais dramática? Cada integrante pensou séria e profundamente; nossas propostas individuais foram discutidas em reuniões que pareciam intermináveis.

Por fim, chegamos a uma decisão unânime. Uma vez que o *campus* da universidade em San Diego consistia, em última análise, em uma série de faculdades separadas, decidimos que seria justo e apropriado exigir que a próxima faculdade – a terceira – fosse expressamente consagrada às necessidades de estudantes de grupos sociais oprimidos. Deveria atender de modo específico às demandas de estudantes de origem negra, mexicana e da classe trabalhadora branca. Enquanto estreitávamos nossa relação já próxima com estudantes de origem mexicana da Mexican American Youth Association [Associação da Juventude Mexicano-Estadunidense; Maya, na sigla original], delineamos o plano de nossa faculdade. A fim de dar projeção ao caráter radical de nossas reivindicações, decidimos chamá-la de Lumumba-Zapata College [Faculdade Lumumba-Zapata] – em referência ao líder revolucionário congolês assassinado Patrice Lumumba e ao revolucionário mexicano Emiliano Zapata. Queríamos que nossos objetivos fossem transparentes: em nossa formulação teórica, a Faculdade Lumumba-Zapata seria um lugar onde nossos povos poderiam adquirir as habilidades e os conhecimentos necessários para travar, de maneira mais eficaz, nossas lutas de libertação.

Depois de um breve período de planejamento estratégico, decidimos que era o momento certo de confrontar a administração da universidade. Certa tarde, membros das duas organizações adentraram o gabinete do reitor, insistindo para que ele ouvisse nossas exigências. Eu tinha sido designada para ler a declaração coletiva elaborada pelo Conselho Estudantil Negro e pela Associação da Juventude Mexicano-Estadunidense. Juntamente com nossas reivindicações para a criação da Faculdade Lumumba-Zapata, demos um aviso muito sério: caso o reitor se recusasse a negociar, não garantiríamos que a universidade continuaria a funcionar dentro da normalidade.

Como previsto, o reitor de fato se recusou. Sua resposta negativa foi nossa deixa para uma ofensiva completa: mais protestos, manifestações e confrontos. Sabíamos que, para ter resultados, precisávamos do apoio de um número significativo de estudantes e docentes. Nossas ações, portanto, foram projetadas para atrair o máximo possível de estudantes e docentes brancos. Desde o início, tivemos o envolvimento de estudantes brancos, uma vez que um aspecto fundamental de nossas reivindicações era a integração de estudantes da classe trabalhadora branca na faculdade. Mas precisávamos de muito mais; queríamos atrair centenas para o movimento pela Faculdade Lumumba-Zapata e esperávamos por fim trazer a maioria do corpo estudantil para o nosso lado. Apenas dessa maneira poderíamos isolar a administração e, assim, forçá-la a aceitar nossas demandas.

Nossas ações atingiram seu ponto alto, primeiro, com o comparecimento de nossas organizações em uma reunião do Academic Senate [Senado Acadêmico]. Com a ajuda de docentes simpatizantes – incluindo Herbert Marcuse e outras pessoas do Departamento de Filosofia –, começamos a conquistar um número considerável de professores e professoras para a nossa corrente. A demonstração radical seguinte de nossas reivindicações foi a ocupação do gabinete da secretaria-geral. Como resultado de nosso apoderamento de um dos centros nervosos da universidade, fizemos com que a administração e docentes que ainda não tinham se convencido entendessem a seriedade de nossa posição.

Travamos uma luta intensa. Um número grande de estudantes da UCSD vivenciou a radicalização em marcha nos *campi* dos Estados Unidos. Aparentemente, a hierarquia universitária decidiu que era melhor ceder às nossas reivindicações do que arriscar uma interrupção prolongada das atividades do *campus*. Para dizer a verdade, não esperávamos que de fato concordassem tão prontamente com nossa ideia de uma terceira faculdade. E, quando o fizeram, nós que liderávamos o movimento sabíamos que, apesar de nossa vitória – da qual nos orgulhávamos –, a Faculdade Lumumba-Zapata nunca se tornaria a instituição revolucionária que tínhamos planejado originalmente. As concessões seriam inevitáveis; entretanto, a criação da faculdade traria uma grande quantidade de estudantes de origem negra, parda e da classe trabalhadora branca para dentro da universidade. E seria um verdadeiro avanço ter uma faculdade na qual estudantes exercessem um controle maior sobre a educação recebida.

No fim do ano letivo, enquanto eu me organizava para ir a uma conferência em Oakland e, de lá, para Cuba, estudantes que nossas organizações tinham selecionado se preparavam para passar o verão planejando o currículo, o corpo docente e as propostas administrativas para a faculdade. A luta não tinha acabado. Pelo contrário, havia apenas começado. A responsabilidade mais importante que recaía sobre nós era a de garantir que quem quer que se envolvesse com a faculdade – tanto estudantes quanto docentes – continuasse o legado de luta do qual a ideia da Faculdade Lumumba-Zapata nascera.

A era das grandes conferências nacionais ainda estava em pleno vigor. Em julho de 1969, ativistas do movimento, pessoas negras, pardas e brancas de todo o país, reuniram-se em Oakland, na Califórnia, a fim de participar de uma conferência convocada pelo Partido dos Panteras Negras para fundar a United Front Against Fascism [Frente Unificada contra o Fascismo].

A teoria organizacional por trás da conferência era excelente: pessoas com várias ideologias – a representação mais ampla possível da população – congregadas para criar uma frente unificada de combate à repressão, que se tornava cada vez mais brutal. No entanto, havia problemas na conferência, e talvez eu estivesse bastante sensível, já que pouco tempo antes tinha sido forçada a romper meus laços, relativamente fortes, com os Panteras. A dificuldade básica, eu pensava, era que nos pediam para acreditar que o monstro do fascismo já estava à solta e que vivíamos em um país cuja essência não diferia da Alemanha nazista. Com certeza, precisávamos combater a crescente ameaça fascista, mas era incorreto e enganoso dizer às pessoas que já estávamos vivendo sob o fascismo. Além disso, a resistência imposta por esse tipo de análise sem dúvida nos conduzia à direção errada. Primeiro, ao tentar incluir absolutamente todas as pessoas interessadas em derrubar aquele fascismo, poderíamos cair nos braços de liberais. Assim, nosso ímpeto revolucionário seria enfraquecido. E, se não nos guiassem nessa direção, haveria pressão rumo ao lado oposto do espectro político. Pois, se acreditássemos que experimentávamos o autêntico fascismo, isso significaria que praticamente todos os canais de luta democrática estavam fechados e que deveríamos nos precipitar de forma imediata e desesperada na luta armada.

Em muitos dos discursos, a palavra "fascismo" era usada de maneira intercambiável com a palavra "racismo". Havia, certamente, uma relação definida entre racismo e fascismo. Caso um fascismo plenamente desenvolvido emergisse nos Estados Unidos, com certeza tiraria proveito do racismo, da mesma forma que o antissemitismo proporcionou a alavanca para o fascismo alemão nos anos 1930. Mas considerar que racismo era fascismo e fascismo era racismo era turvar a visão das pessoas atraídas para a luta. Era tolher seu desenvolvimento político e impedir a luta de *massa organizada* contra o racismo, contra a repressão política – e, principalmente, em defesa dos Panteras em combate.

No meio dessa confusão, o historiador Herbert Aptheker, membro do Partido Comunista, fez uma excelente apresentação, expondo a relação entre o racismo atual e o potencial do fascismo no futuro. Para mim, aquilo confirmou o acerto de minha decisão de me afiliar ao Partido Comunista, quase um ano antes.

Mesmo com todos os seus evidentes defeitos, a conferência foi um dos acontecimentos políticos mais importantes da temporada. Estabeleceu a base para o rompimento com o nacionalismo tacanho, tão predominante no movimento de libertação negra, e apontou o caminho para alianças entre as pessoas de minorias étnicas e as pessoas brancas em torno de questões que envolviam o coletivo.

Assim que a conferência terminou, Kendra e eu embarcamos em um avião para a Cidade do México, onde nos unimos aos demais membros de uma delegação do Partido Comunista convidados por Cuba para passar um mês no "primeiro território livre da América". Durante o voo para o México, eu estava triste e nervosa: minha bolsa tinha sido roubada enquanto eu dormia em um parque de Haight-Ashbury, e eu não tinha dinheiro nem passaporte. Kendra me emprestara o suficiente para a passagem aérea para a Cidade do México, mas eu não estava totalmente certa se conseguiria obter um passaporte antes da partida para Cuba. Minha única esperança era que as autoridades cubanas permitissem minha entrada no país sem meus documentos de viagem.

No que dizia respeito à viagem, não era apenas o passaporte que representava problemas; tínhamos de nos preocupar em ocultar nossas intenções das autoridades mexicanas, que, em várias ocasiões, deportaram ativistas dos Estados Unidos que tentavam chegar a Cuba. Durante as manifestações estudantis de

1968, quando a polícia massacrou multidões de pessoas, um grupo de ativistas, incluindo Bobbie Hodges e Babu (com quem eu tinha trabalhado no SNCC), tentou pegar um avião na Cidade do México para Cuba. O grupo foi detido pela polícia, interrogado sobre o objetivo da viagem (receber treinamento para guerrilha?) e questionado sobre sua participação na rebelião estudantil da Cidade do México. O resultado do caso foi a deportação de todo mundo. Foram colocados aleatória e separadamente em aviões que estavam saindo do México – Bobbie, por exemplo, foi parar em Paris.

Arquitetamos um plano para enganar a polícia mexicana. Assim que aterrissássemos, procuraríamos o endereço da embaixada cubana, onde nossos vistos estariam nos esperando, e nos registraríamos em algum hotel das proximidades. Depois de deixar nossa bagagem, sairíamos a pé para encontrar a embaixada. Na manhã seguinte, correríamos para lá. Sabíamos que, se a polícia nos descobrisse antes de entrarmos na embaixada, poderíamos ir para a prisão antes mesmo de obter nossos vistos. Depois de receber os documentos, ficaríamos na embaixada e, no último instante, nos apressaríamos para o aeroporto, parando no caminho para pegar nossa bagagem.

Caminhamos por horas naquela noite, mas em vão, porque não conseguimos encontrar a embaixada de Cuba em lugar algum do bairro. No dia seguinte, só depois de muito vagarmos, descobrimos uma rua exatamente com o mesmo nome do outro lado da cidade. Era lá que se localizava a embaixada cubana. Chegando enfim ao edifício, sem incidentes (embora tivéssemos notado homens do lado de fora que pareciam ser agentes dos Estados Unidos), nos disseram que nossos vistos ainda não tinham chegado e que, infelizmente, não seria possível partirmos para Havana naquela tarde. Era segunda-feira e, se tudo fosse arranjado a tempo, pegaríamos o avião para Cuba na sexta-feira.

E então veio o golpe de misericórdia. Ao explicar que meu passaporte tinha sido roubado dois dias antes, perguntei se poderia embarcar sem ele. Tentando me consolar, o camarada cubano me disse que não era Cuba que exigia os passaportes; era o departamento de imigração mexicano. Ninguém podia deixar o México rumo a Cuba sem primeiro apresentar seus documentos às autoridades mexicanas. O camarada sugeriu que eu fosse à embaixada dos Estados Unidos ali na Cidade do México e tentasse obter um novo passaporte o mais rápido possível.

Eu não estava nem um pouco otimista quanto a conseguir substituir meu passaporte. O Departamento de Estado ainda mantinha listas de membros do

Partido Comunista e, muitas vezes, se recusava a entregar passaportes a camaradas até que a decisão fosse contestada nos tribunais. Kendra, por exemplo, achando que tinha perdido o passaporte, fez um requerimento cerca de seis semanas antes da viagem. Em geral, um passaporte fica pronto dentro de uma semana depois de solicitado, mas, cada vez que Kendra perguntava, diziam a ela que não havia informações sobre a data em que seu documento estaria pronto. Felizmente, ela encontrou o passaporte desaparecido antes de sairmos dos Estados Unidos, porque o novo ainda não tinha chegado. Outro membro de nossa delegação também esperara semanas por seu passaporte e, naquele momento, na Cidade do México, aguardava notícias de seu advogado, que estava lidando com o Departamento de Estado. Eu estava disposta a tentar qualquer esquema que pudéssemos armar para obter um passaporte até sexta-feira. Voltei para o hotel, peguei as melhores roupas que tinha – aquelas que me identificariam como uma turista inofensiva cujo passaporte e dinheiro tinham acabado de ser roubados. Na embaixada dos Estados Unidos, expliquei em lágrimas que aquela viagem pelo México, América Central e América do Sul tinha sido planejada há mais de um ano e que algum ladrão tinha arruinado meus planos de férias. Uma amiga estava me esperando na Nicarágua e eu não tinha como chegar até ela. Não seria possível conseguir um passaporte de emergência? O funcionário da embaixada ficou com pena de mim e, na tarde seguinte, havia um novo passaporte me esperando. O esquema tinha dado certo; obviamente, eu não tinha levantado suspeitas, então o documento fora emitido sem que antes consultassem o Departamento de Estado, em Washington.

Já tínhamos quase desistido quando os vistos finalmente chegaram. Com exceção de Jim – cujo passaporte ainda estava nas mãos da burocracia do Departamento de Estado –, nos preparamos para embarcar no voo de sexta-feira para Havana. Quem estava prestes a viajar no avião cubano tinha de concordar em ter sua fotografia tirada pela imigração mexicana. Ninguém, nem mesmo a freira a caminho de Cuba, tinha dúvidas de que esses retratos logo chegariam aos arquivos da CIA. Nós não nos livramos totalmente de nossa paranoia até termos levantado voo de fato.

Enquanto sobrevoávamos o exuberante cinturão verde de Havana, adornado de palmeiras altas e graciosas, o piloto anunciou pelo alto-falante: "Vocês estão prestes a pousar no primeiro território livre da América". Vários minutos depois, quando o avião tocou a pista, todas as pessoas começaram a aplaudir espontaneamente.

Era a véspera do feriado nacional mais importante de Cuba, 26 de julho. Naquela data, em 1953, Fidel liderou um ataque ao quartel Moncada, uma base central do Exército do ditador [Fulgencio] Batista e um conhecido símbolo de seu poder. Embora o resultado para Fidel e camaradas tenha sido a morte ou a prisão, as pessoas enxergavam o corajoso ato do grupo como a primeira grande contestação à ditadura de Batista. Depois do triunfo decisivo da revolução, o 26 de julho, o Dia Nacional da Rebeldia Cubana, continuou a ser celebrado como o aniversário do ataque armado revolucionário inicial.

Normalmente, haveria uma manifestação de massa na Plaza de la Revolución, na qual Fidel e outras lideranças discursariam para um público de centenas de milhares de pessoas. Naquele ano, o 26 de julho marcaria o início de uma campanha agrícola para processar mais cana-de-açúcar do que nunca antes na história econômica do país. Para ser exata, Cuba queria produzir dez milhões de toneladas de açúcar. Em vez de ir para a Plaza no 26 de julho, a população foi trabalhar no campo. Embora fosse uma honra participar da Campanha dos Dez Milhões, devo confessar que eu estava decepcionada por não haver manifestação na Plaza. Aquela era a primeira vez desde o triunfo da revolução que a tradicional celebração não aconteceria.

Outdoors coloridos se estendiam pela estrada entre o aeroporto e o hotel: cartazes sobre a Campaña de los Diez Millones; cartazes do Che; cartazes glorificando o povo do Vietnã. Muitos deles tinham sido usados no passado para anunciar produtos estadunidenses, com frases como "Beba Coca-Cola" e "A pausa que refresca". Senti uma grande satisfação ao saber que aquelas marcas registradas da exploração global tinham sido arrancadas e substituídas por símbolos acolhedores e estimulantes que possuíam um significado real para o povo. A noção de dignidade humana era palpável.

Nosso ônibus atravessou a área da Universidade de Havana, reservada, por duzentos anos, aos filhos e às filhas da classe abastada. Agora, eram os filhos e as filhas das classes trabalhadora e camponesa – pessoas negras e pardas, bem como brancas – que estudavam ali.

O ônibus parou em frente ao Habana Libre, antigo Habana Hilton, agora libertado das garras cobertas de veias de velhos capitalistas decadentes. Aquela foi a primeira vez que fiquei em um hotel tão elegante. Seu requinte, no entanto, foi abrandado pelas pessoas lá hospedadas – trabalhadores e trabalhadoras de férias, jovens casais em lua de mel – e por *compañeros* que trabalhavam no hotel – homens e mulheres sem qualquer traço do servilismo normalmente associado a mensageiros, camareiras e garçons, pessoas que nunca aceitariam as gorjetas que turistas de países capitalistas costumam dar.

Nas primeiras horas da manhã de 26 de julho, nos dirigimos para o campo. Ônibus, caminhonetes, caminhões e automóveis estavam lotados de pessoas jovens e idosas que vestiam com orgulho suas roupas de trabalho e cantavam enquanto seguiam para o campo. Parecia que cada habitante fisicamente capaz de Havana estava correndo para lá como se fosse para um alegre carnaval. Naqueles rostos reinava a serenidade do trabalho com sentido – a paixão do engajamento. Tinham posto fim à política de classe e raça, acabado com a bílis ácida do hábito de sobrepujar seu vizinho apenas para superá-lo em termos materiais.

A campanha da cana-de-açúcar estava intimamente ligada ao trabalho em outras áreas da agricultura. Quanto maior a taxa de produtividade na preparação e na colheita de tabaco, frutas cítricas, café etc., mais os trabalhadores e as trabalhadoras seriam capazes de dedicar suas energias ao corte da cana. Nossa primeira viagem ao interior foi para as plantações de café no cinturão verde de Havana. Em 26 de julho, passamos o dia arrancando ervas daninhas e arando o solo ao redor dos pés de café para permitir que crescessem livremente.

Foi um dia difícil. Sob a luz incandescente do sol, o suor encharcou minhas roupas quando eu mal havia começado. Eu estava bastante bem de saúde, mas a capina era um trabalho árduo para mim. Por outro lado, a população cubana a realizava com facilidade. Eu estava determinada a ignorar o sol e manter o mesmo ritmo das centenas de *compañeros* ao meu redor. Mesmo quando um acesso de vertigem ameaçou me dominar, eu não disse nada e me recusei a parar.

Sendo dos Estados Unidos, sentíamos que precisávamos constantemente provar nosso valor. No exato momento em que tive certeza de que ia desmaiar, Kendra cortou o pé com a enxada e tive de acompanhá-la até o posto de primeiros socorros. Foi uma "saída" conveniente, mas voltei ao campo ainda determinada a sobreviver àquele dia. Além disso, eu precisava fortalecer minha resistência para a semana seguinte, que passaríamos cortando cana na província de Oriente, no extremo leste da ilha.

Depois de um banho, uma troca de roupas e alguns instantes de descanso no conforto do ar-condicionado do Habana Libre, saí do hotel com um dos camaradas da delegação para explorar as ruas de Havana. A antiga arquitetura espanhola de algumas partes do centro me fez lembrar da Guerra de Independência, do general negro Antonio Maceo, ferido cerca de oitenta vezes antes de, enfim, sucumbir. No Malecón, vimos a estátua erguida pelos Estados Unidos.

Faltava a águia que ficava no topo. O grupo revolucionário a derrubara depois de sua marcha por Havana.

Vimos uma jovem miliciana empunhando uma metralhadora e montando guarda em frente ao seu núcleo de trabalho. Vestindo a camisa azul-clara com dragonas, calça verde-oliva e botas militares, ela defendia o território que lhe tinha sido designado. Com o arqui-inimigo tão próximo – a Flórida ficava a meros 150 quilômetros de distância –, um dos aspectos mais perceptíveis da vida cotidiana em Cuba era fatalmente a defesa.

Ainda se falava da invasão da Baía dos Porcos como se tivesse acontecido ontem. Oito anos tinham se passado desde a cerimônia de sepultamento dos sete cubanos mortos quando aviões dos Estados Unidos e de suas bases na Guatemala e na Nicarágua bombardearam aeroportos de três cidades cubanas. Em 16 de abril de 1961, Fidel tinha proclamado o caráter socialista da Revolução Cubana e conclamado seu povo a se mobilizar para que os "fantoches do imperialismo não expandissem suas ações de agressão". Como previsto, no dia seguinte, exilados cubanos – treinados pela CIA com a participação do governo Kennedy – desembarcaram de navios e aviões estadunidenses na Playa Girón.

De fato, oito anos era um período de tempo curto, considerando-se que a população cubana estava tentando construir um novo mundo e lutaria até a morte por seu direito de fazê-lo.

A agressão estadunidense também se manifestou de outras formas. Usando como desculpa a presença de mísseis soviéticos em solo cubano, o governo Kennedy declarou abertamente sua intenção de aniquilar a Revolução Cubana, mesmo que isso significasse uma catástrofe termonuclear. E, durante os dias da crise de outubro, o mundo cambaleou à beira do abismo. Além disso, havia o bloqueio econômico imposto pelos Estados Unidos; havia tropas estadunidenses na base de Guantánamo, em Oriente; e vazaram notícias de que Kennedy tinha de fato discutido a questão de assassinar o primeiro-ministro Fidel Castro.

Uma das organizações de massa em grande evidência de um extremo ao outro da ilha era o Comitê de Defesa da Revolução (CDR). Durante nosso primeiro passeio pelas ruas de Havana, percebemos que na porta de pelo menos uma casa em cada quarteirão havia um pôster em vermelho, branco e azul com as palavras "Comité de Defensa de la Revolución".

Essa organização teve origem espontânea. Em 28 de setembro de 1960, durante uma manifestação em que Fidel relatava sua visita à Organização das

Nações Unidas, duas bombas foram detonadas por alguém na multidão. A resposta de Fidel foi rápida:

> Vamos criar um sistema de vigilância coletiva e então veremos se os lacaios do imperialismo serão capazes de agir, porque nós vivemos por toda a cidade; não há um único prédio de apartamentos nesta cidade nem existe nenhum quarteirão que não estejam amplamente representados aqui [...]. Vamos criar um comitê de vigilância revolucionária em cada quarteirão, para que o povo faça a vigilância, para que o povo veja tudo, para que o inimigo entenda que, quando as massas do povo estão organizadas, não há imperialistas, nem lacaios de imperialistas, nem pessoas vendidas aos imperialistas, nem instrumentos imperialistas capazes de voltar a operar.[1]

Em 1969, havia CDRs em, literalmente, todos os quarteirões da ilha. Foi divertido relembrar um pouco da propaganda que circulava nos Estados Unidos sobre a Revolução Cubana – em particular, as mentiras sobre o Comitê de Defesa da Revolução. De acordo com propagandistas do governo, tratava-se de uma organização de espionagem, algo como o FBI, que bisbilhotava tudo, reunindo informações sobre as pessoas e transmitindo-as ao governo. Obviamente, isso era absurdo, já que a maioria da população cubana fazia parte dos CDRs; as pessoas se associavam porque queriam ajudar a erradicar sabotadores e agentes inimigos que tentavam subverter a Revolução Cubana.

Outra falsidade amplamente aceita sobre Cuba tinha a ver com o papel de Fidel Castro. Segundo a propaganda, ele não era apenas um "ditador tirânico" que impunha uma vontade de ferro sobre seu povo; ele era apresentado como uma figura carismática infalível, que se esperava que o povo venerasse. Depois de ver todos os pôsteres extraordinários de Che Guevara e demais lideranças da revolução, procurei com atenção por fotos e cartazes de Fidel. Os únicos que consegui encontrar tinham caráter histórico – em que ele aparecia com camaradas da guerrilha em uma típica cena de batalha. Mas não havia retratos do primeiro-ministro em lugar algum. Quando perguntei a alguns *compañeros* por que eram expostos tantos retratos de Che, mas absolutamente nenhum de Fidel, me disseram que ele próprio proibira que as pessoas colocassem imagens dele em seus escritórios ou locais de trabalho. Descobri que isso, às vezes, chateava as pessoas, porque elas achavam que ele era mais discreto do que o necessário.

---

[1] Fidel Castro, *Discursos de Fidel en los Aniversarios de los CDR, 1960-1967*.

Ao conversar com a maioria das pessoas cubanas sobre Fidel, logo ficava claro que não o viam como nada mais do que um ser humano extraordinariamente inteligente, excepcionalmente comprometido e extremamente caloroso, dotado de muito talento para a liderança. Ele cometeu erros, erros humanos, e as pessoas o amavam, em grande parte, por causa de sua honestidade para com elas. Fidel era seu líder, mas, mais importante que isso, era também seu irmão, no sentido mais amplo da palavra.

Passamos uma semana na pequena vila de Santa Maria II, localizada no polo açucareiro Antonio Guiteras, morando em cabanas de madeira com piso de cimento em um acampamento que costumava servir como um retiro do partido para formação política. Nosso refeitório era uma área aberta com um telhado para proteger do sol às vezes insuportavelmente quente de Oriente. O banheiro era externo, com uma fossa sanitária comum, até o encanamento ser instalado, ao final de nossa estada. O chuveiro era uma cabine de cimento para onde carregávamos grandes baldes de água fria que buscávamos na única torneira do terreno.

Levávamos uma vida dura, mesmo para os padrões cubanos. Seguíamos a rotina comum: acordar às cinco horas da manhã, tomar o desjejum e sair para o campo com nossos facões. Voltar ao acampamento às onze horas; almoçar e descansar no meio do dia, quando o calor tropical sufocante era perigoso até para quem estava acostumado a ele. Voltar às plantações às três horas e, às seis, guardar os facões até o dia seguinte.

Cortar cana era muito mais árduo e fatigante do que o trabalho nas plantações de café. Mas, novamente, eu estava determinada a pelo menos fazer minha parte, e segui o método de forma minuciosa: um golpe firme na raiz da planta; golpes cuidadosos ao longo das laterais do caule para raspar as folhas; em seguida, o movimento final de cortar o caule em pedaços do tamanho certo para o processamento. Era difícil, e o calor se tornava ainda mais insuportável porque nossas roupas eram jeans, camisas pesadas de mangas compridas, botas de cano alto e luvas. Tudo isso era uma proteção contra o líquido que escorre das folhas de cana e que pode causar uma grave erupção na pele. Não demorou muito para que eu aceitasse o fato de que diariamente, durante as horas de trabalho, eu ficaria encharcada de suor. Em dois dias, consegui entrar no ritmo; parecia que eu tinha recuperado minha energia, e consegui trabalhar ao lado de um *compañero* cubano – embora eu desconfiasse que ele estava indo mais devagar para me acompanhar.

Um dia, comentei com um cubano como eu admirava sua habilidade em cortar cana – o modo como ele fazia aquilo era quase uma arte. Ele agradeceu o elogio, mas logo acrescentou que aquela era uma habilidade que precisava se tornar obsoleta. O corte de cana era uma labuta desumana, ele disse. Antes da revolução, milhares de pessoas precisavam trabalhar como animais durante a temporada de cana, pois disso dependia sua sobrevivência. Muitas acabavam tendo de cortar um dedo com o facão para obter algum dinheiro do seguro e pagar as contas por mais um tempo.

O corte de cana tornou-se qualitativamente diferente desde a revolução. Ninguém mais fazia aquilo *por profissão*; no período de safra, todas as pessoas participavam. Além disso, não havia mais outras pessoas lucrando com o suor e o trabalho árduo dos cortadores e cortadoras de cana. Todo mundo sabia que a receita da exportação do açúcar seria usada para elevar o padrão de vida do povo cubano como um todo – novas escolas seriam erguidas; mais hospitais seriam construídos; creches se multiplicariam; moradias melhores estariam disponíveis para quem tivesse maior necessidade.

Mesmo assim, aquele cubano disse, o corte de cana era um trabalho inadequado para os seres humanos; fazia você envelhecer antes do tempo. Ele continuava a fazê-lo porque sabia que trabalhava para que, um dia, seus filhos e os filhos deles não precisassem labutar sob o sol escaldante. Estava nos planos a mecanização de toda a indústria, mas a rapidez com que poderia ser posta em operação dependia dos sacrifícios que toda a população estivesse disposta a fazer.

Dessa forma, ele me criticava de maneira sutil por ter romantizado algo que, na verdade, não era nada além de um trabalho terrivelmente árduo. Foi então que comecei a entender o verdadeiro significado do subdesenvolvimento: não é algo que justifique utopias. Romantizar a penosa situação das pessoas oprimidas é perigoso e ilusório.

Com o passar do tempo, Kendra, eu e o restante de nós começamos a sentir como se tivéssemos criado raízes naquela pequena aldeia de Oriente. Quase toda a população nos tinha sido apresentada; conhecíamos bem a sede do Partido Comunista e as crianças do *barrio*. Apesar da barreira da língua, as crianças nos aceitaram como se fizéssemos parte da família. Todos os dias, me auxiliavam em minhas lições de espanhol. Fiquei extremamente envergonhada por não ter estudado um pouco do idioma antes da viagem, porque é uma afronta visitar um povo sem antes tentar aprender sua língua. Como eu falava espanhol muito mal, sem nunca ter tido aulas, me sentia menos inibida com as crianças. Elas eram pacientes, me corrigiam e me ajudavam a encontrar palavras quando não havia um dicionário disponível.

O dia em que tivemos de arrumar nossas coisas e embarcar no ônibus em direção à próxima etapa de nossa jornada foi verdadeiramente triste. Choramos, homens e mulheres, tanto em nossa delegação quanto no lado cubano. A parte mais difícil, para mim, foi me despedir das crianças. Um garoto de nove ou dez anos, que era sempre o mais durão de seu grupo, parecia relutante em se aproximar para se despedir. Pensei que era por sua timidez natural. Pouco antes de entrar no ônibus, fui até ele e dei-lhe um beijo na bochecha. Ele se desvencilhou de mim e correu o mais rápido que pôde. Já no ônibus, porém, vi que ele estava de pé atrás de uma árvore, tentando se esconder, enquanto seu corpo tremia com os soluços. As lágrimas que inundavam meus próprios olhos deslizaram pelo meu rosto.

Durante as semanas seguintes, tivemos uma programação extremamente rigorosa: escolas, hospitais, creches, pontos históricos, um balneário da classe trabalhadora, a Universidade de Santiago, uma barragem, um centro de produção de arroz.

Onde quer que fôssemos, nos impressionávamos muito com os resultados da batalha feroz que havia sido travada contra o racismo após o triunfo da revolução. Os primeiros decretos executivos do novo governo tinham sido no sentido de abolir a segregação nas cidades, levada a Cuba por capitalistas corruptos dos Estados Unidos. Agora, qualquer forma de discriminação contra pessoas negras, incluindo o uso de linguagem racista, era crime. Mas o mais importante, evidentemente, era a destruição da base material do racismo – eliminada da economia. Durante nossa viagem, vimos pessoas negras na liderança de fábricas, escolas, hospitais e em todos os lugares que visitamos. Ficou nítido para nós – Kendra, Carlos e eu, as três pessoas negras da delegação, discutimos o assunto incessantemente – que apenas sob o socialismo essa luta contra o racismo podia ter sido empreendida com tanto sucesso.

Quase no fim de agosto, embarcamos, juntamente com uma delegação maior de Porto Rico, em um navio cargueiro cubano que nos levaria no primeiro trecho de nossa viagem de volta para casa, enquanto transportava cimento para as Antilhas Francesas. O navio deixou a baía de Santiago naquela tarde. Quando nos afastamos da ilha, a noite sem luar tinha tornado impossível enxergar terra ou mar. Estávamos nos instalando, nos orientando no navio e, ao lado da grande delegação porto-riquenha que voltava por essa rota, tentávamos nos familiarizar com a tripulação. O capitão era um ex-aluno de filosofia de 26 anos, com quem eu estava ansiosa para debater. Era sua primeira viagem a bordo daquele navio e, como nós, ele também tinha de se habituar à embarcação e à tripulação.

Navegávamos escuridão adentro, quando, de repente, um avião sobrevoou o navio a baixa altura e em alta velocidade. Antes que eu pudesse pensar, ele passou mais uma vez por cima de nós. Quando Kendra e eu corremos em direção à ponte de comando para descobrir o que estava acontecendo, um dos tripulantes nos disse com muita calma que se tratava de uma demonstração de ataque de um porta-aviões estadunidense que fiscalizava o cumprimento do embargo econômico.

Por meio de luzes, o porta-aviões sinalizou para que nosso navio se identificasse e explicasse nossa missão. Obviamente, podiam ver a bandeira cubana; o episódio todo era uma hostilidade rotineira enfrentada pelos navios cubanos sempre que deixavam suas águas. Sinalizamos de volta que, antes de compartilhar nossa identidade, queríamos o nome e a missão do destacamento que desejava a informação.

Durante aqueles instantes de confronto com o porta-aviões estadunidense, a diversão se misturou com a tensão. De repente, nas proximidades, um efeito de explosão grotesco e silencioso iluminou a escuridão. No começo, parecia uma nuvem de cogumelo em miniatura. Um segundo depois, parecia estar vindo diretamente em nossa direção. Eu estava com medo demais para perguntar o que estava acontecendo; se fosse um gás letal, não haveria como escaparmos. Por fim, aquilo engoliu o navio com sua luz brilhante, iluminando toda a área como se fosse meio-dia. Então, um membro da tripulação observou que devia se tratar de um novo sinalizador e que os Estados Unidos estavam usando o bloqueio para testá-lo.

Finalmente nos desvencilhamos das Forças Armadas estadunidenses e desfrutamos por alguns dias da beleza lendária do Caribe. Passamos pelo Haiti e pela República Dominicana, países não tão bonitos politicamente, e, por fim, recebemos instruções de que o navio atracaria em Guadalupe.

Eu não gostava da ideia de ser responsável pela comunicação com o povo guadalupense, mas era a única a bordo que sabia francês, então não tive escolha.

Nossa delegação tinha pouquíssima bagagem. Mas a delegação porto-riquenha tinha caixas de livros dados pelo povo cubano para sua livraria em San Juan. Tive o cuidado de perguntar ao pessoal da alfândega se gostariam de inspecionar todos os pacotes. Queríamos evitar qualquer tipo de incidente na ilha, e o grupo porto-riquenho queria ter certeza de que as caixas poderiam ser enviadas por correio para San Juan a partir de Basse-Terre, o porto em que havíamos atracado. O oficial francês me disse para não me preocupar com nada; só desejavam ver nossos passaportes. Depois que fossem carimbados, estaríamos completamente livres.

O capitão cubano nos deu o nome de uma mulher que permitiria que comêssemos em seu hotel-restaurante e deixássemos nossos pertences ali enquanto fazíamos os arranjos para o voo até Porto Rico. Depois que guardamos nossas coisas, fui a uma agência para comprar passagens de avião para as 25 pessoas de nosso grupo. Alguns dos irmãos porto-riquenhos começaram a levar seus pacotes para os correios.

Eu estava negociando com a agência de viagens quando um dos camaradas porto-riquenhos invadiu o escritório, explicando de modo frenético que todos os pacotes tinham sido confiscados. A polícia tinha apreendido os passaportes de vários membros de sua delegação e, aparentemente, o grupo estava sendo acusado de um crime. Por causa da barreira do idioma, não compreendiam plenamente o que estava acontecendo. Precisavam de mim como intérprete.

Enquanto caminhava pelas ruas de Basse-Terre, eu estava certa de que se tratava de um pequeno mal-entendido que seria prontamente esclarecido. Os passaportes seriam devolvidos e estaríamos a caminho de Porto Rico ainda naquela noite. Os camaradas me conduziram por uma rua toda destruída, passando por um acesso de carros escuro até uma garagem sombria que estava sendo usada como depósito, ao que tudo indicava, pelo Departamento Aduaneiro da França. Na penumbra daquele porão, cerca de dez membros da delegação porto-riquenha estavam de pé, formando um círculo ao redor de um velho colonialista francês que agitava os passaportes no ar enquanto falava sobre o comunismo que se infiltrava no "mundo francês livre" de Guadalupe. Os irmãos porto-riquenhos retorciam o rosto de incompreensão.

Com calma, mas de maneira bastante firme, perguntei a ele o que o incomodava tanto. Minha postura pacífica não o tranquilizou, como eu esperava, mas, ao contrário, fez com que ele explodisse em um discurso ainda mais cáustico que o primeiro. De acordo com suas acusações, éramos agentes do comunismo cubano, trazendo propaganda comunista para fomentar a revolução naquela ilha tranquila onde as pessoas "nativas" amavam as autoridades francesas e conviviam pacificamente com elas há muitas décadas. Pensei comigo mesma que de fato teria sido bom se, em tão pouco tempo, tivéssemos promovido uma insurreição ali. Infelizmente, nossa presença na ilha não tinha nada a ver com atividade revolucionária.

Quando ele se acalmou, comecei a explicar a pura verdade: algumas pessoas do grupo – eu, por exemplo – eram membros do Partido Comunista e outras não eram. Estávamos voltando de uma viagem a Cuba e esperávamos ir embora de Guadalupe no próximo avião para Porto Rico. Quanto aos livros e impressos, não tínhamos a intenção de deixar nem um único exemplar em Guadalupe. Seu destino era uma livraria em Porto Rico. Além disso, tinham sido escritos em espanhol e, até onde eu sabia, o francês, e não o espanhol, era o idioma falado na ilha. E mais, a maioria dos livros não tinha caráter político, tratava-se de todos os tipos de literatura clássica e contemporânea escrita em espanhol.

Quando tentei recuperar o fôlego para a próxima parte do meu discurso em francês, o homem fez um gesto amplo e frenético, andou de um lado para o outro e apontou um dedo acusador para mim: "*Mademoiselle, vous êtes communiste!*" [A senhorita é comunista!], ele gritou, com um olhar horrorizado que enrugava seu rosto. Aparentemente, a referência casual que fiz a mim mesma como membro do Partido Comunista confirmou suas piores suspeitas.

Eu sabia que estava levando adiante um diálogo com um lunático desvairado. Mas, apesar das circunstâncias bizarras, naquele porão sombrio em solo imperialista francês, me senti chamada a defender meu partido, Cuba, os países socialistas, o movimento comunista mundial e a causa das pessoas oprimidas em todo o mundo. "*Oui, Monsieur, je suis communiste et je le considère un des plus grands honneurs humains, parce que nous luttons pour la libération totale de la race humaine.*" Sim, eu sou comunista e considero isso uma das maiores honras, porque estamos lutando pela libertação total da raça humana.

No calor da discussão, não me preocupei em perguntar aos camaradas ao meu redor que tipo de abordagem queriam dar à situação. Com meu discurso, os compliquei ainda mais. O rosto do homem francês tinha se tornado vermelho vivo e, furioso, ele ameaçou nos prender por cinco anos e jogar os livros no mar. Obviamente, era hora de conduzir o diálogo a um nível diferente. Afinal, aquelas pessoas estavam no poder naquela ilha e, se não tivéssemos cuidado, poderíamos realmente acabar em uma masmorra sem que ninguém soubesse do nosso paradeiro.

Repeti minha declaração original: não tínhamos ido a Guadalupe em missão política. Simplesmente, achávamos que aquela era a maneira mais conveniente de retornar aos nossos países. Mas o homem não queria se acalmar. Começou a abrir algumas das caixas empilhadas no chão. Quando descobriu em uma delas exemplares do *Tricontinental*, um periódico revolucionário publicado em Cuba, ele me perguntou onde estava toda aquela literatura clássica em espanhol. Abriu outra caixa e, então, encontrou algo que o levou ao auge da raiva: cartazes que representavam Jesus Cristo, com uma auréola na cabeça, levando uma espingarda no ombro. Para ele, aquilo foi a gota d'água. Ele perdeu o controle por completo e, literalmente, caiu no chão, agitando braços e pernas, urrando sons desarticulados. Incrédula, contemplei aquela criatura desesperada e decidi aguardar calada até que seu ataque cessasse.

Homens uniformizados entraram na sala, como se fossem nos prender. Queriam todos os passaportes que ainda não tinham sido confiscados. Eu disse a eles que não tinham o direito de apreender nossos documentos – nem sequer tinham nos acusado formalmente de algum crime. Um dos colonialistas anunciou que na manhã seguinte compareceríamos perante um juiz para a leitura das acusações e o julgamento. Se não quiséssemos entregar nossos passaportes, a alternativa seria a detenção. Imaginando como deviam ser os calabouços e percebendo que, escondido naquela ilha no Caribe, nosso grupo não teria o apoio de nenhum tipo de movimento, decidimos entregar nossos passaportes e tirar proveito de nossa liberdade para criar algum plano de fuga.

Recorrendo a alguns contatos do capitão com simpatizantes de Cuba que viviam na ilha, procuramos uma mulher negra, advogada respeitada e liderança do Partido Comunista de Guadalupe.

Maître [Gerty] Archimède era uma mulher grande, de pele muito escura, olhos penetrantes e confiança inabalável. Jamais esquecerei a primeira reunião que tivemos com ela. Eu me senti na presença de uma mulher excepcional. Quanto à nossa situação, nunca houve qualquer dúvida em minha mente de que ela nos salvaria. Mas fiquei tão impressionada com sua personalidade, com o respeito que ela claramente impunha como comunista, mesmo entre colonialistas, que por um tempo nosso problema se tornou uma preocupação secundária para mim. Se eu tivesse cedido aos meus desejos, teria permanecido na ilha para aprender com aquela mulher.

Nos dias seguintes, ela trabalhou obstinadamente para negociar com a alfândega, a polícia, os juízes. Descobrimos que de fato havia uma lei que poderia ser invocada de maneira legítima – na medida em que leis coloniais podiam ser legítimas – para nos colocar atrás das grades por um tempo considerável. A única saída era um acordo: os colonialistas nos dariam permissão para sair da ilha apenas se o grupo de Porto Rico deixasse as publicações para trás. Lutamos contra isso, é óbvio, mas ao menos tínhamos vencido a primeira etapa da nossa batalha. Nossa decisão final foi pegar nossos passaportes, ir embora de Guadalupe e deixar a questão dos livros nas mãos de Maître Archimède, que prometeu fazer o possível para recuperá-los.

Em uma cerimônia informal, agradecemos a Maître Archimède por sua inestimável ajuda. Com carinho, nós nos despedimos dela, da mulher que nos permitiu ficar em seu hotel, do capitão cubano e da tripulação do navio. Depois, seguimos para o outro lado da ilha, Pointe-à-Pitre, onde pegamos um avião na manhã seguinte para Porto Rico. De lá, nós, dos Estados Unidos, decolamos para Nova York.

A viagem a Cuba foi um ponto alto em minha vida. Eu me sentia infinitamente mais madura no que dizia respeito à política, e parecia que o entusiasmo revolucionário sem limites do povo cubano tinha deixado uma marca permanente em minha existência. Meu plano era passar alguns dias em Nova York e depois seguir para minha casa em Cardiff-by-the-Sea, onde poderia refletir com calma sobre minhas experiências em Cuba antes de começar o ano lecionando na Ucla.

Ao voltar para a costa, descobri que um agente do FBI havia publicado um artigo no jornal do *campus* sobre uma afiliada do Partido Comunista recentemente contratada pelo Departamento de Filosofia. William Divale revelava em seu artigo que havia sido instruído pelo FBI a se infiltrar no partido. Sem dúvida, ele também havia sido instruído a publicar o texto sobre minha afiliação.

Outro artigo apareceu no *San Francisco Examiner*, de autoria de Ed Montgomery, um dos repórteres mais reacionários da Califórnia. De acordo com ele, eu não era apenas membro do Partido Comunista dos Estados Unidos, mas era também (apesar da contradição) maoísta. O artigo alegava que eu pertencia ainda ao Students for a Democratic Society [Estudantes por uma Sociedade Democrática] e ao Partido dos Panteras Negras. Além disso, ele dizia ter informações de que eu contrabandeava armas para o Partido dos Panteras Negras e tinha certeza de que eu estive algum tempo sob vigilância do Departamento de Polícia de San Diego.

Quando li esse absurdo, ri. Ao mesmo tempo, senti que estava envolvida em uma situação séria. Minhas suspeitas foram confirmadas quando soube que o corpo diretivo da universidade – sob a liderança do governador Ronald

Reagan – havia instruído o reitor do *campus* de Los Angeles a me perguntar formalmente se eu era membro do Partido Comunista.

Fiquei um pouco chocada, admito, com a marcha dos acontecimentos. Não que eu esperasse que a questão da minha afiliação ao Partido Comunista fosse totalmente ignorada. O que me chocou foi o caráter cerimonioso do confronto e o que parecia ser o começo de uma inquisição *à la* McCarthy.

Quando aceitei o emprego na Ucla, eu desconhecia as regras do manual dos Regentes – datado de 1949 – que proibiam a contratação de membros do Partido Comunista. Esse estatuto, claramente inconstitucional, foi tirado do armário e invocado por Ronald Reagan e companhia a fim de impedir que eu lecionasse na Ucla.

Enquanto toda essa trama era gestada, percebi que os objetivos pessoais que eu tinha estabelecido para mim mesma estavam prestes a entrar em colisão direta com as necessidades políticas de minha vida. A princípio, eu não pretendia começar a trabalhar naquele ano. Ainda não tinha finalizado minha tese de doutorado e queria tirar isso do caminho antes de sair em busca de emprego. Mais tarde, decidi aceitar o posto na Ucla porque a carga de ensino era leve e me dava o tempo e a flexibilidade de que eu precisava para terminar de escrever a tese. Eu queria desesperadamente deixar essa parte da minha vida acadêmica para trás. Mas agora eu tinha sido desafiada. Aceitar o desafio significava ter de abandonar a ideia de receber meu diploma antes do fim daquele ano letivo.

Camaradas do Coletivo Che-Lumumba se comprometeram de imediato a criar uma campanha dentro da comunidade negra de Los Angeles em torno do meu direito de lecionar na Ucla. Pessoas brancas do partido também se mobilizaram. No *campus*, a União Estudantil Negra e a organização de professores e professoras da comunidade negra abraçaram a luta. Um grande número de estudantes e docentes começou a entender a necessidade de combater as intromissões políticas do Conselho de Regentes na autonomia da universidade.

A posição unânime do Departamento de Filosofia foi condenar o Conselho de Regentes por me interrogar sobre minhas crenças e afiliações políticas. Ninguém do departamento tinha sido questionado, como condição para obter o emprego, sobre ser membro dos partidos Democrata, Republicano ou qualquer outro. O chefe do Departamento de Filosofia, Donald Kalish, assumiu desde o início uma posição íntegra e inflexível. Foi, em grande parte, por causa de seu trabalho e dos esforços do pequeno grupo de docentes da comunidade negra que o movimento de apoio ao meu direito de lecionar se espalhou entre os demais professores e professoras.

A arena estava preparada para a batalha. O primeiro passo foi responder à carta do reitor que questionava se eu era membro do Partido Comunista. Apenas meu advogado, John McTernan, e algumas pessoas próximas estavam cientes da maneira como eu responderia à pergunta. A maioria achava que eu invocaria a quinta emenda da Constituição, me recusando a responder sob a alegação de que eu poderia incriminar a mim mesma. Durante a era McCarthy, essa tinha sido a estratégia de grande parte do quadro do Partido Comunista, pois, na época, se fosse estabelecido que uma pessoa era comunista, ela poderia ser sentenciada a muitos anos de prisão com base na Lei Smith. Gus Hall e Henry Winston, secretário-geral e presidente de nosso partido, passaram quase dez anos atrás dos muros.

Como, de qualquer maneira, haveria uma disputa, preferi escolher a zona de combate e determinar eu mesma os termos da luta. Os Regentes iniciaram o ataque contra mim. Agora, eu assumiria a ofensiva e daria início a um ataque contra eles.

Respondi à carta do reitor com uma afirmação inequívoca da minha afiliação ao Partido Comunista. Protestei veementemente contra o fato de essa pergunta ter sido feita, mas deixei claro que estava preparada para lutar abertamente, enquanto comunista.

Minha resposta pegou os Regentes de surpresa, e alguns deles consideraram minha declaração de afiliação ao Partido Comunista como uma afronta pessoal. Tenho certeza de que eles tinham partido do pressuposto de que eu invocaria a quinta emenda. A estratégia deles, por sua vez, teria sido vasculhar publicamente meu passado recente para provar que eu era de fato do Partido Comunista.

Eles reagiram à minha ação com uma resposta violenta e furiosa: anunciaram a intenção de me demitir.

Racistas e anticomunistas de todo o estado responderam com furor. Cartas e telefonemas ameaçadores abarrotaram o Departamento de Filosofia e os escritórios do Partido Comunista. Um homem invadiu o Departamento de Filosofia e atacou Don Kalish fisicamente. Uma linha telefônica especial teve de ser instalada em minha sala para que todas as ligações pudessem ser analisadas antes de chegarem a mim. A polícia do *campus* foi colocada em alerta em tempo integral. Várias vezes, os guardas tiveram de verificar meu carro por causa das ameaças de bomba que recebi.

Por razões de segurança, um irmão foi designado por camaradas do Che-Lumumba para ficar comigo a todo momento, e tive de mudar muitos dos meus hábitos pessoais e readaptá-los aos requisitos de segurança. Coisas que há muito tempo eu considerava naturais estavam agora completamente fora de questão. Se, por exemplo, eu ficava atolada em trabalho, não podia mais sair sozinha para uma caminhada ou um passeio de carro às duas horas da manhã. Se eu precisasse de cigarros em um horário em que a maioria das pessoas estava dormindo, tinha de acordar Josef e pedir que ele me acompanhasse.

Foi difícil para mim aceitar a necessidade de ter alguém praticamente o tempo todo ao meu lado, e fui bastante criticada por membros do Coletivo Che-Lumumba por ser tão negligente em relação à segurança. Kendra e Franklin Alexander sempre me lembravam de que, se algo acontecesse comigo, receberiam a culpa. Quando eu menosprezava a necessidade de proteção, me lembravam de todos os incidentes que já tinham ocorrido. Houve a vez em que fui perseguida pela polícia enquanto dirigia sozinha para casa à noite. Policiais me seguiram a alguma distância e, quando reduzi a velocidade para virar na entrada de casa, voltaram o holofote para o carro e o mantiveram apontado para mim até eu chegar à porta. Eu tinha partido do princípio de que esta era apenas mais uma de suas tentativas de me intimidar, então os ignorei. Mas, depois, um camarada comentou que eu os subestimava – poderiam estar armando meu assassinato.

Também não era apenas uma questão de polícia. Com frequência, camaradas apontavam que, dos milhares de ameaças feitas contra minha vida, poderia haver uma pessoa louca o bastante para de fato tentar me matar. Apenas uma pessoa, uma única pessoa louca.

Depois de nossa primeira vitória no tribunal – uma liminar que proibia os Regentes de me demitirem por motivos políticos –, as cartas de ódio e ameaças se multiplicaram em número e ferocidade. As ameaças de bomba eram tão frequentes que, depois de algum tempo, a polícia do *campus* parou de procurar explosivos sob o capô do meu carro. Por necessidade, eu mesma tive de aprender o procedimento. Uma tarde, um guarda negro à paisana interrompeu minha aula para me dizer que sérias ameaças tinham sido feitas e que ele tinha sido instruído pela polícia do *campus* a me proteger até que eu estivesse pronta para ir para casa. Naquele dia, várias ligações foram recebidas em diversos pontos do *campus*, avisando que eu não sairia viva de suas dependências. Aparentemente, alguém tinha feito telefonemas por toda Los Angeles para pessoas amigas e conhecidas e para outras que estavam envolvidas no movimento. Quando deixei a sala de aula, Franklin, Gregory e mais camaradas do Che-Lumumba estavam esperando para me levar para casa, e seus longos casacos não encobriam totalmente as espingardas e os rifles que tinham trazido. Todos nos lembrávamos de que, havia apenas um ano, John Huggins e Bunchy Carter, dois membros do Partido dos Panteras Negras, tinham sido mortos a tiros naquele *campus* – não muito longe de onde eu lecionava.

Se a necessidade de segurança constante dificultava minha vida, isso era apenas uma faceta de um problema maior, que era eu me acostumar ao fato de ter sido transformada em uma figura pública da noite para o dia. Eu detestava ser o centro de uma atenção tão excessiva. A bisbilhotice de repórteres, muitas vezes parasitas, me dava nos nervos. E eu abominava ser encarada como um objeto de curiosidade. Nunca aspirei a ser uma "revolucionária pública"; o conceito que eu tinha de minha vocação revolucionária era muito diferente. Ainda assim, eu tinha aceitado o desafio iniciado pelo Estado, e se isso significava que eu tinha de me tornar uma personalidade pública, então eu teria de sê-lo – apesar do meu próprio incômodo.

Mas havia momentos imensamente comoventes que mais do que compensavam os aspectos desagradáveis da minha vida pública. Uma vez, eu estava fazendo compras no mercado perto de casa. Percebi que a mulher negra de meia-idade atrás de um carrinho próximo a mim pensou ter me reconhecido. Quando nossos olhos se cruzaram, os dela se iluminaram. Ela correu e perguntou: "Você é Angela Davis?". Quando sorri e disse que sim, lágrimas inundaram seus olhos. Quis abraçá-la, mas ela foi mais rápida do que eu. Com um abraço firme e caloroso, ela me disse, em tom maternal: "Não se preocupe, criança. Estamos apoiando você. Nós não vamos deixá-los tirar o seu emprego. Apenas continue lutando".

Se aquele instante tivesse sido o único fruto das muitas estações que dediquei ao movimento, já teria feito todos os sacrifícios valerem a pena.

Nunca houve qualquer dúvida em minha mente de que minha mãe e meu pai, da sua maneira afável, ficariam ao meu lado. Eu sabia que não se curvariam às terríveis pressões para que denunciassem sua "filha comunista". Ao mesmo tempo, percebi que, quanto maior a veemência com que me defendessem, mais sua própria segurança seria colocada em risco; eu me preocupava muito com eles.

Quando pensei na exposição de minha mãe e meu pai ao mais virulento racismo e anticomunismo do Sul, minha apreensão se misturou aos medos que experimentei na infância em Birmingham. Lembrei-me de como fiquei apavorada quando ouvi as bombas explodirem, despedaçando as casas do outro lado da rua. Lembrei-me de como as armas de meu pai sempre estiveram à espera, em sua gaveta mais alta, na expectativa de um ataque. Pensei na época em que o ruído mais leve era suficiente para levar meu pai ou meus irmãos a procurar um dispositivo explosivo escondido do lado de fora. Uma noite, depois que a publicidade começou, falei com meu irmão mais novo, Reginald, que cursava faculdade em Ohio. Ele também temia muito que nossa mãe e nosso pai sofressem ataques e queria voltar a Birmingham para dar-lhes proteção.

Sempre que conversava com minha mãe e meu pai, eles me asseguravam que as coisas iam bem. Talvez não tivesse acontecido um ataque físico, mas eu podia perceber em suas vozes que estavam sofrendo de outras maneiras. Talvez alguma pessoa supostamente amiga tivesse se afastado, assustada, por não querer ser associada à família de uma comunista.

O impacto psicológico do anticomunismo nas pessoas comuns dos Estados Unidos é muito profundo. Há alguma coisa a respeito da palavra "comunismo" que, para quem não é esclarecido, evoca não apenas o inimigo, mas também algo imoral, sujo.

Entre os vários motivos para minha decisão de falar publicamente sobre minha afiliação ao Partido Comunista estava a crença de que eu poderia ajudar a refutar alguns dos mitos que permitem ao anticomunismo prosperar. Se as pessoas oprimidas conseguissem ao menos perceber que membros do Partido Comunista têm uma preocupação profunda com elas, seriam forçadas a reavaliar seu medo irracional da "conspiração comunista".

Logo descobri que, no gueto, entre a população negra pobre e trabalhadora, as reações anticomunistas muitas vezes não estavam profundamente arraigadas. Para relatar apenas um exemplo: um dia, um irmão que morava do outro lado da rua veio à minha casa e me perguntou o que era comunismo. "Deve haver algo de bom nisso", ele disse, "porque o homem branco está sempre tentando nos convencer de que é ruim."

Em Birmingham, porém, a imagem que a maioria das pessoas tinha de mim era, sem dúvida, abstrata e irracional. Muitas daquelas que me conheceram quando criança, pessoas que ainda queriam me amar, provavelmente supunham, de modo muito simplista, que eu havia sido capturada, desencaminhada e submetida a lavagem cerebral pelos comunistas. Eu podia imaginá-las usando todos os eufemismos que conseguissem imaginar para evitar me chamar de um nome tão sujo quanto comunista.

Quando fui para casa durante o recesso de Natal, minha mãe admitiu que pessoas que se consideravam amigas tinham cedido diante da pressão. Algumas, ela disse, de uma hora para outra pararam de ligar ou de fazer visitas. Parte da clientela de meu pai no posto de gasolina desapareceu de repente.

Ao mesmo tempo, ela insistiu, muitos de seus amigos tinham francamente assumido posições em minha defesa. Se alguém insinuasse que eu tinha sido inocentemente atraída para o Partido Comunista, declaravam com firmeza que eu tinha decidido por conta própria minhas afiliações políticas.

Minha mãe e meu pai sempre encorajaram minha irmã, meus irmãos e eu a sermos independentes. Desde quando éramos muito jovens, nos aconselhavam repetidamente a esquecer o que as outras pessoas diziam e a fazer o que achássemos que era certo. Eu estava orgulhosa de sua determinação em defender meu direito de buscar uma resposta independente e revolucionária à opressão de nosso povo.

Eu mantinha um contato estreito com meu irmão Ben, que é jogador de futebol americano do Cleveland Browns. Se o fato de eu ser comunista tivesse alguma repercussão em seu trabalho, queria estar preparada para defendê-lo de imediato. Embora nada evidente tenha acontecido naquela época – os problemas ainda estavam por vir –, ele estava bastante consciente do notável silêncio que o rodeava. Ninguém sequer tinha perguntado se ele estava a meu favor ou contra mim.

Na época, minha irmã, Fania, morava a apenas 160 quilômetros de distância, na região de San Diego. Ela e o marido, Sam, estudavam na Universidade da Califórnia, em San Diego. Havia lá uma preocupação acima da média em relação ao caso da Ucla, porque eu tinha frequentado a universidade por dois anos e ainda era, oficialmente, aluna de pós-graduação em filosofia, estudando para o meu doutorado com o professor Herbert Marcuse.

Eu mantinha meu pequeno apartamento perto da universidade, em Cardiff-by-the-Sea, pensando que seria um refúgio perfeito quando quisesse me afastar do ritmo frenético de Los Angeles. Como o aluguel era quarenta dólares por mês e meu apartamento em Los Angeles custava apenas oitenta dólares, decidi que poderia pagar pelos dois imóveis. Fania e Sam se hospedaram lá antes de se mudarem para uma casa própria. Mais tarde, continuaram a usá-lo sempre que queriam.

Depois que o Conselho de Regentes me demitiu e que minha afiliação ao Partido Comunista foi amplamente divulgada e atacada na imprensa de todo o estado, não pude deixar de me preocupar com Fania e Sam. A região de San Diego era o território dos Minutemen, uma versão da Ku Klux Klan no sul da Califórnia. A polícia não era muito melhor. Com as memórias recentes de ser perseguida pela polícia em razão de estar na liderança do Conselho Estudantil Negro na Universidade da Califórnia, em San Diego, eu os adverti para que ficassem alertas.

Meus temores não eram infundados. Certa manhã, no outono, o telefone ao lado da minha cama tocou tão cedo que eu soube que algo estava errado. Meu coração batia rápido quando eu disse "alô".

"Angela", sussurrou uma voz que eu imediatamente reconheci como sendo da minha irmã, "Sam foi baleado". Ela parecia falar enquanto dormia. Suas palavras eram completamente irreais.

"Como assim?", perguntei, incrédula.

"Os porcos atiraram em Sam", foi tudo o que ela disse.

Ela não falou se ele ainda estava vivo e, temendo pelo pior, eu não quis perguntar. Em vez disso, tentando parecer calma, pedi-lhe que me contasse exatamente o que havia acontecido.

Dois subxerifes invadiram a casa e atiraram em Sam, acertando-o no ombro. Ele pegou a escopeta que mantinham na casa, revidou e os colocou para fora. Quando ela disse que ele estava no hospital, senti um tremendo alívio; agora, eu podia perguntar como ele estava.

A bala se alojou a apenas meio centímetro de sua coluna. Mas já havia sido removida, e ela achava que ele ficaria bem. O maior problema naquele momento era que ele tinha sido preso. Assim que ele fosse liberado do hospital, seria levado para a prisão.

Ela disse que estava ligando da casa de Evelyn e Barry – que ficava no andar de cima do meu apartamento em Cardiff. Disse a ela para me esperar, que eu dirigiria até lá o mais rápido que pudesse.

Depois que acordei Josef e contei a ele o que tinha acontecido, telefonei para Kendra e Franklin para que alertassem o grupo de camaradas. Kendra disse que ia comigo. Franklin se ofereceu para ir a Riverside, onde estava programado que eu falaria na universidade naquele dia. Disse que, depois de pedir desculpas por minha ausência e fazer ele mesmo um discurso, iria para San Diego.

Quando chegamos a Cardiff, encontramos Evelyn e Barry em pânico. Logo depois que Fania me ligou, diversas viaturas do Departamento do Xerife pararam na frente de sua casa. Com as armas em punho, policiais entraram correndo, anunciando que tinham um mandado de prisão contra Fania Davis Jordan. Eles a algemaram e a levaram para um carro de patrulha. Revistaram tanto meu apartamento quanto o de Evelyn e Barry, no andar de cima. Evelyn estava furiosa porque um dos policiais tinha apontado um fuzil para seu bebê. Ouvindo a criança se contorcer no berço atrás de uma porta fechada, o policial invadiu o quarto, mirando a arma para a cama.

Posteriormente, acusaram tanto Fania quanto Sam de "tentativa de assassinato de um oficial da paz". Levamos dois dias para arrecadar o dinheiro da fiança – e teria demorado muito mais se Herbert e Inge Marcuse não tivessem contribuído com uma soma substancial.

A prisão de Fania e Sam foi noticiada em jornais de todo o estado. Familiares de Angela Davis na prisão por tentativa de assassinato era a manchete típica. Em todos os jornais que vi, com exceção do *People's World* e de alguns semanários independentes, enfatizava-se o fato de que Fania e Sam Jordan eram a irmã e o cunhado da "autodeclarada comunista" Angela Davis.

Fania nos contou mais tarde que policiais e inspetoras sempre a chamavam de "Angela" e tentavam irritá-la com comentários vulgares e anticomunistas.

Acusei publicamente o Departamento do Xerife de San Diego de colaborar da maneira mais baixa com as forças reacionárias do estado. Acusei-o, em particular, de levar as políticas racistas e anticomunistas de Ronald Reagan ao extremo do assassinato premeditado. No confronto em sua casa, Sam certamente teria sido morto se Fania não tivesse sido tão corajosa. Depois que Sam foi atingido por um tiro, ela agarrou o braço do policial que segurava a arma, desviando o resto das balas para uma parede próxima.

O casal foi indiciado duas vezes pelo júri de instrução. Em ambas as ocasiões, o juiz designado para o caso percebeu o quanto era fútil tentar processar Fania e Sam, e retirou as acusações. Mas o caso se arrastou por bem mais de um ano.

Na virada do ano, tendo se passado um trimestre, meu emprego estava temporariamente seguro. Os tribunais haviam declarado inconstitucional a regra que proibia a contratação de comunistas. Sabia-se que, embora estivesse impedido de agir naquele momento, o Conselho de Regentes estava procurando outras maneiras de me excluir antes do início do próximo ano letivo. Foi criado um método de provocação e espionagem colocado em prática por pessoas que fingiam ser estudantes em minhas aulas; eu tinha de lidar com elas diariamente.

Com o passar do tempo, ficou claro que o ataque ao meu emprego era apenas uma parte minúscula de um plano sistemático para desarmar e destruir a luta pela libertação negra e todo o movimento radical. A batalha pelo meu cargo entrelaçava-se a uma batalha mais ampla pela sobrevivência do movimento.

A repressão era crescente em todo o país. As piores vítimas das estruturas judiciais e da violência policial eram membros do Partido dos Panteras Negras. Em New Haven, indiciaram Bobby Seale e Ericka Huggins. Fred Hampton e Mark Clark foram assassinados por policiais de Chicago enquanto dormiam. E, em Los Angeles, a sede do Partido dos Panteras Negras foi invadida pelo Departamento de Polícia local e seu esquadrão tático especial, tendo a Guarda Nacional e o Exército em alerta.

Testemunhei essa invasão em primeira mão e, junto com camaradas, ajudei a organizar a resistência dentro da comunidade negra. Nosso sucesso em reunir esforços para uma contestação popular a essa repressão colocou os governos municipal e estatal na defensiva por um breve período. E, sem dúvida, também aumentou o desejo que tinham de nos eliminar.

Certa manhã, bem cedo – por volta das cinco horas –, recebi um telefonema relativo a uma emergência na sede dos Panteras, na avenida Central. A polícia tentou invadir o escritório, mas as irmãs e os irmãos que estavam lá impediram e ainda estavam resistindo, com armas na mão. Acordei Josef e disse a ele para se vestir o mais depressa possível – eu explicaria o resto no carro.

A área ao redor do escritório tinha sido isolada; cada posto de bloqueio ficava a pelo menos três quarteirões do tiroteio. Ao circundarmos a região, avistamos uma figura encostada contra uma parede, de braços e pernas afastados, sendo revistada por um policial. Quando olhei mais de perto, vi que era Franklin. Kendra e demais camaradas estavam a cerca de 25 metros de distância. Saltamos do carro para perguntar ao grupo o que estava acontecendo.

Disseram que estavam tentando chegar o mais perto possível do local do combate quando um policial apareceu e apontou a espingarda para Franklin, dando ordens para que ele encostasse na parede. Kendra, Taboo e as outras pessoas ouviram que, se não saíssem do caminho, suas cabeças iriam pelos ares. Era Franklin quem interessava aos policiais. Quando encontraram com ele um exemplar de um impresso do partido, disseram algo como "seu comunista sujo" e o levaram para uma viatura policial.

Durante todo esse tempo, tiros podiam ser ouvidos ao fundo. Enquanto descíamos a avenida Central em direção ao cordão de isolamento da polícia, começava a amanhecer. Sob a luz daquele novo dia, figuras armadas, vestidas com macacões pretos, rastejavam pelo chão como cobras ou se escondiam atrás de postes telefônicos e carros estacionados ao longo da avenida. De tempos em tempos, abriam fogo.

Mais figuras vestidas de preto estavam posicionadas nos telhados ao longo de todo o quarteirão onde ficava o escritório. Um helicóptero sobrevoava nossas cabeças. Uma bomba tinha acabado de ser jogada no telhado da sede dos Panteras. Policiais da força permanente de patrulha de Los Angeles se aglomeravam em toda a área.

Os policiais não conversavam entre si. Havia um caráter hipnótico, insano até, no modo como se concentravam no ataque. Eram como robôs. A investida foi eficiente demais para ter sido espontânea. Parecia ter sido planejada com bastante antecedência, talvez até quanto à posição de cada policial.

O silêncio era quase total, rompido apenas pelo som dos disparos. Se tiros ainda vinham do escritório, essa era a única evidência de que pelo menos parte dos Panteras seguia viva.

Algumas pessoas estavam paradas na área. Uma mulher parecia ficar extremamente aflita cada vez que ouvia uma rajada de tiros. Sua filha, descobri, estava lá dentro. Do nosso ponto de observação – através dos binóculos que tínhamos conseguido –, a situação parecia desoladora. Entre as armas e a dinamite, o escritório estava praticamente destruído. A mulher não dizia nada. Nenhuma palavra podia expressar a terrível angústia tão clara em seus olhos.

Fui até ela e, com toda a gentileza possível, disse para não se preocupar. Contei-lhe sobre as correntes de telefonemas que haviam sido iniciadas, transmitindo a pessoas de toda a cidade a mensagem de que se apressassem até o escritório dos Panteras. Logo haveria centenas de pessoas nas ruas. A presença delas já forçaria a polícia a recuar. Sua filha Tommie ficaria bem.

Às sete horas da manhã, pessoas da vizinhança e de toda a cidade lotavam a área. Mas o cordão de isolamento foi estendido. Apenas quem tinha chegado cedo estava perto o suficiente para acompanhar o que acontecia. Nós nos vimos dentro do cordão.

Kendra, eu e demais membros do nosso coletivo sentíamos extrema preocupação com Franklin. Nós nos dividíamos entre a necessidade de manter a vigilância sobre a batalha e nosso desejo de descobrir o que a polícia havia feito com ele. Eu me ofereci para tentar sair do cordão de isolamento, examinar a situação do lado de fora, descobrir se Franklin estava por perto e voltar. Josef iria comigo.

Descobrimos um beco que, imaginamos, nos levaria em segurança para fora do cordão, mas, quando pensamos ter atravessado para o outro lado, avistamos alguns policiais e tivemos de dar meia-volta. Enquanto procurávamos outro beco, notamos um grupo de crianças do bairro. Percebendo que elas provavelmente conheciam a área melhor do que ninguém, perguntamos se poderiam nos ajudar a furar o bloqueio. Elas concordaram avidamente e começaram a nos guiar por caminhos labirínticos, quintais e becos que não podiam ser avistados das ruas. Se alguém via a polícia, dava um sinal, e recuávamos rapidamente, tentando outra rota.

Por fim, chegamos ao outro lado. Havia uma multidão de pessoas com a raiva inscrita em seus rostos. Ao vasculharmos a área em busca de Franklin, encontramos dezenas de irmãs e irmãos que conhecíamos do movimento. Chegamos ao quarteirão onde está localizada a Jefferson High School. O agrupamento de motociclistas da polícia desfilava em frente à escola, tentando fazer uma grande demonstração de força. Mais de cem policiais, que tentavam parecer durões, mas conseguiam apenas parecer racistas, aceleravam pelas ruas. Eles forçavam os motores de suas motos, imaginando que aquele rugido era o som de seu próprio poder. Naquele momento, percebi na cena vestígios históricos das tropas de Hitler tentando aterrorizar o povo judeu para a submissão.

Uma jovem irmã, movida por uma justa indignação, pegou uma garrafa e a atirou no cortejo. O desfile de motocicletas parou. Houve um instante extraordinário de tensão. Tínhamos certeza de que um conflito em grande escala estava prestes a explodir. Mas aquela exibição de força era apenas um espetáculo. Os policiais não tinham recebido ordens para entrar em confronto. O cortejo recomeçou, e os porcos continuaram a ostentar sua presença por todo o gueto.

Rumores surgidos em meio à multidão se espalhavam a toda velocidade. Peaches estava morta, alguém disse. De acordo com outra pessoa, o bebê de Bunchy e Yvonne Carter estava no escritório e tinha sido morto pelos porcos. A raiva da multidão crescia. Sua intensidade era maior do que a força policial visível. Estudantes da Jefferson High School estavam com raiva. Pessoas que viviam na comunidade estavam com raiva.

Uma mulher que tinha acabado de sair do trabalho dizia a um pequeno grupo que não conseguia sequer chegar à própria casa, porque a polícia tinha bloqueado aquela área. "Esses porcos pensam que podem entrar em nossa comunidade e assumir o controle." Algumas pessoas queriam lutar. Outras aconselhavam cautela naquele momento, porque quem estava dentro do escritório dos Panteras ainda corria perigo.

Josef e eu continuamos a procurar por Franklin. Finalmente, o vimos do outro lado da rua, caminhando em nossa direção. Estávamos prestes a correr até ele quando percebemos que ele estava fazendo um sinal sutil para nos afastarmos. Logo depois, ele retornou, dizendo que tinha pensado que estava sendo seguido e não quis nos colocar em risco.

Ele estava trabalhando com estudantes da Jefferson High School, ajudando nos preparativos de uma manifestação comunitária dentro da escola. Totalmente absorvido pelos problemas imediatos da manifestação, ele tinha quase se esquecido do incidente no início daquela manhã. A polícia o havia trancado na viatura policial e estacionado o carro perto da sede dos Panteras. Ele conseguia, literalmente, ver as balas voando. Depois de mais ou menos uma hora, tiraram o carro dali e o empurraram para fora a uns dez quarteirões de distância, em um típico ato de abuso policial.

Segundo Franklin, a localização do posto de comando do LAPD tinha sido descoberta. Alguém retornou à avenida Central para pegar Kendra e demais camaradas, enquanto nos dirigíamos para a casa que o chefe de polícia havia assumido como seu quartel-general. O lugar estava cercado de policiais, e repórteres se aglomeravam por toda parte. Jornalistas me reconheceram e imediatamente quiseram saber se eu tinha ido atuar como "mediadora" entre a polícia e os Panteras. Eu respondi, sem meias palavras, que não sentia nada além de desprezo pelo LAPD. Era leal às irmãs e aos irmãos sob ataque.

A mulher que morava em frente à casa que tinha sido tomada pelo LAPD estava indignada com a invasão da comunidade pela polícia. Ela cedeu a nós – irmãs e irmãos dos Panteras, da Black Student Alliance [Aliança Estudantil Negra; BSA, na sigla original] e do Che-Lumumba – o uso de sua casa como sede da resistência. Foi realizado um telefonema para o escritório dos Panteras. As irmãs e os irmãos que estavam lá dentro continuavam com vida, embora a maioria tivesse sido atingida por tiros ou ferida na explosão.

Disseram estar a postos para deixar o prédio, mas apenas se a imprensa e as pessoas da comunidade pudessem vê-las sair. Sabiam que, se não tivessem se defendido desde o começo, todas as pessoas ali poderiam ter sido abatidas a sangue-frio. Tinham tentado resistir até que conseguíssemos reunir um número suficiente para testemunhar a agressão, bem como para vigiar enquanto deitavam as armas e saíam do escritório.

Um pedaço de tecido branco foi jogado pela janela. Todo mundo ficou em silêncio. Quando as irmãs e os irmãos saíram, onze pessoas no total, mantinham-se firmes. Sangravam, traziam o corpo coberto pelos destroços da explosão e suas roupas estavam rasgadas. Ainda assim, mantinham-se firmes. Descobri mais tarde que Peaches tinha sido atingida em ambas as pernas. No entanto, ela saiu marchando do prédio, com orgulho.

Quando a última das onze pessoas saiu, um enorme estrondo de aplausos e aclamação emergiu da multidão. Palavras de ordem foram gritadas, triunfalmente: "Poder para o povo"; "Chega de porcos em nossa comunidade". Aquilo foi, de fato, uma vitória. Policiais invadiram a comunidade nas primeiras horas da manhã e lançaram um ataque assassino contra os Panteras. Sem dúvida, planejavam matar o máximo de membros que conseguissem e capturar o resto, destruindo assim a seção dos Panteras em Los Angeles. Mas, com o apoio das pessoas do lado de fora, os Panteras saíram triunfantes.

Com as irmãs e os irmãos fora do prédio, a multidão ficou mais ousada. Uma irmã deu um salto e atingiu um dos policiais pelas costas. Antes que ele percebesse o que tinha acontecido, ela estava de volta à segurança da massa.

Estudantes com quem Franklin tinha conversado fizeram os preparativos para uma manifestação. Informaram à administração que usariam o ginásio para uma assembleia comunitária a fim de protestar contra a invasão policial injustificada na sede dos Panteras. A multidão recebeu a notícia para que se deslocasse até a Jefferson para a manifestação.

Os sentimentos eram de euforia. As falas foram apaixonadas. Todas apontaram a necessidade de proteger e defender os Panteras e de proteger e defender a comunidade. Jovens fizeram discursos, assim como um irmão da Aliança Estudantil Negra, Franklin e eu. Quando a manifestação acabou, estudantes convocaram uma caminhada para que se espalhasse a notícia do ataque por toda a comunidade negra de Los Angeles. Comprometeram-se a ajudar a mobilizar a comunidade para a próxima luta, e saímos do salão cantando: "Quero ser Mau-Mau[*], como Malcolm X. Quero ser Mau-Mau, como Martin Luther King".

A fim de organizar a resistência, foi formada uma coalizão entre o Partido dos Panteras Negras, a Aliança Estudantil Negra e nosso Coletivo Che-Lumumba. A partir dessa coalizão da esquerda negra, sentimos que poderíamos convocar uma ampla resistência unida que emanasse de todos os setores da comunidade negra.

---

[*] Grupo revolucionário queniano, formado principalmente por pessoas da etnia quicuio, a mais populosa do Quênia. Sua revolta contra o colonialismo inglês, em 1952, deu início a um longo conflito que teve papel fundamental na independência do país. (N. T.)

Naquela noite, promovemos uma reunião à qual compareceram representantes de organizações negras de toda a cidade. Esse grupo aprovou a convocação de uma greve geral da comunidade negra para dois dias depois. Nessa data, faríamos uma grande manifestação nas escadarias da prefeitura. Tínhamos cerca de trinta e seis horas para organizá-la. Era um tempo bastante restrito, mas, quanto antes a comunidade reagisse de forma organizada, mais eficaz seria nosso protesto.

Milhares de panfletos foram impressos naquela mesma noite. Na manhã seguinte, as equipes encheram a comunidade de textos sobre o ataque e a necessidade de resistir. A estação de rádio negra local e uma estação FM clandestina nos cederam tempo gratuito para que divulgássemos a convocação da greve e a manifestação. Outras rádios anunciaram a manifestação como parte do noticiário.

Gravei pessoalmente chamadas de rádio e participei de coletivas de imprensa, já que meu nome era conhecido na comunidade. No entanto, também achei necessário me envolver na base. Eu precisava sentir o ânimo da comunidade – e isso não podia ser feito atrás de um microfone.

Uma equipe estava a caminho do conjunto habitacional Jordan Downs, em Watts, para distribuir panfletos. Decidi acompanhá-la. Na minha experiência de trabalho comunitário de porta em porta, nunca tinha visto uma aceitação tão unânime de nosso apelo. Ninguém agiu com aspereza, ninguém tentou nos expulsar e todo mundo concordou que tínhamos de resistir ao ataque contra os Panteras. Muitas pessoas me reconheceram, e fiquei surpresa por elas também terem oferecido apoio a mim em minha luta pelo meu emprego. Praticamente todas as pessoas com quem conversei prometeram com firmeza acatar a greve geral e comparecer à manifestação na manhã seguinte.

Houve novos problemas no escritório dos Panteras. A mulher que morava na casa atrás da sede relatou que, no início da manhã, a polícia retornou e atirou cartuchos de gás lacrimogêneo dentro do imóvel. Os vapores estavam mais fortes agora do que pouco depois do ataque. Era impossível permanecer ali por algum tempo sem passar mal.

Em consequência disso, decidimos manter uma vigília permanente em frente ao escritório. Participantes se organizaram em turnos para limpar o entulho. Quando o sol se pôs, ainda havia mais de cem pessoas na vigília. Os vapores do gás lacrimogêneo não tinham enfraquecido, e a maior parte do grupo estava reunida no fim do quarteirão para que ninguém fosse exposto ao gás.

Os planos eram de manter a vigília durante toda a noite. Franklin conduzia canções libertárias com o grupo.

Enquanto os cantores e as cantoras se aqueciam, percebi algumas movimentações estranhas na área: carros da polícia passando devagar – carros não identificados, mas, sem dúvida, da polícia, com agentes que nos espreitavam. Presumi que se tratava da vigilância costumeira. Parecia improvável que tentassem qualquer coisa contra um grupo que incluía não apenas a juventude usual do movimento, mas também lideranças religiosas, docentes e figuras políticas.

A cantoria começou no volume máximo. Talvez a polícia tenha se sentido afrontada pelas letras de "Freedom is a Constant Struggle" [A liberdade é uma luta constante] e de "I Woke Up This Morning with My Mind Stayed On Freedom" [Acordei esta manhã pensando em liberdade] porque, de modo abrupto, interrompeu com uma voz projetada por um megafone. "O Departamento de Polícia de Los Angeles declara que esta é uma reunião ilegal. Se vocês não saírem, poderão ir para a prisão. Vocês têm exatamente três minutos para dispersar."

Mesmo se tivéssemos tentado, não teríamos conseguido nos dispersar em três minutos. Decidimos imediatamente não fazer isso, e sim nos organizarmos em um piquete em movimento. Enquanto nos movêssemos, não seríamos uma "reunião" e, teoricamente, teríamos o direito de continuar ali. O senador negro Mervyn Dymally, do Senado do estado da Califórnia, decidiu falar com o policial encarregado, achando que poderia acalmar a polícia.

O piquete se estendia da esquina onde o grupo estava cantando até bem depois do escritório, que ficava perto da esquina seguinte.

Eu me dirigi ao extremo mais próximo do escritório dos Panteras. Estava escuro e era difícil determinar exatamente o que estava acontecendo na outra esquina. De repente, a multidão correu. Pensando que isso tinha sido provocado por nada além de uma demonstração de força no outro extremo, virei-me para acalmar as pessoas e dizer a elas que não corressem. Mas, no mesmo instante, vi um grande número daqueles policiais vestidos de preto que tinham realizado o ataque à sede no dia anterior. Eles já estavam batendo no grupo mais à frente, e alguns estavam prestes a vir em nossa direção.

Eu estava de frente para a multidão. Virei-me rapidamente, mas, antes que pudesse começar a correr, fui derrubada no chão. Bati a cabeça na calçada e, por um momento, fiquei atordoada. Durante aqueles segundos de semiconsciência, senti pés pisoteando minha cabeça e meu corpo, e passou por minha mente que aquela era uma maneira terrível de morrer.

Um irmão gritou: "Ei, é a Angela ali embaixo". Imediatamente, mãos me puxaram para cima. Consegui ver cassetetes batendo na cabeça daqueles irmãos. Alguém me contou depois que, assim que a polícia percebeu quem eu era, veio atrás de mim com seus cassetetes.

Uma vez em pé, corri o mais rápido que pude.

Aquilo era insano. Obviamente, a polícia não tinha intenção de nos prender. Só queria nos espancar. Nem o senador Dymally ficou imune. Eu soube mais tarde que, depois de sua conversa inútil com o chefe de polícia, ele foi o primeiro a ser atingido.

Corremos pelo bairro, atravessando gramados, becos, onde quer que parecesse que pudéssemos encontrar refúgio temporário. Enquanto eu corria pelo jardim da frente de uma casa ao lado de irmãs e irmãos que nem sequer conhecia, ouvi uma voz que vinha de uma varanda escura nos dizendo para entrar. Corremos para a casa, deitamos no chão e tentamos recuperar o fôlego. Foi uma mulher negra de meia-idade que abriu as portas de sua residência para nós. Quando tentei agradecer, ela disse que, depois do que tinha acontecido no dia anterior, aquilo era o mínimo que ela podia fazer.

Estávamos em uma rua transversal à avenida Central. Olhei através das cortinas da sala e não consegui ver nada além de um carro da polícia passando. Então, notei algumas pessoas de nosso grupo em uma varanda do outro lado da rua e decidi tentar chegar àquela casa.

Com toda a agitação, eu não tinha percebido o quanto me feri na queda. O sangue escorria pela minha perna, e meu joelho latejava de dor. Mas não havia tempo para pensar nisso naquele momento. Agradeci à mulher, me despedi e corri o mais rápido que pude para a casa do outro lado da rua.

A família que morava lá tinha permitido que uma pessoa de nosso partido organizasse na casa um posto de primeiros socorros. Indivíduos com o rosto coberto de sangue já esperavam por atendimento, e um pequeno grupo saiu em busca de outras pessoas que estivessem feridas. Aparentemente, gente de toda a vizinhança abriu suas portas. Essa demonstração espontânea de solidariedade nos salvou de um verdadeiro massacre.

Eu estava preocupada com Kendra, Franklin, Tamu, Taboo e demais camaradas do Che-Lumumba que ainda não tinha visto. Lideranças dos Panteras que não tinham sido presas como resultado do ataque original também estavam desaparecidas, assim como membros importantes da Aliança Estudantil Negra. Um irmão da BSA disse que me acompanharia pela vizinhança para descobrir o que havia acontecido com nossos amigos e amigas. As pessoas estavam aglomeradas diante das lojas da avenida Central. Buscando refúgio nas sombras ao longo do caminho, conseguimos alcançar uma delas sem incidentes. O grupo com o qual nos preocupávamos estava no meio dessa multidão. Uma pessoa tinha sido presa.

Na avenida Central, um esquadrão de policiais vestidos com macacões pretos marchava em formação. Quando viam uma pessoa de nosso grupo na rua, vários deles saíam do agrupamento, agrediam a pessoa com seus cassetetes e depois voltavam calmamente para a marcha. Pareciam determinados a nos prender naquelas casas e lojas por tempo indefinido.

Soubemos depois que os policiais em macacões pretos eram membros da força de contrainsurgência do Departamento de Polícia de Los Angeles – o Special Weapons and Tactics Squad [Esquadrão de Armas e Táticas Especiais; Swat, na sigla original]. Pesquisas posteriores mostraram que o Swat era composto principalmente de veteranos do Vietnã. Estiveram em treinamento por mais de um ano, aprendendo como travar uma guerra contra a guerrilha urbana, como "reprimir" tumultos e, obviamente, como provocá-los. Fizeram sua estreia pública com o ataque ao escritório dos Panteras. A ofensiva contra nossa vigília foi sua segunda aparição oficial.

O ataque contra nossa manifestação começou por volta das seis da tarde. Foi só às dez e meia ou onze horas que pareceu que poderíamos deixar as casas e as lojas. Mais ou menos nesse horário, a assessoria do senador Dymally nos informou que a polícia estava preparada para recuar se deixássemos a área imediatamente. Se essa garantia era ou não válida era assunto para especulação.

Mesmo naquele momento de crise, nossa principal preocupação era fazer da manifestação um sucesso. A maioria das pessoas responsáveis por organizá-la e por discursar no evento estava na avenida Central. Havia apenas uma explicação lógica para aquele cerco brutal: a polícia estava tentando sabotar nosso protesto. Tínhamos de assumir o risco de tentar retirar as pessoas da área para que pudéssemos continuar os preparativos para a manifestação.

A dispersão aconteceu sem incidentes. Depois que a maioria foi embora, Kendra, eu e demais camaradas seguimos para uma reunião de emergência do Che-Lumumba em uma das casas. Todas as pessoas foram alertadas para que despistassem a polícia.

Lá, discutimos uma proposta que apresentaríamos ao restante da coalizão na manhã seguinte: uma marcha, ao final da manifestação, rumo à prisão do condado onde os Panteras estavam detidos. A marcha culminaria em um protesto exigindo sua libertação imediata.

No meio das discussões, o irmão que fazia a segurança do lado de fora entrou correndo na sala para nos dizer que um número incomum de policiais estava circulando por ali. Tinham descoberto nosso local de reunião, e não tínhamos ideia do que tentariam fazer. Nossa incerteza, nossa firme convicção, baseada na experiência anterior, de que a polícia de Los Angeles não pararia por nada até esmagar seus adversários significava que tínhamos de nos preparar para o pior.

Armas foram verificadas, carregadas e distribuídas. Em um silêncio descomunal, na sala tomada pela tensão, aguardamos em prontidão. Felizmente, o ataque não se concretizou. Apesar da agitação e da ameaça de agressão que pairavam sobre nós, conseguimos terminar nossa reunião cedo o suficiente para algumas horas de sono antes da manifestação. Todo mundo estava indo para casa. Mas era muito perigoso ir para minha residência na rua Raymond. Tive de me resignar a dormir no chão da casa de Kendra e Franklin.

Acordei na manhã seguinte com uma apreensão terrível de que apenas algumas centenas de pessoas aparecessem. Se a manifestação tivesse um baixo comparecimento, as autoridades de Los Angeles, particularmente o LAPD, poderiam tomar isso como um sinal de que a comunidade negra aceitaria a repressão sem resistir. A polícia poderia, assim, reivindicar o direito de intensificar a agressão. Policiais tentariam destruir o Partido dos Panteras Negras por completo e passariam para outras organizações da militância negra. A violência policial arbitrária no gueto cresceria.

Com esses medos corroendo meu estômago, dirigi até a prefeitura com Kendra, Franklin e demais membros do coletivo. Faltava cerca de uma hora e meia para o horário marcado. Chegamos cedo para garantir que o equipamento fosse montado e para discutir a questão da marcha com o grupo.

O que vimos quando chegamos nos deixou em estado de euforia. Pelo menos mil pessoas já estavam na escadaria – e quatro quintos delas eram negras. O público não parava de crescer.

Quando a primeira pessoa pegou o microfone para discursar, a multidão havia aumentado para 8 mil ou 10 mil pessoas. Era uma massa magnífica, repleta de cartazes e faixas que exigiam o fim da repressão policial, a interrupção da ofensiva contra os Panteras, a libertação imediata dos Panteras que estavam na prisão.

Os discursos foram poderosos. Conforme combinamos previamente, o tema da manifestação – o tema de todas as falas – foi o genocídio. A agressão contra os Panteras representava a política racista do governo dos Estados Unidos em relação à população negra. Levada à sua conclusão lógica, essa política era uma política de genocídio.

A acusação feita contra os Panteras tinha sido a de conspiração para agredir policiais. No meu discurso, inverti a ideia de conspiração e acusei Ed Davis, chefe de polícia, e Sam Yorty, prefeito de Los Angeles, de conspirar com o procurador-geral dos Estados Unidos, John Mitchell, e com [o diretor do FBI] J. Edgar Hoover para dizimar e destruir o Partido dos Panteras Negras.

Meses depois, a existência de tal plano foi revelada ao público. O governo havia decidido eliminar o Partido dos Panteras Negras em todo o país. J. Edgar Hoover classificou os Panteras de "a maior ameaça à segurança interna dos Estados Unidos", e as forças policiais da maioria das grandes cidades investiram contra seções locais dos Panteras.

Como enfatizei em meu discurso, a defesa dos Panteras tinha de ser também a nossa própria defesa. Se o governo conseguisse levar adiante sua agressão racista contra os Panteras sem temer a resistência, logo a direcionaria contra outras organizações e, por fim, engoliria toda a comunidade.

Precisávamos de mais do que um dia de resistência. Papéis circularam entre a multidão para a inscrição de quem quisesse participar ativamente da organização do movimento de massa de que precisávamos. Quando os discursos acabaram, as pessoas estavam com um ânimo combativo. Franklin pegou o microfone e convocou a marcha de protesto, que foi aprovada de imediato com aplausos unânimes e ruidosos. Partimos rumo à prisão.

Quando chegamos ao tribunal do condado, onde ficava a prisão, a raiva coletiva era tão grande que o povo não pôde ser contido. Grupos rebeldes avançaram pelas portas do prédio. Tão intensa era sua fúria que começaram a destruir tudo à vista. Enquanto atacavam as máquinas de venda automática no saguão, provavelmente fantasiavam sobre arrancar as barras de ferro da prisão no andar de cima.

Havia apenas duas maneiras de deixar o saguão – uma saída de cada lado. Se a polícia decidisse atacar, seria, sem dúvida, um banho de sangue. Tudo que os policiais tinham de fazer era bloquear as portas, e nosso grupo ficaria retido no prédio, sem ter para onde correr, sem espaço de manobra.

Mas a multidão estava ingovernável. Tentei chamar sua atenção. No entanto, minha voz não tem um bom alcance sem o auxílio do microfone e foi abafada pelo clamor. Foi Franklin quem, por fim, assumiu o papel que ele sempre desempenhava com excelência: postou-se no topo dos degraus do saguão e, com a voz ecoando como uma trombeta, evocou o completo silêncio do grupo de manifestantes em fúria. Ele explicou nossas desvantagens táticas imediatas. Policiais já tinham trancado uma das entradas. Estavam posicionados em toda a área e poderiam nos atacar em questão de minutos.

Não bastava explicar os perigos do momento. O que precisava ser enfatizado era que os Panteras que estavam na prisão conseguiriam a liberdade por meio das ações de um *movimento de massa*. Os protestos militantes de tal movimento, o ímpeto determinado de milhares de pessoas, poderiam forçar nosso inimigo a libertar as irmãs e irmãos que estavam no andar de cima. Em vez de desperdiçar energia dando vazão às nossas frustrações, deveríamos tentar nos organizar em um movimento permanente de defesa das pessoas que estavam na luta, bem como de nossa própria defesa.

As pessoas deixaram o tribunal, e o protesto continuou do lado de fora com força total e entusiasmo inabalável. Milhares marcharam ao redor da prisão, gritando palavras de resistência.

Mais tarde, a rua em frente ao escritório dos Panteras estava transbordando de gente disposta a ajudar no trabalho em curso. Em todos os aspectos, aquele tinha sido um dia extraordinariamente vitorioso. A manifestação mais do que cumprira seu propósito. Contudo, a fim de concretizar o potencial do que tínhamos acabado de testemunhar, seria necessária muita organização cotidiana. Irmãs e irmãos teriam de se comprometer com um trabalho que poderia não ser tão visível ou emocionante como o que tínhamos acabado de fazer, mas que, em última análise, seria infinitamente mais eficaz.

Passada a manifestação, seus efeitos imediatos já podiam ser vistos. Ao menos por algum tempo, houve uma evidente redução da violência policial na comunidade. Se alguém sofria uma abordagem, via-se que a polícia de Los Angeles não estava tão segura nem, certamente, tão arrogante quanto antes. Pela mesma razão, sem dúvida, a confiança, a coragem e o orgulho coletivos da comunidade cresciam. Eu me sentia profundamente satisfeita cada vez que alguém da comunidade falava de seu contentamento pelo fato de algo estar por fim sendo feito em relação à brutalidade e à insanidade da polícia.

Na época do ataque ao escritório dos Panteras, uma estranha sequência de acontecimentos me expulsou de meu apartamento na rua Raymond. No dia em que a polícia sitiou os Panteras, camaradas do Che-Lumumba e membros da BSA foram até meu apartamento para discutirmos uma estratégia. A reunião mal havia começado quando o síndico do prédio invadiu minha sala de estar, esbravejando de modo descontrolado sobre eu estar abrigando Panteras. Ele disse que, se não deixássemos aquelas dependências no mesmo instante, chamaria a polícia. Aparentemente, ele temia que os policiais atirassem contra o prédio da mesma forma como tinham atirado contra o escritório e as casas dos Panteras.

No início, argumentei com o homem, dizendo que ele tinha permitido que a polícia fizesse exatamente o que ela queria fazer com a comunidade negra – ou seja, impor o terror a todo mundo. Mas não era possível acalmá-lo. Enfim, decidimos que, como já tínhamos problemas suficientes e não queríamos parar na prisão por causa da estupidez de um síndico, iríamos para a casa de outra pessoa.

Isso foi apenas o começo. Sua conduta tornou-se cada vez mais excêntrica. Com frequência, quando me ouvia descer as escadas (meu apartamento era bem acima do dele), ele saía na varanda e, enquanto eu trancava a porta no andar de baixo, ele me olhava calado, com um tipo de hostilidade muito peculiar. Ficava ali, me seguindo com os olhos, até eu sair com o carro. (Isto, por acaso, aconteceu em um momento em que não havia seguranças morando na minha casa. Josef teve de se mudar e não tínhamos encontrado alguém para substituí-lo. Eu, entretanto, estava feliz em pensar que tinha sido libertada das rigorosas precauções de segurança.)

Não permiti que o comportamento estranho daquele homem me incomodasse – imaginei que, desde que eu pagasse o aluguel de oitenta dólares por mês, ele não poderia fazer qualquer alegação contra mim. Eu pensava que uma destas duas coisas estava errada com ele: ou ele era um tanto psicótico, ou usava drogas de vez em quando. Esta última possibilidade era bastante realista, já que meu bairro estava saturado de drogas.

Um dia, encontrei o homem esperando novamente por mim na varanda da frente. Assim que apareci, ele começou a balbuciar de modo incoerente que eu o mantinha prisioneiro em sua própria casa. Disse algo sobre ouvir minha voz vindo do andar de cima, hipnotizando-o e obrigando-o a ficar em casa durante todo o fim de semana. Perguntou o que eu estava fazendo com ele. E murmurou alguma coisa sobre comunismo – sobre comunistas serem capazes de fazer lavagem cerebral nas pessoas.

Eu estava com pressa naquele dia e não podia me preocupar com sua loucura, então disse a ele que estava doido, ou tinha bebido demais, ou tinha usado muita droga, e fui cuidar de minha vida. Na manhã seguinte, a caminho da Ucla, fui parada pela polícia, que disse ter recebido uma queixa a meu respeito de um homem da vizinhança. De acordo com a história contada pelos policiais, o homem informou que eu pretendia matá-lo e que, por meio de hipnose, já o tinha forçado a colocar uma arma contra a própria cabeça. O policial foi arrogante ao dizer que, infelizmente, eles não podiam me prender porque o homem se recusou a assinar uma queixa. Eu respondi ao policial que ele sabia tão bem quanto eu que o homem era maluco e que não havia base alguma para apresentarem quaisquer acusações contra mim. Tentando concluir aquele pequeno encontro de maneira vitoriosa, o policial acrescentou que o homem tinha comunicado oficialmente à polícia que, se alguma coisa acontecesse com ele, deveriam vir atrás mim. Seu tom dava a entender que ele quase torcia para que algo acontecesse com o homem, a fim de poderem me prender pelo crime.

A essa altura, eu já estava acostumada com o fato de a polícia me parar sob o menor pretexto – ou sem motivo algum –, então o incidente foi rapidamente enfiado no fundo da minha memória. No entanto, ainda naquela semana, toda essa sequência insana de acontecimentos chegou ao auge. Foi no dia em que enfim consegui comprar uma mesa de jantar decente de segunda mão. Um dos camaradas do Che-Lumumba me ajudou a transportá-la da loja para casa. Quando chegamos, o homem apareceu na varanda e, como havia feito muitas vezes antes, ficou nos encarando com a hostilidade inscrita em todo seu rosto, enquanto nos esforçávamos para levar a mesa pelas escadas. Com a tarefa concluída, descemos e vimos, com certo espanto, que o homem estava deitado no banco de trás do seu carro, que estava estacionado na frente do prédio. Quando entramos em meu carro, ele se levantou para nos ver partir. Casualmente, comentei com Gregory que nas últimas semanas o síndico estava se comportando de modo muito estranho.

Depois que deixei Gregory e resolvi algumas coisas, voltei para casa sozinha para trabalhar. Já começava a anoitecer e, quando cheguei, notei uma figura se levantando no banco de trás do carro do homem. Não consegui acreditar que ele ainda estivesse lá. Ele devia estar se afundando cada vez mais em sua psicose, pensei. No entanto, não senti que sua doença fosse uma grande ameaça para mim. Expulsando-o de minha mente, subi as escadas para começar meu trabalho.

Passado algum tempo, percebi que estava completamente escuro e me levantei da mesa para fechar as cortinas da sala. Enquanto fazia isso, sem olhar para nada em particular lá fora, meus olhos pousaram no carro do síndico, que agora estava no meio da rua. Ele estava no volante e olhava fixamente para o meu apartamento. Percebendo que eu o tinha descoberto, ele partiu. Pela primeira vez, comecei a pensar que aquele homem poderia ser louco o suficiente para tentar alguma coisa. O carro parou na frente do prédio de novo. Fechei a cortina e fiquei ali por uns quinze minutos, espiando por uma pequena abertura para que ele não me visse, até que concluí que ele estava circundando o quarteirão de modo sistemático, parando a cada volta, aparentemente para ter certeza de que eu ainda estava no andar de cima.

Se fosse a polícia ou o FBI, eu não teria ficado tão preocupada – faziam isso o tempo todo. Obviamente, o síndico do prédio estava maluco e era impossível prever seus próximos passos. Decidindo que o mais razoável era procurar ajuda, saí de casa assim que o homem deu a partida para circundar o quarteirão mais uma vez. Ao menos, foi isso que eu pensei que ele fosse fazer. Dirigi a meia quadra da Raymond até o bulevar Jefferson e, quando fiz a conversão, vi que ele estava esperando por mim na esquina.

Ele se colocou bem atrás de mim, seguindo-me com seu para-choque dianteiro a menos de trinta centímetros do meu para-choque traseiro. Acelerei, tentando me livrar dele, e me vi dirigindo a oitenta quilômetros por hora pelo bulevar Jefferson. Mas seu carro modelo 1969 estava em muito melhor forma do que o meu Rambler 1959, então ele não teve dificuldade em se manter na minha traseira.

Na esquina do bulevar Jefferson com a Western havia um supermercado recém-inaugurado onde eu tinha começado a fazer as compras. O gerente da loja, um homem negro de quarenta e poucos anos, era sempre bastante amistoso quando eu chegava; com certeza, ele me ajudaria a me livrar daquele louco.

Fiz uma curva acentuada à direita na entrada do estacionamento do mercado – e o homem virou logo atrás de mim. Parei na primeira vaga que vi, saí do carro depressa e estava prestes a correr para dentro da loja quando percebi que o homem esperava por mim na entrada. Para chegar à loja, eu tinha de atravessar na frente do carro dele. Respirando fundo, decidi correr. Mas o homem foi rápido, quase rápido o bastante para me atropelar. Felizmente, saltei para trás a tempo de fugir e levei apenas um esbarrão do para-choque do carro. Corri para a loja.

Eu precisava admitir agora aquilo que eu não queria admitir para mim mesma desde a primeira vez que sentira estar em uma situação potencialmente perigosa: ele de fato estava tentando me matar. Embora eu não tivesse a menor ideia de qual era o seu motivo, não havia dúvida sobre suas intenções: ele tinha tentado me atropelar.

Meu amigo, o gerente da loja, estava mais do que disposto a ajudar; enviou o pessoal da segurança em busca do homem enquanto eu telefonava para Franklin e Kendra para contar o que tinha acontecido. Naquela noite, depois que consegui chegar até sua casa, o primeiro tema em pauta foi a crítica e a autocrítica. Tinha sido tolice de minha parte circular sem algum tipo de segurança. Afinal, eu podia muito bem ter me tornado um alvo porque, era óbvio, aquele homem tinha sido severamente influenciado por toda a propaganda anticomunista. Pensando que comunistas podiam "fazer lavagem cerebral" nas pessoas e confundindo lavagem cerebral com hipnose, ele tinha se convencido de que eu era capaz de hipnotizá-lo para que fizesse coisas contra sua própria vontade.

A decisão coletiva foi a de que eu não deveria ficar sozinha no meu endereço na rua Raymond e teria de me mudar o mais rápido possível. Detestei renunciar ao meu apartamento de seis cômodos a oitenta dólares por mês. Realmente, eu tinha começado a gostar dali nos últimos sete meses e tinha certeza de que não encontraria uma oferta tão boa de novo. Mesmo assim, fui obrigada a concordar – o síndico do prédio era um homem perigoso, e sabíamos que ele tinha uma arma no andar de baixo.

As peças dessa história fantástica só se encaixaram por completo quando eu estava prestes a me mudar. Em um de seus momentos de lucidez, o homem subiu e quis conversar. Depois de garantir que ele não estava armado (e de eu confirmar que a minha arma estava por perto), eu e minha irmã decidimos deixá-lo entrar. Ele começou se desculpando profusamente pelo acontecido, explicando que, naquela noite, ouviu vozes que lhe instruíram a me matar antes que eu o matasse. Fania deu início a um interrogatório: ele tinha ideia do que estava dizendo? Por que as vozes deram ordens para ele me matar? Tudo que ele sabia era o que tinha ocorrido naquele fim de semana em que eu o mantive trancafiado em casa e o obriguei a fazer todo tipo de coisa, inclusive segurar uma arma contra a própria cabeça diante de um espelho. Fania perguntou como ele sabia que era eu quem estava por trás de tudo aquilo. A voz vinha do meu apartamento, ele respondeu – e, além disso, ele sabia reconhecê-la como minha. Na noite em que tentou me matar, outras vozes o tinham possuído, convencendo-o de que era a minha vida ou a dele. Quando ele não conseguiu me atropelar, foi para a casa de uma pessoa conhecida e quase destruiu a garagem – tinha simplesmente enlouquecido.

O mais estranho de toda a confissão foi o relato sobre o que ele fez no fim de semana em que supostamente o mantive prisioneiro. Ele escreveu poemas sobre mim e ele. A essa altura, Fania estava completamente fascinada com a história e, convencida, ao menos naquele momento, de que ele era inofensivo, pediu-lhe para ir buscar os poemas. Ele voltou com um enorme maço de papéis que parecia o manuscrito de um livro. Com enorme curiosidade, Fania e eu percorremos aquelas folhas que traziam diálogos cuidadosamente inscritos a lápis com uma letra infantil. Nós duas sabíamos que o homem era semialfabetizado e podíamos imaginar o incrível esforço que deve ter sido a criação dos poemas. Havia um tema constante: o homem sentia algum tipo de atração por mim. Mas isso se expressava na ambivalência que tinha origem em seu medo socialmente imposto do comunismo. Eu era comunista, um monstro, mas, ao mesmo tempo, era instruída e, ao menos a seu ver, um tanto atraente. Os poemas colocavam em jogo um conflito constante entre esses dois polos.

Ficou evidente que os escritos daquele homem eram obra de alguém à beira da loucura. Sugeri com muita veemência que ele procurasse ajuda médica e expliquei a ele que estava me preparando para mudar de endereço, já que era impossível prever quando ele entraria novamente em um de seus transes. Ele concordou em parte, mas ao mesmo tempo ficou claramente perturbado com o fato de que eu não moraria mais no andar de cima.

Estava irritada com o fato de que tinha de me mudar, mas senti pena daquele homem e me perguntei quanto de sua doença era resultado de ser negro em um mundo racista e anticomunista.

Com esses pensamentos, deixei o bairro, o homem e sua doença, e me mudei para um apartamento na rua 45 com Tamu Ushindi e seu bebê. Tamu era membro do coletivo havia alguns anos; seu marido, também camarada, estava prestes a passar vários meses na prisão por causa de um protesto escolar em 1968. Tínhamos encontrado uma casa grande o suficiente para acomodar nós três; era convenientemente localizada a cerca de cinco quarteirões de Franklin e Kendra, e sabíamos que a vizinhança era amigável e nos protegeria no caso de um ataque policial.

Certa tarde, sentada no meu escritório na Ucla, ouvi uma batida na porta. Sem olhar para cima, disse: "Entre". Um instante depois, um homem branco uniformizado, com armas balançando nos quadris e um maço de papéis na mão, estava em pé na frente da minha mesa. O irmão da segurança imediatamente se posicionou ao lado dele. Assustada e esperando o pior, perguntei quem ele era e o que queria.

"Oficial do condado", disse ele. "Você foi intimada a comparecer no tribunal." Ele largou os papéis na minha mesa.

Eu os peguei e perguntei do que se tratava. Seu trabalho, ele respondeu, era apenas entregar a intimação; ele não tinha ideia do seu conteúdo. O oficial se virou e saiu.

Os papéis não revelavam nada além da data da audiência, o número da sala e um nome que era totalmente desconhecido para mim. Alguém que se chamava Hekima havia me intimado a comparecer como sua testemunha de defesa.

Confusa e muito apreensiva, telefonei para meu advogado. O conselho de John foi esperar até a data da audiência e tentar descobrir, então, qual era a história. Ele disse que um advogado de seu escritório me acompanharia.

Na data especificada na intimação, Wendell Holmes – um jovem advogado negro – foi comigo até o tribunal do condado. Na sala da audiência, um julgamento estava em andamento. Um homem branco e um homem negro discutiam. O homem branco era o promotor público. O homem negro, que conduzia a defesa de maneira articulada, parecia ser também o réu.

Então este é o misterioso Hekima, pensei. Quando ele me viu, fez um sinal afirmativo com a cabeça e sorriu de forma amistosa. Seu rosto era tão desconhecido quanto seu nome, e eu ainda não conseguia imaginar por que tinha sido chamada para depor a seu favor.

Wendell se aproximou do banco dos réus e, explicando ao oficial de Justiça que eu era uma testemunha no caso, pediu que ele providenciasse uma reunião com o réu no recesso seguinte. No intervalo, fui até Hekima e estendi a mão. Executamos os quatro movimentos do aperto de mão de solidariedade. Ao me sentar na mesa da defesa, ele me disse que estava muito feliz por eu ter comparecido. "Você quer que eu testemunhe em sua defesa?", perguntei-lhe. Ele assentiu com a cabeça e continuou a explicar por que tinha me intimado.

Alguns anos atrás, Hekima tinha sido condenado por assassinato. No incidente que deu origem às acusações, um homem branco foi roubado por vários homens negros. Durante o confronto, o homem branco caiu, bateu a cabeça na calçada de cimento e, pouco depois, morreu. Embora estivesse em aberto a questão sobre o próprio Hekima ter atingido o homem, estava claro que ele integrava o grupo. Recentemente, sua condenação por assassinato em primeiro grau tinha sido revogada por um tribunal de apelação. Desta vez, ele disse, conduziria a própria defesa. Desta vez, apresentaria uma "defesa política". Ele tentaria demonstrar perante o júri de que maneira o racismo e a pobreza podiam levar homens e mulheres da comunidade negra a soluções desesperadas.

Ele não queria justificar o assassinato do homem branco – embora obviamente tivesse sido acidental. Tampouco queria dizer que não havia problema em roubar pessoas. O que ele queria fazer era apontar o dedo para o verdadeiro criminoso: uma sociedade que mantém pessoas negras aprisionadas a condições de opressão tão atrozes que, muitas vezes, trata-se de uma questão de roubar ou sucumbir.

Tendo lido sobre a luta pelo meu emprego na Ucla, ele sentiu que eu poderia ajudá-lo na construção de sua defesa. Quis me chamar para depor na condição de especialista na função socioeconômica do racismo. Em meu depoimento, eu abordaria questões como a incidência do desemprego em nossas comunidades; o fato de que, na maioria das vezes, pelo menos 30% da juventude dos guetos negros nos Estados Unidos não consegue encontrar trabalho. Ele queria que eu falasse sobre as coisas que as pessoas brancas geralmente tentam ignorar – sobre a fome e a desnutrição severa que a população negra ainda sofre.

"O que um homem negro pode fazer", ele perguntou, "quando passa seus dias se candidatando a empregos, quando seu seguro-desemprego está acabando, quando não consegue pagar o aluguel exorbitante de seu apartamento decrépito, quando sua esposa está desesperada, quando suas crianças estão com fome? O que ele pode fazer?". Hekima falou em um tom de voz assombrado por tragédias pessoais.

Quanto mais ele falava, mais eu me sentia compelida a fazer o que pudesse para ajudá-lo.

Eu não seria chamada ao banco das testemunhas naquele dia, ele disse. O promotor ainda não havia encerrado sua apresentação. Além disso, teria de haver uma luta para convencer o juiz a permitir que ele apresentasse uma defesa daquele tipo.

Conforme o julgamento se desenrolava nos dias seguintes, o juiz demonstrou abertamente seu favoritismo pelo promotor e seu desdém por Hekima. Ele não tinha intenção de permitir que eu testemunhasse. Por fim, Hekima teve negado o direito de apresentar a defesa na qual trabalhou com tanto cuidado. O juiz não queria que o movimento de libertação negra adentrasse a sua sala de audiências.

Como eu estava na lista de testemunhas de Hekima, podia me encontrar com ele na sala de visitas jurídicas da prisão do condado. Ali não havia a separação por uma parede de vidro e podíamos conversar diretamente, sem precisar usar o telefone, como na sala de visitas regular.

Durante nossas conversas, Hekima sempre falava de modo bastante suave – talvez como resultado de seus muitos anos de confinamento –, mas, ciente de que tinha muito mais a dizer do que era possível no curto período que passávamos juntos, ele também falava depressa. Era incisivo e intenso. Nunca olhava para baixo enquanto falava. Seus olhos estavam sempre fixos nos meus.

Fiquei fascinada pelas horas que passei com ele e, pela primeira vez, comecei a aprender sobre a transformação pela qual as pessoas presas estavam passando. Uma nova consciência criava raízes. Não era simplesmente a consciência de quem estava na prisão por razões políticas. Aquilo era um fenômeno de massa. As pessoas presas – em particular, as pessoas negras presas – estavam começando a pensar sobre como chegaram lá – o que as forçara à prisão. Estavam começando a entender a natureza do racismo e do preconceito de classe. Estavam começando a reconhecer que, independentemente dos detalhes específicos de seus casos individuais, a maioria delas estava na prisão porque eram pessoas negras, pardas e pobres.

Os carcereiros limitaram minhas visitas: depois de duas reuniões de três horas na sala de visitas jurídicas, eu tinha de ver Hekima na sala comum durante o horário regular.

Quando foi condenado pela segunda vez, ele não se permitiu o luxo da depressão. Começou a trabalhar imediata e ardorosamente na apelação. Concordei em me tornar sua representante legal, o que significava que eu entregaria documentos oficiais de e para a prisão e resolveria questões relacionadas ao seu caso do lado de fora. Com essa relação, poderíamos retomar nossas reuniões na sala de visitas jurídicas, que continuaram durante os meses seguintes – ao longo de todo o período de meu envolvimento com o Comitê de Defesa dos Irmãos Soledad. Ali, sob os olhares hostis dos guardas, fiquei convencida de que havia explosões prestes a acontecer atrás dos muros e que, se não começássemos a construir um movimento de apoio para nossas irmãs e irmãos na prisão, não estaríamos trabalhando pela revolução.

Em meados de fevereiro, peguei o *Los Angeles Times* e notei, na primeira página, uma grande fotografia de três homens negros muito impressionantes. O rosto deles era sereno e forte, mas a cintura estava envolta por correntes. Correntes prendiam seus braços ao lado do corpo e correntes tolhiam suas pernas. "Continuam tentando nos convencer de que ainda não escapamos da escravidão", pensei. Irritada e frustrada, comecei a ler a matéria. Era sobre a prisão de Soledad.

"Prisão de Soledad" era uma expressão familiar na comunidade negra. Durante meus últimos dois anos em Los Angeles, devia tê-la ouvido um milhão de vezes. Havia San Quentin, havia Folsom – e havia Soledad.

Soledad é a palavra em espanhol para solidão. Prisão da Solidão – esse nome parecia expor o que a prisão tentava esconder. Quando Josef morava em meu apartamento, ele me contou como o mantiveram confinado em uma solitária durante a maior parte de seu encarceramento. Ele ainda trazia a marca de Soledad. Ainda preferia a solidão. Por horas e, com frequência, dias, ele ficava na varanda ensolarada, que era seu quarto, lendo, pensando, sozinho. E, quando ele falava, era sempre em um tom baixo e suave – como para não perturbar o imenso silêncio que o rodeava há tanto tempo.

O artigo publicado no *LA Times* noticiava a acusação de George Jackson, John Clutchette e Fleeta Drumgo pelo assassinato de um agente na prisão de Soledad. Um mês inteiro se passara desde o assassinato. Por que a formalização das acusações demorou tanto? Eu me perguntei por que o artigo não comentava esse atraso. O texto fedia a enganações e evasivas. Parecia que o *Times* estava tentando colocar a opinião pública contra os acusados antes mesmo de começar o julgamento. Se alguém aceitasse como verdade o que o artigo dizia, terminaria a leitura com a suposição de que os três homens eram culpados.

Nos dias que se seguiram, fiquei pensando no rosto daqueles irmãos. Três belos rostos viris arrancados do horrível anonimato da vida na prisão.

Algumas semanas depois, o Coletivo Che-Lumumba recebeu um contato a respeito de uma reunião sobre a situação de Soledad. A reunião estava sendo organizada pelo Comitê de Defesa da Declaração de Direitos de Los Angeles, que queria discutir a criação de uma campanha de massa para libertar os três de Soledad.

Eu estava me afogando em trabalho, mas simplesmente não conseguia parar de pensar naqueles três rostos perturbadores do jornal. Tinha de participar da reunião; mesmo que meu envolvimento fosse mínimo, ao menos estaria fazendo alguma coisa.

Na noite da reunião, Tamu, Patrice Neal – outro membro do coletivo – e eu fomos ao velho e decrépito Victoria Hall. (O lugar tinha sido famoso no passado por seus agitados bailes nas noites de sábado. Agora, naquele salão, as pessoas não se divertiam mais. Falavam sobre uma coisa muito séria, sobre libertação.)

Cerca de cem pessoas responderam à convocação. Embora a maioria fosse negra, um número considerável de pessoas brancas também compareceu. Havia pessoas jovens, pessoas mais velhas e outras que claramente estavam participando de sua primeira reunião política. Havia quem tivesse ido porque tinha filhos, maridos e irmãos na prisão de Soledad.

Sentadas atrás das longas mesas estendidas na frente do salão estavam Fay Stender, advogada de George Jackson, a mãe e as irmãs de George – Georgia, Penny e Frances Jackson –, Inez Williams, mãe de Fleeta, e Doris Maxwell, mãe de John Clutchette.

Falando sobre Soledad, Fay Stender explicou que, desde o diretor até os guardas, a hierarquia prisional tinha uma longa história de promoção da inimizade racial entre a população carcerária. Desde que os presos negros, latino-americanos e brancos estivessem se agarrando pelo pescoço, a administração da prisão sabia que não precisaria se preocupar com desafios sérios à sua autoridade.

Como em uma velha cidade do Sul, a segregação na prisão de Soledad era quase total. As atividades eram organizadas para que a mistura racial não ocorresse – ou para que, quando de fato ocorresse, os prisioneiros estivessem em uma postura de batalha. Com a colaboração de alguns prisioneiros brancos, Soledad havia desenvolvido sua própria versão da Ku Klux Klan – um grupo chamado "Aryan Brotherhood" [Irmandade Ariana]. A tensão na prisão era tão densa que mesmo o encontro mais inócuo entre as raças estava fadado a desencadear uma explosão.

Antes de 13 de janeiro de 1970, os horários das atividades físicas, como todo o resto, eram segregados. Naquele dia, sem explicação, os guardas enviaram prisioneiros negros, latino-americanos e brancos para se exercitarem juntos no pátio recém-construído. Nenhum guarda sequer foi designado para acompanhá-los. A explosão foi inevitável. Uma luta irrompeu entre um prisioneiro negro e um prisioneiro branco e, em poucos minutos, tornou-se um caos.

O. G. Miller tinha a reputação de ser um racista linha-dura e um atirador experiente. Naquele dia, ele estava em seu posto na torre de vigilância. Mirou cuidadosamente sua espingarda e disparou várias vezes. Três homens caíram: W. L. Nolen, Cleveland Edwards e Alvin Miller. Eram todos negros. Poucos dias depois, o júri de instrução do condado de Monterey foi reunido para ouvir o caso de O. G. Miller. Como previsto, ele foi absolvido de toda a responsabilidade pelas mortes dos três irmãos. O júri de instrução decidiu que ele não fez nada mais grave do que cometer um "homicídio justificável".

Havia algo brutalmente familiar nessa história. Enquanto eu ouvia o relato de Fay Stender, o espectro de Leonard Deadwyler invadiu meus pensamentos. Quando ele levava sua esposa grávida para o hospital em Los Angeles às pressas, com um lenço branco preso à antena do carro para indicar uma emergência, policiais o pararam por excesso de velocidade e, mesmo sem pedir uma explicação, mataram-no a tiros. Aquilo foi considerado homicídio justificável pelos tribunais. Lembrei-me de Gregory Clark, o garoto negro de dezoito anos que foi parado pela polícia porque "não parecia combinar com o Mustang que dirigia". Embora Gregory Clark estivesse desarmado, o policial disse ter agido em legítima defesa. Quando o irmão se encontrava deitado de bruços na calçada quente do gueto, indefeso, com as mãos algemadas nas costas, foi baleado na nuca. Mais tarde, os tribunais decidiram que o policial havia cometido um "homicídio justificável".

"Homicídio justificável" — essas palavras inocentemente oficiais evocavam o número incontável de assassinatos não vingados de meu povo.

A história de Fay Stender voltou a atrair minha atenção. Ela estava falando sobre as orgulhosas tentativas dos prisioneiros de Soledad de contestar aquele aval judiciário a um assassinato claramente racista. De modo espontâneo e com o desespero intenso de homens acorrentados, os prisioneiros negros gritaram ameaças impraticáveis ao assassino O. G. Miller e golpearam com raiva as barras de suas celas. A prisão de Soledad pulsava resistência. Inadvertidamente, um agente prisional se viu no meio da feroz mas caótica rebelião dos irmãos e foi engolido pelo desejo coletivo de vingança. Ninguém sabe quem empurrou o agente por cima do parapeito.

Aquilo foi o começo da história de George Jackson, John Clutchette e Fleeta Drumgo. Não havia provas de que eles tinham matado o agente. Mas havia evidências de que George, John e Fleeta eram "militantes"; eles tinham conversado com seus colegas de prisão sobre a teoria e a prática da libertação. A burocracia prisional os responsabilizaria simbolicamente pela rebelião espontânea dos prisioneiros. Eles foram acusados pelo assassinato do agente. A hierarquia prisional queria jogá-los na câmara da morte de San Quentin e, triunfante, exibir seus corpos envenenados por gás diante de milhares de prisioneiros da Califórnia como exemplo do que a prisão e o Estado faziam àqueles que se recusavam a respeitar o silêncio de aceitação.

A análise jurídica de Fay Stender nos relegou ao sofrimento na intimidade de nossas emoções individuais. Mas quando Georgia Jackson começou a falar, sua voz trouxe uma nova dimensão à nossa reunião. Suas palavras expressavam sua franca dor materna. Georgia Jackson, negra, mulher, mãe; sua força infinita reforçava a tristeza das palavras que tinha a dizer a respeito do filho.

Quando ela começou a falar sobre George, um silêncio pulsante envolveu o salão. "Eles levaram George para longe de nós quando ele tinha apenas dezoito anos. Isso foi há uma década." Com a voz trêmula de emoção, ela passou a descrever o incidente que roubou de seu filho a pouca liberdade que possuía quando era um menino lutando para se tornar um homem. Ele estava em um carro quando o dono do veículo – um conhecido – roubou setenta dólares de um posto de gasolina. A sra. Jackson insistiu que ele não tinha nenhum conhecimento dos planos do amigo. Ainda assim, graças a um defensor público inábil e insensível, graças a um antigo sistema de cartas marcadas contra jovens réus negros como George, ele foi declarado culpado por roubo. Como de costume, a definição de sua sentença foi transferida à Youth Authority [Jurisdição da Juventude].

Perplexa e furiosa, escutei a sra. Jackson descrever a sentença que seu filho recebera: de um ano a prisão perpétua. Um ano a prisão perpétua. E George já tinha cumprido dez vezes o tempo mínimo. Fiquei paralisada ao pensar na impossibilidade absoluta de recuperar sua última década. E tive medo de deixar minha imaginação delinear a terrível realidade daqueles dez anos na prisão. Uma determinação começou a crescer dentro de mim: fazer tudo que fosse possível para salvar George da câmara de gás.

Fleeta Drumgo era filho único. De forma calma mas intensa, sua mãe falou sobre a dor que sentia e pediu que salvássemos seu filho de seus inimigos. A mãe de John Clutchette nos contou que recebeu um bilhete com uma só palavra: "Socorro". Aquele foi o primeiro sinal de que os três irmãos estavam sendo alvo de uma armação da burocracia prisional. Sozinha, ela não podia fazer nada para ajudar John, Fleeta ou George. Apenas nós, o povo, podíamos ter esperanças de impedir o linchamento legal planejado contra eles.

Quando aquelas mulheres terminaram, parecia que a acusação tinha a lógica e a coerência de uma conspiração contra os irmãos – contra eles, suas políticas, seus princípios, seu engajamento. Havia apenas uma pergunta: o que faríamos para impedir que a conspiração fosse consumada? Tratamos dos detalhes da construção de um movimento de massa para lutar pela liberdade de nossos irmãos. A pessoa responsável solicitou a participação de voluntários e voluntárias nos diversos subcomitês que precisavam ser formados – angariação de fundos, publicidade, pesquisa etc.

Embora eu já me sentisse totalmente comprometida com George, John e Fleeta, sabia que tinha responsabilidades demais para assumir um papel importante no comitê de defesa. A luta pelo meu emprego continuava e me fazia percorrer a costa da Califórnia para cima e para baixo, expondo e contestando Ronald Reagan e buscando apoio para o nosso lado. Eu atuava no Coletivo Che-Lumumba, trabalhando na área de educação política. E, claro, tinha de me preparar para as duas séries de aulas que estava lecionando na Ucla. Eu já estava me matando ao tentar cumprir todas essas obrigações. Como poderia encontrar tempo para atuar no dia a dia do Comitê de Defesa dos Irmãos Soledad?

Embora fossem esses meus pensamentos no momento em que os subcomitês estavam sendo constituídos, meu braço se ergueu quando pediram que pessoas se voluntariassem para o subcomitê de participação universitária. Alguma coisa mais elementar do que cronogramas e compromissos prévios se apoderou de mim e me fez concordar em coordenar os esforços do comitê nas faculdades e universidades locais.

A decisão estava tomada. A questão de como encontrar tempo era secundária. Pensei na minha relutância inicial em assumir um papel significativo. Como tinha sido presunçoso comparar o resultado da luta por meu emprego com o resultado da luta pela vida daqueles homens. Na Ucla, eu batalhava pelo meu direito como mulher negra, como comunista, como revolucionária, a manter meu emprego. Na prisão de Soledad, George Jackson, John Clutchette e Fleeta Drumgo batalhavam por seus direitos como homens negros, como revolucionários, a manter a própria *vida*. A mesma luta. Os mesmos inimigos.

Estudantes e docentes, em sua maioria – exceto nos *campi* muito reacionários –, concordavam, ao menos em princípio, com minha liberdade acadêmica de ensinar, independentemente do fato de eu ser comunista. Eu podia aproveitar o interesse generalizado na luta por meu emprego e a curiosidade natural das pessoas que queriam ver "uma comunista real, viva e declarada" para entrar nos *campi* e pedir apoio aos irmãos Soledad.

No final do encontro no Victoria Hall, membros do subcomitê do *campus* se juntaram e decidiram realizar a primeira reunião na semana seguinte. Ofereci a casa de Kendra e Franklin na rua 50. Enquanto isso, tentaríamos recrutar estudantes e docentes simpatizantes das universidades locais para participar da reunião. Tentaríamos elaborar propostas para os esforços de organização que realizaríamos na comunidade acadêmica de Los Angeles.

Saí da reunião com um novo senso de direção. Pensei em George, John e Fleeta. Tínhamos de encontrar uma maneira de fazer com que soubessem que não estavam mais sozinhos. Que logo haveria milhares de vozes combativas gritando "Libertem os irmãos Soledad" e milhares de pessoas dispostas a lutar por eles.

Eu ainda estava ocupada, trabalhando em uma pauta para a reunião, quando Kendra correu para o quarto, descrevendo animadamente o que estava acontecendo na sala de estar. "Você não vai acreditar em quantas pessoas estão lá fora. Não são nem oito horas e o lugar já está tão cheio que estão se sentando no chão."

O duplex de Kendra e Franklin, que custava oitenta dólares por mês, ficava em uma área da região leste que tinha visto muita ação durante a rebelião de Watts, em 1965. Localizado na rua 50, não ficava muito longe do apartamento para o qual Tamu e eu havíamos nos mudado pouco antes, na rua 45. Da varanda da frente, via-se South Park, que tinha uma longa história de combativos protestos de massa. Como o Coletivo Che-Lumumba ainda não tinha adquirido uma sede, a casa de um quarto de Kendra e Franklin se tornou uma espécie de centro. Realizávamos nossas reuniões na sala de estar e, quando alguém do coletivo não tinha dinheiro para alugar um apartamento e precisava de um lugar para ficar, o chão da sala estava sempre à disposição.

Se a nossa intenção fosse realizar uma reunião de massa, teria sido simples fazer uma panfletagem de porta em porta nos arredores da comunidade. Mas não tínhamos distribuído qualquer panfleto sobre esse encontro, porque seu objetivo era ser apenas uma reunião do subcomitê de atividades do *campus*. Por isso, foi com tremendo espanto que cumprimentei as cinquenta e tantas irmãs e irmãos que estavam na sala de estar. Circulou a notícia de que haveria uma reunião a respeito de George, John e Fleeta. Então, as pessoas vieram – sem saber que o plano original era um encontro específico para falar sobre o fomento ao apoio nos *campi*. Na verdade, a maioria delas não era estudante nem docente, e sim trabalhadores e trabalhadoras, ou pessoas que tinham estado na prisão, ou pessoas que tinham experimentado algum conflito pessoal com o sistema prisional da Califórnia. Alguns dos irmãos tinham até cumprido pena com George, John ou Fleeta; outros os conheceram nas ruas de Los Angeles. A sra. Jackson estava lá com sua filha Frances. Inez Williams e Doris Maxwell também estavam presentes.

Nós, responsáveis por organizar a reunião, nos comovemos ao ver o profundo impacto que a notícia da conspiração teve sobre aquelas irmãs e irmãos.

Pudemos sentir o entusiasmo que agitava a reunião. Todas aquelas pessoas – negras, algumas jovens, outras idosas, da classe trabalhadora, estudantes, algumas que estiveram na prisão –, todas estavam prontas para defender e libertar os três irmãos de Soledad.

Com tanta gente presente, não era possível limitar a discussão às atividades nos *campi*. Não podíamos simplesmente dizer às pessoas que elas estavam na reunião errada; tamanho entusiasmo tinha de ser aproveitado naquele momento e canalizado para um protesto ativo. Algumas pessoas se ofereceram avidamente para escrever e mimeografar textos sobre o caso, e outras se prontificaram a organizar equipes de panfletagem na comunidade. Conversamos sobre uma manifestação de massa a ser realizada em algumas semanas. O piquenique que havia sido discutido na reunião do Victoria Hall foi mencionado novamente, e um grupo se voluntariou para começar a trabalhar nisso de imediato.

As coisas estavam caminhando. As pessoas estavam tomadas pelo desejo imenso e apaixonado de se dedicarem a algo – algo que sacudiria juízes em seus tribunais; que demoliria a indiferença de defensores públicos gananciosos e que removeria a crueldade dos olhos dos guardas da prisão. Aquelas pessoas queriam, ao menos uma vez, combater a máquina que as tinha soterrado – e a seus pais, seus irmãos, seus filhos – na lama. Muitas delas conheciam George, John ou Fleeta, mas sua raiva, assim como a minha, era pelos filhos de todas as mães negras que tiveram a vida paralisada ou destruída nas Soledads de nosso país. Elas não precisavam ser ensinadas ou informadas – elas sabiam. As paredes acinzentadas e o som das correntes tinham afetado não apenas sua vida mas também a vida de toda a população negra do país. Aquelas pessoas conheciam ou sabiam de alguém que, em algum lugar, em algum momento, tinha usado aquelas correntes. Elas tinham passado do desespero pessoal e antigo, da resignação e da fúria selvagem para uma unidade multifacetada que dizia, a uma só voz: "Chega. Isso acaba aqui". Era natural e justo que aquele grupo se tornasse o núcleo em torno do qual o comitê permanente de Soledad gravitava. E a posição que aceitei inicialmente – coordenadora das atividades nos *campi* – logo se transformou na liderança de todo o comitê em Los Angeles. Embora eu soubesse que teria de me esforçar até o limite de minhas capacidades, nem sequer passava pela minha mente renunciar. A felicidade que senti ao ver aquela energia e aquele entusiasmo poderia ter me convencido a abandonar todo o resto.

Em poucas semanas, a campanha para libertar os irmãos Soledad estava sendo discutida em toda a comunidade negra, nos *campi* universitários e nos círculos políticos de esquerda da cidade. Nossos bótons "Libertem os irmãos Soledad" eram usados por muita gente. Um irmão da União Estudantil Negra da Universidade da Califórnia, em Los Angeles, doou algumas serigrafias dos irmãos, e uma operação de impressão produziu um grande volume delas sem qualquer custo para o comitê. Onde quer que acontecessem atividades do movimento – reuniões, manifestações, conferências –, nos shows e em outros eventos da comunidade negra, sempre havia ativistas do comitê com folhetos, pôsteres e bótons, convidando as pessoas a participar de nossas reuniões semanais na casa da rua 50.

Na manifestação realizada no centro da cidade, Penny Jackson e eu falamos em nome dos irmãos e fomos acompanhadas por outras lideranças da comunidade negra: Masai, então ministro da Educação do Partido dos Panteras Negras, discursou sobre a conspiração contra os irmãos Soledad como parte da mesma tendência de repressão evidenciada nos ataques da polícia ao seu partido.

Na Ucla, avançamos na criação de um Comitê de Defesa Irmãos Soledad-Bobby Seale-Ericka Huggins e organizamos uma manifestação que atraiu milhares de estudantes. Integrantes do comitê que trabalhavam no hospital do condado de Los Angeles me convidaram para falar sobre o caso em uma reunião de equipe. Frances Jackson e eu aceitamos um convite para falar na San Diego State College [Faculdade Estadual de San Diego]. Foi uma boa manifestação, mas tivemos de sair às pressas para garantir que os visíveis e numerosos membros do Minutemen que estavam a postos não cumprissem as ameaças de violência que fizeram contra nós. Depois dessa manifestação, fui até a universidade em La Jolla para fazer outro discurso sobre os irmãos e depois ajudei a montar um comitê ali. Embora Fania e Sam ainda estivessem às voltas com o próprio caso, desejavam criar o Comitê de Defesa dos Irmãos Soledad em La Jolla.

Nosso trabalho estava ganhando impulso e seu impacto na comunidade era cada vez mais intenso. Os números do comitê aumentavam a cada semana, refletindo a crescente força da campanha de defesa como um todo. Intensifiquei o meu próprio envolvimento. Nenhuma solicitação para que eu falasse era recusada – mas deixava claro que qualquer discurso que eu fizesse seria sobre o caso dos irmãos Soledad e qualquer honorário que recebesse seria doado ao fundo de defesa dos irmãos Soledad. Loyola College, em Los Angeles. Pasadena City College. Universidade de São Francisco. Universidade do Pacífico. Monterey Junior College. Universidade da Califórnia, em Santa Cruz. Palisades High School. Havia também igrejas e grupos sociais, incluindo irmandades e fraternidades que estavam sendo incentivadas pelo crescente envolvimento político das irmãs e dos irmãos ao seu redor.

Fiquei tão completamente imersa em viagens e discursos que, quando uma audiência preliminar aconteceu no condado de Monterey, em 8 de maio, não pude me juntar à delegação do nosso comitê. Nunca tinha visto os irmãos Soledad e estava ansiosa para assistir à audiência, mesmo que para vê-los apenas de relance. Alguns dias antes, recebi uma mensagem de George, dizendo que estavam todos ansiosos para nos ver.

Kendra, Tamu e mais membros do comitê dirigiram sete horas até Salinas, junto com as famílias dos irmãos. Depois de descobrir que John Clutchette era o mesmo John que conhecera no ensino médio, Kendra estava particularmente emocionada em vê-lo após tantos anos. Contrariada, fiquei em casa e trabalhei em minhas aulas.

Todas as pessoas que compareceram à audiência voltaram para Los Angeles com as energias recarregadas pelo contato com os irmãos e furiosas com o que viram e ouviram no tribunal.

No final da audiência, Frances, Penny e a sra. Jackson puderam visitar George. Disseram que ele queria que eu soubesse como ele e os outros irmãos estavam gratos – mas que todos ficaram desapontados por eu não ter ido.

A audiência seguinte aconteceu em uma semana de folga. Planejei minha agenda de maneira a ter o dia livre para a viagem a Salinas. Dessa vez, além das famílias, éramos três. Cheryl Dearmon, da Ucla, e Carl X, do Coletivo Che-Lumumba, iam de carona comigo. Dearmon, como seus amigos a chamavam, atuava na União Estudantil Negra da universidade e foi uma das primeiras a participar da campanha por meu emprego. Por ser alta, ter a pele clara e cabelo crespo, era constantemente confundida comigo – às vezes, até pela polícia encarregada de me manter sob vigilância.

Eu tinha planejado viajar no meu bom e velho Rambler 1959, mas ninguém compartilhava da minha confiança de que o carro conseguiria transitar pelo caminho íngreme e sinuoso que levava a Salinas. Fui voto vencido e concordei em dirigir a caminhonete de Kendra e Franklin.

Quando deixamos a rodovia na saída para Salinas, ainda tínhamos alguns minutos de sobra. Enquanto eu dirigia pelas ruas daquela cidade, meus olhos instintivamente procuravam por rostos negros nos carros e entre os pequenos grupos de pedestres. Não havia uma única pessoa negra à vista. Havia em Salinas certa ociosidade e uma atmosfera de cidade pequena que me lembravam do Sul. As pessoas brancas pareciam sulistas. Seus rostos pareciam transmitir aquela familiar combinação de vazio com um empenho desesperado para se sentir superior a algo. Eu me perguntei se as muitas pessoas de origem latino-americana que vi caminhando nas calçadas tinham ouvido falar sobre o caso dos irmãos Soledad. Era ali que César Chávez* e o United Farm Workers Union [Sindicato da Classe Trabalhadora Rural] vinham conduzindo uma campanha de mobilização. Talvez, pensei, pudéssemos pedir seu apoio, caso o julgamento acontecesse no condado de Monterey.

Não tivemos dificuldades em encontrar o tribunal. Como na maioria das cidades pequenas do Sul, o edifício dominava o centro da cidade. Branco e imponente, com arquitetura em estilo neoclássico, o tribunal estava cercado de estreitas vagas de estacionamento cheias de viaturas e de uma série de veículos oficiais com as palavras "Condado de Monterey" estampadas nas laterais. Aquele era o famoso condado de Monterey – pitoresco, luxuoso –, onde milhares de pessoas se reuniam a cada ano para relaxar ao som do jazz de artistas que admiravam. O Festival de Jazz de Monterey, Big Sur, Carmel Valley – tudo parecia tão reconfortante e idílico. Era um disfarce perfeito para a opressão de prisioneiros em Soledad, a repressão de trabalhadores e trabalhadoras rurais de origem mexicana, a Irmandade Ariana e o juiz Campbell, que não fazia segredo de sua intenção de entregar George, John e Fleeta nas mãos do executor da pena de morte. Estar em Salinas era como se aventurar em território inimigo.

Tentando não chamar a atenção enquanto procurávamos por uma vaga no estacionamento, deparamos com a família Jackson, que chegava. Depois de acompanhá-la até a parte de trás do tribunal, entramos no prédio. Tal qual a maioria dos tribunais que eu conhecia, aquele tinha uma aparência artificial e reluzente. Suas paredes de mármore cintilantes e o chão limpo e desinfetado quase pareciam criados para esconder a sujeira dos negócios racistas que eram tratados ali. Era como se o simples peso do mármore e o asseio inumano dos corredores por si só significassem justiça. Poderia haver suborno por trás dos veios rosados do mármore de Viena? Poderia o som dos passos sobre aqueles pisos resplandecentes vir de qualquer pessoa que não a mais correta? Como aquelas portas imponentes poderiam levar a algo que não o litígio mais justo e compassivo?

---

* César Chávez (1927-1993) foi um ativista pelos direitos civis, da comunidade latino-americana e, especialmente, pelos direitos da classe trabalhadora rural dos Estados Unidos. Conduziu lutas pela melhoria das condições de trabalho e salários promovendo greves e boicotes. (N. T.)

Ali, como em outros lugares, a Justiça era uma imagem – encorpada, lustrosa e totalmente enganosa.

O Comitê Soledad da região da baía de São Francisco tinha feito um excelente trabalho de mobilização para que as pessoas comparecessem à audiência. A fila do lado de fora da sala de audiências do juiz Campbell se estendia até a outra ponta do corredor. Embora fosse bom ver tanta gente envolvida na campanha, fiquei aflita com o fato de haver tão poucas pessoas negras ali. (Depois, descobri que o problema era a composição do comitê – era ativo e tinha atraído membros com muito entusiasmo, mas as pessoas negras podiam ser contadas nos dedos de uma mão.)

Quando Georgia viu todas aquelas pessoas, comentou comigo que não fazia sentido entrarmos naquela extensa fila; a sala de audiências nem sequer teria capacidade de acomodar quem já estava aguardando. Nunca me senti tão arrasada. Depois de toda a mudança de agenda para conseguir tempo para ir à audiência; depois de toda a correria febril para garantir que chegaríamos a tempo; depois de tudo aquilo, eu não conseguiria entrar. Furiosa, me vi de pé, fora da sala, enquanto a audiência acontecia, esperando sem fôlego por alguma notícia sobre o andamento do processo.

Georgia tentou me animar, dizendo que ainda havia a possibilidade de conseguirmos alguma coisa. Dearmon e eu entendemos a dica e, quando os oficiais de justiça abriram as portas para as famílias, nós duas entramos no gabinete sem que nos notassem.

Dentro do tribunal lotado, o silêncio pulsava com a frustração das pessoas, incitadas de maneira poderosa pela presença tangível do inimigo. Posicionados ao redor da sala, os oficiais de justiça, com o rosto vermelho, nos encaravam com a hostilidade que haviam aprendido para exercer seu papel. Nós aguardávamos. Eu tinha a esperança de que algo acontecesse logo para quebrar aquela inacreditável tensão antes que ela explodisse por conta própria.

Apesar, ou por causa, daquela espera intensa, a aparição repentina de um homem branco uniformizado, gordo, de aparência severa, nos assombrou. Ao entrar com seu andar desconjuntado pela porta que ficava atrás da tribuna, ele personificava a atmosfera fascista daquela audiência. Sabíamos que o juiz Campbell tentaria atar os nós da conspiração. Ele tentaria prender os irmãos com mais firmeza a um destino que os conduziria de maneira resoluta à câmara da morte. A presença daquele guarda de Soledad tinha a intenção de infundir em nós intimidação e medo. Devíamos nos sentir impotentes diante do aparato que ele representava. Devíamos sentir desde já o cheiro do cianureto.

No entanto, não sentimos medo, não nos sentimos impotentes. E aplaudimos vigorosamente os heróis de nossa luta quando eles entraram na sala de audiências, caminhando a passos largos, com orgulho, coragem e poder. As correntes que envolviam seus corpos não nos ameaçavam; elas estavam ali para serem arrebentadas, destruídas, esmagadas. A visão daqueles grilhões concebidos para nos assustar, para fazer com que os prisioneiros parecessem "perigosos", "loucos", só nos fazia ansiar por arrancar o metal de seus pulsos e tornozelos. Eu sabia que minha própria raiva era compartilhada por todo mundo ali. A bile me veio à garganta. Mais poderosa do que o gosto do ultraje, porém, era a presença dominante dos irmãos, porque eram lindos. Acorrentados e agrilhoados, eles se mantinham firmes e eram lindos.

George parecia ainda mais cheio de vida do que eu imaginava. Eu achava que as cicatrizes da última década seriam evidentes. Mas não havia um traço de resignação nem a menor marca da servidão à qual ele fora submetido todos os anos de sua vida adulta. Ele caminhava de cabeça erguida, com mais confiança do que eu jamais tinha visto. Seus ombros eram largos e musculosos, seus braços extraordinários, esculturas de uma força ancestral, e seu rosto revelava a profunda compreensão que ele tinha sobre nossa condição coletiva e sua recusa pessoal em ser subjugado por essa opressão. Eu mal podia acreditar na beleza revigorante de seu sorriso.

John era o mais alto dos três. De pele escura, com traços bonitos e bem estruturados, havia uma simplicidade cativante no modo como ele entrou na sala de audiências. E Fleeta, tão claramente cheio de esperança. Ele nos cumprimentou com seu sorriso bonito e sem amarras.

Era tão errado que tivessem de ser eles a usar aquelas correntes estridentes. Por mais tempo que levasse, por mais energia que exigisse, aquelas correntes seriam quebradas.

A audiência em si foi uma série de negações formais a todas as moções que a equipe de defesa tentou sustentar. Como previsto, a sessão foi pontuada pelas pequenas ironias racistas pelas quais o juiz Campbell era famoso – como dizer ao público para se lembrar de que não estava em uma mesa de churrasco. Em meio ao vaivém de gritos entre promotores, equipe de defesa e tribuna, os irmãos permaneceram calmos e reservados. Durante a sessão, George leu um calhamaço enorme. Usando óculos de aro preto e lendo com intensa concentração, ele parecia muito aplicado, como o professor que ele havia se tornado para tantos irmãos em prisões de todo o estado.

Ao fim da sessão da manhã, me aproximei da mesa da defesa, na esperança de trocar algumas palavras com eles. Os guardas não disseram nada quando George andou até a barreira para falar comigo. Não havia tempo para apresentações formais nem para a rigidez que costuma caracterizar os primeiros encontros. George falou como se houvesse uma longa história por trás de nossa amizade.

"Angela, você recebeu minha carta?", ele perguntou.

"O bilhete que você enviou para casa na semana passada?" Eu me referia a uma pequena carta em papel timbrado da prisão, enviada pelos canais oficiais, na qual ele me pedia para dar entrada em uma solicitação de correspondência regular com ele.

"Não, estou falando de uma longa carta em papel ofício amarelo. Você não recebeu ainda?"

"Não, não que eu tenha visto."

"Droga. Eu queria que você tivesse lido antes de vir aqui hoje."

Obviamente, havia algo de muito importante na carta. Eu me perguntei o que seria.

"H. provavelmente está com a carta. Você a conhece?" Ele falava depressa, agora que nosso tempo estava acabando.

Balancei a cabeça em sinal negativo.

"Ela está em algum lugar por aqui. Não deve ser muito difícil encontrá-la. Mas certifique-se de pegar a carta antes de ir embora."

"Não se preocupe, George", assegurei a ele, "se a carta estiver aqui, vou encontrá-la".

Havia muito mais coisas que eu queria dizer. Desde o começo da conversa, porém, os oficiais de justiça gritavam para que o tribunal fosse esvaziado. Os guardas de Soledad estavam ficando inquietos e pareciam estar à procura de um superior que ordenasse a retirada da pequena multidão que cercava os irmãos. Relutantes, nos despedimos.

Não encontrei a carta naquele dia, mas consegui descobrir quem era H. Ela tinha a carta, mas não estava com ela. Fizemos arranjos para que chegasse até mim nos dias seguintes.

Na primeira vez que vi Jonathan Jackson, ele me fez lembrar de meu irmão mais novo, Reginald. Como Reggie, ele era alto, tinha a pele clara e a cabeça coberta por cabelos cor de areia. Eu havia sido convidada para falar na conferência anual do Comitê de Defesa da Declaração de Direitos de Los Angeles. As pessoas responsáveis pela organização do evento escolheram a luta prisional como tema de destaque e pediram às famílias dos três irmãos Soledad que comparecessem. A sra. Jackson, Penny e Jonathan, juntamente com Inez Williams e parentes de John Clutchette, participaram da oficina sobre prisões e pessoas presas por razões políticas.

Algum tempo depois da audiência de 16 de maio, Georgia e Penny Jackson me pediram para ir a uma reunião do Democratic Club [Coletivo Democrático], em Pasadena, dirigido por Don Wheeldin, um homem negro com uma longa história de envolvimento em causas progressistas. Ele queria apresentar o caso dos irmãos Soledad naquela reunião a fim de pedir apoio financeiro e político a seus membros. Uma irmã chamada Fannie, que era estudante na Ucla e uma das principais ativistas do Comitê Soledad, nos deu uma carona até lá. Como tivemos de deixar Georgia e Penny em casa quando o encontro acabou, elas nos convidaram para entrar e tomar um café.

Já era tarde quando chegamos, e todas as pessoas na casa da família Jackson já tinham ido dormir. Nós quatro estávamos sentadas em torno da mesa da sala de jantar, falando sobre a reunião da qual tínhamos acabado de sair e esperando que o café ficasse pronto, quando Jonathan apareceu na porta, em seu roupão de banho, esfregando os olhos de sono. Com um leve sorriso, ele murmurou: "Que barulheira toda é essa? Não se pode dormir por aqui?". Ele entrou na sala, sentou-se à mesa e se juntou à conversa.

Aquela foi a primeira vez que troquei mais do que algumas palavras de saudação com Jonathan. George o havia mencionado na carta, elogiando-o por sua inteligência e, principalmente, por seu compromisso inabalável em relação a ele. Disse que Jon estava um tanto retraído e me pediu para tentar fazê-lo se interessar em participar das reuniões do Comitê Soledad na casa de Kendra e Franklin. Decidi falar com ele sobre o comitê naquele momento.

Jonathan só queria falar sobre George. Todos os seus interesses, todas as suas atividades tinham alguma relação com o irmão em Soledad. Aos dezesseis anos, Jonathan carregava um fardo que a maioria dos adultos recusaria. Na última vez que viu George do lado "livre" dos muros, era um menino de sete anos de idade. Desde então, houve as visitas supervisionadas por guardas armados em Chino, Folsom, San Quentin e Soledad. E as cartas. As cartas por meio das quais eles desenvolveram a relação que deveria ter se desenrolado em casa, nas ruas, na academia, no campo de beisebol. Mas, por ter sido confinado aos cubículos dos visitantes da prisão, às cartas censuradas de duas páginas, todo o relacionamento girava em torno de um único objetivo – trazer George para cá, para o lado de fora dos muros.

Jonathan tinha enorme orgulho do relacionamento que mantinha com o irmão, orgulho de sua maturidade e da confiança que George depositava nele. Durante nossa conversa, ele trouxe um grosso maço de cartas recebidas das várias prisões onde seu irmão tinha vivido nos últimos dez anos. Queria que lêssemos as descrições de George sobre o tratamento brutal que ele e os outros irmãos receberam nas mãos dos guardas prisionais.

Sem nunca ter se envolvido em movimentos de massa, ele compreendia de maneira instintiva a necessidade de ter um número grande de pessoas fazendo pressão pela liberdade de seu irmão. Enquanto falava sobre suas experiências na Pasadena High School, onde estava terminando o terceiro ano, queixou-se com amargura da apatia de grande parte das pessoas que estudavam com ele. Elas – principalmente as da população branca, que era maioria na escola – não sabiam o que era a luta, ele disse. Ele mostrou a mim e a Fannie um artigo que escrevera para o jornal da escola, analisando os fatos relativos ao caso dos irmãos Soledad e criticando estudantes por não se engajarem em questões como aquela.

O artigo tinha sido escrito de forma brilhante. Como George, ele se expressava em uma linguagem poderosa e convincente. Lembrando o que George havia dito em sua carta sobre tentarmos atrair Jonathan para o trabalho do comitê de defesa, eu disse a ele que precisávamos muito de pessoas capazes de escrever bem para organizar as publicações do comitê. Quando Fannie e eu estávamos de saída, eu disse que esperávamos vê-lo na próxima reunião.

Jon compareceu à reunião seguinte na rua 50 e, depois disso, raramente perdeu uma sessão. Nunca falou muito durante os encontros, mas, quando se tratava de produzir material e distribuí-lo, era um trabalhador dedicado.

À medida que o Comitê Soledad ganhava influência e o trabalho se tornava mais complicado e exigente, comecei a passar mais tempo com a família Jackson. Frances, Penny, Georgia e eu costumávamos participar juntas dos discursos a fim de divulgar as atividades do comitê. Quase sempre, Jonathan nos acompanhava. Criamos uma amizade, e passei a vê-lo não apenas como um irmão de luta, mas também como uma espécie de irmão de sangue.

Minha troca de mensagens com George se tornou mais regular. Também nos aproximamos. Conforme concordávamos e discordávamos sobre questões políticas, uma intimidade pessoal começou a se desenvolver entre nós. Em suas cartas, que tratavam em grande parte de assuntos como a importância de popularizar as ideias comunistas entre as massas negras, a necessidade de desenvolver o movimento prisional, o papel das mulheres no movimento etc., George também falava sobre si mesmo, sua vida pregressa, seus desejos e aspirações pessoais, suas fantasias sobre mulheres, seus sentimentos em relação a mim. "Tenho pensado muito sobre as mulheres ultimamente", escreveu ele, certa vez. "Há algo sentimental ou errado nisso? Não pode haver. Isso nunca me preocupou muito antes, essa coisa de sexo. Eu fazia meus exercícios e centenas de *katas*, me ocupava com alguma coisa..."

Passei a conhecer George não apenas por meio das cartas que trocávamos mas também por meio das pessoas que eram próximas a ele – Jon e o restante da família Jackson, ou John Thorne, que, como seu advogado, o via regularmente. Quanto mais íntima de George eu me sentia, mais me pegava revelando a quem o conhecia um lado meu que eu geralmente mantinha escondido, exceto das amigas e dos amigos mais íntimos. Nas cartas que consegui fazer chegar até ele, respondi não apenas às questões políticas que ele apresentava; também disse que meus sentimentos por ele haviam crescido além de um compromisso político de luta por sua liberdade: eu também sentia um compromisso pessoal.

George estava ciente das toneladas de mensagens de ódio que chegavam à minha sala na Ucla, exigindo que eu fosse expulsa da universidade. Sabia das muitas ameaças que tinham sido feitas contra minha vida e estava preocupado com minha segurança. George conhecia o fato de que sempre que eu aparecia em uma situação pública, as irmãs e os irmãos do Coletivo Che-Lumumba garantiam minha proteção. No entanto, ele não achava que isso era suficiente. Por sua própria experiência – atrás dos muros –, ele estava convencido de que segurança nunca era demais. Além disso, as irmãs e irmãos do Che-Lumumba tinham para ele um caráter inevitavelmente abstrato. Ele nunca tinha visto aquelas pessoas e só as conhecia por meio das minhas cartas. Ele conhecia e confiava em Jonathan muito mais do que em qualquer outra pessoa deste lado dos muros. Escreveu que queria que Jon ficasse comigo o máximo possível. Jon também recebeu uma mensagem do irmão, pedindo a ele que garantisse que eu fosse protegida de pessoas racistas e reacionárias que pudessem tentar fazer de mim uma mártir.

Quando o livro de George, *Soledad Brother*, estava sendo preparado para publicação, ele pediu que eu lesse o manuscrito e fizesse sugestões de aperfeiçoamento. Na noite em que recebi o texto, pensei em ler por alto algumas das cartas que o compunham, deixando a maior parte para outra ocasião. Mas, assim que comecei, foi impossível deixar o manuscrito de lado até ter lido cada palavra – da primeira à última carta. Fiquei atônita. O formidável magnetismo das cartas não vinha apenas de seu conteúdo nem somente da forma como traçavam a evolução pessoal e política de George nos últimos cinco anos; vinha mais ainda da maneira como articulavam tão nitidamente, tão vividamente, a condição do nosso povo dentro e fora dos muros da prisão. E, em várias passagens, George afirmava com muita precisão, com muita naturalidade, as razões pelas quais nossa libertação só poderia ser alcançada por meio do socialismo.

Em 15 de junho, seria ouvida em Salinas uma das mais importantes moções prévias ao julgamento do caso Soledad. A equipe de defesa pediria a mudança de jurisdição. Fui até lá de carro com a sra. Jackson, Frances e Jonathan. Mais dois carros de membros do nosso comitê foram mobilizados para comparecer à audiência. Fannie Haughton, minha irmã Fania, Mitsuo Takahashi, Jamala e várias outras pessoas estavam lá representando o movimento de Los Angeles.

Esperávamos uma batalha feroz no tribunal, mas não imaginávamos que o juiz fosse tão audacioso a ponto de banir os próprios irmãos do local da audiência. Aparentemente, oficiais de Salinas tinham ficado com medo diante da visão de um número grande de pessoas vindas de todos os cantos do estado para a audiência. O juiz emitiu uma ordem proibindo os guardas de Soledad de levar os irmãos ao tribunal.

Quando a equipe de defesa e o público ficaram sabendo dessa manobra, iniciou-se uma balbúrdia. Os advogados e advogadas berravam com o juiz, e o público participava. No meio de tudo isso, Fay Stender gritou que estávamos lá apenas para garantir que o julgamento fosse transferido para um lugar onde os irmãos tivessem mais chances de serem julgados de modo justo. A essa altura, o juiz estava em estado de total confusão. Ele simplesmente não sabia como lidar com o público que estava no tribunal. Respondendo a Fay, ele gritou algo como: "Tudo bem, eu lhe concedo sua mudança de jurisdição. Onde você quer que o julgamento ocorra?".

"São Francisco", ela respondeu de imediato, pensando, como disse mais tarde, que não havia a menor possibilidade de que ele aceitasse sua sugestão.

"Tudo bem", o juiz disse, quase em estado de pânico. "Estou ordenando que o julgamento seja transferido para São Francisco." Com isso, e sem nem sequer encerrar formalmente a sessão, ele deixou o banco e se dirigiu para seu gabinete.

Celebramos nossa vitória. Conseguimos a mudança de jurisdição, que esperávamos que fosse negada do mesmo modo como todas as outras moções haviam sido. A conquista era importante: um julgamento em São Francisco teria muito mais público, exigiria muito menos esforço para lotar o tribunal, e seria muito mais fácil mobilizar manifestantes para manter uma vigilância diária.

Para o Comitê de Defesa dos Irmãos Soledad, os meses de junho e julho foram repletos de vigorosa atividade. Trabalhamos assiduamente para divulgar e expandir o movimento pela liberdade de George, John e Fleeta.

Em 19 de junho, nosso grupo de Los Angeles promoveu um protesto e uma manifestação em frente ao State Building, que abriga o Department of Corrections [Departamento Correcional], e à Parole Board [Junta de Liberdade Condicional]. Por total coincidência, naquele dia o Conselho de Regentes se reuniria para deliberar sobre a questão de meu cargo na Ucla. Isso era tanto uma vantagem quanto uma desvantagem. Por um lado, significava que receberíamos muito mais publicidade do que o esperado, já que jornalistas que quisessem saber minha reação à decisão dos Regentes iriam à manifestação. Por outro lado, seria fatal para o objetivo de nosso protesto se isso ofuscasse a causa dos irmãos Soledad.

Naquela manhã, antes de seguirmos para o State Building, decidi que qualquer que fosse a decisão dos Regentes, e independentemente do número de repórteres por perto, eu evitaria comentar essa situação até que tivéssemos concluído nossas ações em torno dos irmãos Soledad.

Na manifestação, Masai Hewitt, ministro da Educação do Partido dos Panteras Negras, falou em nome de seus companheiros presos, Bobby, Ericka, Huey e dezenas de outras pessoas, para que o caso Soledad fosse visto como uma das cristas de uma onda crescente de repressão. Como Josef tinha cumprido pena em Soledad, pedimos que ele descrevesse suas experiências atrás dos muros, a fim de oferecer às pessoas uma compreensão das forças que levaram à conspiração contra os irmãos Soledad. Jane Fonda, que havia aceitado entusiasticamente participar da manifestação, estava a postos para pedir recursos. Falei do trabalho de nosso comitê na mobilização pela liberdade dos irmãos. Contei como chegamos à conclusão de que não bastava lutar em torno de casos individuais. Tínhamos de fazer isso e muito mais. Um movimento estava se formando atrás dos muros, e as irmãs e irmãos precisavam de nosso apoio e solidariedade. As demandas que apresentaríamos à Adult Authority [Jurisdição de Pessoas Adultas] refletiam nossa determinação em expandir nosso movimento; eram demandas em nome de toda a população carcerária.

Com o meu discurso, a manifestação foi encerrada. Nós nos organizamos e marchamos para o outro lado da rua, até o prédio que abrigava a Jurisdição de Pessoas Adultas da Califórnia – a Junta Prisional de Liberdade Condicional. Havia centenas de pessoas em nossas fileiras quando entramos no prédio, nos elevadores, e subimos vários lances de escadas até os escritórios da Jurisdição de Pessoas Adultas. Para o evento, imprimimos cartazes exigindo a liberdade dos irmãos Soledad, de Bobby, de Ericka e de todas as pessoas presas por razões políticas, e listando nossas reivindicações ao Departamento Correcional e à Jurisdição de Pessoas Adultas. Ao longo do nosso trajeto, colamos os cartazes nas paredes.

A multidão era linda em sua composição variada: pessoas negras, latino-americanas, asiáticas e brancas. Havia jovens, diversas pessoas com mais de trinta anos e algumas muito mais velhas. Trabalhadores e trabalhadoras, estudantes e profissionais liberais compunham nossas fileiras. Uma razoável representação da Ucla incluía o presidente do Departamento de Filosofia, Donald Kalish, com quem sempre podíamos contar para dar seu apoio a causas progressistas. Fiquei extremamente feliz em ver que as duas jovens negras funcionárias da administração do departamento – Connie e Betty – tinham comparecido. Transeuntes também se juntaram ao protesto.

Um pequeno confronto ocorreu entre nós e a equipe da Jurisdição de Pessoas Adultas quando exigimos uma reunião com membros da junta. Cercados por centenas de manifestantes que gritavam palavras de ordem, eles procuravam alguma saída. Insistiam que a junta não estava se reunindo em Los Angeles, e sim em algum outro ponto do estado. Era provável que tivessem mudado o local da reunião quando souberam que pretendíamos realizar aquele protesto no dia do encontro mensal da junta em Los Angeles. Não tínhamos interesse em estender ainda mais o confronto. Nós tínhamos avisado sobre nossas intenções.

Pouco depois que o protesto ganhou vida, repórteres me informaram que os Regentes tinham terminado a reunião e já tinham divulgado sua decisão: eu não seria recontratada no próximo ano. Agora que nosso protesto tinha sido concluído com sucesso, nos preparamos para realizar uma coletiva de imprensa na calçada em frente ao State Building. Parecia que os meios de comunicação estavam seguindo uma política consciente de cobertura mínima ou nula do movimento pelos irmãos Soledad. Eu estava determinada: desta vez, não escapariam. Assim, fiz questão de formular todas as minhas respostas de maneira que cada frase dissesse algo sobre a relação entre a minha demissão e a repressão aos irmãos Soledad e a outras pessoas presas por razões políticas.

Os Regentes não podiam mais invocar o estatuto que proibia o emprego de comunistas na universidade; a liminar contra eles sobre essa questão ainda estava em vigor. Além disso, eles não tinham sido capazes de apresentar qualquer prova de que eu tivesse agido de forma criminosa no exercício de minhas funções acadêmicas. Nem mesmo o comitê secreto *ad hoc* de docentes que os Regentes tinham nomeado para investigar minha atividade em sala de aula tinha conseguido algo que considerassem útil.

Assim, restou ao Conselho de Regentes apenas a noção de que meus discursos políticos fora da sala de aula eram "inapropriados para uma professora universitária". De modo curioso, essa decisão foi anunciada no mesmo dia de um desses discursos em que eu "inapropriadamente" acusava altos escalões do governo, incluindo o próprio Ronald Reagan, de tolerar e participar de uma conspiração para reprimir ativistas de causas políticas radicais, em particular ativistas que estavam na prisão.

Membros do nosso Comitê de Defesa ficaram contentes em saber que a fotografia que acompanhava a matéria sobre minha demissão tinha sido tirada enquanto marchávamos. Isso levou a mensagem de nossa luta, por meio de agências internacionais de notícias, a pessoas de todo o mundo: eu carregava um cartaz que dizia SALVEM OS IRMÃOS SOLEDAD DO LINCHAMENTO LEGAL e Jonathan, atrás de mim, carregava outro com os dizeres FIM À REPRESSÃO POLÍTICA NAS PRISÕES.

Poucos dias depois da nossa manifestação em 19 de junho, aconteceu uma reunião estadual do Comitê de Defesa dos Irmãos Soledad em San Jose, na casa de Joan e Betsy Hammer. Estava na pauta a questão da estratégia para o julgamento em São Francisco, cuja data se aproximava. O comitê de São Francisco não era nem de perto tão forte quanto deveria ser, especialmente na comunidade negra. Era óbvio que precisava haver um trabalho de base mais intenso tanto lá quanto em Oakland, a fim de estabelecer os alicerces para uma participação em larga escala nos eventos em torno do julgamento. Perguntaram-me se consideraria passar algum tempo em São Francisco durante o verão para ajudar nessas tarefas. Disse que precisava pensar com bastante cautela.

De volta a Los Angeles, nosso comitê realizou coquetéis para angariar fundos. Promovemos a exibição de um filme sobre o Vietnã, *No ano do porco**; houve um protesto bastante bem-sucedido na Igreja Unitarista, na rua 8. Um dos mais extraordinários eventos de arrecadação de fundos do Comitê Soledad foi o leilão de arte que organizamos. Artistas (pessoas negras e brancas, profissionais e amadoras) concordaram em doar seus trabalhos. Dois irmãos que dirigiam uma galeria de arte na área de Crenshaw, em Los Angeles (e que, aliás, frequentaram o jardim de infância comigo em Birmingham), concordaram prontamente em nos deixar usar o espaço para a exposição. Planejamos muitos outros eventos semelhantes no restante do verão e no outono.

Enquanto essas atividades se desenvolviam, a parte acadêmica da minha vida também exigia atenção. Sabendo que, em circunstâncias normais – isto é, se o caso da Ucla não tivesse se convertido em algo que consumia todo o meu tempo –, minha tese já estaria pronta, eu agora queria tirar isso da frente o mais rápido possível. No final do verão, ela teria de estar definitivamente concluída. Este foi o objetivo que estabeleci para mim mesma. Meu trabalho seria facilitado pela bolsa de pesquisa que recebi da universidade para os meses de julho, agosto e setembro.

Embora não houvesse dúvida de que eu continuaria atuante no Comitê Soledad, eu queria reduzir ao máximo meus envolvimentos políticos. Comecei a fazer certas mudanças práticas. No apartamento, tentei recuperar meu escritório, que havia sido tomado pelo trabalho do comitê. Mudei a máquina de mimeógrafo e os outros materiais para a sala de jantar ao lado. Achava que seria capaz de desenvolver uma rotina de trabalho que envolvesse pelo menos oito horas diárias de estudo. No entanto, no verão, nosso apartamento na rua 45 se tornou uma verdadeira base, um escritório e um "dormitório". Pessoas apareciam a todo momento para se informar sobre o trabalho do comitê – e isso era bom, porque significava que tínhamos criado um movimento que estava atraindo muitas pessoas da comunidade. O marido de Tamu, Malcolm, tinha saído da prisão e agora morava na casa, e um amigo do casal, do Canadá, estava dormindo no sofá. A bebê, Kendra, tinha atingido uma idade em que precisava de muita atenção. Sempre que ela estava por perto, eu simplesmente não conseguia resistir à tentação de brincar com ela. Tudo isso tinha como resultado o fato de que o único momento em que eu conseguia trabalhar seriamente em minha

---
* Direção de Emile de Antonio, 1968. (N. E.)

tese era depois que todas as pessoas na casa estavam dormindo. Às vezes, eu trabalhava da uma ou duas da manhã até seis ou sete. Mas, como eu nunca dormia durante o dia, tornou-se impossível manter esse ritmo.

Sentindo-me muito frustrada em relação ao meu trabalho, decidi procurar um imóvel pequeno e barato, onde pudesse me esconder quando quisesse trabalhar. O lugar que enfim encontrei estava localizado na rua 35, a apenas dez quarteirões de distância do outro apartamento. O aluguel custava somente 75 dólares, o que significava que eu ainda podia pagar metade do outro aluguel e continuar a ficar lá quando precisasse. Lembrando-me da experiência do telefone da rua 45, que tocava a todas as horas do dia e da noite, decidi manter esse apartamento livre de tais incursões, recebendo todas as minhas ligações na rua 45.

Como eu não podia me mudar antes de 1º de julho, Georgia Jackson me convidou para passar esse tempo intermediário na casa da família em Pasadena, para que eu tivesse um lugar tranquilo para trabalhar. No dia 1º, transferi meus livros, papéis, escrivaninha, máquina de escrever e uma cama para o novo apartamento. Durante aquele mês, não permiti que nada interrompesse meus estudos, com a única exceção do Comitê Soledad.

Em meados de julho, fiz uma curta viagem à região da baía de São Francisco para falar sobre os irmãos Soledad em uma reunião de ativistas de várias organizações de São Francisco, Berkeley e Oakland. Com a mudança da jurisdição do julgamento, os irmãos tinham sido transferidos de Soledad para San Quentin. Jonathan e seu pai iam viajar de carro para visitar George mais ou menos no horário da reunião, então me juntei a eles.

A reunião estava sendo realizada no escritório da National Lawyers Guild [Associação Nacional de Advogados]. Juntamente com Fay Stender e membros do Comitê Soledad da região da baía, falei da importância de ampliar o movimento em torno dos irmãos, especialmente nos meses e semanas anteriores ao julgamento. Em toda a região da baía, a esquerda tinha de ser mobilizada, e era necessário haver um esforço concentrado de organização voltado para a comunidade negra. Um irmão do Partido dos Panteras Negras nos assegurou de que assumiriam grande parte da responsabilidade de envolver as massas da população negra na tentativa de salvar a vida dos irmãos.

Estavam presentes na reunião representantes do Defense Committee [Comitê de Defesa], que fazia um trabalho extremamente bem-sucedido de apoio a um grupo de ativistas latino-americanos que estavam sendo julgados na época – *Los Siete de la Raza*. Combinamos uma espécie de coalizão entre nossos grupos e decidimos lançar uma nova fase de nosso trabalho pela libertação de pessoas presas por razões políticas com uma manifestação de massa em São Francisco, em 12 de agosto. Charles Garry, advogado de *Los Siete*, concordou entusiasticamente em discursar no protesto, e eu disse que também falaria.

O advogado de George, John Thorne, apresentou uma moção a um juiz de São Francisco, solicitando que eu fosse reconhecida como pesquisadora legal de George – que era essencialmente a mesma coisa que eu fizera para Hekima. Como eu estava lá, nós fomos ao tribunal a fim de discutir a moção naquele dia. No mesmo andar onde John discutia a proposição, acontecia uma sessão do julgamento de *Los Siete*. Sentei-me ali por um tempo, fiz o sinal de solidariedade aos irmãos e conversei por alguns minutos com Charles Garry sobre a coordenação do trabalho dos comitês em torno dos dois grupos de presos políticos.

Enquanto eu estava na região da baía, ativistas do Comitê Soledad levantaram novamente a questão de eu passar algum tempo lá para ajudar na organização do comitê. Tendo acabado de encontrar um apartamento onde eu poderia dedicar a maior parte dos dias à minha tese, eu estava hesitante em considerar com seriedade a possibilidade de desmontar tudo de novo. Mas o comitê da região da baía não estava em sua melhor forma e, sem dúvida, poderia se beneficiar das experiências acumuladas em Los Angeles. Eu disse que pensaria a respeito, mas, caso eu não pudesse ir, tentaria persuadir algum dos membros mais experientes de nosso grupo a ir em meu lugar. Pensava em minha colega de apartamento, Tamu.

Por volta do início de agosto, decidi que seria possível passar algumas semanas na região da baía, particularmente porque a biblioteca no *campus* de Berkeley era muito mais completa no que dizia respeito a trabalhos relacionados ao tópico de minha tese do que a biblioteca da Ucla, e eu teria de fazer a última parte da minha pesquisa lá de qualquer maneira. Achei que daria para passar algum tempo na região, dividindo meus dias entre a universidade e o Comitê de Defesa dos Irmãos Soledad. Mais ou menos no início de agosto, fui ver um apartamento e examinar a biblioteca.

7 DE AGOSTO DE 1970

A sala de audiências número 1, presidida pelo juiz Harold Haley, estava em sessão. Era o julgamento de James McClain, um prisioneiro de San Quentin que havia sido acusado de agressão associada a um incidente recente na prisão.

Atuando como próprio advogado, ele já tinha começado a apresentar a defesa. Quando Jonathan entrou na sala e se sentou na área reservada ao público, Ruchell Magee, outro prisioneiro de San Quentin e testemunha da defesa, estava sendo interrogado por McClain. Jonathan ficou sentado por um tempo. Então, levantou-se e, com uma espingarda na mão, mandou todas as pessoas na sala ficarem paradas. McClain e Ruchell se juntaram a ele, assim como William Christmas, que aguardava ser chamado para testemunhar em uma cela de espera nas proximidades.

Em depoimento posterior, pessoas da equipe do xerife disseram que os três gritavam: "Libertem os irmãos Soledad!". Outras afirmaram ter ouvido "Libertem nossos irmãos em Folsom!" e algumas, ainda, "Libertem todas as pessoas presas por razões políticas!". O promotor sustentou que o propósito da revolta era libertar os irmãos Soledad da prisão.

O juiz, com uma arma colada ao pescoço, o promotor público responsável pelo caso e vários membros do júri foram levados para uma caminhonete parada no estacionamento do lado de fora. Um guarda de San Quentin atirou no veículo. Então, uma rajada de tiros atingiu a caminhonete e, quando a fumaça se dissipou, todas as pessoas ali dentro, exceto uma, estavam mortas ou feridas. O juiz Haley estava morto. O promotor Garry Thomas estava ferido. Uma jurada estava ferida. McClain e Christmas estavam mortos. Ruchell estava ferido. E Jon...

Quando eu soube da revolta mais tarde, naquela noite, quando vi pela televisão o cenário dos acontecimentos no condado de Marin, fiquei repetindo em voz alta: "Deve haver algum engano. Não pode ser Jonathan, não o nosso Jon. Não pode ser. Ele estava tão vivo, tão forte".

Jonathan tinha acabado de completar dezessete anos. Alguns meses antes, George tinha escrito para mim:

> Jon é um irmão jovem e está apenas um pouco retraído, mas é inteligente e leal... Ele está naquela idade perigosa em que a confusão se instala e leva os irmãos para a cova ou para a prisão. Está em situação um pouco melhor do que eu estava e do que a maioria dos irmãos da sua idade. Ele aprende rápido e consegue diferenciar o real do aparente, desde que alguém tenha tempo de lhe mostrar isso. Diga aos irmãos para nunca mencionarem seus olhos verdes e seu tom de pele. Ele é muito sensível quanto a isso e vai brigar ou se retrair. Você entende? Você sabe que algumas pessoas entre nós não se preocupam em ser corretas umas com as outras. Ele teve muitos problemas nos últimos anos por causa dessa questão. Não está certo. Ele é um garoto negro leal e bonito. Eu o amo.

E os sentimentos de Jon por George tinham ofuscado tudo o mais em sua vida. Jon ainda era tão jovem, mas acho que nunca foi realmente criança. Teve sua infância roubada por uma sociedade que mantinha seu irmão atrás das grades por quase tanto tempo quanto ele conseguia se lembrar.

Sete é a idade em que a maioria dos meninos brinca com pistolas d'água feitas de plástico vermelho brilhante. Mas, aos sete anos, Jon sabia que as armas eram grandes e cinzentas e que, quando eram tiradas do coldre de um agente prisional e seu gatilho era apertado, elas não lançavam um jato de água fresca. Disparavam tiros que causavam jatos de sangue e morte. Morte. Desde os sete anos, Jonathan só via George durante as visitas à prisão. Vira seu irmão conviver com a realidade da morte todos os dias, todas as horas, todos os momentos.

Durante os poucos meses de nossa amizade, acho que não percebi o quanto ele tinha sido destruído por aquela década de frustrações acumuladas, por aquela terrível sensação de impotência diante dos muros, das grades, das armas e daquelas asseadas salas de audiências presididas por juízes brancos enfadonhos.

Agora, o inimigo havia se fechado sobre Jon, que tentou causar algum dano ao impiedoso sistema prisional que vinha fazendo seu irmão – todos os seus irmãos e irmãs – dar voltas e mais voltas, cada vez mais rápido, em torno de uma órbita viciosa de sofrimento e brutalidade, de conspirações e assassinatos.

Nos dias que se seguiram à revolta no tribunal, tentei dissipar minha fúria cega pela morte de Jonathan a fim de que a raiva se tornasse construtiva. Eu sabia que havia apenas uma maneira de vingar a morte de Jon: por meio da luta, da luta política, com pessoas se mobilizando, lutando por quem estava atrás dos muros.

Deixar de lutar dessa maneira seria abandonar Jonathan para sempre caído no asfalto – caído em seu próprio sangue, como se ali fosse o lugar a que ele pertencia. Deixar de lutar seria negar para sempre a ele – a todos os Jonathans jovens e por nascer – a beleza de montanhas verdes exuberantes em vez de grades frias e cinzentas, o frescor de um passeio até a praia em vez de uma triste jornada a uma sala de visitas da prisão de Soledad. Uma infância cheia de sorrisos, de belos brinquedos, de irmãos mais velhos que são lindos, fortes e livres...

PARTE V
MUROS

A mão entre a vela e o muro
Torna-se maior no muro. [...]
Deve ser porque a mão
Está determinada a ser maior no muro,
A ser maior e mais pesada do que
o muro [...]*
Wallace Stevens

---

*   "The hand between the candle and the wall / Grows large on the wall [...] / It must be that the hand / Has a will to grow larger on the wall, / To grow larger and heavier than the wall" ("Poem with rhythms"). (N. T.)

22 DE DEZEMBRO DE 1970

Quando o avião aterrissou na Califórnia, depois de cruzar os Estados Unidos nas doze horas da viagem de extradição, havia tantos homens armados esperando do lado de fora quanto havia na base aérea da costa Leste supervisionando minha partida. Os subxerifes e policiais pareciam perdidos entre as centenas de homens que vestiam uniformes da Força Aérea estadunidense. Eles estavam posicionados por toda a área e enfileiravam-se dos dois lados da rota seguida pela caravana, que atravessou a base em alta velocidade.

O trajeto levou dez ou quinze minutos. Então, a caravana entrou no centro cívico do condado de Marin, que reconheci pelas fotos dos jornais, tiradas depois da revolta de 7 de agosto. O carro em que eu estava entrou em uma garagem, e um portão de aço se fechou imediatamente com um estrondo. Do outro lado do portão, uma multidão se reunia e, quando saí do carro, soltou um clamoroso "Libertem Angela Davis e todas as pessoas presas por razões políticas!". Ainda algemada, fiz o gesto de solidariedade com os dois punhos.

Embora eu não tivesse reconhecido nenhuma daquelas pessoas, sua presença me revigorou, como os gritos de apoio em Nova York, no dia da minha prisão. Alguns segundos depois de eu ter levantado os punhos, fui empurrada para dentro de um elevador que levou à área de admissão da prisão, no andar de cima. E, pela terceira vez desde que fui presa, passei pelo mesmo ritual: os formulários, a fotografia para a ficha e as impressões digitais.

A diferença entre a prisão do condado de Marin e a Casa de Detenção Feminina de Nova York era gritante. Ao ver a Casa de Detenção pela primeira vez, senti repugnância pela completa imundície. A prisão do condado de Marin, por outro lado, era de uma limpeza impressionante e antisséptica. Não havia ratos correndo pelo chão lustroso. Não havia grafites nas paredes recém-pintadas. Enquanto a Casa de Detenção era sombria e escura, como uma masmorra, aquela prisão era dolorosamente luminosa. Eu estava acostumada à lâmpada de sessenta *watts* de minha cela em Nova York; meus olhos ardiam sob as luzes de brilho fluorescente daquele lugar.

Durante a admissão, notei uma série de pequenas telas de televisão atrás da mesa. A prisão inteira estava, obviamente, sujeita à vigilância do circuito fechado de TV. Perguntei-me se encontraria uma câmera em minha cela.

Quando o processo de admissão terminou e eu me assegurei de que me dessem recibos de tudo que eu trouxe de Nova York, a inspetora fez um sinal para que a porta no fim do corredor fosse aberta. Um botão foi apertado; a porta de metal deslizou pesadamente pela parede. Aquela perfeição mecânica era muito mais assustadora do que as instalações arcaicas da Casa de Detenção.

Acompanhada por um séquito de agentes prisionais femininas, andei por um corredor com uma sequência de portas de ferro, sem janelas, a não ser por pequenos orifícios de vigilância quadrados. No fim do corredor, viramos à direita e ficamos diante de duas celas separadas por um cubículo minúsculo com chuveiro que se abria diretamente para o corredor. Uma câmera de TV presa no teto apontava na direção das celas.

A inspetora-chefe destrancou a última das duas celas. Quando entrei, meus sentimentos eram ambivalentes: raiva por estar de novo submetida à vontade de carcereiras racistas; ligeiro alívio por finalmente estar só, com tempo para pensar.

Assim que as portas foram trancadas atrás de mim e as inspetoras me deixaram sozinha (embora provavelmente estivessem me observando pela TV), analisei o entorno. Maior do que minha cela na Casa de Detenção, aquela tinha cerca de dois metros quadrados. Presa a uma parede havia uma plataforma de metal com um colchão de oito centímetros. Na parede oposta havia uma peça cinza-clara que combinava vaso sanitário e pia – a água da pia escoava para dentro do vaso. Para escovar os dentes ou lavar o rosto, era necessário ficar sobre o vaso sanitário aberto. Os únicos outros itens da cela eram uma prateleira de trinta centímetros com dois ganchos de roupa embaixo e uma pequena mesa de metal acoplada a um banquinho de madeira redondo.

Eu me estiquei sobre o pequeno colchão e tentei imaginar o que estava acontecendo do outro lado dos muros. Não tive a oportunidade de falar com Margaret ou John depois que a Suprema Corte determinou que eu fosse extraditada para a Califórnia. Eu tinha certeza de que ambos viriam imediatamente, mas até o momento não havia notícias. Nenhuma notícia de Margaret, John ou de qualquer outra pessoa.

Ainda estava ali, deitada, olhando para o teto e tentando ordenar meus pensamentos, quando uma inspetora veio avisar que um advogado aguardava para me ver. Esperando encontrar Margaret ou John, segui a inspetora à cabine de visitas jurídicas. Do outro lado da tela de metal estavam Terence Kayo Hallinan, um advogado da região da baía envolvido no Comitê de Defesa, e Carolyn Craven, que eu conhecia de Los Angeles e que, na época, era repórter da rede de TV educativa local. Carolyn tinha conseguido entrar como assistente legal de Kayo. Quando as carcereiras souberam depois que ela também era repórter, anunciaram que apenas "advogados constituídos" teriam permissão para entrar na prisão. Isso significava que, até Margaret ou John chegarem de Nova York, eu ficaria literalmente incomunicável.

Sem nada para me manter ocupada, mas com os pensamentos acelerados na mente, pensei em meus irmãos em San Quentin. Eu sabia que não muito longe dali ficava aquela fortaleza medieval cercada por água, onde mantinham George cativo. Será que ele sabia que agora eu estava na Califórnia? Talvez eu logo recebesse uma mensagem dele e dos outros irmãos no Centro Correcional, a pior ala da prisão. Pensando neles, refletindo sobre nossa situação comum, consegui superar a solidão deprimente e ameaçadora.

Não dormi naquela noite – e nem tentei afastar as especulações sobre meu futuro, sobre o futuro de George, John, Fleeta, Ruchell. Sabia que a câmara de gás esperava por nós. Então, como um presságio do inferno enviado para confirmar meus medos mais desvairados, os gritos de uma mulher quebraram o silêncio. Pude sentir meu coração bater como um pássaro enjaulado e assustado. Entre seus gritos horripilantes, ela parecia implorar: "Deixem-me sair daqui! Deixem-me sair daqui!". Seus berros soavam mais aterrorizantes e desnorteadores porque eu não estava familiarizada com o que me cercava. Exceto por minha cela, a cela vizinha e a cabine de visitas no fim do corredor, eu não tinha ideia de onde estavam as coisas. A gritaria continuou. Os clamores estavam tão próximos e eu me sentia tão impotente... A escuridão se fechava sobre mim como a tampa de um caixão, encerrando meu primeiro dia na prisão do condado de Marin.

Na manhã seguinte, bem cedo, Margaret e John vieram me ver. Pouco depois, fui conduzida pelo labirinto de corredores subterrâneos por meio dos quais as prisioneiras eram levadas de suas celas para comparecer ao tribunal. Minha audiência de acusação por assassinato, sequestro e conspiração estava marcada para aquela manhã. Margaret e John pediram o adiamento da acusação, explicando que a equipe jurídica estava em processo de formação.

Depois de atender ao nosso pedido, o juiz que presidia a audiência anunciou oficialmente que, assim como todos os outros juízes do condado de Marin, ele se declararia inabilitado de presidir o caso porque seu relacionamento com o juiz Haley provavelmente o impediria de fazê-lo com imparcialidade. Ele, então, proferiu uma ordem de mordaça destinada a proibir que eu, a defesa ou qualquer pessoa ligada direta ou indiretamente ao caso fizesse declarações públicas sobre as provas que viessem a surgir durante o processo.

Tudo era moderno e impecável naquela sala de audiências.

A iluminação, muito mais clara que a luz do dia, acentuava o fato de tudo ser novo. Naquela sala bonita e elegante, pensei, homens e mulheres são enviados para celas sujas, alguns até para a câmara da morte ali em frente, em San Quentin. Conforme eu havia aprendido nas reportagens, as salas de audiências – e todo o centro cívico do condado de Marin – foram projetadas por Frank Lloyd Wright. Para elas, ele adotou um tema de círculos. No ambiente onde aconteceu meu primeiro comparecimento ao tribunal, havia no teto um grande painel redondo circundado por luzes. Os móveis estavam dispostos de acordo com o círculo no alto – o assento do juiz, a bancada do júri, as mesas da acusação e da defesa –; tudo estava estrategicamente posicionado em formato circular.

Descobri depois que, ao projetar as salas de audiências, Wright tinha algo muito definido em mente. Queria retratar a natureza da justiça nos Estados Unidos. As pessoas envolvidas em um julgamento, ele acreditava, não deveriam ser vistas como se lutassem entre si. Pelo contrário, quem está na posição de juiz, júri, promotor e réu se dá as mãos em um círculo na busca comum por justiça.

Quando soube da mensagem de Wright sobre dar as mãos, pensei no jogo que costumávamos brincar na infância – "*Ring around the rosie, pocket full of posies, ashes!, ashes!...*"* – e na maneira como a própria brincadeira selecionava certas crianças para ficar de "fora". Não havia absolutamente nada que eu tivesse em comum com os homens sentados ao redor do círculo no tribunal. Meus companheiros, meus amigos e eu – todos nós víamos aqueles homens como manipuladores de um jogo judicial que fora armado contra mim. Portanto, tínhamos de fortalecer continuamente o movimento popular, que era nossa única esperança de vencer as adversidades. De fato, dois dias depois, o National

---

* "Roda em volta das rosas/ Bolso cheio de flores/ Cinzas! Cinzas!" Brincadeira de roda em que uma das crianças fica fora do círculo enquanto as demais giram e cantam. A letra tem diversas variações nas culturas britânica e estadunidense. (N. T.)

United Committee to Free Angela Davis [Comitê Nacional Unificado pela Libertação de Angela Davis; NUCFAD, na sigla original], liderado por minha irmã Fania e meu camarada Franklin, realizou uma vigília de Natal em frente ao centro cívico. As paredes da minha cela sem janelas eram grossas demais para que fossem penetradas pelos gritos de guerra. Mas eu podia perceber sua presença e me senti feliz e forte graças a essas pessoas.

Agora que eu estava no condado de Marin, tinha de me preparar para enfrentar as pessoas que me acusavam em seu território. Uma equipe jurídica tinha de ser formada. John planejava voltar à costa Leste assim que a questão da equipe fosse resolvida, mas Margaret ia ficar. Eu teria de confiar total e completamente em minha equipe; em um sentido muito literal, eu estava entregando minha vida àquelas pessoas. Margaret e eu já havíamos estabelecido essa confiança profunda, pois nos amávamos como irmãs.

Eram muitos os critérios que eu esperava que fossem satisfeitos por membros da equipe jurídica. Queria, evidentemente, advogados e advogadas compatíveis comigo e entre si. Passaríamos muitos meses trabalhando em conjunto. No entanto, havia um critério preponderante. Eu tinha de ter advogados e advogadas que concordassem que o caso era político. Precisavam ser pessoas sensíveis ao fato de que o julgamento seria político em todos os aspectos. Além disso, a batalha na sala de audiências estaria entremeada a uma batalha conduzida por um movimento de massa. A equipe de defesa teria de entender desde o início que aquilo que acontecesse no tribunal estaria necessariamente relacionado e coordenado com a campanha nas ruas.

Haywood Burns, presidente da Conferência Nacional de Advogados Negros, colocou-me em contato com Howard Moore. No dia em que fui extraditada de Nova York, conversei com Howard, que tinha vindo de Atlanta a meu pedido. Ficou claro durante nossa primeira conversa na prisão em Nova York que, ao atuar em casos de direitos civis no Sul, ele via seu papel de advogado como parte de um esforço mais amplo de defesa das pessoas oprimidas que lutavam por liberdade. Quando Howard falava sobre a luta, havia nele uma intensidade que me convenceu de que a coisa mais importante em sua vida era a libertação do povo negro. Ele compreendeu de imediato por que eu achava fundamental participar diretamente da defesa. As provas que estavam sendo levantadas contra mim eram políticas: meus discursos em manifestações, minha liderança no movimento de massa para libertar os irmãos Soledad, minha afiliação ao Partido Comunista. Minha posição política estava em jogo, e cabia a mim defendê-la. Howard concordou que uma das primeiras moções que apresentaríamos reivindicaria minha participação na equipe jurídica.

Além do forte compromisso político de Howard e de sua *expertise* como advogado, ele também era um ser humano caloroso. Gostei dele. A decisão foi tomada. Margaret ligou para o escritório dele para perguntar se estaria disposto a assumir a responsabilidade principal do caso. Ele concordou imediatamente, e Franklin partiu para Atlanta para finalizar o acordo. O primeiro obstáculo havia sido superado. Eu me senti extremamente aliviada.

Embora Howard tivesse concordado em arcar com a responsabilidade principal do julgamento, compromissos anteriores em seu escritório em Atlanta impediam que ele viesse para a Califórnia de modo permanente antes do início de abril. Durante aqueles três meses, precisávamos de advogados e advogadas para trabalhar nas moções prévias ao julgamento. E, para a equipe que atuaria no caso, precisávamos de uma ou duas pessoas que tivessem autorização para atuar no foro da Califórnia.

Pedimos a três advogados que se juntassem à equipe com o objetivo de apresentar e defender as moções prévias ao julgamento: Al Brotsky, que era sócio de Charles Garry e cujo escritório foi colocado à disposição do grupo; Michael Tigar, que eu conheci quando ele lecionou na Faculdade de Direito da Ucla; e Dennis Roberts, amigo pessoal e colega de Michael. Mais tarde, Sheldon Otis, conhecido advogado de Detroit, também se uniu à equipe.

A organização física da prisão parecia ter sido projetada visando utilizar o mínimo de espaço para tudo. A pequena cabine de visitas jurídicas da ala feminina só conseguia acomodar uma pessoa da equipe de defesa, sem nenhum conforto; se não fossem muito grandes, duas pessoas podiam se espremer ali, uma sentada e a outra em pé, atrás da cadeira. Meu lado da tela de metal era igualmente reduzido – sempre que eu precisava ficar na cabine por algum tempo, demorava até dominar a claustrofobia que desenvolvi na prisão.

No começo, eu ficava completamente confusa com o jargão jurídico utilizado pela equipe de defesa para discutir o caso. Quando eu ficava fechada na cabine minúscula, aqueles termos misteriosos davam voltas em minha cabeça. "Uma de nossas primeiras moções tem de ser a 'Nove e noventa e cinco'", disse alguém. O que uma "Nove e noventa e cinco" tem a ver com a minha vida e a tentativa de salvá-la da câmara da morte? Eu não tinha a menor ideia do que aquilo significava.

A falta de espaço para as reuniões da equipe jurídica foi o motivo do primeiro grande confronto com as carcereiras. A questão era tão explícita quanto a legitimidade da nossa queixa. Se não nos dessem alguma oportunidade de nos reunirmos em grupo, estariam me negando um direito básico e constitucional – o de receber a assessoria jurídica de minha escolha. No entanto, as supervisoras da prisão deixaram claro que não se sentiam obrigadas a respeitar meus direitos e que não cederiam um centímetro sem uma luta violenta.

Prisões são lugares insensatos. Insensatos no sentido de que nada é pensado por suas administrações; não há solução de problemas nem a avaliação racional de qualquer situação ligeiramente diferente da norma. O vazio criado por essa ausência de pensamento é preenchido por regras e pelo medo de estabelecer um precedente (o que significa uma regra que ainda não tivessem assimilado). Antes que pudéssemos nos aproximar da grande batalha pela minha vida – para criar as armas que assassinariam o monstro, por assim dizer –, tínhamos de gastar energia infinita lutando contra peixes pequenos. Por causa das normas por meio das quais as prisões sobrevivem, a única fonte de paixão restante para quem as administra é a proximidade da dor e da morte. Quem matava mais rápido era sempre quem demonstrava mais indignação diante da infração de uma regra.

Depois que concordaram em nos fornecer um local para o encontro da equipe jurídica, organizaram uma reunião fortemente "protegida" no que acabou sendo a sala da equipe do xerife. Foi o capitão quem veio me buscar, cercado por guardas uniformizados e armados. Outros agentes com cara de poucos amigos estavam postados ao longo do caminho. Para mim, parecia que metade da força policial tinha sido mobilizada. Quem poderia acreditar que realmente me consideravam uma ameaça tão grande? Era muito mais provável que estivessem tentando fazer com que eu parecesse tão perigosa a ponto de ser necessário um grande número de guardas para me conter. Era parte da conspiração para me declarar culpada antes mesmo que eu tivesse a chance de ser julgada. Quanto mais nos aproximávamos da sala da equipe [do xerife], que tinha janelas e portas para o mundo exterior, maior era a quantidade de agentes e menor o espaço entre eles. Pouco antes de entrar na sala, tive de passar por um corredor estreito formado por duas filas de subxerifes posicionados ombro a ombro. Será que achavam que eu sairia correndo? Era como na base da Força Aérea de McGuire. Mas então me ocorreu que aqueles homens eram provavelmente ainda mais perigosos do que os da base em Nova Jersey: eram os mesmos homens que tinham sido desarmados e acuados por Jonathan –

por um garoto de dezessete anos. Sem dúvida, pensavam na revolta de 7 de agosto. Sem dúvida, seu comportamento era motivado por uma combinação de vergonha, constrangimento e desejo obsessivo de vingança.

5 DE JANEIRO DE 1971

Com o apertar de um botão, a porta de ferro que fechava a ala feminina se abriu. Eu estava a caminho do tribunal, onde seria formalmente acusada pelo estado da Califórnia de assassinato, sequestro e conspiração. Depois da longa caminhada pelos corredores subterrâneos, fui conduzida a uma cela ao lado da sala de audiências. Poucos minutos depois, o capitão Teague, chefe do destacamento, tirou as chaves do cinto, abriu a porta com um gesto de comando e disse: "Pode entrar agora, srta. Davis".

Quando entrei na sala de audiências, houve aplausos ruidosos e, por um momento, meus olhos ficaram cegos por causa dos *flashes* e das luzes brilhantes. Olhando diretamente para a ala reservada ao público, esforçando-me para ver rostos familiares, levantei meu punho em agradecimento àquela recepção.

Alguns dias depois, observando uma fotografia daquele instante, fiquei impressionada com a gritante incongruência da cena. Lá estava eu, meu rosto adornado com um sorriso brilhante; meu braço desimpedido erguido para o alto. Poucos metros à minha direita, estava sentado Ruchell Magee, que eu ainda não tinha visto. Ele estava enrolado em uma confusão de correntes, com a face um pouco contraída, como se estivesse tentando encontrar uma maneira mais confortável de lidar com os grilhões. Se eu tivesse visto Ruchell antes, meu primeiro gesto teria sido me dirigir a ele, confirmando o vínculo entre nós. Depois, eu teria me voltado para demonstrar gratidão às pessoas que nos apoiavam. Ruchell e eu deveríamos ter sido capazes de agradecer em conjunto pela presença de todos ali. Somente quando me sentei no banco que ficava de frente para a porta pela qual eu tinha acabado de entrar, avistei o homem negro acorrentado que era meu corréu. Quando o vi, sorri da forma mais calorosa que pude, tentando dizer-lhe que o amava e que estava com ele. Ruchell sorriu de volta.

A disposição parecia toda errada. Estávamos muito longe um do outro. O assento do juiz estava mais perto de mim do que a cadeira de Ruchell. Assim como a do promotor. Ruchell estava do outro lado do tribunal. Essa "justiça em círculo" parecia destinada a romper a aliança natural entre meu irmão e eu.

Eu estava furiosa e triste. Do meu lado do círculo, parecia que eu estava com cinco competentes profissionais de direito do movimento, enquanto Ruchell sentava-se com o advogado indicado pelo tribunal, Leonard Bjorkland.

No dia seguinte, quando li o *San Francisco Chronicle*, pude identificar o início de uma campanha para me colocar publicamente contra Ruchell. O artigo sobre a audiência de acusação começava: "Angela Davis, acusada de assassinato e sequestro, entrou confiante em uma sala de audiências do condado de Marin, levantou um punho cerrado e depois disse ao juiz: 'Sou inocente de todas as acusações'". Cerca de quinze parágrafos adiante, havia a frase: "Houve um suspiro do público na sala de audiências quando Ruchell Magee, preso em San Quentin e acusado como coconspirador ao lado da srta. Davis, foi trazido de uma cela de espera adjacente para a sala circular".

Isso foi em 6 de janeiro. Em 18 de janeiro, o mesmo repórter escreveu um artigo que começava: "Chamam Ruchell Magee de 'o outro réu' no caso de Angela Davis [...], ofuscado pela recém-aclamada heroína dos revolucionários negros". E então: "Se Magee é um revolucionário, foi o ambiente da prisão – não uma trajetória de esforço intelectual – que o fez assim".

Foi dessa forma que a imprensa tentou estabelecer a maior distância possível entre mim e Ruchell aos olhos do público. Mesmo no esboço autobiográfico de Ruchell, fui transformada em ponto de comparação:

> A vida de Magee na prisão começou quando ele tinha dezesseis anos; mais ou menos com a mesma idade, a srta. Davis, filha de uma família de classe média, ganhou uma bolsa de estudos para a Universidade Brandeis. [...] Nos anos em que a srta. Davis seguiu uma carreira universitária que a levou à Europa e, por fim, à Universidade da Califórnia, em San Diego, para fazer seu doutorado sob a orientação de Herbert Marcuse, Magee estudou livros jurídicos em sua cela.

Parecia que a intenção do artigo era reduzir a cinzas qualquer imagem de solidariedade entre nós – voltar quem me apoiava contra Ruchell e voltar quem o apoiava contra mim. Queriam desunião e divisão; pois, em lados opostos, seríamos mais vulneráveis. A união era o único caminho seguro para nos levar à vitória.

Quando a superfície da minha vida e a da vida de Ruchell eram colocadas de lado, o que tínhamos em comum podia ser facilmente visto. Tudo se resumia no fato de que éramos pessoas negras e, à nossa própria maneira, tentávamos lutar contra as forças que estrangulavam nosso povo.

Sempre achei fortuito estar entre quem tinha escapado do pior. Uma pequena reviravolta do destino e eu poderia ter me afundado no lodo da pobreza, da doença e do analfabetismo. É por isso que nunca senti que tinha o direito de me considerar diferente de minhas irmãs e irmãos que sofreram por *todos* nós. Quando descobri, mais tarde, como Ruchell tinha vivido seus 32 anos, ficou muito claro que ele era um desses irmãos.

Nascido na Louisiana, ele tinha sido condenado quando era um garoto de treze anos pela "tentativa de estupro" de uma menina branca e preso na Penitenciária Estadual de Angola. Chegou à idade adulta atrás daqueles muros, onde apenas sobreviver mais um dia era uma luta constante. Oito anos depois, as autoridades disseram que ele poderia deixar a prisão – isto é, se sua mãe concordasse em levá-lo para outro estado. Mudaram-se para a Califórnia. Ruchell estava nas ruas há pouco mais de um ano quando a polícia de Los Angeles o pegou por se envolver em uma briga banal com outro irmão. Com um histórico tão pesado atrás de si, a polícia não se deu ao trabalho de conceder a ele nem sequer a aparência de um julgamento justo. O sistema estava contra ele, a ponto de seu advogado, nomeado pelo tribunal, apresentar, com a objeção de Ruchell, uma petição de "inocente por motivo de insanidade". Quando o julgamento terminou, Ruchell tinha sido sentenciado à prisão perpétua, tendo sido condenado por sequestro. (A alegação foi simplesmente a de que ele levou tal irmão em um carro por alguns quarteirões.)

Ruchell era todas e todos nós, não apenas no modo como foi feito de bode expiatório do racismo, mas também em sua resiliência, em sua recusa em admitir a derrota. As escolas da Louisiana não o ensinaram a ler e escrever. Na Califórnia, atrás dos muros, usando a Constituição dos Estados Unidos como cartilha, ele venceu o analfabetismo. Leu livros de direito e se tornou suficientemente versado nas leis para escrever sumários legais sobre seu próprio caso, que submeteu aos tribunais apropriados. Sem poder contar com nada além de sua absoluta determinação, tornou-se um advogado tão eficiente que um tribunal de apelação reverteu sua sentença com base na argumentação feita por ele.

Na segunda instância, porém, o julgamento também levou a uma condenação, pois o tribunal se recusou a reconhecer seu direito a fazer a própria defesa. Mais uma vez, ele foi traído por um advogado nomeado pelo tribunal. No entanto, mesmo diante dessa segunda condenação, Ruchell não desistiu. Continuou a apresentar sumários aos tribunais – e não apenas para si, mas também para outros irmãos. Ao mesmo tempo, escreveu para todas as pessoas do lado de fora que ele achava que poderiam ajudá-lo a expor a injustiça cometida contra ele.

Ironicamente, só percebi que eu também tinha recebido uma dessas cartas de Ruchell quando ela foi apresentada no tribunal, tendo sido tirada de meu apartamento pelo FBI. Era uma das centenas de cartas que eu recebia semanalmente durante o caso na Ucla. Como não tinha ninguém para me ajudar com a correspondência, ela permaneceu soterrada sob todas as outras cartas não respondidas. Se ao menos eu soubesse disso na época.

A seção feminina da prisão de Marin foi obviamente projetada sob o pressuposto de que poucas mulheres seriam presas naquele condado, que está entre os mais ricos dos Estados Unidos. A porcentagem diminuta de pessoas negras, de origem latino-americana e pobres tinha uma relação direta com o que as autoridades imaginavam ser as necessidades da sua prisão feminina. Contando a enfermaria, as celas de isolamento e a cela juvenil, havia apenas dezessete leitos na ala das mulheres.

Alguém poderia pensar que aquela cadeia em pequena escala produziria inspetoras com reações menos impessoais, menos brutais. E, de fato, minha primeira impressão das carcereiras foi a de que elas eram amadoras tateando às cegas no papel que sentiam que uma inspetora deveria desempenhar. No entanto, justamente porque se esforçavam para ser boas carcereiras, elas quase sempre optavam por adotar a postura mais extremada que conseguissem.

Logo depois que cheguei, tive uma discussão com uma das inspetoras, a primeira de uma série interminável de conflitos semelhantes. Aconteceu em um domingo de janeiro. Passei parte da manhã lendo as seções menos chatas do *San Francisco Examiner*. Nas últimas horas da manhã, fui chamada para uma visita, mas mal tinha concluído as formalidades da apresentação quando uma inspetora desvairada invadiu o cubículo de visitas.

"Onde está a lâmina de barbear? Entregue! Se você não entregar a lâmina, verá o que somos capazes de fazer..."

Eu não sabia do que ela estava falando. A última vez que tinha visto uma lâmina de barbear tinha sido antes da minha prisão. Não respondi.

Ela continuou com suas exigências enigmáticas. "A menos que você apresente a lâmina imediatamente, não poderá terminar esta visita."

Olhei nos olhos dela por alguns segundos e perguntei, enfim, do que ela estava falando.

"O que aconteceu com a lâmina de barbear no seu jornal?", ela perguntou, descontrolada.

"Que lâmina de barbear? Que jornal?", perguntei.

Finalmente, entendi, a partir de algumas de suas observações incoerentes, que o jornal de domingo tinha publicado um anúncio de alguma marca de lâminas de barbear e que uma amostra tinha sido incluída.

"Não leio os anúncios", eu disse. "Se havia uma lâmina de barbear no jornal, ela ainda deve estar lá."

Disse que se ela parasse de ser tão histérica, poderia pegar a ridícula lâmina de barbear. E caminhei pelo corredor até minha cela. O jornal massudo estava empilhado sobre a cama. Sem ter a intenção de ajudá-la em sua revista, disse para pegar a lâmina de barbear ela mesma. Ainda descontrolada, ela folheou o jornal com violência até encontrar o anúncio. Quando o rasgou e, com um olhar colérico e odioso no rosto, mostrou que a lâmina de barbear estava faltando, eu tive a certeza de estar caindo em uma armadilha preparada por alguém.

"Obviamente", eu disse, "alguém retirou a lâmina de barbear. Mas isso é problema seu, não meu. Não faço a menor ideia do que aconteceu com ela...".

Como eu esperava, ela gritou ameaças categóricas contra mim. "Você não receberá outra visita até que entregue a lâmina. Vamos cortar seus privilégios na cantina. E se você acha que vai ver ou ligar para sua equipe de defesa antes de apresentar a lâmina de barbear, está enganada. Você está enganada."

Tentei evitar explodir. Tinha de mostrar a elas que não me provocariam com tanta mesquinhez. "Já disse tudo o que tenho a dizer", respondi. "É evidente que eu não poderia ter uma discussão racional com você, mesmo que eu quisesse. Mas tem uma coisa. Sei algo sobre meus direitos. Sei muito bem que você não pode me impedir de ver minha equipe jurídica. É só você tentar – e terá uma luta de verdade em suas mãos."

Eu me virei de modo brusco e me sentei na cama. "Agora, pode sair", eu disse. Ainda agitada, ela correu para fora, quase esquecendo de trancar a porta atrás de si.

Sozinha na cela, pensei no dilema. Se tivessem coragem, poderiam me manter incomunicável indefinidamente. Mas continuei assegurando a mim mesma que, se realmente tentassem impedir a equipe jurídica de me ver, esta encontraria uma maneira de entrar.

No fim daquela tarde, pouco antes do encerramento do turno da inspetora, ela voltou à minha cela parecendo envergonhada. "Acho que tenho de me desculpar com você, srta. Davis", disse ela, hesitante. "Um auxiliar do balcão de admissão retirou as lâminas de todos os jornais antes que fossem distribuídos."

"Não vão se safar com tanta facilidade", pensei comigo mesma.

No dia seguinte, entrei na sala da inspetora para fazer a ligação diária a que todas as detentas tinham direito. Em voz alta e desdenhosa, relatei a Brotsky os detalhes do incidente com a lâmina de barbear. Queria que as inspetoras soubessem que, sempre que me desafiassem, eu estaria pronta para a briga.

Os protestos da equipe jurídica, endereçados a vários níveis da hierarquia prisional, as colocaram na defensiva. O Comitê Nacional Unificado pela Libertação de Angela Davis se envolveu. Pude ver que elas estavam começando a temer o movimento de massa, que se desenvolvia rapidamente. Sabiam que qualquer ataque injustificado contra mim poderia ser exposto.

Bem no início de minha estada na prisão do condado de Marin, fui apresentada ao viés racista das carcereiras. Um dia, a mesma inspetora envolvida no incidente da lâmina de barbear destrancou minha cela e me disse de modo brusco para ir com ela. Vestindo o uniforme completo e carregando uma bolsa a tiracolo, ela estava, aparentemente, prestes a sair da prisão.

"Não vou a lugar algum até descobrir o que está acontecendo", eu disse.

"Apenas venha", ela disse.

Quando recusei, ela admitiu que havia uma emergência no prédio. Ainda insatisfeita, exigi que ela explicasse melhor e, enfim, fiz com que ela reconhecesse que houvera um telefonema com uma ameaça de bomba e todo o complexo estava sendo evacuado. As prisioneiras seriam levadas para um abrigo antibombas no andar de baixo.

Eu estava acostumada a ser algemada com meus braços para trás – aquilo tinha se tornado parte da rotina. Quando as outras três prisioneiras foram trazidas ao corredor (e aquilo foi, por meses, o único contato direto que tive com outras detentas), a maneira como fomos algemadas revelou o racismo escancarado das inspetoras. Havia uma mulher negra e uma mulher latino-americana. Elas estavam algemadas uma à outra, o braço direito de uma preso ao braço esquerdo da outra. A prisioneira restante era uma mulher branca. As inspetoras não fizeram nada para restringir seus movimentos. Então, lá estávamos eu, com os dois braços presos atrás das costas, a mulher negra acorrentada à mulher latino-americana e a mulher branca com as mãos livres.

As carcereiras da prisão do condado de Marin estavam determinadas a me manter confinada na solitária, então começamos a pressionar pela intervenção do tribunal. A alegação era a mesma de Nova York, ou seja, não que eu fosse tão perigosa – pelo contrário, estavam tentando salvaguardar minha vida. Temiam, disseram, que alguma pessoa anticomunista fanática ou que tivesse sido profundamente afetada pela morte do juiz Haley tentasse me ferir. E como era fácil ser presa no condado de Marin, informaram. Alguém poderia de fato cometer um pequeno delito para ir para a prisão – e me pegar. As carcereiras tinham de considerar essas coisas, disseram.

Assim, o juiz se recusou a expedir uma ordem permitindo que eu me juntasse à população geral da prisão – ele queria uma moção detalhada e documentada de nossa parte, especificando precisamente as condições de meu encarceramento e estabelecendo, em termos legais, as razões pelas quais achávamos que eu não deveria ser mantida na solitária. Essa era uma forma típica de reverter o processo de justiça. Sempre que meus direitos eram violados, cabia a nós demonstrar por que não deveriam ser violados.

O juiz, sem dúvida, sabia o que estava fazendo, porque acabou aceitando uma solução negociada. Ele não permitiu que eu "me misturasse" com as outras mulheres; em vez disso, ordenou que as carcereiras providenciassem instalações permanentes para as reuniões com a equipe jurídica, um pedido que fizemos na mesma moção.

Essas instalações permanentes para as reuniões foram instauradas "dentro da área de segurança", isto é, atrás de uma série de portas de ferro pesadas operadas eletronicamente e dentro do alcance do sistema de monitoramento pelo circuito fechado de TV. No interior de uma daquelas salas, atrás da porta de ferro com o pequeno orifício de vigilância, ficava o que chamavam de cela juvenil. Era adjacente ao escritório da inspetora. Tudo o que tinham de fazer era puxar uma aba de metal do lado de lá e poderiam me espionar pelo orifício. Essa cela era ligeiramente maior que a minha. As paredes eram pintadas do mesmo cinza enfadonho, o piso de concreto tinha a mesma cor de ferrugem institucional. Ela continha beliches – isto é, plataformas de metal que saíam da parede, com um colchão fino como aquele em que eu dormia todas as noites. Havia outras diferenças superficiais entre essa cela e a minha – o vaso sanitário não estava preso à pia e havia um chuveiro. Mas a única distinção que importava para mim era a claraboia. A essa altura, eu estava tão carente de um pouco de luz natural que me alegrei quando descobri que, de vez em quando, poderia dizer se estava claro ou escuro lá fora. A claraboia era translúcida, em vez de transparente, então eu não podia ver o céu de fato, mas podia ouvir os aviões passando e, em dias chuvosos, a monotonia do meu entorno era quebrada pelo som das gotas de chuva. À noite, nas fantasias do sonho, eu subia por aquela claraboia rumo à liberdade.

No início, para os encontros com a equipe jurídica, eu era escoltada para ir e voltar de minha cela à sala de reuniões. Depois, conseguimos convencer o juiz de que, se ele não pretendia relaxar as condições da solitária no futuro próximo, eu devia ter acesso a essa sala mesmo quando a equipe jurídica não estivesse presente. Enfatizando, para seu próprio bem, o fato de que eu já havia anunciado meu objetivo de apresentar uma moção para atuar como uma das consultoras jurídicas de meu caso, argumentamos que era responsabilidade da prisão garantir o acesso adequado a materiais legais, bem como instalações onde eu pudesse estudá-los. Ele concordou, então, que eu poderia usar a sala de reuniões – a cela juvenil – como área de trabalho das oito horas da manhã às dez da noite.

Tínhamos vencido um pequeno confronto, o que foi a deixa para a retaliação das carcereiras. Como sabiam que não podiam violar a ordem do juiz que me permitia acesso ao local de trabalho, inventaram tantas regras irritantemente triviais quanto suas mentes pequenas foram capazes de criar. Primeiro, declararam que era contra as normas fazer as refeições na cela de trabalho. Os dois segundos de deslocamento necessários para virar o corredor e caminhar por alguns metros só podiam acontecer depois que trouxessem o café da manhã ao local onde eu dormia. Na hora do almoço, abriam a porta da cela de trabalho e me conduziam de volta à cela de dormir. Depois da refeição, o deslocamento de volta; no jantar, a mesma coisa. A única ocasião em que essa rotina podia ser quebrada era se alguém da equipe jurídica estivesse me visitando na área de trabalho – então, eu podia me alimentar lá.

O fato de que aquela cela tinha sido designada como área onde eu trabalhava em meu caso foi levado ao extremo do absurdo: como deveria ser um local de trabalho, eu não podia comer lá; não podia realizar meus exercícios físicos diários lá. Mas eles não podiam impedir que, quando quisesse, eu fizesse calistenia, *katas* ou paradas de cabeça na cela de trabalho. Com frequência, eu me exercitava exatamente no momento em que sabia que estavam me espiando.

O trabalho que eu conseguia realizar na prisão exigia muito mais do que poderes normais de concentração. Nesse estado de solidão quase contínua, envolver-me totalmente em meu trabalho era condição fundamental de sobrevivência e sanidade. As carcereiras sabiam disso e estavam dispostas a recorrer aos atos mais torpes, na esperança de me perturbar de qualquer mínima maneira. A inspetora-chefe era particularmente boa nisso.

Não posso dizer que fui capaz de ignorar tudo o que fizeram. Havia coisas que eu achava meramente exasperantes, enquanto outras de fato me enfureciam e frustravam. Com frequência, o horário do almoço ou do jantar me encontrava profundamente imersa no trabalho – lendo ou escrevendo uma declaração, carta ou algo que eu queria escrever apenas para mim mesma. Na hora da alimentação, uma inspetora abria a porta para eu voltar à cela de dormir/comer. Durante minha insossa e solitária refeição – quase nunca levei mais de dez minutos para ingeri-la ou para decidir que não iria comê-la –, eu continuava pensando no que estava fazendo. Naturalmente, assim que terminava de comer, ficava ansiosa para voltar ao trabalho. Meia hora se passava sem que a porta de minha cela fosse aberta. Quarenta e cinco minutos, uma hora. Nessas ocasiões, eu não conseguia conter minha frustração e gritava o mais alto que podia para que destrancassem a porta. Inevitavelmente, quanto mais eu gritava, mais elas esperavam antes de vir com a chave. Às vezes, tentavam justificar o atraso dizendo, por exemplo, que estavam fichando e tirando as impressões digitais de uma prisioneira no corredor – na época, nenhuma prisioneira tinha permissão para pôr os olhos em mim. Outras vezes, diziam, com sarcasmo, que lamentavam não conseguir comer tão rápido quanto eu – e que não me deixariam perturbar sua tranquila refeição. Essa situação se tornou tão insuportável que, em vez de aturar, resolvi que pularia as refeições quando isso interrompesse meu trabalho.

Durante meses, aquela cela de trabalho foi o centro de uma batalha constante entre mim e a inspetora-chefe. Espiando pelo orifício de vigilância, ela percebeu, por exemplo, que eu às vezes me deitava na cama de baixo do beliche e lia naquela posição. Em pouco tempo, os colchões foram removidos da cela. Depois disso, para mostrar a ela que não tinha atrapalhado minha rotina, eu passei a me deitar na plataforma de metal – de todo modo, os colchões finos não tornavam a cama muito mais confortável. Essa inspetora e as outras ficaram particularmente indignadas quando recebemos a notícia de que David Poindexter tinha sido absolvido da acusação federal de conceder abrigo a uma fugitiva. (Não puderam provar que David sabia que o FBI, bem como a polícia da Califórnia, estavam procurando por mim.)

Às vezes, eu me perguntava o quanto estava permitindo que aqueles episódios fúteis me distraíssem. Notando como é fácil perder a perspectiva quando você está aprisionada – particularmente se não puder se comunicar com outras pessoas que compartilham da sua condição –, fiquei pensando se eu estava reagindo a incidentes triviais como se fossem questões de vida ou morte. Temi me tornar obsessivamente enredada naquelas coisas pequenas, porque, nesse caso, aquilo poderia ser por si só uma maneira de as carcereiras controlarem minha mente. Havia, por exemplo, um ritual para tomar comprimidos que parecia ser especialmente importante para uma inspetora em particular. Sua personalidade detestável só era superada por sua estupidez. Ela realmente acreditava que, se me desse uma aspirina para dor de cabeça ou para cólicas, eu seguiria suas instruções e levantaria minha língua para que ela visse se eu havia engolido o remédio ou se o estava escondendo até que ela saísse da cela. Foi essa mesma inspetora, na verdade, que uma vez tentou proibir Margaret de trazer livros para mim. Em uma manhã de sábado, Margaret trouxe alguns livros de capa dura e uma antologia em brochura sobre o fascismo. Essa inspetora acreditava que todos os livros em brochura eram romances. Permitiu que Margaret me desse os de capa dura, mas não o "livro de histórias", como ela chamou a obra sobre fascismo. De acordo com essa mulher obtusa, eu não tinha permissão para ter em minha cela de trabalho "livros de histórias", isto é, ficção – e *The Nature of Fascism* [A natureza do fascismo] era um desses livros.

O médico da prisão do condado de Marin diagnosticou incorretamente uma erupção cutânea que contraí e, enquanto ele me tratava com anti-histamínicos para o que dizia ser uma alergia, a erupção se espalhou por todo o meu corpo. Isso nos deu a oportunidade de que precisávamos para exigir que alguém de fora pudesse me visitar. Bert Small, um jovem médico do movimento negro que dirigia o centro de saúde gratuito do Partido dos Panteras Negras, identificou imediatamente minha erupção como sendo um fungo da prisão que progrediu tanto que seria difícil de curar. Bert passou a me examinar pelo menos uma vez por semana. Durante suas visitas, uma inspetora sempre ficava do lado de fora da cela, nos espiando através das grades. Um dia, descobrimos que uma segunda inspetora estava escondida no chuveiro ao lado da cela com um bloco de anotações e, obviamente, tomava nota de tudo o que dizíamos.

Depois de algumas semanas, foi dito a Bert que não me abraçasse (ele sempre me cumprimentava com um grande abraço). Então, avisaram-lhe que todas as conversas não médicas estavam proibidas. Como as inspetoras não eram muito inteligentes, desenvolvemos sem grandes dificuldades uma linguagem em código por meio da qual podíamos discutir praticamente qualquer assunto sem que elas entendessem.

De todas as inspetoras, havia apenas uma que se esforçava para ser gentil. Tímida e de fala mansa, ela era jovem e obviamente inexperiente no trabalho policial. Imagino que ela foi uma das mulheres contratadas quando usaram minha presença na prisão como desculpa para aumentar o número de auxiliares femininas. Certa noite, quando tal auxiliar estava sozinha, uma irmã do setor principal gritou, pouco antes de as luzes se apagarem: "Boa noite, Angela". O mais alto que pude, gritei de volta: "Boa noite". (O setor principal ficava a sessenta metros de distância, virando no corredor seguinte e indo até o final.)

Durante vários meses, aquela auxiliar permaneceu em silêncio enquanto eu mantinha conversas e desenvolvia amizades com prisioneiras que nunca tinha visto e que nunca poderia esperar ver. No dia em que foi noticiada a absolvição de Ericka Huggins e Bobby Seale das acusações de homicídio em New Haven, celebramos como de costume. Essa inspetora me entregou duas barras de doce que as irmãs do setor principal tinham enviado como presentes. Quando as abri, descobri longas cartas – pipas – escondidas sob as embalagens.

Quintas-feiras e domingos eram os dias de visitas para as mulheres da prisão do condado de Marin. Durante os primeiros seis meses, só depois que todas as outras prisioneiras tinham terminado suas visitas era que eu podia receber as minhas, já que nenhum contato entre nós era permitido. Desde que tivesse documento de identidade, qualquer pessoa podia entrar para me ver. O NUCFAD organizava as visitas, em sua maioria de pessoas que eu ainda não conhecia. Muitas vezes, os encontros eram desconfortáveis, com as apresentações dificultadas pelo vidro e pelos telefones que me separavam delas. E, geralmente, quando conseguíamos estabelecer uma conversa, era hora de terminar.

Depois de apresentarmos moções extensas e bem documentadas, o juiz finalmente emitiu uma ordem para que pessoas designadas por nós fossem admitidas na prisão durante determinadas horas do dia para realizar o trabalho de investigação legal. Quando vinham sozinhas, eu podia encontrá-las na cabine de visitas jurídicas; quando alguém da equipe oficial do caso estava presente, elas tinham permissão para entrar na cela de trabalho. Em várias ocasiões durante o ano, essas pessoas foram Franklin, Kendra, Fania, Charlene, Cassandra Davis e Bettina Aptheker.

Conheci Bettina em Nova York, quando estávamos na idade do ensino médio. Ela foi uma das amigas apresentadas a mim por Claudia e Margaret Burnham. Naquela época, Bettina estava na liderança da Advance, a organização juvenil de que participei e que tinha laços fraternos com o Partido Comunista. O que permaneceu mais vívido em minha mente sobre Bettina foi o modo como ela descreveu uma viagem que fez à União Soviética. Fiquei muito impressionada com o igualitarismo que ela disse ter testemunhado. Ela visitou o apartamento de um trabalhador e o apartamento de um médico; o deste último, ela disse, não era mais luxuoso do que o do primeiro. O pai de Bettina, Herbert Aptheker, era diretor do Instituto Estadunidense de Estudos Marxistas, e eu me sentia entusiasmada e elucidada ao ouvir suas palestras.

Alguns anos depois, em 1964, Bettina surgiu como uma das principais lideranças do Free Speech Movement [Movimento pela Liberdade de Expressão] de Berkeley, que preparou o caminho para a rebelião do *campus* nos anos 1960. Quando ela me visitou em Los Angeles, na época da luta pelo meu emprego, fazia cerca de dez anos que eu não a via. Escrevendo para a *World Magazine* (a revista do jornal diário do nosso partido), ela me entrevistou sobre a batalha para manter meu cargo na Ucla. Depois disso, quando nos víamos, era sempre apenas por um breve período e em meio a alguma urgência política. Eu me sentia frustrada por não conseguirmos encontrar tempo para sentar e conversar em um ambiente descontraído.

Quando fui extraditada para a Califórnia, ela morava em San Jose com o marido, Jack Kurzweil, que era professor na Universidade do Estado da Califórnia, em San Jose. O filho do casal, Joshua, tinha cerca de quatro anos de idade. Bettina estava terminando o manuscrito de seu livro *The Academic Rebellion: a Marxist Critique* [A rebelião acadêmica: uma crítica marxista]. Tinha decidido dedicar grande parte de seu tempo ao trabalho no NUCFAD. Fiquei feliz em saber que ela também tinha conseguido disponibilidade para atuar como uma das investigadoras legais do caso, pois isso significava que poderia me visitar por períodos mais longos e fora do horário regular.

Em uma de suas primeiras visitas, Bettina mencionou que o Comitê de Defesa na Inglaterra queria publicar um livro com textos meus, sobre mim e sobre o movimento pela minha liberdade. Pediram que organizássemos um dossiê com materiais que pudessem selecionar para o livro.

Depois de algum debate, Bettina e eu decidimos que uma representação mais precisa e completa do movimento poderia ser incluída no livro, se este fosse compilado pelo comitê dos Estados Unidos. Além disso, se fosse feito no país, também poderia ser usado como uma ferramenta de organização para a campanha. Imediatamente após essa discussão, Bettina e eu começamos a trabalhar no projeto.

Desde o início, vimos o livro como um instrumento por meio do qual as pessoas poderiam aprofundar seus conhecimentos sobre a repressão, familiarizar-se com casos de pessoas presas por razões políticas e saber o que, em geral, realmente acontecia atrás dos muros. Insisti que o conteúdo não deveria girar apenas em torno do meu caso, mas também tinha de estar relacionado com outras pessoas presas por razões políticas – George, John, Fleeta, Ruchell e as muitas irmãs e irmãos encarcerados nos Estados Unidos. Uma das teses centrais do livro seria a necessidade de reavaliar a definição tradicional de "pessoa presa por razão política" como resultado da intensificação do racismo. Além das dezenas de homens e mulheres na prisão por causa de suas crenças e atividades políticas, havia ainda muitos milhares de pessoas incriminadas ou sentenciadas a penas desproporcionalmente longas só por serem negras ou pardas. O livro tinha de dar voz não apenas às pessoas presas por razões políticas, estritamente falando, mas também àquelas vitimadas, de uma maneira ou de outra, pelo racismo do aparato policial-jurídico-prisional.

Bettina e eu escrevemos artigos relativos às prisões e às pessoas presas por razões políticas. Durante longas reuniões na cadeia, dificultadas pelo vidro, pelos telefones ou pela estrutura metálica entre nós, tomamos decisões sobre os outros materiais que seriam incluídos. As carcereiras não permitiam que os investigadores e as investigadoras legais trouxessem nada para a prisão, exceto um lápis e um bloco de papel em branco. Portanto, todos os materiais tinham de ser entregues a mim por alguém da equipe jurídica. E, antes das visitas, Bettina precisava tentar memorizar as coisas que queria discutir.

Enfim, após vários meses de trabalho intenso, o livro estava praticamente pronto. George, John, Fleeta e Ruchell, bem como Bobby e Ericka, contribuíram com textos. Howard e Margaret escreveram sobre os aspectos jurídicos fundamentais do caso, enquanto Fania, Franklin e Kendra escreveram sobre o movimento de massa. Dos inúmeros apelos que haviam sido feitos a meu favor, selecionamos um número representativo tanto dos Estados Unidos quanto do exterior. Para abrir o livro, usamos uma carta comovente de James Baldwin para mim. "Alguns de nós, brancos e negros", escreveu ele,

> sabemos o enorme preço que já foi pago para trazer à existência uma nova consciência, um povo novo, uma nação sem precedentes. Se sabemos e não fazemos nada, somos piores do que os assassinos contratados em nosso nome. Se sabemos,

devemos lutar pela sua vida como se fosse nossa – o que ela é – e tornar intransponível com nosso corpo o corredor rumo à câmara de gás. Pois, se levarem você pela manhã, virão nos buscar na mesma noite.

Ocorreu-nos que o título da antologia deveria ser *If They Come in the Morning* [Se vierem pela manhã].

Nossa intenção original era que o livro fosse publicado por uma empresa do movimento. Afinal, não o considerávamos destinado à distribuição comercial de massa – devia ser uma arma de mobilização. No entanto, para ter algum impacto na campanha pela minha liberdade e pela liberdade de outras pessoas presas por razões políticas, ele tinha de ser lançado de imediato. Na época, nenhuma editora do movimento tinha recursos para publicá-lo tão rápido. Como resultado, entregamos o livro a uma empresa negra, a Third Press. Infelizmente, não percebemos que seu interesse preponderante era promover o livro comercialmente – mesmo às custas de deturpá-lo como sendo de minha autoria, em vez de organizado por mim.

Apesar dos problemas, a publicação do livro foi um acontecimento importante para nós que estávamos atrás dos muros. Uma das coisas mais comoventes que Ruchell me disse foi que *If They Come in the Morning*, que continha uma seção grande sobre sua vida e seu caso, havia feito mais para expor a perseguição do Estado contra ele do que qualquer outra coisa.

Ao mesmo tempo que foram feitos os arranjos para as visitas das pessoas responsáveis pela investigação legal, o juiz ordenou que as carcereiras permitissem que possíveis testemunhas de defesa fossem à cela de trabalho na presença de uma advogada ou advogado constituído. Minha mãe, meu pai, Benny e Reggie conseguiram me ver dessa maneira.

Quando minha mãe e meu pai vieram para a abertura das moções prévias ao julgamento e para a grande manifestação em frente ao centro cívico, em 16 de março, tínhamos conversado na cabine, através do vidro, por telefone. Foi bom, finalmente, poder abraçá-los. Herbert Marcuse e sua esposa, Inge, vieram várias vezes. E os líderes do nosso partido, Henry Winston, Jim Jackson e William Paterson, vieram juntos de Nova York.

Eu aguardava ansiosa pelas visitas de John Thorne, advogado de George, porque era uma das formas de acompanhar o que estava acontecendo com ele e com os outros irmãos em San Quentin. Margaret, Howard e Sheldon visitavam George, John, Fleeta e Ruchell sempre que conseguiam.

No mês de junho, Howard apresentou uma moção de fiança ao novo juiz do caso, Richard Arnason, que havia sido trazido do condado de Sonoma. Todo mundo – isto é, todo mundo, exceto eu – tinha grandes esperanças de que Arnason se pronunciasse a nosso favor. A questão era simples; pessoas acusadas de crimes capitais não podiam ser libertadas sob fiança quando a "prova de culpa fosse evidente e a presunção de culpa, grande". O corolário era que a falta de provas suficientes significava que a pessoa acusada devia aguardar julgamento fora da prisão. Howard e Kendra tinham certeza de que eu seria libertada e tentavam me animar com promessas de liberdade futura.

Durante a audiência de fiança, Albert Harris estava tão confiante de que Arnason negaria a nossa moção que disse, para que constasse nos autos: "Quando ela sair da prisão do condado de Marin, se for libertada sob fiança, terá sido o mesmo que dar a ela créditos em uma companhia aérea junto com seus pertences, porque nunca mais a veremos".

Quando Arnason disse não, senti o cerco fechar-se ainda mais, mas não fiquei extremamente chocada, pois, de qualquer maneira, já esperava que ele fosse pelo caminho mais fácil. Kendra chorou, e nunca tinha visto Howard ficar tão deprimido.

As moções que o juiz concedeu pareciam ser uma tentativa de compensar o terrível golpe que ele havia infligido ao negar a fiança. Arnason disse sim à nossa argumentação de que eu deveria poder agir como codefensora no caso. E, uma vez que a fiança foi negada, ele concordou em determinar que condições mais favoráveis (especialmente para a preparação do caso) fossem estabelecidas imediatamente dentro da minha cela na prisão.

Ele determinou que eu tivesse acesso a uma máquina de escrever e que, como as outras mulheres, pudesse ter um rádio. Determinou até que a inspetora permitisse que eu passasse breves períodos com as prisioneiras do setor principal. Descobri que as coisas ali, no corredor próximo, não eram muito diferentes do que eu tinha visto na Casa de Detenção de Nova York. Redescobri como era vital resistir a todas as tendências destrutivas da vida na prisão...

Pois prisões e penitenciárias são lugares mortais. Havia o vazio hipnótico da televisão; poucos livros chatos do ensino médio, alguns de mistério e muita ficção inacreditavelmente ruim. As mulheres podiam escrever, se quisessem, mas o pequeno caderno, raramente disponível, desencorajava a escrita séria, favorecendo anotações casuais que seriam censuradas antes que fossem enviadas pelo correio. Até mesmo obter um lápis podia ser uma tarefa longa e complexa.

Havia os baralhos e jogos desgastados, adereços indispensáveis em toda prisão – coisas que, com sua inocuidade açucarada, encobrem o fato de se estar presa, promovendo uma imperceptível regressão à infância. Como observei a respeito do jargão da Casa de Detenção, aos olhos das carcereiras, tivéssemos dezesseis ou setenta anos de idade, éramos "meninas". Elas adoravam observar suas meninas-prisioneiras alegremente entretidas em jogos inofensivos. Qualquer passatempo que fosse intelectualmente exigente parecia suspeito. As carcereiras do condado de Marin eram extremamente hostis à ideia de permitir um jogo de xadrez e só concordavam caso ele atendesse a especificações tolas. O único tabuleiro enfim aceito na sala de atividades parecia um brinquedo, uma versão de xadrez para crianças.

Outra "válvula de escape" na prisão era esmagadoramente sexista: a obstinada presença da máquina de lavar, da secadora e da parafernália para passar roupas, que, tirando as mesas de metal e as banquetas sem encosto, eram o único mobiliário da sala de atividades. O "raciocínio" por trás disso era provavelmente que as mulheres, por serem mulheres, sentem falta de uma parte essencial de sua existência se são separadas de suas tarefas domésticas. As roupas de cama e os uniformes prisionais dos homens eram lavados fora da prisão; das mulheres, esperava-se que cuidassem dos seus. Se não se oferecessem para lavar e passar, um cronograma de trabalho era imposto. Esse sistema também se demonstrou racista. Quando, por tédio, muitas mulheres se ofereciam para lavar as roupas, as mulheres negras eram sempre rejeitadas. Mas, quando ninguém se voluntariava, as mulheres negras eram obrigadas a fazer o trabalho.

Em meio a tudo isso, o sono surge como uma espécie de luxo. Simplesmente por envolver a inconsciência, a completa negação de uma existência já vazia, torna-se a forma menos monótona de passar o tempo. As inspetoras nos estimulavam a pensar no sono como um privilégio, fazendo da disponibilidade de uma cama durante o dia uma recompensa por "bom comportamento". Por exemplo, se na hora que o café da manhã chegasse, às seis e meia, alguma mulher não estivesse de pé, completamente vestida e com seus cobertores bem arrumados no colchão, naquele dia todas as mulheres da cela perderiam seus "privilégios de cama". Ficariam trancadas na sala de atividades adjacente, onde os únicos lugares de descanso eram bancos.

São pessoas sérias, as carcereiras, completamente enredadas no brilho de seus distintivos. Quando desafiada, essa seriedade mostra sua face verdadeira. Uma prisioneira jovem e negra foi informada de que, como teve permissão para sair algumas vezes da prisão em um programa de licença de trabalho, não poderia se juntar às outras prisioneiras na sala de televisão. A TV não era muito importante para ela, mas a represália a deixou furiosa. Ela disse à inspetora que seu distintivo não lhe dava o direito de puni-la dessa maneira. Em resposta, a inspetora invocou um poder maior que seu distintivo – seu racismo. Disse à mulher negra que ela tinha "passado dos limites da sua cor". Esse incidente provocou uma terrível batalha entre as mulheres e, curiosamente, as linhas de combate desafiaram a demarcação racial: todas as mulheres negras apoiaram a irmã, mas algumas mulheres brancas também o fizeram.

Tal seriedade do distintivo se estende a áreas realmente mortais. Diversas vezes, quando entrei no elevador com guardas armados a caminho de uma audiência, os homens destravaram o coldre de suas armas – um espetáculo apenas para os meus olhos.

8 DE JULHO DE 1971

Howard, John Thorne e eu seguimos as carcereiras pelos corredores intensamente iluminados que levavam até uma cela de espera na área da sala de audiências. Havia um vaso sanitário sem assento no canto e dois bancos de madeira alinhados às paredes em lados opostos da cela estreita. A metade superior de uma das paredes era feita de vidro acrílico transparente. A cela era só um pouco menor do que aquela em que Ruchell e eu esperávamos quando comparecíamos ao tribunal.

Embora eu devesse saber o que esperar, o pesado ruído metálico que de repente interrompeu nosso silêncio me assustou. As correntes, trancas, grilhões e algemas, cujo barulho ouvi pela primeira vez na sala de audiências de Salinas, agora soavam muito familiares. Do outro lado da parede de vidro, George descia as escadas para um dia inteiro de reunião com sua equipe jurídica, a minha e eu.

Uma vez que eu tinha sido oficialmente reconhecida como codefensora em meu caso, o juiz concordou em emitir uma ordem para uma reunião entre cada um dos irmãos Soledad, eu e meu corréu, Ruchell. Alguns dias depois, escrevi a George sobre minhas impressões daquele primeiro momento.

> Uma cena congelada em minha mente: estou em pé no pequeno cubículo de vidro no andar inferior, esperando, amando, desejando e, então, uma raiva intensa quando as correntes começam a chacoalhar à medida que você desce as escadas devagar...
> Eu devia arrancar as correntes. Devia lutar contra seus inimigos com meu corpo,

mas estou indefesa, impotente. Contenho a ira dentro de mim, não faço nada. Fico ali, observando, forçada a assumir a postura de espectadora desinteressada, a cena toda vista pelo vidro, como em um laboratório, furiosa com eles por me obrigarem a isso, furiosa comigo mesma por não fazer nada. Furiosa comigo mesma também porque não pude deixar de ver quanta força contrária você estava exercendo sobre si mesmo, a cada passo, longo e difícil, relutante em estar preso pelas correntes e pelos porcos, com todo seu corpo tenso ao movimento de cada passo...

Assim que entrou na cela e viu que estávamos ali, o desdém em seu rosto se transformou de imediato no sorriso de que eu me lembrava tão bem desde Salinas. Instintivamente, seu primeiro gesto foi tentar esticar os braços. Um abraço. Ele havia esquecido que seus pulsos estavam algemados à cintura e que só conseguia movê-los alguns centímetros. Com minhas mãos livres – não me algemaram desta vez –, tentei compensar suas correntes.

Oito horas não foram suficientes. Conversamos sobre tudo, mas não houve tempo o bastante. Discutimos nossa estratégia de defesa e falamos sobre a possibilidade de George testemunhar durante o julgamento. Ele estava certo de que venceríamos o caso. Eu disse a ele que nossa vitória teria de ser uma vitória conjunta. De todos nós.

Posteriormente, houve uma reunião de um dia inteiro com Ruchell. Isso aconteceu em um momento crítico. Embora tivéssemos uma união sólida em nossa abordagem política do caso, não concordávamos inteiramente com a maneira de abordá-lo do ponto de vista legal. Ruchell queria que o julgamento fosse transferido da jurisdição do estado da Califórnia para o sistema judicial federal. Baseado em seus anos de experiência com os tribunais da Califórnia, ele estava convencido de que queriam sua vida. Achava que as chances de minimizar o tratamento repressivo e racista que estávamos recebendo seriam maiores se estivéssemos de acordo com essa estratégia de transferência. Eu tinha analisado essa estratégia, refletido sobre ela e mantido longas discussões com Margaret e Howard sobre a viabilidade da posição de Ruchell. Por fim, decidi que seria melhor para nós lutarmos em um tribunal estadual.

Entre as diversas razões para a minha decisão, uma dizia respeito, de maneira muito prática, à nossa capacidade de obter o melhor júri possível. No tribunal federal, cabia ao juiz interrogar potenciais membros do júri e tomar todas as decisões sobre a presença ou ausência de preconceitos nessas pessoas. Por outro lado, no tribunal estadual, nós, a defesa, poderíamos exigir o direito de conduzir um longo *voir dire* de possíveis membros do júri, indagando sobre temas como racismo e anticomunismo. O caso de Huey Newton já havia estabelecido um precedente como resultado do trabalho de Charles Garry na escolha do júri. Não existiria a possibilidade de realizar esse tipo de investigação judicial a respeito dos antecedentes do júri se levássemos o caso a juízo em um tribunal federal.

Ao longo dos muitos meses que precederam o julgamento, Ruchell e eu tivemos breves discussões sobre isso na cela de espera onde aguardávamos o tribunal ser convocado pela manhã e durante os recessos. Nós trocávamos correspondências sobre nossas diferenças. Margaret, Sheldon e Howard visitavam Ruchell em San Quentin, discutindo todos os prós e contras da transferência. Era importante para mim que chegássemos a um acordo sobre isso, porque minha posição, desde o início, tinha sido a de que deveríamos ir a julgamento em conjunto. Houve bastante pressão de diversas pessoas, inclusive do próprio juiz, para separar os casos. Mas a opinião de nossa equipe de defesa sempre foi a de que deveríamos resistir a esses esforços para nos dividir.

Enquanto essa situação ficou pendente, não conseguimos dar prosseguimento a muitas das nossas moções prévias ao julgamento. As ações no tribunal estadual poderiam comprometer a luta de Ruchell pela transferência. Era uma situação difícil. Quando chegou a hora de deixar de lado toda a indecisão a fim de iniciar o litígio de fato, Ruchell e eu ainda estávamos em desacordo quanto às nossas respectivas posições legais.

Eram essas as circunstâncias no começo da reunião de oito horas na prisão. As equipes jurídicas – minha e de Ruchell – estavam presentes, assim como membros de nossos comitês. Em alguns momentos, as discussões se tornaram bastante acaloradas. Mesmo com tudo isso, porém, não houve ruptura na solidariedade que nos unia. Ruchell fez questão de deixar explícito que se tratava de um desacordo técnico sobre a estratégia legal, e não uma ruptura fundamental entre nós.

Quando pareceu que essa lacuna entre nossas posições legais não se fecharia antes do fim da reunião, eu me vi obrigada, por uma questão de unidade, a fazer uma concessão: propus que, em conjunção com os esforços de Ruchell, eu apresentasse uma moção de transferência, mas apenas sob a condição de que, se a moção fosse negada em um tribunal federal, Ruchell concordaria em lutar conosco pelo caso no tribunal estadual. Ele aprovou a minha proposta.

Mais tarde, pude ver que nosso acordo era falho desde o início, mais uma consequência do nosso desespero do que uma tentativa real de resolver nossas diferenças. Porque Ruchell tinha certeza, sem qualquer dúvida, de que o juiz concederia a moção de transferência e não considerou de fato a possibilidade de uma recusa. Eu estava igualmente certa – sem qualquer dúvida – de que a moção seria negada, de modo que nunca considerei de fato a possibilidade de lutar no tribunal federal.

A moção foi negada. Em vez de dar início ao litígio no tribunal estadual, Ruchell decidiu levar adiante a estratégia de transferência. Eu sabia com que intensidade ele estava comprometido com sua posição, então não podia realmente culpá-lo pelo que fez. Agora, porém, o impasse que esperávamos evitar se impunha. Se quiséssemos prosseguir com nossas respectivas defesas, havia apenas uma maneira de enfrentar o dilema – e nós dois entendíamos isso. Naquele momento, romper era a única saída. Rompimento era uma palavra que eu não queria ouvir, mas, como tanto eu quanto ele tínhamos assumido um compromisso de igual convicção com as nossas próprias estratégias, era preciso apresentar a moção de separação. Imediatamente depois, nosso comitê emitiu uma declaração à imprensa:

> Na segunda-feira, 19 de julho, o juiz Richard Arnason concedeu uma moção para separar o caso apresentado contra Angela Davis e Ruchell Magee pelo estado da Califórnia. [...]
> Desde o início da conspiração, os meios de comunicação de massa, junto com duvidosos "amigos da esquerda", tentaram criar desavenças entre Angela e Ruchell. Seus instrumentos abarcaram desde comparações falsas e racistas entre Angela e Ruchell até o estabelecimento de uma hierarquia entre pessoas presas por razões políticas. Angela e Ruchell dedicaram muitas horas à coordenação de suas estratégias legais. Durante os primeiros sete meses de audiências preliminares ao julgamento, fizeram contínuas tentativas de desenvolver estratégias jurídicas complementares. No entanto, incapazes de coordená-las, o resultado foi uma moção de separação acordada pela ré e pelo réu.
> [...] Frisa-se que a decisão de rompimento não foi um reflexo de divergências políticas. Nem teve relação com questões substantivas da defesa legal. Ao contrário, as diferenças foram de natureza processual [...].
> Ruchell tentará levar [a] batalha a um tribunal federal e Angela tentará travar a mesma batalha em um tribunal estadual. Mas tanto ele quanto ela acreditam que, sem um movimento de massa conduzido pelo povo negro e que utilize o tribunal como apenas um dos fóruns de luta, esta batalha não será vencida. E nós *vamos* vencer. Para aquelas pessoas entre nós, por todo o país, que estamos realmente lutando para construir um movimento de massa capaz de libertar todas as pessoas presas por razões políticas, nossas responsabilidades duplicaram. Os casos de Ruchell Magee

e Angela Davis devem ser conduzidos diante do povo, com a ideia de fornecer às massas uma compreensão minuciosa da opressão do sistema penal [...].

O primeiro aniversário da insurreição que foi usada para incriminar Angela e Ruchell está se aproximando. Comitês na Califórnia e em todo o país vão lembrar o dia 7 de agosto com várias atividades, desde manifestações e aulas abertas até homenagens fúnebres. Em Pasadena, Califórnia, um parque será inaugurado em memória de Jonathan Jackson. É por meio de atividades desse tipo que as pessoas entenderão as condições contra as quais Ruchell e nossos irmãos assassinados lutavam em 7 de agosto de 1970.

21 DE AGOSTO DE 1971

Na pequena cabine de visitas jurídicas, Bettina e eu nos empenhávamos em terminar o manuscrito de *If They Come in the Morning*. Quando Howard chegou, trazendo Barbara Ratliff, que estava fazendo a pesquisa para uma de nossas moções legais, pudemos retornar à cela de trabalho. Mal havíamos nos instalado quando a grande chave virou na fechadura, a porta se abriu e, dirigindo-se a Howard, a auxiliar anunciou: "Sr. Moore, vocês terão de ir embora. Há uma emergência no prédio".

Fazia meses desde a última ameaça de bomba. Ainda assim, o procedimento não era estranho para nós.

"Voltaremos quando acabar", disse Howard. E os três saíram da cela. Presumi que a auxiliar retornaria em breve para me conduzir junto com as outras prisioneiras ao abrigo antibombas no andar de baixo, como havia sido feito na última vez, mas meia hora e, então, uma hora se passaram sem que ninguém aparecesse na porta. Enfim, ela voltou à cela e disse que tinha instruções para me levar para a cela de dormir. Quando perguntei o que estava acontecendo, ela se recusou a dizer qualquer coisa além de que estava apenas seguindo as ordens recebidas.

Não sei por quantas horas fiquei deitada em minha cama, olhando para o teto, deixando minha imaginação correr solta. Esperei. Esperei por alguma notícia da parte delas, de Howard, Margaret, alguém. Era muito tarde quando a auxiliar voltou à minha cela e disse: "O sr. Moore está esperando por você". Ela abriu a porta e eu caminhei alguns passos atrás dela. Virando no corredor seguinte, vi Margaret e Howard em pé na frente da porta da cela de trabalho.

Os olhos de Margaret estavam vermelhos e inchados, e a única vez que tinha visto aquela expressão de desespero absoluto em seu rosto fora cerca de dez anos antes, na manhã em que sua mãe entrou no quarto onde estávamos dormindo para contar a ela e às outras crianças que seu pai tinha morrido de ataque cardíaco naquela noite. Howard suava muito, tinha a testa toda enrugada, os olhos apertados e respirava com dificuldade, como se estivesse exausto.

Olhei para os dois, sentindo algo desmoronar dentro de mim. Estávamos a sós na cela, a porta fechada atrás de nós, e ninguém tinha quebrado o silêncio ainda. Durante as últimas horas intermináveis de espera, lutei contra imagens fragmentadas de uma explosão em San Quentin que tentavam se insinuar em meus pensamentos. Quantas vezes George havia dito que a guerra declarada contra ele por seus carcereiros poderia irromper em um combate aberto à menor provocação? Eu estava gritando por dentro. "Não permita que algo tenha acontecido a George." Mas, quanto mais alto gritava, mais seus rostos me diziam que algo *tinha* acontecido – que o pior tinha acontecido.

"George?", eu perguntei, deixando o nome dele suspenso no ar. Eu não queria tornar minha pergunta mais concreta.

Howard assentiu.

"Ele não está...?"

Howard baixou a cabeça, e eu ardia de esperança de não ter realmente ouvido aquele curto, quase inaudível "sim".

Estendi a mão para Margaret, que começou a chorar alto, e ficamos ali, agarradas uma à outra. Eu me sentia paralisada, incapaz de me mover, incapaz de colocar as palavras para fora da minha boca, incapaz de trazer lágrimas aos meus olhos. Como se alguém tivesse me colocado no gelo.

"Os porcos o mataram, Angela." A voz distante de Howard penetrou em minha consciência. "Eles o assassinaram. Atiraram nele pelas costas."

A chave já estava girando na porta e a auxiliar estava dizendo que eles tinham de sair.

De volta à cela, acordei do pesadelo da imobilidade para encarar a realidade da morte de George. Foi então que, sozinha, na escuridão, comecei a chorar.

Pensei em Georgia, Robert, Penny, Frances, Delora e nos sobrinhos e sobrinhas de George. Foi assim que tiveram de passar o primeiro aniversário da morte de Jonathan.

George era um símbolo da determinação de todos nós que estávamos atrás das grades e daquela força que as pessoas oprimidas sempre parecem conseguir reunir. Mesmo quando pensamos que o inimigo nos despojou de tudo e nos privou até de nossa alma. A força que emerge de uma necessidade quase biológica de sentir que temos algo a dizer sobre o rumo de nossa vida. Essa necessidade havia atormentado George, que passara toda sua vida adulta atrás das grades – e, o que era mais importante, ele soubera dar a expressão mais límpida e universal a essa necessidade, e seus escritos despertaram pessoas em todo o mundo.

As irmãs da Casa de Detenção de Nova York aprenderam algo fundamental sobre si mesmas por meio da leitura de *Soledad Brother*. Quando George recebeu minha mensagem, em San Quentin, de que as mulheres estavam exultantes com o livro, mas perturbadas com seus comentários iniciais pouco elogiosos a respeito das mulheres negras, ele pediu desculpas e quis que todas compreendessem que ele tinha se equivocado.

Provavelmente, homens e mulheres em todas as prisões dos Estados Unidos passaram aquela noite em claro, como eu, lamentando e tentando canalizar sua raiva de maneira construtiva. Pessoas de todo o mundo deviam estar falando em vingança – retaliação em massa organizada construtivamente.

No dia seguinte, parecia que o mundo inteiro estava dentro de minha cela. Cada assento ao redor da mesa de trabalho estava ocupado. No início, era difícil fazer as palavras avançarem em uma conversa – ninguém sabia bem por onde começar. Quando olhei para Charlene, Kendra, Franklin, Margaret, Howard... não consegui conter as lágrimas. Então, Franklin começou a chorar alto.

Foi Charlene ou Kendra quem disse que o Comitê havia começado a organizar uma vigília em frente a San Quentin – era preciso salvaguardar a vida dos outros irmãos, e as condições do assassinato de George tinham de ser investigadas imediatamente. Disseram que estavam vazando relatos da prisão sobre espancamentos brutais e terríveis sessões de tortura. Nosso Comitê já havia entrado em contato com o deputado federal Ron Dellums, o membro da Assembleia Legislativa Willie Brown, o dr. Carlton Goodlett e outras figuras públicas interessadas, pedindo que exigissem permissão para visitar San Quentin, entrevistar os prisioneiros sobre os fatos que levaram à morte de George e examinar os ferimentos infligidos aos irmãos pelos agentes prisionais.

Depois que todas as pessoas foram embora para voltar ao trabalho de organizar o contra-ataque, tentei escrever uma declaração a ser divulgada à imprensa.

"George sabia", escrevi,

> que o preço de seu intenso compromisso revolucionário era ter de viver cada dia lutando contra possíveis golpes da morte.
>
> O exemplo de coragem de George diante do espectro da execução sumária; suas percepções, apuradas no tormento de sete anos de confinamento solitário; sua

perseverança diante das dificuldades esmagadoras continuarão a ser fonte de inspiração para todas as nossas irmãs e irmãos do lado de dentro e do lado de fora dos muros da prisão.

Sobre a família Jackson, escrevi:

Sua dor é profunda. Em pouco mais de um ano, dois de seus filhos, George e Jonathan, foram derrubados por balas fascistas. Expresso meu amor a Georgia e Robert Jackson, Penny, Frances e Delora.
Para mim, a morte de George significou a perda de um camarada e líder revolucionário, mas também a perda de um amor irrecuperável... Posso apenas dizer que, ao continuar a amá-lo, tentarei expressar este amor da maneira que ele teria desejado – reafirmando minha determinação em lutar pela causa que George morreu defendendo. Com seu exemplo diante de mim, minhas lágrimas e meu pesar são a raiva contra o sistema responsável por seu assassinato. Ele escreveu seu epitáfio quando disse:
"Lance-me à próxima existência, a descida ao inferno não vai me dobrar. Vou rastejar de volta para perseguir o rastro dele para sempre. Eles não vão destruir minha vingança, nunca, nunca. Faço parte de um povo justo que se enforce lentamente, mas se enforce livre de culpa. Nós nos reuniremos diante de sua porta em um número tal que o estrondo de nossos pés fará a terra tremer".

Então, fiquei com o rádio.

Durante todo o dia, uma estação transmitiu a leitura de trechos do livro de George, e a estação de notícias começou a criar uma história absurda de que George havia contrabandeado uma grande pistola, escondida sob uma peruca, da área de visitas ao Centro Correcional, o setor mais vigiado de San Quentin. Escutei os programas de entrevistas. A maioria das pessoas que telefonaram para os programas suspeitava de que havia algo de muito errado em San Quentin; que, o que quer que fosse, não era culpa dos prisioneiros, mas da hierarquia da prisão. O aspecto mais constante nessas reações era a crença de que a administração penitenciária tomava as pessoas por tolas. Comentaram várias vezes o menosprezo demonstrado pela administração ao não ter sequer elaborado uma história sensata. Quem diabos acreditaria que a balela sobre a peruca justificava toda a violência desencadeada contra os prisioneiros?

George estava morto, e a dor profundamente pessoal que eu sentia teria me estrangulado se eu não a transformasse em uma raiva devida e devidamente direcionada. Eu não podia me concentrar em minha própria perda. Qualquer demonstração individual de raiva me derrubaria. A tristeza pessoal naquela cela cinzenta e sem vida, sob os olhares odiosos de minhas carcereiras, poderia romper os cordões de determinação que me seguravam. A morte de George seria como um ímã, um disco de aço bem dentro de mim, atraindo magneticamente os elementos de que eu precisava para me manter forte e lutar ainda mais. Refinaria meu ódio às carcereiras, posicionaria meu desprezo pelo sistema penal e cimentaria meus laços com outras pessoas presas. Daria a mim a coragem e a energia de que eu precisava para uma guerra ininterrupta contra o racismo maligno que o matou. Ele tinha partido, mas eu estava aqui. Seus sonhos eram meus agora.

3 DE AGOSTO DE 1971

O juiz Keating assume sua posição. Parece deploravelmente magro, e as rugas profundas em seu rosto o fazem parecer mais velho. Algo nele me faz lembrar dos racistas que povoaram minha infância. Sinto-me confiante e ansiosa quando me levanto para questioná-lo sobre sua decisão na escolha do júri de instrução do condado de Marin. Desta vez, sou eu que ataco.

Nossa posição era a de que a acusação contra mim havia sido pronunciada por um júri de instrução (que precisou de apenas oito minutos e de nenhuma discussão extensa para me acusar) que era racista e não representativo. Uma audiência nos foi concedida para determinar se a escolha do júri de instrução pelos juízes tinha sido baseada em seus próprios preconceitos de raça e classe. Acreditávamos que os juízes não estavam familiarizados com a comunidade negra, a comunidade da classe trabalhadora e a comunidade de jovens e, portanto, não poderiam ter selecionado pessoas representativas.

Estávamos no meio do interrogatório quando apresentei uma fotografia que Margaret me deu. Aproximando-me do banco das testemunhas, entreguei-a ao juiz e perguntei se era uma imagem real de sua casa (e, por consequência, de sua riqueza). Surpreso e aborrecido pelo fato de termos fotografado sua residência, ele resmungou entre dentes, mas alto o suficiente para a relatoria do tribunal ouvir: "Juízes não têm nenhum direito civil ou privacidade, não é? As pessoas que fazem cumprir os direitos civis não os têm. Sim, essa é a minha casa. Digo que pode ser perigoso fazer isso de novo... Nós não aceitamos ladrões por ali".

Quando perguntei a Keating se ele consideraria recomendar alguém do Partido dos Panteras Negras para atuar no júri de instrução, ele disse: "Essas são as pessoas descaradamente racistas, além de Adolf Hitler". E continuou, insistindo que "defendem o ódio, a violência e o assassinato [...]. Expelem ódio, violência e assassinato por toda parte". Acrescentou que isso também se aplicava ao Partido Comunista.

Fiquei sem palavras, chocada não tanto que aqueles fossem seus sentimentos, mas com o fato de um juiz da Suprema Corte ter gritado tais declarações para um registro judicial permanente.

Uma pesquisa feita por nós confirmou os preconceitos racistas e anticomunistas profundamente arraigados da população média do condado. O juiz Keating era um típico morador do condado de Marin. Como meu julgamento poderia acontecer no centro cívico, ao lado da sala de audiências do juiz Haley? Nós nos preparamos para argumentar nossa moção pela mudança de jurisdição do julgamento, pois realizá-lo ali seria um massacre protocolar, um prelúdio certo para a câmara de gás de San Quentin. Todos os juízes do Supremo Tribunal do condado confessaram que não podiam presidir meu julgamento de forma imparcial. Aquele grandioso gesto por meio do qual se desligaram do caso foi, para mim, outra maneira de dizer que estavam irremediavelmente convencidos de minha culpa.

Nossa pesquisa demonstrou que a maioria das pessoas no condado de Marin, brancas e ricas, acreditava que eu era culpada de sequestro, assassinato e conspiração. Mas, o que era ainda mais significativo, acreditava que eu era culpada de algo pior – de ser comunista, de ser uma mulher negra. Muitas delas se sentiram ultrajadas por eu ter sido autorizada a ensinar os filhos e as filhas de cidadãos californianos brancos e de bem. Se pudessem opinar naquele caso, eu estaria para sempre banida das universidades da Califórnia.

Depois da realização daquela pesquisa, George foi assassinado por agentes prisionais de San Quentin. A histeria criada em torno daquele acontecimento – visando transformar as vítimas em criminosos – foi generalizada. A opinião pública daquele rico condado branco considerava qualquer pessoa que falasse em nome dos prisioneiros de San Quentin tão culpada quanto supunham ser os próprios prisioneiros.

Nossa moção pela mudança de jurisdição estava completa e bem documentada. O juiz Arnason, chamado de outro condado para presidir o caso, não teve escolha a não ser concedê-la. No entanto, nós não queríamos uma mudança de jurisdição qualquer. Toda pessoa negra sabe que existem apenas alguns lugares no estado da Califórnia onde mesmo um simulacro de julgamento justo pode acontecer. Se tinha de haver um julgamento, queríamos que fosse em São Francisco, onde poderíamos esperar persuadir algumas pessoas negras do júri. Quem determinava o local do julgamento, porém, não queria ir a São Francisco, que se estendia do outro lado da ponte, com seu povo multicolorido e repleto de opiniões sociais e convicções políticas. São Francisco era imprevisível demais; a possibilidade de que um grande movimento local se erguesse para manter a vigilância sobre o julgamento era muito grande. Aquelas pessoas queriam um lugar mais tranquilo, onde as controvérsias fossem sufocadas pela voz suave das civilidades. Um lugar onde a população negra não vivesse em grande número, mas houvesse lideranças negras suficientes para encobrir a existência do racismo. Queriam um lugar com estatura geográfica substancial, mas sem cor política e, principalmente, sem uma tradição de lutas políticas progressistas.

Esse lugar, descobrimos, era San Jose. Agentes prisionais e xerifes do condado de Marin tomaram essa mudança de jurisdição como uma derrota pessoal. Seus rostos traziam expressões de profundo pesar – pesar por não poderem comandar o massacre eles mesmos. Com evidente satisfação, recusaram-se a nos dar qualquer indicação sobre a data ou a hora da transferência. Howard e Margaret me avisaram de que eu deveria me preparar para partir a qualquer momento e trouxeram caixas de papelão para que eu arrumasse minhas coisas: livros, papéis, cartas que acumulei durante o ano passado naquela prisão.

Suas advertências foram úteis. Certa madrugada, por volta das três ou quatro horas da manhã, a inspetora-chefe me acordou, gritando que era melhor eu estar pronta em poucos minutos. Eu já estava preparada. Não havia nada a fazer, além de lavar o rosto e escovar os dentes.

2 DE DEZEMBRO DE 1971

A viagem a San Jose foi muito mais longa do que eu esperava. Embora eu não conhecesse muito sobre a geografia do norte da Califórnia, eu era capaz de dizer que estavam dando voltas em razão do que chamaram de "motivos de segurança". Eu tinha esperanças de ver São Francisco, Berkeley ou algum lugar com cenas normais (mas, para mim, extraordinárias) de atividade humana. Quando cheguei à prisão em Palo Alto, porém, não trazia comigo boas lembranças. O trajeto tinha sido todo pela via expressa, com a caravana viajando muito acima do limite de velocidade. E até começarmos a nos aproximar de Palo Alto, tudo estava escuro.

Um homem delgado e pálido estava no carro comigo. Na época, eu não sabia que ele era o vice-xerife do condado de Santa Clara. Ele não tinha a postura costumeira de um agente da lei. Parecia inseguro de si. Tentou me consolar, assegurar-me de que minha permanência na prisão seria muito mais tolerável do que o ano de horrores que eu acabara de deixar no condado de Marin. Mas prisão era prisão. A menos que você estivesse resignada ao fato de estar trancafiada, não havia graus de melhor ou pior.

Assim como no FBI, na Casa de Detenção de Nova York, na prisão do condado de Marin, agora na prisão de Santa Clara, o ritual: Nome... Endereço... Idade... Local de nascimento... Prisões anteriores... Etc., etc., etc. Fotografia para a ficha criminal... Impressões digitais... Será que chegaria o momento em que eu finalmente registraria minha saída?

Eu descobrira que, cada vez que uma prisioneira é registrada, tem direito a dois telefonemas. Primeiro, liguei para minha equipe jurídica, avisando que eu tinha chegado, e, depois, para minha mãe e meu pai. Quase nunca tinha a chance de falar com minha família ao telefone, exceto quando estava sendo registrada em uma nova prisão. Ficaram muito felizes em ouvir minha voz, mas ao mesmo tempo havia frustração e tensão com o que esse novo cenário poderia trazer. Minha mãe disse que viria antes do Natal. Meu irmão mais novo, Reggie, em licença da faculdade, também viria para a costa Oeste. Minha mãe tentava se concentrar em coisas que permitiriam a ela escapar da realidade da minha situação. Embora ela tenha se mantido forte até o fim, acho que toda a provação foi mais difícil para ela do que para qualquer outra pessoa. Perguntei se ela tinha voltado a comer regularmente e recuperado um pouco do peso que tinha perdido. Cada vez que nos víamos ou conversávamos, acabávamos chamando a atenção uma da outra pelos mesmos motivos. Dessa vez, ela me lembrou de me alimentar melhor e tentar recobrar meu próprio peso. Pedi-lhe que não se preocupasse tanto e, com relutância, disse adeus.

Assim que desliguei o telefone, uma porta encoberta à esquerda da área de admissão foi destrancada. Entramos em um corredor curto e estreito e, quando olhei para a direita, vi a cela mais assustadora que já tinha visto até então. A área estava isolada por um vidro. Do outro lado do vidro, havia um corredor de quatro metros por um, no qual havia duas celas. Cada cela tinha cerca de dois metros por dois e meio. Uma delas tinha a cama de plataforma metálica, um colchão fino, vaso sanitário e pia; a outra era uma cela estofada, completamente revestida de um pesado tecido acolchoado pintado de cinza prateado. O estofamento era interrompido por um único orifício no chão, que servia de banheiro.

"Você precisa tirar suas roupas", disse a inspetora.

Ela me entregou um vestido, pijamas, um suéter, uma calcinha, um sutiã, algumas meias e chinelos de borracha. Eu disse a ela que colocaria as roupas, mas não as peças íntimas. Ela insistiu que eu tinha de abrir mão da minha própria roupa de baixo e colocar a do condado. Eu estava falando sério sobre não vestir roupas íntimas da prisão. Em Nova York, usando peças não esterilizadas, contraí um terrível fungo que se espalhou por todo o meu corpo e levou meses para ser finalmente curado. Disse à inspetora que ela poderia ficar com minha calcinha, mas nada do que ela dissesse ou fizesse me faria vestir aquela calcinha da prisão.

As carcereiras devem ter algo de *voyeuse* – mesmo aquelas que não são homossexuais inevitavelmente se levantam e assistem com profundo interesse enquanto você se despe. Aquela inspetora não devia ter consciência da intensidade com que me olhava, porque, quando perguntei o que ela via de tão interessante, pareceu terrivelmente envergonhada e saiu de forma abrupta.

O vestido desbotado que parecia um jaleco era apertado e curto demais. O suéter cinza e sem graça não chegava à minha cintura, e suas mangas iam até metade dos meus braços. Eu não conseguia puxar as meias brancas infantis para que cobrissem os calcanhares nem me encaixar nos chinelos de borracha. Joguei os chinelos e as meias pela porta que se abria para o corredor.

Então, percebi como estava frio naquela cela. Não só isso, o banheiro estava vazando e a água escorria pelo chão. Fui até o corredor para gritar uma reclamação, mas não havia ninguém à vista e a porta do corredor maior estava trancada. Disse a mim mesma que em breve Margaret e Howard estariam lá, então poderíamos começar a lutar contra aquelas condições subumanas. Com o jaleco infantil e apertado, sem calcinha e descalça, eu estava congelando, então coloquei a calça do pijama por baixo do vestido, o minúsculo suéter e a blusa do pijama por cima dele. Imagino que tinha uma aparência absurda.

Como não havia onde sentar, subi na cama, puxei o cobertor do Exército sobre os ombros e tentei me concentrar no livro que tinha levado. Mal tinha passado de uma página quando uma inspetora de cabelos ruivos longos e reluzentes entrou pelo corredor externo. Ela abriu a porta e, parecendo gentil, pensei, perguntou se eu queria o café da manhã. Eu disse que sim. Cinco minutos depois, ela voltou, dizendo que eu não estava "qualificada" para a refeição. Ela tinha verificado com o pessoal do condado de Marin e lhe foi dito que eu tinha tomado chá – chá! – antes da minha viagem. Sendo assim, não recebi nada até a hora do almoço.

"Vocês simplesmente não sabem o que significa se comportar como seres humanos, não é?", deixei escapar.

Em silêncio, ela saiu da cela como uma flecha. Eu me repreendi por ter dito sim à sua simpática oferta e tentei voltar ao meu livro.

Mais tarde, quando Margaret chegou e me viu encolhida no cobertor, congelando, acima de um chão encharcado, ficou de boca aberta. "Devem estar brincando!", ela disse. "Já estive em muitas prisões, mas isso supera todas elas."

Sua indignação fez com que eu me sentisse um pouco melhor. Por algum tempo, fiquei me perguntando se estava reagindo de forma exagerada. Pensei nas descrições feitas por George das muitas masmorras em que o jogaram durante a última década. Aquele lugar não podia ser tão ruim quanto a ala O de Soledad, ou o Centro Correcional de San Quentin, ou as solitárias de Folsom, ou qualquer uma das outras celas onde tentaram arrancar sua força de vontade e determinação.

"Isto nem sequer é uma prisão", eu disse a Margaret. "É o que chamam de 'recinto de detenção' – um lugar para manter prisioneiras por algumas horas ou talvez da noite para o dia. Mas querem me manter aqui por meses. Não posso acreditar", prossegui, "não há espaço suficiente para fazer exercícios físicos, nem aqueles em que você fica no mesmo lugar".

Decidimos fazer um desenho em escala da cela, acompanhado de uma descrição. Queríamos que o Comitê o usasse em seu comunicado à imprensa e na divulgação sobre as condições do meu confinamento.

Margaret foi embora para entregar o desenho ao Comitê. "Pode esperar", ela disse, "haverá grandes mudanças por aqui muito em breve!"

Sorri para ela. "Margaret, você sabe que eu ficarei bem."

Pouco mais tarde, a inspetora passou por minha cela levando uma jovem branca que parecia desolada. Ouvi um portão sendo destrancado ao lado. Ela devia estar ali por causa de uma apreensão de drogas, imaginei. Sem ter vontade de conversar com alguém que eu não podia ver, não disse nada a ela, retornei à cela, voltei para a cama de cima do beliche e continuei a ler *A mulher eunuco** até Margaret e Howard chegarem.

---

* Germaine Greer, *A mulher eunuco* (trad. Eglê Malheiros, São Paulo, Círculo do Livro, 1975). (N. E.)

Eles trouxeram notícias de que o Comitê já estava colocando as coisas em marcha. Nos Estados Unidos e até mesmo em outros países, as pessoas estavam recebendo comunicados sobre as condições em que eu estava sendo mantida. Em questão de horas, telegramas e telefonemas começaram a chegar ao escritório do xerife. James Geary, que se considerava um homem de convicção liberal, reagiu àquele protesto em massa e ordenou algumas mudanças. Em uma entrevista publicada no *Mercury*, de San Jose, ele lamentou que em todo o país achassem que ele havia me empurrado para a mais miserável das masmorras. Uma mulher, ele disse, protestou contra eu ser mantida em um "buraco sem aquecimento, descalça, caminhando com água até os tornozelos".

Não houve apenas transformações físicas, como aquecimento, roupas e sapatos, mas a postura das carcereiras mudou. Algumas delas se tornaram quase gentis. "Srta. Davis, há algo de que precise?" "Você tem certeza de que está tudo bem?" "Como foi seu jantar?" "Você tem alguma reclamação?" "Gostaria de algo em particular amanhã?"

Antes da chuva de protestos, as refeições eram pratos prontos sem gosto, o que era justificado pelas carcereiras com o fato de as prisioneiras raramente ficarem ali por mais de um ou dois dias. Depois dos protestos, trouxeram uma pessoa para cozinhar, e as carcereiras sugeriram à equipe jurídica que eu tivesse uma televisão em minha cela e mantivesse o rádio e a máquina de escrever elétrica que consegui em Marin.

Com essas novidades, a cela ficou entulhada. De forma magnânima, as carcereiras abriram a porta da cela acolchoada para meu uso. Assim, vim a ter o que na propaganda da promotoria pública se tornou uma "suíte de dois cômodos". Uma suíte de dois cômodos formada por uma cela de dois por dois e meio e outra ainda menor, acolchoada, cujo orifício sanitário um dia teve um retorno, cobrindo meus livros e o chão com excrementos líquidos.

Assim como a "suíte de dois cômodos", "minha televisão particular", sobre a qual o promotor falava constantemente, também era uma farsa. O aparelho era "particular" apenas porque insistiam em me manter em confinamento solitário. O promotor nunca mencionou que, na prisão feminina regular, havia televisão a cores para as prisioneiras. Nem que, quando recebi a minha, pressionei para que a prisioneira vizinha ganhasse a sua e que, quando as carcereiras recusaram, o Comitê comprou um aparelho para ela.

Durante aqueles dias, à medida que as condições de meu aprisionamento melhoravam, sentia uma profunda tristeza crescer dentro de mim. O que havia sido feito a meu favor havia sido feito, até então, apenas a meu favor. Mas eu era assombrada pelos espectros das irmãs e irmãos cujas vidas estavam sendo corroídas em outras prisões. Ruchell, Fleeta, John, Luis, Johnny Spain, David Johnson, Hugo Pinell, Willie Tate, Earl Gibson, Larry Justice, Lee Otis Johnson, Martin Sostre, Marie Hill, os irmãos Attica... Os nomes ficavam soando em meus ouvidos. Minha cabeça explodia com imagens confusas de suas masmorras e seus guardas – imagens aterrorizantes que tornavam a melhoria de minhas próprias condições físicas extremamente dolorosa para mim. A imensa energia do movimento que transformou minha situação na prisão tão depressa era uma energia a que meus irmãos e irmãs tinham mais do que igual direito. Tentei amenizar um pouco minha dor estabelecendo contato com irmãs e irmãos em prisões pelo país. De maneira quase compulsiva, por horas a fio, respondi a carta atrás de carta de prisioneiros e prisioneiras – cartas que se acumularam durante os meses em Marin, quando as carcereiras se recusaram a me entregar toda a minha correspondência. Mais do que nunca, sentia necessidade de consolidar meus vínculos com todas as outras pessoas presas. Parecia que minha própria existência dependia de minha capacidade de chegar até elas. Decidi então que, se fosse libertada, usaria minha vida para defender a causa de minhas irmãs e irmãos atrás dos muros.

Pouco antes da mudança de jurisdição, Sheldon precisou deixar o caso por motivos pessoais. E, com as moções prévias ao julgamento chegando ao fim, a equipe jurídica original tinha sido dissolvida. Mais ou menos nessa época, pedimos a Doris Walker [Dobby], uma advogada com uma longa história de envolvimento em causas progressistas, que se juntasse à equipe. Saudamos sua participação não só em razão de suas qualificações como advogada e seu inquestionável compromisso com a luta, mas também porque sentíamos que era politicamente importante que mulheres assumissem papéis visíveis na defesa.

Assim que ocorreu a transferência para o condado de Santa Clara, tivemos de agir depressa para fazer a última adição à equipe jurídica. Havia Howard, Margaret e Dobby. Queríamos mais uma pessoa. Durante a discussão inicial sobre a equipe jurídica na Casa de Detenção de Nova York, o nome de Leo Branton surgiu, junto com o de Howard, como um dos primeiros advogados com os quais gostaríamos de falar sobre o caso. Eu estava particularmente interessada em Leo Branton porque ele tinha sido um dos poucos advogados corajosos o suficiente para defender comunistas durante os julgamentos da Lei Smith. Havia pouco tempo, ele tinha abandonado sua aposentadoria para assumir o caso dos Panteras Negras de Los Angeles, consequência do ataque policial ao escritório do partido em janeiro de 1970.

Quando o abordamos pela primeira vez a respeito da equipe de defesa, ele estava completamente envolvido no caso dos Panteras e não podia assumir outra grande responsabilidade. Como resultado de um mal-entendido – nossa impressão era a de que ele tinha deixado os Estados Unidos depois que sua participação no caso dos Panteras chegara ao fim –, não entrávamos em contato com ele desde o outono de 1970. Quando Dobby me disse que ele parecia extremamente receptivo à ideia de se juntar à equipe, fiquei contentíssima. Pouco depois, ele viajou de Los Angeles a San Jose para discutir sua entrada no caso.

Eu tinha visto Leo uma vez – muito brevemente, durante uma das audiências prévias ao julgamento dos Panteras de Los Angeles. Naquela época, ele usava bigode. Como todo mundo falava sobre esse grande advogado negro que era tão veemente a respeito dos Panteras a ponto de sair da aposentadoria para defender o grupo, eu tinha a impressão de que ele era muito mais velho. No dia marcado para sua visita, vi um homem de aparência jovem, com um físico bem desenvolvido, vestido com muita elegância. Não me ocorreu que pudesse ser o Leo Branton que deixara a aposentadoria para aceitar o caso dos Panteras – mas quem era ele?

Fiquei tão chocada que, depois que Howard o apresentou, uma das primeiras perguntas que fiz a ele foi sua idade. Na verdade, ele se aposentara aos 45 anos e fora morar no México com a esposa, Geri, por um tempo. A experiência de Leo era fascinante. Ele havia atuado nos casos da Lei Smith, tinha ido para o Sul no início dos anos 1960 para defender integrantes do movimento pelos direitos civis e acabara se tornando um dos poucos advogados negros a representar pessoas na área do entretenimento. Por exemplo, ele tinha sido advogado de Nat King Cole e, quando o convidamos para entrar no caso, ele estava cuidando dos bens de Jimi Hendrix na Inglaterra em nome da família do músico.

A conclusão de nossa conversa foi a de que Leo se tornaria um advogado constituído assim que encerrasse o processo na Inglaterra. Sua decisão foi motivo de satisfação e orgulho para nós. Com Margaret, Howard, Dobby e Leo, nossa equipe jurídica era agora a melhor que podíamos esperar. Aquele foi um passo indiscutível rumo à vitória!

Logo após a mudança, comecei a frequentar o tribunal regularmente para assuntos prévios ao julgamento. As carcereiras insistiam em fazer a viagem de dez minutos para o centro de San Jose cerca de três horas antes do horário marcado para o início da sessão. Uma caravana de homens armados saía entre cinco e meia e cinco e quarenta e cinco da manhã. Alguns carros iam à frente do veículo sem identificação em que eu estava; outros iam atrás, e sempre havia um carro ao lado. Se a intenção deles era fazer a viagem de maneira discreta, não eram muito bem-sucedidos. Todas as manhãs, era necessária uma série completa de maquinações e cuidados para manter essa formação em ordem enquanto a caravana acelerava a cento e dez quilômetros por hora em direção a San Jose. Certa madrugada, enquanto me vestia para uma dessas viagens antes do amanhecer, liguei o rádio, como sempre fazia quando acordava. Havia uma notícia de última hora: "Ontem à noite, a Suprema Corte do estado da Califórnia votou a favor da abolição da pena de morte, alegando ser cruel, extrema e, portanto, inconstitucional". No começo, fiquei convencida de que tinha ouvido errado. Eu tinha conversado muitas vezes com Anthony Amsterdam, o advogado que preparara os documentos e discutira o caso da pena de morte perante o Supremo Tribunal. Ele tinha me visitado na prisão enquanto preparava nosso recurso à negação da fiança perante o tribunal federal. Em nenhum momento ele pareceu otimista em relação ao resultado de seu caso. Mas lá estava. A pena de morte anulada.

Naquele instante, meus pensamentos voaram até os irmãos de San Quentin com pendências judiciais que conduziriam à pena de morte. Ruchell já não poderia ser condenado a morrer na câmara de gás tão próxima à sua cela. John Clutchette não seria morto pelo Estado. Fleeta, meu irmão tanto quanto um irmão de sangue, como Benny ou Reggie, meu querido Fleeta não perderia a vida para pastilhas de cianeto jogadas no ácido sob a cadeira da morte. Johnny Spain, Luis Talamantez, Hugo Pinell, David Johnson, Willie Tate – o Estado não poderia tirar de suas vidas mais do que a prisão já havia tirado. Earl Gibson e Larry Justice escapariam da morte oficial, que é muitas vezes o destino de quem se recusa a ser servil diante de seus guardas.

Ri alto. Se estivesse em qualquer outro lugar, teria gritado, mas ali, na solidão da prisão, contive minha alegria.

Margaret entrou. Tive certeza de que ela já tinha ouvido a notícia: estava quase dançando de entusiasmo. Nós nos abraçamos. Eu disse a ela que aquele era um dia em que eu não me importaria de estar no corredor da morte do Centro Correcional de San Quentin. "Deve estar havendo um carnaval lá agora", comentei.

Margaret estava animada, dizendo algo sobre Howard estar se preparando para uma audiência relativa à fiança naquela manhã.

"Audiência de fiança?", perguntei. "De que tipo?"

Margaret olhou para mim como se eu fosse meio maluca.

"Angela", ela disse, "a pena de morte foi abolida. Você não percebe que isso enfraquece toda a base legal para a negação da fiança pelo juiz Arnason? Agora, ele não tem para onde ir. Tem de deixar você sair!"

Óbvio! Em sua decisão original me negando a fiança, Arnason declarou enfaticamente que, se não fosse pelo fato de eu ter sido acusada de um crime *capital*, ele estaria mais do que disposto a me libertar sob fiança. Agora, não havia crimes capitais. As palavras de Arnason constavam nos autos. O argumento invocado por ele ao rejeitar nossa moção de fiança já não se sustentava. De acordo com o argumento do próprio juiz, agora eu estava "legalmente" qualificada para a fiança.

Em minha alegria pelo fato de não poderem mais condenar Fleeta, os outros irmãos e eu à morte, eu tinha esquecido tudo sobre fianças. Então, gritamos. Foi a primeira vez que ri livre e intensamente em dezesseis meses.

"Ligamos para o juiz Arnason nesta manhã", disse Margaret, "e ele já concordou em realizar a audiência de fiança hoje. Agora, Howard e Dobby estão tentando obter cópias da decisão da Suprema Corte. Devem estar aqui em poucos minutos. E Franklin, Kendra e o restante do Comitê estão batalhando freneticamente para levantar o dinheiro da fiança".

Eu estive perto da euforia quando Margaret disse que, em breve, eu certamente estaria em liberdade sob fiança. No entanto, quanto mais factual ela se tornava, quanto mais falava sobre circunstâncias e minúcias, mais minha euforia se reduzia a um pessimismo avassalador.

"Esse juiz não vai me deixar sair sob fiança", eu disse, "não depois de todos esses meses, não agora, na véspera do julgamento. Pode esperar. Ele vai encontrar alguma brecha."

Eu não queria refrear o entusiasmo de Margaret, mas me lembrava muito vividamente da nossa experiência na última vez que a moção de fiança havia sido discutida. Praticamente todo mundo no Comitê tinha certeza de que venceríamos. Acho que fui a única – incluindo a equipe jurídica – a ter profundas reservas quanto à possibilidade de ser libertada. Então, quando Arnason informou que não poderia me libertar "legalmente", foi uma decepção terrível para todos, o que provocou um clima de tristeza tão generalizado que foi difícil juntar os pedaços e recolocar o movimento em ação. Senti que outra enorme derrota seria desastrosa para o movimento. Havia também o dano psicológico que tal derrota teria sobre mim: eu tinha de poupar minhas forças para sobreviver. Não podia me permitir criar esperanças de libertação que poderiam ser simplesmente destruídas pelas palavras arbitrárias de um homem branco vestindo a toga negra do Judiciário. Sem dúvida, havia uma remota possibilidade de eu ser libertada sob fiança, mas eu começava a formar a opinião de que era precisamente isto: uma possibilidade remota. Ademais, eu estava certa de que Arnason não decidiria sozinho. A verdadeira decisão, pensei, seria tomada em níveis de governo muito mais altos do que os de um juiz de uma corte superior.

Entramos no gabinete para a audiência preliminar sobre a fiança. Eu já havia esboçado o cenário em minha mente. Arnason, em seus esforços para ser o juiz mais justo possível, concordaria em reconsiderar sua decisão e, de fato, realizaria uma nova audiência de fiança. No entanto, entre aquele instante e o momento da condução da audiência, ele consultaria cada um de seus livros jurídicos, leria a decisão da Suprema Corte mil vezes em busca de uma brecha e, no dia da audiência, anunciaria que estava terrivelmente aflito, mas a lei o impedia de me libertar sob fiança.

Quando eu e a equipe de defesa entramos no gabinete judicial, ficamos cara a cara com um promotor de aparência abatida, Albert Harris. Howard apresentou nosso argumento bastante simples para a fiança: 1) a negação anterior da fiança fora inteiramente baseada na natureza capital das acusações feitas contra mim; 2) apenas algumas horas antes, a Suprema Corte abolira a pena de morte – não existia mais algo como crime capital; 3) *ergo*, a fiança deveria ser concedida a mim de imediato.

Howard e Dobby tinham tanta certeza da infalibilidade de seu argumento que deixaram um agente de fiança esperando na porta dos fundos do tribunal. No entanto, minha avaliação pessimista estava correta. O juiz marcou uma data para outra audiência. Disse que precisava de tempo para rever a decisão da Suprema Corte e o promotor, para preparar sua resposta ao nosso argumento.

23 DE FEVEREIRO

A audiência de fiança foi marcada para quarta-feira – no gabinete. O juiz respondeu à veemente resistência de Howard a uma audiência a portas fechadas dizendo que, se quiséssemos uma audiência pública, ele ficaria muito feliz em nos atender – mas teria de adiar a data por um bom tempo. Compreendemos muito bem o significado daquilo. No meu estado de espírito, tomei como um indício muito claro de que a moção seria negada novamente. Se não, por que ele fugiria de realizar a audiência perante o público?

Kendra, Franklin e Margaret insistiam em tentar me convencer de que, desta vez, o juiz não tinha saída. Na "opinião profissional" de Margaret, ela ficava me lembrando, a lei não oferecia uma brecha a ele. Não desta vez. No entanto, compreendíamos a reserva de Howard sobre o assunto. Na última vez, ele estava muito seguro – e sofreu bastante por mim quando veio a recusa. Praticamente todas as outras pessoas me diziam para empacotar tudo, ficar de prontidão, de maneira que, quando a decisão fosse divulgada, eu pudesse atravessar os portões sem um segundo de atraso.

Contudo, recusei-me a empacotar as coisas, a fazer qualquer gesto que levasse alguém – particularmente as carcereiras – a acreditar que eu de fato pensava que ia sair. Eu me lembrava nitidamente, e com muita tristeza, do comportamento arrogante das inspetoras e dos subxerifes do condado de Marin depois que o juiz disse "negado" ao nosso pedido de fiança em junho do ano anterior.

Enfim, tremendo de nervosismo, tive de me submeter às algemas e fui conduzida pelas portas de aço para comparecer ao tribunal. Eu tinha uma consciência aguda de cada gesto que precisava fazer: como colocar minhas mãos algemadas para a frente, virar as costas para o carro, sentar na beirada do assento e deslizar para o meio do banco. Por mais difícil que fosse entrar no carro, nunca aceitei a ajuda de uma carcereira. Foram tantas as vezes que me esforcei para absorver cada pequeno detalhe do caminho da prisão até o tribunal. Em algumas dessas viagens, admirei a cena de crianças brincando na rua; em outras, examinei com tristeza os rostos das empregadas negras indo trabalhar para as famílias ricas de Palo Alto. Mas sempre havia o severo e obsceno campo aéreo de Moffett, covil de onde eram enviados os aviões para matar os povos de Laos, do Vietnã e do Camboja.

Talvez eu estivesse vendo aquelas cenas pela última vez da janela de um carro da polícia – no entanto, eu não conseguia me convencer de que havia uma chance, mesmo que remota, de isso ser verdade. Eu me sentia como se estivesse andando em uma corda bamba. Se eu continuasse a rejeitar a possibilidade de obter o direito à fiança, meu pessimismo poderia me fazer mergulhar em um abismo de depressão. Por outro lado, se conseguisse me convencer de que hoje era o dia, correria o risco de despencar da euforia em um buraco ainda mais fundo. Durante os poucos minutos seguintes, tentei desesperadamente manter o equilíbrio. Continuei procurando aquele meio-termo entre o total pessimismo e o otimismo desenfreado. Apenas andar na corda bamba por um pouco mais de tempo.

Lá estávamos nós, nos organizando no gabinete do juiz para o pronunciamento do veredito: de um lado da sala, Margaret, Howard, Dobby e eu; de outro, Albert Harris e Clifford Thompson; e o juiz no centro, em sua grande poltrona que parecia um trono.

A frieza de Arnason deve ter sido deliberada. Por causa do modo casual como ele anunciou sua decisão, não tivemos oportunidade de soltar nossos gritos de triunfo. Dezesseis meses de prisão chegavam ao fim. Simples assim.

Os advogados e advogadas discutiram as condições da fiança com o juiz. Sem sentir ainda o impacto da minha iminente liberdade, eu me perguntava por que ele finalmente decidira me soltar. Com certeza não era porque, pessoalmente, queria me libertar antes do julgamento. Se fosse esse o caso, ele poderia ter me deixado sair meses antes. Ele não precisava ter esperado a abolição da pena de morte. Também não foi apenas graças à nova decisão da corte que Arnason concedera nossa moção. Ele poderia muito bem ter aceitado a afirmação do promotor de que a decisão da Suprema Corte levaria noventa dias para ser definitiva; portanto, ele deveria esperar esses três meses e só então me libertar – supondo que nenhuma revisão fosse feita na decisão. (Depois, descobri que todos os juízes no estado da Califórnia que ouviram uma moção de fiança com base na abolição da pena de morte seguiram a sugestão do promotor e esperaram os noventa dias.)

Não foi o juiz.

Não foi a lei.

Só restava outra explicação. Naquela manhã, o próprio juiz me permitiu vislumbrar o que o motivou a conceder a fiança.

Ele falou sobre "a correspondência que recebi nos últimos dois dias e os telefonemas, nenhum dos quais atendi pessoalmente, mas que foram atendidos pela minha equipe, de [...] um número enorme de estados, e telegramas de países estrangeiros. É um caso de incrível interesse".

A verdadeira razão pela qual ele se sentiu forçado a aprovar uma decisão a nosso favor tinha a ver com o alastramento da campanha de defesa. Arnason não quis indicar que estava "cedendo à pressão pública". No entanto, era evidente que a enorme mobilização de milhões de pessoas o afetara.

Essa conclusão me fez lembrar dos diversos debates acalorados que tivemos em torno do movimento pela fiança – debates em que geralmente me via sozinha de um lado, e Fania, Kendra, Franklin e as demais lideranças do Comitê de outro. A campanha pela fiança tinha sido lançada havia quase um ano. Eu tinha profundas reservas quanto a dedicar uma parte tão grande da energia da campanha a essa questão isolada. Em primeiro lugar, tinha certeza de que não havia a menor chance de vitória. Em segundo lugar, achava o conteúdo político da questão da fiança muito fraco. Não permitia que as pessoas expressassem sua resistência ao *sistema* de repressão que estava por trás não apenas de meu próprio encarceramento, mas também era o motivo de tantas outras pessoas estarem mofando na prisão.

Só depois de muitos meses, comecei a entender meu próprio erro de julgamento. Era verdade que a reivindicação por fiança não era revolucionária. Era verdade que, por si só, ela não exporia o núcleo podre do sistema capitalista. No entanto, precisamente por ser algo capaz de atrair qualquer pessoa interessada em ficar do lado da justiça, a reivindicação por fiança permitiu que a campanha alcançasse milhares de pessoas que, naquela época, não seriam encorajadas a pedir minha total liberdade. Elas não pediriam minha liberdade publicamente, mas pediriam que eu fosse solta até a determinação da minha inocência – ou culpa – por um tribunal de justiça.

A participação de tanta gente foi, por si só, fenomenal, mas o que mais me impressionou e me convenceu do acerto da luta pela fiança foi a maneira como as pessoas que travaram aquela luta evoluíram politicamente. Muitas delas começaram a se envolver em outras áreas da campanha. Depois de serem expostas à realidade dos sistemas prisional e judicial, foram forçadas a considerar atentamente a repressão política de que falávamos. Ao tomar conhecimento do meu caso, elas tomaram conhecimento dos irmãos Soledad, das condições subumanas das prisões, da lei da sentença indeterminada, sob a qual George recebeu uma pena de um ano a prisão perpétua por algo que, se ele fosse branco e rico, teria resultado, na pior das hipóteses, em liberdade condicional. Elas tomaram conhecimento do racismo e de como ele penetra em todos os cantos do sistema prisional. E tomaram conhecimento da dinâmica que faz do racismo um componente essencial da perseguição política a pessoas revolucionárias e progressistas. Muitas delas, que começaram, com relutância, reivindicando a fiança, acabaram se tornando lideranças fortes e eficazes da campanha.

Arnason disse que a defesa e a acusação tinham de concordar com as condições da fiança antes que ele pudesse estabelecer formalmente o valor, que, segundo ele, seria de US$ 102.500 – dos quais US$ 2.500 tinham de ser pagos em dinheiro diretamente ao tribunal. A promotoria, é claro, procurou fazer com que, uma vez do lado de fora, eu ficasse presa a tantas restrições que seria como estar na prisão.

A batalha seguia em aberto. Harris aproveitou a oportunidade para atacar o Comitê (cuja presença sempre pareceu ofendê-lo pessoalmente). Insistiu que eu não deveria comparecer ou atuar em nada que fosse organizado ou tivesse qualquer relação com o Comitê Nacional Unificado pela Libertação de Angela Davis. Se ele conseguisse o que queria, eu não seria capaz de me encontrar com minha própria irmã, porque ela era uma das coordenadoras nacionais da campanha em minha defesa. Harris parecia ver como seu principal inimigo não eu, mas aquele movimento numeroso que tinha se erguido para obstruir seu aparato de perseguição.

Parecia que muitas horas tinham se passado quando finalmente chegamos a um acordo – ou melhor, a uma trégua. Do lado de fora, um grande número de irmãs e irmãos se reunia para esperar o fim da audiência e receber notícias em primeira mão. O grupo não tinha ideia do que nós sabíamos desde os instantes iniciais da audiência. Quando Howard e Dobby tiveram de buscar documentos legais no escritório, o juiz instruiu que mantivessem silêncio sobre a decisão, não falassem com a imprensa, fossem diretamente ao escritório e voltassem de imediato. Margaret e eu aguardamos na sala de deliberação do júri. Tínhamos esperança de que Howard ignorasse – só um pouquinho – as instruções do juiz.

Subitamente, uma barulheira enorme foi ouvida no tribunal. Saudações, gritos, risos. A mensagem chegou ao povo. E era sua própria vitória que ele cantava. Foi então que as emoções que eu tinha contido durante aquela longa audiência se soltaram de repente. Era certo que fosse assim; que minha própria felicidade viesse à tona e se fundisse com os sentimentos daquelas pessoas responsáveis por ela.

Howard e Dobby voltaram depressa. Eu disse a Howard que sabia que ele não seria capaz de manter segredo sobre a fiança ao sair.

"Mas eu não disse nada", Howard insistiu. "Saí com a expressão mais séria possível. Vi como Franklin, Kendra e as demais pessoas estavam tensas e chateadas. Mesmo assim, continuei andando. Então, Franklin correu até mim e tudo o que fiz foi sorrir. Eu estava todo sorridente – não consegui evitar. Franklin não precisou de mais nada. Ele me abraçou, e Kendra, e então o pandemônio veio à tona."

Agora, precisávamos nos ater ao concreto. De onde viria o dinheiro ou a propriedade que seria dada como garantia? Houve problemas com o agente de fiança, disse Howard. No último instante, a pessoa a quem esperavam recorrer (o chamado "agente do movimento") aparentemente ficara com medo e começara a falar sobre como Eldridge Cleaver havia fugido dos Estados Unidos*. Esse agente se demonstrou tão racista, disse Howard, que, mesmo que ele mudasse de ideia, por princípio não o usaríamos.

Nas situações em que era preciso dar más notícias, Howard assumia um ar paternal. Ali, na sala do júri, ele me disse muito ternamente que eu deveria estar preparada para ter de me resguardar por alguns dias enquanto arrecadavam o valor e encontravam uma pessoa para atuar como agente de fiança.

Alguns meses antes, Aretha Franklin fizera uma promessa pública de depositar o dinheiro da garantia. Agora, ela estava fora dos Estados Unidos, mas, quando minha mãe entrou em contato, ela disse que ainda estava disposta a cobrir minha fiança. O problema era que ela precisava ficar no exterior por mais algum tempo, e o dinheiro não poderia ser liberado sem sua assinatura pessoal.

O Comitê continuou a procurar. Arrecadou rapidamente os US$ 2.500 para serem entregues ao tribunal e US$ 10 mil que seriam mantidos à disposição para a taxa de 10% do agente de fiança quando a propriedade de US$ 100 mil fosse encontrada. Desta vez, quando voltei para a prisão com as mãos algemadas na caravana de homens armados, eu me sentia forte. O que acabara de acontecer era uma prova incontestável do poder do povo.

De volta à minha cela, eu me deitei sentindo uma profunda tristeza. Por que eu, e não as outras pessoas? Eu não conseguia me livrar do sentimento de culpa. Mas sabia que minha liberdade só seria significativa se eu a usasse para pressionar pela liberdade daquelas pessoas cuja condição eu compartilhava.

De repente, as pessoas começaram a voltar à minha cela. Franklin disse que eu sairia imediatamente. Como assim? Stephanie trouxe a mesma notícia enigmática. Então, Howard explicou que haviam encontrado alguém disposto a dar sua propriedade como garantia da fiança. Alguém que simplesmente apareceu, atraído pelo magnetismo do movimento. Um fazendeiro branco do condado de Fresno que havia herdado um grande pedaço de terra de seu pai e que era simpatizante de nosso movimento. Logo soubemos de outra possibilidade. O agente de fiança, cujo escritório ficava no andar de baixo de nossa sede legal em San Jose, decidira assumir a operação. Negociações estavam sendo conduzidas na frente da prisão.

---

* Eldridge Cleaver foi solto sob fiança em 1968 e fugiu para Cuba, o que resultou em prejuízo para seus agentes de fiança. (N. T.)

Finalmente, Howard chegou com a notícia emocionante: o valor da garantia fora definitivamente levantado; tudo o que restava era o trabalho burocrático! Eu queria gritar de alegria. Mas a morosidade da burocracia prisional impedia o fluxo natural de minhas emoções. Agora, cada segundo de espera era como os meses e as estações que passei esperando atrás das grades. Eu não conseguia tirar as roupas feias da prisão rápido o suficiente para vestir as calças roxas que Kendra trouxera – calças muito curtas para ela e certamente apertadas demais para mim. Minhas mãos tremiam, então eu mal conseguia me vestir. Mesmo assim, segundos depois, eu estava diante do balcão de admissão esperando que as carcereiras (que ardiam de raiva silenciosamente) apertassem os botões que abririam as portas.

A primeira porta se abriu em seu próprio ritmo enlouquecedoramente lento. Um passo, e aquele limiar foi atravessado. Meu coração batia forte enquanto eu esperava a porta se fechar atrás de mim com o odioso estrondo que tinha perturbado meus nervos tantas vezes antes. Aquela era a última vez. Cruzei a porta seguinte que se abria diante de mim e fui recebida por berros ensurdecedores.

Atirei meus braços ao redor da primeira pessoa que vi do lado de fora, Refu, um irmão que conheci em Los Angeles. Eu queria abraçar cada irmã e irmão na multidão. Prisão, encarceramento, xerifes, correntes – tudo isso era passado. Por razões de segurança, tivemos de deixar a área da prisão rapidamente. De modo gentil, Refu lembrou-me de que eu teria tempo para ver todo mundo em um ambiente mais seguro. Margaret e eu entramos no Mustang amarelo de Victoria Mercado e abrimos caminho entre simpatizantes e repórteres que estavam em torno do carro. Acelerando estrada afora, gritamos, rimos e nos beijamos. Eu estava do lado de fora; sem agentes prisionais, sem carros de polícia, sem algemas. "As pessoas estão se reunindo na casa da Bettina e do Jack", alguém disse.

Quando entramos na casa, meu rosto doía de tanto sorrir e gargalhar. O filho de seis anos de Margaret, Hollis, e o menino de quatro anos de Bettina e Jack, Joshua, estavam lá. Com a ternura especial que as crianças pequenas podem demonstrar, Joshua me perguntou: "Angela, você está livre mesmo?". E Hollis estava tão empolgado que jogou os braços em volta do meu pescoço.

Lá estavam, sob o mesmo teto, membros da equipe nacional, líderes e ativistas dos comitês de San Jose e de toda a região da baía de São Francisco. Lembrei-me das dificuldades que enfrentamos ao tentar organizar o Comitê de Defesa dos Irmãos Soledad. Minha admiração pelas lideranças de meu comitê era ilimitada. Eu estava conhecendo muitas delas pela primeira vez, lindas irmãs e irmãos que haviam arrancado minha vida das mãos pálidas da perseguição racista.

Em uma sala dos fundos, reuni-me com líderes da Chicano Defense Organization [Organização de Defesa Chicana]. O Comité para la Defensa de los Presos Politicos [Comitê para a Defesa de Presos Políticos] deu atenção especial ao meu caso. Seu apoio foi fundamental no condado de Santa Clara, onde a população latino-americana era maior do que a população negra. Victoria Mercado, uma irmã latino-americana que muito cedo se juntou à equipe nacional do Comitê, passou meses trabalhando em San Jose com El Comité.

Ao longo da noite, houve um fluxo constante de pessoas na casa. No meio de tudo isso, peguei o telefone e liguei para Birmingham. Mamãe e Papai. Conhecendo a profunda dor pessoal que haviam sofrido e sua completa devoção à luta, senti-me mais feliz por eles do que por mim mesma. Nossas emoções estavam tão alteradas que o aparelho telefônico parecia mais uma barreira do que um meio de comunicação. Em seguida, tive de ligar para meu irmão Benny e sua esposa, Sylvia. O compromisso deles era pessoal e político, e passamos a nos amar ainda mais. Depois, os telefonemas para Nova York. Precisava falar com Charlene, que tinha enfrentado o trabalho descomunal de administrar a campanha nacional. Então, contatei Winnie. Henry Winston, presidente de nosso partido, e Gus Hall, nosso secretário-geral, levaram juntos a mensagem da campanha ao mundo.

Então, surgiu um problema. Franklin acabou com ele. Centenas de pessoas tinham se reunido no Solidarity Center [Centro de Solidariedade] – o escritório do Comitê em San Jose – para celebrar. Elas esperavam impacientemente que eu aparecesse. Como a ordem de fiança incluía a proibição de eu falar ou estar presente em qualquer grande encontro organizado pelo Comitê, a sugestão era a de que eu não fosse. O que eu deveria fazer? Qualquer violação das minhas condições de fiança poderia ser aproveitada para me devolver à prisão. Será que eu deveria evitar o risco e seguir a ordem do juiz ao pé da letra? Será que em nome de algum interesse egoísta por esse pingo de liberdade eu deveria ignorar as irmãs e irmãos que se dedicaram tanto? Com ordem judicial ou sem ordem judicial, eu tinha responsabilidades apenas com aquelas pessoas que lutaram comigo e por mim. Se, ao cumprir as obrigações que tinha com elas, eu arriscasse minha liberdade, que assim fosse. Ficando do lado do povo, nunca estaria sozinha.

Quando entramos no Centro de Solidariedade, a multidão deu início a uma longa e estrondosa ovação – uma ovação que quase compensou os últimos dezoito meses que eu tinha passado na clandestinidade e na prisão.

Já tínhamos decidido que eu iria morar com Margaret. Durante o processo, Bob e Barbara Lindsay, um casal amigo em San Jose, emprestaram uma casa a ela. Por dezesseis meses, Margaret me visitou nas prisões – Nova York, condado de Marin, Santa Clara. Agora, era estranho saber que podíamos dormir e acordar sob o mesmo teto, como há muitos anos, quando ela passava o verão em nossa casa em Birmingham ou quando eu me hospedava com sua família em Nova York.

Era inútil tentar dormir, então passei aquelas primeiras horas de silêncio e escuridão refletindo. Era assustador pensar no impacto profundo que a prisão tivera sobre mim. Minhas reações ainda estavam adaptadas à escassez de espaço da prisão, à densa hostilidade que permeia todo aquele ambiente. Acostumada a dormir em uma plataforma apenas um pouco mais larga do que o meu corpo, pareceu-me estranho poder rolar na cama espaçosa de Margaret.

Havia outra coisa a respeito daquela casa que me entristecia e que quebrou o encanto da celebração. A casa pertencera à mãe de Barbara Lindsay, uma bela mulher chamada Emma Sterne. Eu a conhecera quando já era a senhora idosa de cabelos brancos, com linhas profundas marcando seu rosto, que tinha escrito o primeiro panfleto sobre os irmãos Soledad. Com mais de setenta anos, ela havia sido uma das lideranças mais ativas do Comitê Soledad. No verão de 1971, ela adoecera. Por algum tempo, ficou entre idas e vindas do hospital, e parecia estar se recuperando. Quando George foi assassinado, as forças que a mantinham viva devem ter sido consumidas pela tristeza. Pouco depois do funeral de George, Emma Sterne morreu.

24 DE FEVEREIRO

Não houve tempo suficiente para aproveitar a primeira manhã de sol brilhante naquele suntuoso quintal. Eu queria me abandonar às sensações primitivas: esticar-me na grama, absorvendo o calor e a energia solar de que senti tanta falta na minha sucessão de celas. Mas tive de conter essa vontade de abraçar as árvores, observar as nuvens e ouvir o som das vozes das crianças. Em poucos minutos, teria de enfrentar a imprensa, confrontar a mídia e os milhões de pessoas que ela alcançava.

Bem naquele instante, a campainha anunciou a chegada de Fania. Ela tinha trabalhado tanto na campanha, viajando pelo mundo, que não conseguira estar lá quando fui libertada. Naquela noite, ela tinha um discurso em Idaho.

Nós nos abraçamos, transbordando com a alegria postergada daqueles dezoito meses. Irmãs, tínhamos nos tornado camaradas.

Depois da coletiva de imprensa, fomos até a casa de Bettina e Jack, onde Gus Hall esperava para me ver. Gus compreendia melhor do que ninguém o que eu estava sentindo. Ele passara cerca de oito anos na Penitenciária Federal de Leavenworth. Descreveu o momento em que souberam que o juiz havia lhe concedido a fiança. A notícia chegou no meio de uma sessão do Congresso do partido. Dividiam-se, ele disse, entre o impulso de fazer o anúncio de imediato e a consciência de que a notícia perturbaria irremediavelmente o restante da reunião. Arriscaram a interrupção, e as outras atividades do dia caíram por terra.

Acompanhando Gus na viagem estava Luis Figueroa, líder do Partido Comunista e senador do Chile. Baixo, com um enorme bigode caindo sobre os lábios, ele era como um tio generoso. Com seu jeito afetuoso e direto, Gus me perguntou se eu gostaria de jantar com camaradas da região. Aceitei, e alguém me lembrou de que devíamos nos apressar para ir ao encontro do avião de minha mãe.

Eu tinha sofrido muito durante as tristes visitas de minha mãe à prisão. Ela era uma pessoa tão sensível, especialmente em relação aos filhos, que eu só podia imaginar a angústia que minha detenção causara a ela. Se havia uma única razão pessoal primordial para que eu desejasse a liberdade, era por minha mãe.

Quando ela saiu do avião naquela tarde, trazia um brilho que eu nunca tinha visto antes. Eisa, minha pequena sobrinha, estava em seus braços. Em um instante, estávamos envoltas em abraços. Não havia carcereiras para macular a privacidade daquele encontro.

Depois do jantar, quando terminei uma taça de champanhe – tudo que me atrevi a beber –, brindei a praticamente todas as pessoas presentes. De forma espontânea, começamos a cantar "A Internacional": "De pé, ó vítimas da fome!". E imediatamente depois, o "Negro National Anthem". A voz de minha mãe cantava em alto e bom som: "Levantem-se todas as vozes e cantem até terra e céu se unirem"*. Até os garçons negros participaram.

25 DE FEVEREIRO

O policial branco e corpulento que estava no comando ficou evidentemente abalado com minha presença. Sua voz tremia de raiva quando ele me disse para

---

* *"Lift every voice and sing till earth and heaven ring."* (N. T.)

ficar atrás de uma linha branca. Contando essa, quantas fotografias minhas tinham sido feitas pela polícia?

Assim como os outros policiais enfileirados junto às paredes, ele usava um macacão azul-escuro e um boné de beisebol da mesma cor. Alguém poderia facilmente tê-lo confundido com um manobrista de estacionamento, um técnico de televisão ou um mecânico de automóveis. Mas havia aquele revólver pesado balançando em sua cintura e o cassetete de sessenta centímetros que sua mão direita apertava com toda a força.

Depois que a fotografia foi tirada, a mesma voz carregada de fúria me direcionou para outra linha branca – esta reservada às mulheres. Com passos pesados de hesitação, saí de trás da linha para o outro lado da cortina. Prendi a respiração enquanto revistavam meu corpo, enfiavam os dedos no meu cabelo e pediam que eu abaixasse minha calcinha.

Kendra, Victoria, Franklin e Rodney já conheciam a rotina especial do tribunal do condado de São Francisco para quem comparecia ao julgamento dos irmãos Soledad. No entanto, aquele degradante prelúdio à sessão causou indignação, horror e incredulidade em minha mãe, Sylvia e Benny.

Era assustador perceber que as pessoas que iam com frequência aos julgamentos tinham de se submeter àquelas revistas humilhantes dia após dia. Sem dúvida, a repetição conferia àquela rotina claramente fascista uma perigosa aura de normalidade. Sem dúvida, aquilo já tinha criado um precedente perigoso para julgamentos políticos futuros.

Nomes foram registrados, assentos especiais atribuídos, fotografias tiradas para a polícia de São Francisco e para o FBI. Lá dentro, o setor destinado ao público, onde nos sentamos, estava separado da área do julgamento por um anteparo blindado que se estendia por toda a largura da sala de audiências.

Detrás do vidro, as coisas ganhavam um caráter de encenação. Parecia que, como em um ritual, as figuras marchavam para assumir seus lugares habituais: defesa, acusação, doze membros do júri e quatro suplentes; por fim, John e Fleeta, cuja força e beleza pareciam estilhaçar o vidro à prova de balas. Nós estendemos as mãos uns aos outros.

Era difícil me concentrar nos fatos que se apresentavam, de tão assombrada que eu estava pela ideia de me encontrar em liberdade, enquanto eles seguiam acorrentados. O círculo havia se fechado. Antes, quando era uma mulher livre, prometi lutar implacavelmente para que fossem soltos. John, Fleeta e George... Nesta nova liberdade não seria diferente.

Foi isso que planejei dizer a John durante a reunião que a equipe jurídica tinha marcado para o intervalo do almoço. Eu deveria ter percebido, porém, que as coisas estavam transcorrendo com muita tranquilidade. No andar de cima, na área de espera, o agente policial latino-americano nos deu a notícia. Infelizmente, ele disse, o juiz Vauvaris mudara de ideia. Não haveria reunião com John Clutchette.

Minha imensa decepção diminuiu um pouco quando percebi que a cela de John era visível a partir do balcão onde eu estava. O agente policial não se opôs quando o chamei, dizendo a ele para aguentar firme e se manter forte; era apenas questão de tempo.

No andar de baixo, uma enorme multidão havia se formado, e a imprensa fora alertada sobre minha presença. Por causa disso, talvez o juiz interpretasse minha ida ao julgamento dos irmãos Soledad como uma violação da ordem de fiança. Naquele momento, porém, isso não importava muito. O que importava era reafirmar meu compromisso com a luta para libertar todas as pessoas presas por razões políticas – os irmãos Soledad em primeiro lugar. Isso era importante não só porque me colocava onde eu queria estar – de volta à luta –, mas também pelo significado que teria para todas as irmãs e irmãos que lutaram para que eu fosse solta. Se eu não podia me contentar apenas com a minha liberdade, elas também não podiam.

Acima, à esquerda, Angela aos quinze meses; no centro, visitando Nova York em 1951; à direita, ao lado de sua irmã mais nova, Fania, em 1952. Ao lado, na época de sua graduação na Universidade Brandeis. Fonte: arquivo familiar.

Fachada da Elisabeth Irwin High School, onde Angela Davis cursou o ensino médio; foto de 2011. Fonte: Beyond My Ken/Wikimedia Commons.

Campus da Universidade Brandeis; foto de 2018. Fonte: Kenneth C. Zirkel/Wikimedia Commons.

Addie Mae Collins (14 anos), Cynthia Wesley (14 anos), Carole Robertson (14 anos) e Denise McNair (11 anos), assassinadas no atentado à Igreja Batista da rua Dezesseis, em Birmingham, Alabama, em 15 de setembro de 1963. Fonte: Wikimedia Commons.

Protesto contra a decisão do presidente Richard Nixon de bombardear o Laos e o Camboja; 5 de maio de 1970, *campus* da Ucla. Fonte: Ucla Faculty Association.

Martin Luther King discursa para 5 mil estudantes no *campus* da Ucla em abril de 1965. Fonte: Ucla Faculty Association.

Angela Davis e Herbert Marcuse em 1968.
Fonte: arquivo familiar.

Filósofos com os quais Angela Davis teve contato na Universidade de Frankfurt: em primeiro plano, Max Horkheimer, à esquerda, e Theodor Adorno, à direita; ao fundo, Jürgen Habermas, passando a mão no cabelo; foto de abril de 1964.
Fonte: Jeremy J. Shapiro/Wikimedia Commons.

Angela Davis, ao centro, entra no Royce Hall, na Ucla, antes de sua primeira aula como professora de filosofia, em outubro de 1969. À direita, de óculos, Kendra Alexander.
Fonte: GeorgeLouis/Wikimedia Commons.

Angela Davis, c. 19
Fonte: Library of Congr

"Procurado: policial do LAPD, pelo assassinato do irmão Gregory Clark", cartaz de denúncia contra Warren B. Carlson produzido pelo SNCC; na ocasião, Angela Davis atuava no departamento de propaganda do comitê. Fonte: Center for the Study of Political Graphics.

Huey Newton, fundador do Partido dos Panteras Negras pela Autodefesa. Fonte: Wikimedia Commons.

À esquerda, Sallye Davis, mãe de Angela Davis, com Rosa Parks, cuja recusa a ceder seu lugar no ônibus a um homem branco em Montgomery, Alabama, foi o estopim do movimento antissegregacionista, c. 1970. Fonte: Library of Congress.

Bobby Seale, fundador do Partido dos Panteras Negras pela Autodefesa, fala durante o evento John Sinclair Freedom Rally, na Universidade de Michigan, em 10 de dezembro de 1971. Fonte: Wikimedia Commons.

Eldridge Cleaver, do Partido dos Panteras Negras pela Autodefesa, na American University em 18 de outubro de 1968. Fonte: Marion S. Trikosko/Library of Congress.

"Todo poder ao povo", ilustração de Emory Douglas para o jornal do Partido dos Panteras Negras, 9 de março de 1969. Fonte: Center for the Study of Political Graphics.

Irmãos Soledad acorrentados; da esquerda para a direita: John Clutchette, George Jackson (de óculos) e Fleeta Drumgo. Fonte: Voice of Detroit.

George Jackson. Fonte: Paris Review.

Capa do livro *Soledad Brother*, de George Jackson, edição em brochura publicada em 1970 pela Bantam.

"Libertem os irmãos Soledad", cartaz feito pelo Comitê de Defesa dos Irmãos Soledad, c. 1970. Fonte: Center for the Study of Political Graphics.

Angela Davis e Jonathan Jackson em ato pela liberdade dos irmãos Soledad, em 1970. Fonte: Voice of Detroit.

Cartaz de "Procurada pelo FBI" distribuído em agosto de 1970. Fonte: Smithsonian National Museum of African American History and Culture.

Angela Davis logo após ser presa; escoltada por dois agentes do FBI, ela é conduzida à Casa de Detenção Feminina de Nova York em 13 de outubro de 1970. Fonte: AP Photo/David Pickoff.

Vista aérea da Penitenciária Estadual de San Quentin; foto de novembro de 2010. Fonte: Jitze Couperus/ Wikimedia Commons.

Casa de Detenção Feminina de Nova York, *c*. 1930. Fonte: Ephemeral New York.

Manhattan House of Detention, "The Tombs"; foto de fevereiro de 2013. Fonte: Beyond My Ken/Wikimedia Commons.

"Libertem Angela Davis já", cartaz do Comitê pela Libertação de Angela Davis, Nova York, c. 1971. Fonte: Debra Newman Ham (org.), *The African-American Mosaic, a Library of Congress Resource Guide for the Study of Black History and Culture* (Washington, D.C., Library of Congress, 1993).

Bóton "Libertem Angela e todas a pessoas presas por razões políticas" Fonte: Hollis Images/Harvard Library

"Liberdade para Angela Davis", cartaz do Comitê pela Libertação de Angela Davis, Nova York, c. 1971. Fonte: Library of Congress.

Cartaz "Libertem Angela Davis. Juventude contra a guerra e o fascismo" é mostrado durante protesto contra a Guerra do Vietnã. Boston, 1970. Fonte: Nicholas DeWolf/Wikimedia Commons.

Manifestação pela liberdade de Angela Davis em Amsterdã, em 30 de janeiro de 1971. Fonte: Mieremet, Rob/Anefo/Wikimedia Commons.

Com sua família, aguardando o veredito em frente ao tribunal em Santa Clara, em 4 de junho de 1972. Da esquerda para a direita: seu irmão Ben Davis com o filho dele, Ben Jr.; Sylvia, esposa de Ben; seu outro irmão, Reggie, e a própria Angela Davis. De costas para a câmera, sua irmã, Fania Jordan; à direita da foto, mulher não identificada. Fonte: arquivo familiar.

Retrato de Angela Davis feito por Edgar Garcia, 2013. Fonte: capa do livro *Feminismo e política: uma introdução*, de Luis Felipe Miguel e Flávia Biroli (São Paulo, Boitempo, 2014).

Angela Davis, ao centro, com a cosmonauta soviética Valentina Terechkóva, presidente do Comitê de Mulheres Soviéticas, à esquerda, e Kendra Alexander, à direita, em 29 de agosto de 1972. Fonte: D. Chernov/ Wikimedia Commons: RIA Novosti.

Em 11 de setembro de 1972, em Berlim Oriental, com Erich Honecker, então secretário-geral do comitê central do Partido Socialista Unificado da Alemanha. Fonte: Bundesarchiv.

Em 4 de agosto de 1973, em Berlim Oriental, mais uma vez ao lado de Valentina Terechkóva, na Demonstração da Juventude da República Democrática Alemã. Fonte: Bundesarchiv.

Angela Davis, à direita, com a revolucionária cubana Vilma Espín e o primeiro-ministro de Cuba Fidel Castro durante o II Congreso de la Federación de Mujeres Cubanas (FMC), em 1974. Fonte: Cubadebate.

PARTE VI
PONTES

Virados de lado, muros são pontes.

Em um sábado de manhã, durante meu primeiro ano na Brandeis, minha amiga Lani e eu decidimos pegar carona para o norte a fim de ver os barcos de pesca em Gloucester, Massachusetts. Nosso plano era passar a noite lá. Como não conhecíamos nenhuma pessoa "adulta" em Gloucester, tivemos de cometer uma pequena transgressão das regras ridiculamente puritanas que governavam a conduta das mulheres que estudavam no *campus*. Ao registrar a saída do dormitório, indicamos ter permissão de nossos pais para visitar uma família em Nova York, cujo nome e endereço fornecemos. (Eram pessoas que saberiam como agir caso alguma verificação fosse feita.)

Gloucester era magnífica, com suas árvores outonais multicoloridas, a enorme beleza de suas rochas à beira-mar, sua multidão de navios e pescadores. Caminhamos por horas pela costa, depois percorremos as ruazinhas que datam do século XVIII. Embora estivéssemos praticamente sem dinheiro, um homem generoso de um pequeno restaurante nos deu toda a comida que pudemos comer e não quis ouvir falar sobre nos deixar trabalhar por nossa refeição.

Quando o calor do sol começou a diminuir, tivemos de reconsiderar nossa intenção original de dormir na praia. Sem dinheiro, era inimaginável nos registrar em algum hotel, então dissemos adeus às amizades que fizemos na cidade e voltamos à estrada, tendo nossos polegares como únicos meios de transporte.

Já era tarde quando chegamos ao *campus* em Waltham, depois do horário do toque de recolher para as alunas do primeiro ano. Se nos arriscássemos a atravessar o *campus* até o pátio Hamilton, onde ficava nosso dormitório, provavelmente seríamos apanhadas pelos homens da segurança e acusadas de violar o toque de recolher. Mesmo que não fôssemos vistas durante a corrida, era muito provável que nos pegassem ao tentar entrar no dormitório sem sermos notadas.

Ridgewood – o dormitório masculino – ficava na entrada do *campus*, logo depois da rodovia onde nossa carona nos deixou. Não haveria muita segurança por ali, então decidimos pedir a um amigo que nos emprestasse seu quarto naquela noite. Quando o acordamos, ele se mostrou bastante disposto a encontrar outro lugar e nos deixar usar as duas camas de seu cômodo. Na manhã seguinte, acordamos cedo e voltamos para nossos quartos sem incidentes.

De algum modo – nunca descobrimos exatamente como –, chegou à diretora a informação de que tínhamos "passado a noite no dormitório masculino". Ela nos chamou para dizer que seríamos julgadas perante o tribunal das mulheres. Lani e eu estávamos incrédulas. A coisa toda era absurda – sermos julgadas por um grupo de mulheres da elite econômica submetidas a uma lavagem cerebral para acreditar que, por sermos duas mulheres jovens, o que fizemos era imoral. Se não comparecêssemos perante esse tribunal, seríamos expulsas da universidade – simplesmente porque quisemos desfrutar da beleza de um dia de outono e não permitimos que as regras nos impedissem.

Na sala vazia e sem janelas, Lani e eu nos sentamos de um lado da longa mesa. As integrantes do tribunal se sentaram do outro lado.

"Vocês estão cientes de que mancharam a reputação desta universidade ao aceitar carona de pessoas estranhas?"

Nós duas olhamos com asco para a aluna que pronunciou aquelas palavras. "A reputação da Brandeis deve estar realmente manchada", retruquei, "com tantas caronas que acontecem por aqui."

"Estudantes decentes pegam carona no *campus*, e não em estradas desconhecidas."

Seguiu-se uma longa disputa, com as mulheres do tribunal lançando seus impropérios contra nós, enquanto Lani e eu tratávamos suas palavras com o escárnio que merecem.

Conforme já sabíamos ao entrar na sala, o veredito foi "culpadas" e a sentença, máxima. Durante trinta dias, ficamos confinadas ao dormitório, o que significava que, diariamente, depois do jantar, tínhamos de ir para nossos quartos e lá permanecer ou dar provas de que estávamos estudando na biblioteca.

Eu nunca esqueci a condenação hipócrita daquele tribunal. Elas estavam convencidas de que tinham o direito de brincar de Deus, mestre e mãe. Como nos recusávamos a aceitar seu estilo de vida, éramos "criminosas morais", e elas queriam nossa punição.

28 DE FEVEREIRO

Quando os primeiros jurados em potencial foram trazidos à sala de audiências, lembrei-me daquele pequeno julgamento de mentira que tinha se desenrolado havia mais de uma década. Tive a mesma sensação de irrealidade, o sentimento de que o mesmo tipo de jogo estava sendo jogado, em que concorrentes com ideias perigosamente obsoletas tinham uma injusta vantagem.

Aquele jogo, porém, era outro – mais mortífero. E os riscos eram muito maiores do que passar trinta dias no meu quarto.

Na mesa bem em frente à nossa, uma caixa de sorteio feita de madeira clara é colocada para girar. Quando ela para, o oficial tira de dentro da caixa um pedaço de papel. Ele lê o nome com cuidado, pronunciando cada sílaba nitidamente. No andar de cima, pessoas assistem e ouvem por um monitor de televisão. Lá embaixo, na sala de audiências, temos plena consciência de que câmeras e microfones transmitem nossas ações para aquele cômodo cheio de pessoas desconhecidas que correspondem a nomes e números em nossa lista de jurados.

Logo depois que seu nome foi chamado, a sra. Marjorie Morgan apareceu e tomou seu lugar no banco das testemunhas. A sra. Marjorie Morgan, que descreveu a si mesma como a esposa do proprietário aposentado de uma loja de tratores. A sra. Marjorie Morgan... Provinciana e tendenciosa... A sra. Marjorie Morgan, que não hesitou em dizer a Leo, responsável por interrogá-la, que achava que eu era "provavelmente culpada" de assassinato, sequestro e conspiração, e que eu nunca deveria ter recebido permissão para lecionar na Ucla. Era ilegal e impróprio, ela insistiu, que comunistas dessem aulas em uma universidade. O único traço de decência demonstrado por ela foi sua honestidade sobre ser incapaz de me julgar de modo imparcial. Assim, o juiz foi forçado a eliminá-la da comissão do júri.

A entrevista com potenciais membros do júri – o *voir dire* – foi dividida em duas partes. Na primeira, a pessoa era questionada sobre sua exposição a informações a meu respeito e a respeito do caso. Se o juiz se convencesse de que a publicidade anterior ao julgamento não havia gerado um preconceito irreversível contra mim, essa pessoa ocupava temporariamente um dos doze assentos do júri. Quando a caixa do júri ficou cheia, começou o segundo estágio do *voir dire*, durante o qual questionamos intensamente potenciais membros sobre uma série de assuntos. Tentamos extrair quaisquer tendências racistas, pró-policiais ou outros preconceitos ocultos que pudessem vir à tona devido às evidências produzidas durante o julgamento.

No dia seguinte, foi interrogado um anticomunista ainda mais ousado. Quando perguntado sobre sua atitude em relação a comunistas, William Waugh disse que, "se alguém quer ser comunista, pode voltar para o lugar de onde veio". Isso, ele admitiu, me incluía – se eu desejava ser comunista, deveria ir para onde o comunismo estava no poder. No entanto, como se negou a concordar que tal posicionamento afetaria sua capacidade de conferir a mim um julgamento imparcial caso eu fosse julgada por algo sem relação com o comunismo, não perdeu seu assento. Por enquanto, ele permanecia na comissão.

Entretanto, esse também foi o dia em que a sra. Janie Hemphill foi chamada. A sra. Hemphill era a única mulher negra em todo o grupo de potenciais membros do júri. Mulher robusta de pouco mais de quarenta anos, ela insistiu, de modo simpático, que poderia me dar um julgamento imparcial. Antes mesmo que ela proferisse uma palavra, porém, tínhamos certeza de que Albert Harris, o promotor, a removeria da comissão o mais rápido possível.

Poucos dias depois, quando foi submetida a um *voir dire* exaustivo, ela descreveu seu passado de forma comovente. Fiquei tão enternecida com o que ela disse que quase esqueci que aquilo fazia parte do processo de seleção de um júri que poderia me mandar de volta para o outro lado dos muros. Quando Howard perguntou a ela sobre os empregos que teve, ela nos levou de volta ao Arizona, onde, aos doze anos, colheu algodão e cortou cebolas. "Depois", ela disse, "fui cozinheira de pratos rápidos. Fui para Los Angeles e trabalhei como cozinheira de pratos rápidos... E também trabalhei em uma fábrica de sanduíches para aqueles carrinhos que passam... Quando cheguei a San Jose, fiz trabalho doméstico e trabalhei no Spivey's como lavadora de pratos".

Enquanto falava, ela me fazia lembrar de minha mãe – sua luta para sair de Goodwater, no Alabama, para se sustentar durante o ensino médio e a faculdade, fazendo todos os bicos que conseguia encontrar. Tudo isso para finalmente arrumar um emprego dando aulas em uma pequena escola.

A história da sra. Hemphill era a história universal da mulher negra em um mundo que quer vê-la esmagada. A sra. Hemphill tinha vencido. Minha mãe tinha vencido. Mas muitas outras não. O sistema estava contra nós. Era isso que emergia com tanta força das palavras da sra. Hemphill. Minha própria situação era, em um nível diferente, evidência daquele mesmo mundo política, econômica e socialmente hostil que a maioria das mulheres negras tem de enfrentar todos os dias de sua vida.

Em 13 de março, quinze dias após a abertura da seleção do júri, a sra. Hemphill foi eliminada por uma objeção formal da promotoria. Ela fora a única pessoa negra a ser interrogada no banco das testemunhas. O tribunal foi suspenso.

No dia seguinte, 14 de março, aceitamos o júri conforme constituído. Não por estarmos contentes com as pessoas que se sentaram no banco. De maneira alguma – afinal, a única pessoa negra havia sido excluída por Harris. No entanto, com base em nossa investigação superficial sobre o restante do júri, tínhamos nos convencido de que a composição disponível em 14 de março era provavelmente melhor do que qualquer outra coisa que pudéssemos esperar. Se continuássemos a nos opor às pessoas que sentíamos ser mais preconceituosas, então, com certeza, Harris se oporia àquelas que sentíamos estar mais inclinadas à imparcialidade. Elas seriam extirpadas, uma por uma, como ele já tinha extirpado Janie Hemphill e as outras poucas pessoas que não pareciam totalmente inclinadas para o lado da promotoria.

Torcíamos para que nossos instintos estivessem corretos quanto à sra. Mary Timothy, cujo filho tinha sido um objetor de consciência à Guerra do Vietnã. Durante o *voir dire*, ela havia se mostrado uma pessoa impetuosamente independente que, pensamos, saberia sustentar a própria opinião. Se ao menos ela e as poucas outras pessoas com as quais estávamos vagamente felizes olhassem para as provas com objetividade e inteligência e se recusassem a sofrer influência dos truques demagógicos da promotoria, poderíamos esperar, no mínimo, um impasse no júri.

Quando fez o juramento, em 14 de março, a comissão do júri incluía uma mulher cuja presença nos preocupava desde o início. Quando Howard a interrogou sobre a questão do comunismo, ela disse que comunistas buscam atingir seus objetivos, "de certo modo, à força".

"E quando você diz 'força'", perguntou Howard, "a que se refere? O que você quer dizer?"

"Subversiva", respondeu a mulher. "Esse tipo de coisa. Na verdade, não sei..."

"Você diz um tipo 'subversivo' de coisa. Poderia nos dizer o que é uma coisa de tipo subversivo, em sua opinião?"

"Posso reduzir isso", ela disse, "aos termos da minha criança de onze anos de idade, e seria 'dissimulado'."

Quando Howard perguntou como ela definiria "dissimulado", ela tentou explicar o uso que fazia dessa palavra, dizendo: "Acho que a simplifiquei demais.

É que não sou tão instruída assim. Você lê e ouve sobre as atividades dessas pessoas, que elas tentam promover motins. Não sei se isso é verdade. É o que lemos no jornal".

Howard estava convencido de que, sempre que tentava parecer ingenuamente ignorante das coisas e, portanto, capaz de ser uma jurada imparcial, ela estava representando. Afinal, era filha de um chefe de tribunal aposentado – um homem que dedicara mais de 25 anos de sua vida ao que a sra. Titcomb chamou de "trabalho policial".

Durante o *voir dire*, Howard perguntou se ela tinha pessoas negras como amigas. Ela respondeu: "Oh, fui amiga de algumas pessoas negras muito queridas que se mudaram desta região há anos. Há uma família que mora atrás de nós com quem temos amizade".

Questionada sobre quando ela tinha recebido a visita de pessoas negras em sua casa pela última vez, ela respondeu: "Pessoas negras convidadas para minha casa... Meus filhos fazem isso quase diariamente".

Em 14 de março, junto com outras onze pessoas, ela prestou juramento para o júri. Alguns dias depois, porém, foi liberada de suas responsabilidades. O público e a imprensa receberam a informação de que ela havia saído por "motivos pessoais". Poucas pessoas ouviram a história verdadeira. Talvez se a transcrição não tivesse sido mantida em confidencialidade, os meios de comunicação não teriam sido tão rápidos em elogiar o sistema judiciário dos Estados Unidos por garantir a imparcialidade a todas as pessoas.

Tudo começou quando um esboço e uma descrição do júri foram publicados nos jornais no dia seguinte à nossa anuência a ele. A equipe do juiz Arnason disse ter recebido naquele dia uma ligação em seu escritório de uma pessoa que se identificou como filha da jurada. Sua voz foi descrita como histérica – tudo o que ela conseguiu dizer foi: "Se minha mãe permanecer no júri, que Deus ajude Angela Davis".

A equipe de defesa e a promotoria foram chamadas com urgência ao gabinete do juiz para ouvir o relato do incidente. O que sugeríamos que fosse feito? Insistimos para que a filha fosse trazida ao gabinete a fim de explicar em detalhes seu temor de que a mãe estivesse determinada a me prejudicar.

Ela era pálida, tinha uma compleição frágil e parecia muito mais jovem do que seus dezoito anos. Era evidente que ela não estava acostumada a um ambiente tão oficial. Parecia tímida e um pouco assustada. Eu queria perguntar o que a tinha estimulado a correr aquele grande risco. Será que ela tinha sido influenciada de algum modo pelo movimento pela minha liberdade? Só podia ter sido o movimento que a levara a tomar consciência de sua própria responsabilidade política individual, mesmo que envolvesse um ataque à sua mãe.

Não pude deixar de sentir pena enquanto ela olhava apreensiva para todas as pessoas estranhas sentadas junto às paredes do gabinete do juiz. Até o juiz se sentiu comovido e, em um gesto paternal, caminhou até ela, colocou o braço em volta de seu ombro e disse, com suavidade, que não havia nada com que se preocupar.

Quando parte da terrível tensão se dissipou, pudemos nos concentrar no assunto da sessão. Sim, ela tinha certeza de que sua mãe votaria por uma condenação, independentemente das evidências apresentadas. Sua mãe nunca gostou de pessoas negras e disse à filha que não fizesse amizade com crianças negras. A única amiga negra que a filha tivera na infância não podia visitá-la em casa – não apenas porque sua mãe não permitia, mas também porque a família da menina não deixaria que ela fosse submetida a uma mulher conhecida na comunidade por seus sentimentos contrários às pessoas negras. A filha chorou em um de seus aniversários porque a amiga não pôde comparecer.

Depois de passarmos com dificuldade pelos fatos daquele episódio, a filha começou a relatar com alguma confusão uma história a respeito de um namorado negro que ela tivera, sobre quem a mãe vomitara seu racismo cáustico.

A segunda parte daquele embate envolveu uma reunião com a jurada, na qual a confrontamos com as acusações feitas por sua filha. Claro, ela insistiu que tudo que sua filha disse era mentira. Falou que ela e a filha nunca conseguiram se dar bem – de todas as suas crianças, aquela era a de que menos gostava.

E quanto à amiguinha negra que a filha, quando era criança, não podia levar para casa? A história era uma invenção, ela insistiu. E quanto ao namorado negro? Segundo a mulher, a filha disse a ela que foi estuprada.

Não, ela não mentira durante o *voir dire*. Não, ela não renunciaria voluntariamente. Sentia que tinha o direito de atuar naquele júri e estava determinada a cumprir com suas responsabilidades cívicas.

Aquela mulher parecia pronta a arriscar praticamente qualquer coisa para permanecer no júri e me condenar. Ameaçamos trazer sua filha de volta para confrontá-la cara a cara com as acusações de racismo. Contudo, ela estava mais do que disposta a encarar a filha. Tivemos de ir mais longe. Ela estaria preparada para ouvir sua filha e todas as outras testemunhas que pudéssemos descobrir fazendo aquelas acusações no banco das testemunhas, diante do tribunal, do público, da imprensa e do mundo? Ela refletiu por um momento e, então, decidiu voltar totalmente atrás. O mundo era um pouco mais do que ela estava disposta a enfrentar.

27 DE MARÇO

Quando o tribunal entrou em recesso para o almoço, Kendra e eu fomos as últimas a sair. De repente, Leo voltou correndo para a sala de audiências, gritando: "Os irmãos Soledad foram absolvidos". Berramos, nos abraçamos, pulamos para todos os lados. "Os irmãos Soledad estão livres!" Nossos gritos alegres, barulhentos e desenfreados ecoaram pela sala vazia.

Eu ria e chorava de alegria, mas também pensava: por que não George? Se ao menos o tivessem deixado viver um pouco mais.

Descansando em seu gabinete, o juiz Arnason ouviu nossos gritos frenéticos e correu para a porta. Parecendo um pouco assustado e provavelmente temendo o pior, ele perguntou em voz baixa se algo havia acontecido. Nós três só conseguimos repetir o que estávamos gritando: "Os irmãos Soledad foram absolvidos".

Aquele era o dia de abertura do julgamento. Dois outonos, dois invernos e duas primaveras já tinham sido consumidos pelas disputas preliminares. Agora, finalmente, entrávamos na luta final e decisiva. E a absolvição de John e Fleeta era como um presságio de nossa vitória futura.

Essa vitória confirmava um dos elementos fundamentais da minha defesa: o caráter político do meu engajamento no movimento de defesa dos irmãos Soledad e a estratégia de desenvolver protestos de massa e resistência em massa à perseguição dos irmãos.

Harris tinha tentado incitar o júri com uma teoria absurda de que eu teria sido impelida a cometer assassinato, sequestro e conspiração pela minha "paixão ilimitada e arrebatadora" por George. Ao eliminar de seu caso as acusações políticas originais, o promotor pensava estar sendo esperto. Na acusação, o primeiro "ato evidente" de "conspiração" havia sido minha participação em uma manifestação, em 19 de junho de 1970, pela liberdade imediata dos irmãos Soledad. Policiais testemunharam perante o júri de instrução que, em tal evento, eu defendi a libertação dos irmãos Soledad, bem como em outras reuniões e assembleias. Agora, uma vez que tantas pessoas aceitavam a ideia de que eu era uma prisioneira política, a promotoria estava na defensiva. Harris, sem dúvida, estava com medo de usar a prova-chave na qual inicialmente se fiara. Aquilo era o impacto da campanha de massa, cujo tema central era o caráter repressivo e político da acusação.

"Não haverá, nas próximas semanas, provas apresentadas pela promotoria", insistiu ele perante o júri,

> do exercício, pela ré, de seu direito à liberdade de expressão e de reunião sob a primeira emenda, exceto por certas cartas que ela escreveu. Vocês irão se convencer de que o caso da acusação não repousa, em nenhum grau, na natureza das opiniões políticas da acusada, quaisquer que sejam elas.
> As provas mostrarão que a alegação de perseguição política, a alegação de que a ré é prisioneira política, a alegação de que a ré é objeto de ação penal por causa de suas crenças políticas – todas essas alegações são falsas e sem fundamento.

No entanto, ao eliminar a "prova política", o promotor teve de construir outra base para o caso. Essa nova base foi a motivação passional. Eu apenas queria libertar, ele disse, o homem a quem amava.

Ao longo de seu discurso de abertura, embora ele se esforçasse para fazer com que considerações políticas parecessem totalmente irrelevantes para o caso, a política continuava a se infiltrar. "Esta manhã", ele disse, "por meio dos livros que ela possui, vocês viram provas de que esta professora de filosofia é uma estudante da violência." (Ele estava se referindo a dois livros, *The Politics of Violence* [A política da violência] e *Violence and Social Change* [Violência e mudança social].) "Outra prova que apresentaremos mostrará que a acusada não vive apenas no mundo dos livros e das ideias, mas está comprometida com a ação, está comprometida com a violência".

Então, ele tentou voltar atrás:

> Suas próprias palavras revelarão que, por baixo do sereno verniz acadêmico, há uma mulher totalmente capaz de ser impelida à violência pela paixão. As provas mostrarão que sua motivação básica não era libertar presos políticos, mas libertar o prisioneiro que ela amava. A motivação básica do crime era a mesma motivação subjacente a centenas de casos criminais que ocorrem todos os dias nos Estados Unidos. Essa motivação não era abstrata. Não estava basicamente fundamentada em nenhuma necessidade real ou imaginária de reforma prisional. Não foi fundamentada em um desejo de justiça social. Foi fundamentada simplesmente na paixão que ela sentia por George Jackson...

No segundo dia de julgamento, tivemos a oportunidade de atacar a argumentação da promotoria. Como havíamos decidido alguns dias antes que eu faria o discurso de abertura ao júri, passei cada instante dos últimos dias discutindo com a equipe jurídica e preparando minhas anotações. Agora, eu tinha certeza de que poderíamos arruinar a argumentação da promotoria.

Nossas armas tinham sido reunidas. Nossa equipe jurídica estava em plena forma – Howard, Margaret, Leo, Dobby e eu. O movimento de massa tinha uma força global sem precedentes. Fania, Franklin, Charlene, Kendra, Rob, Victoria, Phyllis, Stephanie, Bettina e demais membros da equipe faziam um excelente trabalho de mobilização. Preparavam-se para conduzir o movimento até que atravessássemos a linha de chegada. Além disso, essa recente reviravolta, essa nova teoria da paixão proposta por Harris, tornava o argumento do Estado ainda mais fraco do que de início, se é que isso era possível. Aquela era uma abordagem desesperada para o julgamento, desenvolvida e elaborada quando ficou claro que sua argumentação política simplesmente não seria aceita.

Naquele segundo dia de julgamento, enquanto Victoria e Rodney Barnette, responsáveis por minha segurança pessoal, dirigiam comigo por ruas desconhecidas de San Jose, meus pensamentos estavam totalmente absorvidos na tarefa que eu pensava que logo estaria realizando.

Quando nos aproximamos do centro cívico de Santa Clara, percebemos uma multidão muito maior do que de costume ao redor do prédio. Subxerifes armados corriam pelo pátio. Outros estavam posicionados nos telhados dos edifícios do centro cívico.

Ignorando o motivo de toda aquela comoção, pensei que o que quer que estivesse acontecendo deveria ser parte da conspiração maior para me mandar para a prisão pelo resto da vida. Todos os dias, as pessoas que entravam no tribunal – público, imprensa, nós mesmos e até o júri – tinham de se submeter a detectores de metal, revistas humilhantes e, no caso do público e da imprensa, câmeras que tiravam suas fotografias. Agora, toda a área estava ocupada por policiais com escopetas, fuzis e metralhadoras.

Olhando ao redor, vi algumas pessoas do júri sentadas nos degraus do tribunal municipal e outras nos bancos do outro lado do pátio. Alguém disse que havia uma tentativa de fuga em andamento, envolvendo prisioneiros da prisão masculina do condado, localizada no mesmo complexo de edifícios do tribunal.

O subxerife que vigiava a entrada dos fundos, por onde advogados entravam no tribunal, recusou-se a me deixar passar. O prédio estava sob medidas emergenciais de segurança, disse ele, e ninguém podia entrar ou sair. Descobrimos mais tarde que jornalistas tinham sido trancados na sala de imprensa, o público foi trancado no corredor do lado de fora da sala de audiências e membros do júri que já haviam entrado no prédio estavam trancados na sala do júri.

Quando o juiz anulou as medidas de segurança para participantes do julgamento e nós nos reunimos na sala de audiências, ele anunciou que a sessão seria adiada até a manhã seguinte e imediatamente dispensou o júri pelo resto do dia.

Aparentemente, três homens detidos na prisão do condado decidiram fugir enquanto esperavam para ser transferidos para outras instalações. Fizeram reféns e tentaram negociar sua libertação. Entretanto, como se estivessem seguindo o exemplo dos agentes prisionais de San Quentin, os subxerifes agiram na primeira oportunidade para acabar com as negociações por meio de tiros. Aquele considerado o líder da tentativa foi morto e os outros dois, capturados.

Os jornais da noite traziam manchetes como TENTATIVA DE FUGA NO LOCAL DO JULGAMENTO DE ANGELA. E vários artigos continham extensas comparações entre esse incidente e a revolta de 7 de agosto. Quer tenha sido planejada dessa forma ou não, a sugestão incutida na mente de muitas pessoas que leram essas reportagens foi a de que tínhamos algo a ver com a tentativa de fuga.

Aquele episódio, que aconteceu antes mesmo de termos a chance de apresentar nossa argumentação ao júri, levantou algumas questões muito difíceis para nós. Por um lado, a única maneira de garantir que eu não seria julgada por um júri com preconceitos intensificados pela experiência da tentativa de fuga era apresentar imediatamente uma moção para anular o julgamento. Por outro, se de fato apresentássemos a moção e a anulação nos fosse concedida, o processo de seleção do júri recomeçaria do zero. Como sentíamos que já havíamos escolhido o melhor júri que Santa Clara era capaz de nos oferecer, um novo júri só poderia ser pior.

As equipes de defesa e de organização da campanha se reuniram durante a noite, antes de finalmente concordarmos com uma posição definitiva: um breve *voir dire* do júri para determinar se as pessoas haviam se tornado mais tendenciosas contra mim em razão da tentativa de fuga que testemunharam.

No dia seguinte, na conclusão dos interrogatórios individuais do júri, decidimos que o dano não era irreparável. Seguiríamos com o julgamento.

O pódio ficava atrás da mesa do promotor e ligeiramente à esquerda. Ao organizar minhas anotações e me preparar para começar nosso discurso, pude ver Harris se contorcer em seu assento.

"O promotor", eu disse ao júri,

> apresentou a vocês um caminho muito longo e complicado pelo qual ele espera que suas provas conduzam vocês no decorrer deste julgamento. Ele diz que tal caminho apontará diretamente na direção da minha culpa. Ele diz que suas provas são tão conclusivas que eliminarão todas as dúvidas que vocês possam ter com relação à minha culpa, e que vocês não terão escolha, a não ser me condenar pelos crimes muito sérios de assassinato, sequestro e conspiração.
>
> No entanto, dizemos a vocês, membros do júri, que as próprias provas do promotor demonstrarão que este caso não é, absolutamente, um caso. As provas mostrarão que sou completamente inocente de todas as acusações feitas contra mim. Revelarão que o argumento do promotor não tem qualquer substância. Revelarão que seu caso se baseia em conjecturas, adivinhações, especulações...
>
> Na segunda-feira, o promotor começou dizendo que este caso contra mim é, basicamente, um caso que envolve o crime de paixão. Disse que minha paixão por George Jackson era tão grande que não conhecia limites, que não respeitava a vida humana. Depois, disse em seu discurso que eu não estava preocupada com a luta para libertar pessoas presas por razões políticas, que eu não estava preocupada com o movimento para melhorar as condições de vida nas prisões dos Estados Unidos. Ele lhes disse que pretende provar que eu estava exclusivamente interessada na liberdade de um homem, George Jackson, e que esse interesse era motivado por pura paixão.
>
> Membros do júri [...], as provas mostrarão que, quando fui indiciada, o júri de instrução do condado de Marin considerou as provas de minha participação no movimento para libertar os irmãos Soledad, não apenas George Jackson, mas também Fleeta Drumgo e John Clutchette.
>
> As provas mostrarão que o primeiro ato evidente da acusação de conspiração consiste em uma descrição de um comício do qual participei pela liberdade dos irmãos Soledad. Em 19 de junho de 1970, eu estava exercendo direitos garantidos constitucionalmente – direitos garantidos a mim pela primeira emenda – quando participei daquela manifestação que tratava da perseguição aos irmãos Soledad e a outras pessoas presas por razões políticas e das condições prisionais em geral. No entanto, esse era para ser o primeiro ato evidente de uma conspiração para libertar os irmãos Soledad por meio dos eventos de 7 de agosto.
>
> As provas mostrarão, membros do júri, que essa acusação provocou preocupação generalizada, preocupação por todo o mundo, de que eu fui vítima de repressão política. Eu lhes pergunto se não seria razoável inferir que o promotor esteja ciente

de que nenhum jurado imparcial me condenaria com base em tais evidências. Por isso, ele disse a vocês que não apresentará nenhuma prova de minha participação na luta para libertar os irmãos Soledad. O que ele fez foi transformar o caráter do caso. Agora, ele fará vocês acreditarem que sou uma pessoa que cometeria os crimes de assassinato, sequestro e conspiração motivada por pura paixão. Ele gostaria que vocês acreditassem que, por trás de minha aparência externa, há emoções e paixões sinistras e egoístas que, em suas palavras, não conhecem limites.
Membros do júri, isso é absolutamente fantasioso. É totalmente absurdo. No entanto, é compreensível que o sr. Harris queira se aproveitar do fato de eu ser uma mulher, pois nesta sociedade espera-se que as mulheres ajam apenas de acordo com os ditames de suas emoções e paixões. Devo dizer que isso é um sintoma claro do chauvinismo masculino que prevalece em nossa sociedade.

Eu não tinha imaginado que aquelas observações causariam reações tão positivas em várias juradas. Ao longo de toda a minha declaração, tentei observar atentamente o júri. Quando falei sobre o caráter supremacista masculino do caso de Harris, cabeças assentiram e expressões receptivas irromperam em alguns rostos femininos. Elas também conhecem a experiência de serem acusadas, por serem mulheres, de agir irracionalmente e segundo as emoções, e não a lógica.

"As provas mostrarão", continuei,

que meu engajamento no movimento para libertar os irmãos Soledad começou muito antes de eu ter qualquer contato pessoal com George Jackson. Vocês vão descobrir que, logo depois de Fleeta Drumgo, John Clutchette e George Jackson serem indiciados por um júri de instrução do condado de Monterey [...] comecei a participar de reuniões públicas realizadas para estabelecer as bases de um movimento para defendê-los publicamente das acusações infundadas de que tinham matado um agente prisional atrás dos muros da prisão de Soledad [...].

As provas mostrarão que meus próprios esforços para libertar George Jackson sempre se expressaram dentro do contexto de um movimento para libertar todos os irmãos Soledad e para libertar todos os homens e mulheres que estão na prisão injustamente.

Descrevendo o Comitê de Defesa dos Irmãos Soledad, expliquei ao júri que

nossas reuniões eram abertas a qualquer pessoa que delas quisesse participar [...]. Organizamos protestos, manifestações, campanhas de panfletagem e várias outras atividades informativas e educativas. [...]

Membros do júri, vocês verão, quando o testemunho for aduzido com este objetivo, que buscamos atividades que nos permitissem envolver um número cada vez maior de pessoas na defesa pública dos irmãos Soledad.

E, enfatizando o que considerávamos ser o elemento crítico de nossa defesa, eu lhes disse que

> os depoimentos deixarão claro que sentíamos que a influência de um número grande de pessoas os ajudaria a obter a absolvição e que, dessa maneira, eles seriam libertados de uma acusação injusta.
> Membros do júri, nós tínhamos razão em nossa compreensão do caso dos irmãos Soledad, pois, na manhã de segunda-feira, enquanto vocês se sentavam aqui para ouvir o discurso de abertura da promotoria e enquanto escutavam que eu não estava interessada em promover o movimento para libertar os irmãos Soledad, os frutos de nosso trabalho eram alcançados. Os doze homens e mulheres que, por um período de muitos, muitos meses, ouviram todas as provas que a acusação pôde reunir contra os irmãos Soledad no tribunal de São Francisco acabaram por declarar inocentes os dois irmãos Soledad sobreviventes. E, se George Jackson não tivesse sido abatido por um agente da prisão de San Quentin em agosto do ano passado, ele também teria sido libertado dessa acusação injusta.

Continuei o discurso, descrevendo em detalhes as atividades do Comitê de Defesa dos Irmãos Soledad e colocando-as no contexto de minhas experiências na luta pela libertação do povo negro e pelos direitos de todas as pessoas da' classe trabalhadora – latino-americanas, porto-riquenhas, indígenas, asiáticas e brancas. Falei sobre minhas vivências no Conselho Estudantil Negro, na universidade em San Diego, na Aliança Estudantil Negra, no Congresso Negro, no SNCC, na California Teachers Federation [Federação de Docentes da Califórnia], no Partido dos Panteras Negras, no Coletivo Che-Lumumba e no movimento contra a guerra.

Tentei mostrar ao júri de que modo minhas atividades em torno da defesa dos irmãos Soledad faziam parte de uma história de engajamento no movimento para defender e libertar pessoas presas por razões políticas, como Huey Newton, o grupo de 21 Panteras de Nova York, Bobby Seale, Ericka Huggins, o grupo de 18 Panteras de Los Angeles e os outros sete irmãos da prisão de Soledad que também foram acusados de matar um agente prisional.

"As provas mostrarão", eu expliquei,

> que me correspondi com os 7 de Soledad e expressei a eles meu amor, minha compaixão e minha solidariedade por sua luta [...].
> O promotor disse que este julgamento não tem nada a ver com uma conspiração política, porém, membros do júri, durante todo o tempo em que estive envolvida

no movimento para libertar os irmãos Soledad, fui objeto de uma ampla campanha de espionagem. O próprio promotor está de posse de numerosos relatórios feitos por várias agências policiais em todo o estado da Califórnia sobre minhas atividades em nome dos irmãos Soledad. Ele tem relatórios da polícia sobre manifestações em que discursei. Tem filmes de protestos em que eu e outras pessoas declaramos nosso apoio aos irmãos Soledad.

O promotor alega que eu não estava interessada em promover a reforma prisional, mas ele tem em seu poder relatórios policiais feitos especificamente para a administração da prisão de Soledad a respeito de minhas atividades.

O promotor alega que, durante o período anterior a 7 de agosto, eu era uma mera criatura passional, que não estava genuinamente lutando para eliminar a repressão nas prisões, mas ele tem provas que refutarão suas próprias alegações, provas reunidas por toda uma rede de espiões da polícia e do Departamento Correcional sobre o conteúdo dos meus esforços políticos para libertar George Jackson, Fleeta Drumgo e John Clutchette.

No entanto, membros do júri, ele disse que vocês não verão essas provas. Ele não apresentará evidências desse tipo. Não as apresentará porque, se o fizesse, mostraria o processo pelo qual uma pessoa inocente pode ser vítima de uma armadilha e acusada de crimes ultrajantes. Não, ele não trará essas provas para vocês. Ele continuará a lhes dizer que não sou a pessoa que vocês veem em pé diante de si, mas sim uma criatura maligna e sinistra empurrada para a iminência de um desastre por emoções e paixões ingovernáveis.

Quando chegou a hora de tratar de meu relacionamento com Jonathan, coloquei-o dentro do contexto das relações que desenvolvi com as famílias de todos os três irmãos. Referindo-me ao Comitê de Defesa dos Irmãos Soledad, disse ao júri que

> Jonathan Jackson era um integrante especial de nosso grupo, pois trouxe consigo as furiosas frustrações e preocupações de um jovem que não tinha lembranças de seu irmão mais velho, exceto aquelas que tinham sido obscurecidas pelas grades da prisão. Jonathan era uma criança de sete anos quando seu irmão foi levado à prisão pela primeira vez e, por dez longos anos, acompanhou vários membros de sua família a diversas prisões em todo o estado da Califórnia para visitar seu irmão. Essas visitas devem ter deixado nele uma impressão indelével de como era a vida de um prisioneiro, e sei que, embora tivesse apenas dezessete anos de idade, ele devia ser extrema e intimamente sensível à condição, às frustrações, aos sentimentos de tristeza e futilidade que homens como James McClain, Ruchell Magee e William Christmas deviam sentir. E posso dizer que agora, em retrospecto, entendo a

frustração, a profunda frustração e o profundo desespero que Jonathan devia estar experimentando.

Em seguida, passei para a questão das armas e das outras evidências físicas que Harris estava usando para tentar provar que eu era culpada. Entrei nos fatos que não contestávamos:

É um jogo de tipo doentio esse que o promotor vem jogando. Ele inventou um esquema, um diagrama, uma conspiração, e então encaixou sua conspiradora, sua criminosa, àquele cenário. Existe uma cena do crime, um plano. E ele procura maneiras de me puxar para dentro disso, de modo que ainda pareça plausível. Entretanto, como não cometi crime algum e como todas as minhas atividades eram abertas e transparentes, ao promotor resta apenas uma alternativa. Ele precisa moldar seu caso circunstancial a partir das circunstâncias comuns da vida cotidiana. E ele deixa para que vocês, membros do júri, forneçam o elo perdido que converte a atividade ordinária em conduta criminosa.

Depois de duas horas explicando os contornos de nossa defesa ao júri, eu me senti confiante o suficiente para dizer:

Chegamos à conclusão de nosso discurso de abertura e pedimos que pensem na conclusão deste julgamento, depois de ficarem pacientemente sentadas e sentados, quase ao ponto de exaustão, e ouvirem todos os lados da disputa acalorada que se desenrolará neste tribunal, depois de participarem de uma calma reflexão e deliberação. Temos a máxima confiança de que seu veredito será um veredito justo. Temos a máxima confiança de que seu veredito será o único veredito que as provas e a justiça exigem neste caso. Estamos confiantes de que o caso terminará com o pronunciamento de duas palavras: "*Não culpada*".

Óbvio que não tínhamos toda a certeza que eu fiz parecer, porque sabíamos que parte do júri provavelmente tendia mais para o lado da promotoria do que para julgar os fatos com objetividade. A equipe jurídica observou a comissão de forma meticulosa durante a nossa argumentação e a do promotor. Algumas pessoas do júri pareceram muito mais absortas na história que a promotoria inventou do que na defesa que eu apresentei. Ao mesmo tempo, porém, ficamos com a impressão de que várias delas, como Ralph Delange, o eletricista de manutenção, e Mary Timothy, escutaram com muito cuidado a análise que eu propus.

Ao final de meu discurso, eu estava exausta e me perguntava se tinha dito as coisas certas da maneira certa. O esboço que lhes ofereci serviria como o pano de fundo contra o qual julgariam meses de depoimentos da acusação. (Harris disse, a princípio, que seu processo duraria seis meses.) Será que eu tinha apresentado nosso caso de maneira suficientemente vigorosa para que se lembrassem de nossa análise dos fatos – ou será que se lembrariam apenas do esqueminha organizado fornecido pelo promotor? Não haveria mais discussão até o fim do julgamento, e a conclusão estava muito distante.

Calma e friamente, o juiz Arnason assumiu o controle do tribunal. "Obrigado, srta. Davis. Antes de prosseguirmos com o chamado da primeira testemunha, faremos um recesso neste momento, e esperamos que este seja o recesso regular da tarde, então lhes daremos algum tempo de descanso. Obrigado."

Os depoimentos começaram. A promotoria convocou várias mulheres que, em 7 de agosto de 1970, ouviam Ruchell Magee testemunhar a favor de James McClain quando Jonathan entrou no tribunal. Harris ficou visivelmente chocado quando uma delas descreveu as maneiras de McClain como "quase gentis".

Harris apresentou ao júri fotografias assustadoras e sangrentas ampliadas no tamanho de cartazes. Foi apenas por causa do senso de decoro do juiz Arnason que o promotor não conseguiu incluir nas provas imagens do juiz Haley com metade de sua cabeça explodida por um tiro de escopeta.

Tive de fechar meus olhos e guardar minha angústia e minha raiva para mim mesma quando ele exibiu as fotos de Jonathan caído, morto, dentro da caminhonete e no cimento onde ele havia sido arrastado com uma corda.

Durante a primeira fase do depoimento, o promotor decidiu evitar estrategicamente qualquer menção ao meu nome. Quis apenas determinar o que havia acontecido a cada instante, à medida que a rebelião se desenrolava.

Usamos o interrogatório cruzado para defender Jonathan, Ruchell, McClain e Christmas, para refutar as alegações de Harris de que eles eram terroristas brutais. Já nessa fase inicial do julgamento, suas teorias começaram a se desgastar, tanto por causa de sua própria deficiência quanto como resultado de nossos ataques.

Por exemplo, ele não conseguiu provar de maneira definitiva – "acima de qualquer dúvida razoável", no jargão jurídico – que houve uma exigência prévia para "libertar os irmãos Soledad". Insistimos nisso porque, em uma carta enviada a mim que se tornou pública, Ruchell escrevera que o plano era totalmente diferente – não envolvia manter reféns até que os irmãos Soledad, ou quaisquer outros prisioneiros, fossem libertados. Nem sequer dizia respeito a garantir sua própria fuga. Eles queriam simplesmente chegar a uma estação de rádio, disse Ruchell, onde pudessem expor ao mundo as enganações a que muitos deles foram submetidos em vez de julgamentos, as condições incrivelmente miseráveis de sua existência atrás dos muros e, em particular, o recente assassinato de um prisioneiro de San Quentin chamado Fred Billingslea por agentes prisionais.

Muitas das testemunhas que estavam presentes no local dos fatos não ouviram "Libertem os irmãos Soledad". Outras não escutaram qualquer exigência. Algumas ouviram "Libertem os irmãos em Folsom". O capitão Teague – o mesmo capitão Teague que supervisionou as operações ligadas a mim quando eu estava na prisão de Marin – tinha certeza de ter ouvido "Libertem todas as pessoas presas por razões políticas", mas admitiu que esse era um lema amplamente utilizado em manifestações e protestos da esquerda e poderia muito bem ter sido uma exclamação, e não uma demanda de resgate. Segundo a teoria da acusação, o xerife Montanos, do condado de Marin, recebeu um telefonema de McClain feito da sala de audiências. Foi durante essa conversa que McClain supostamente exigiu a liberdade dos irmãos Soledad em troca dos reféns. Naturalmente, esperava-se que, sentado no banco das testemunhas, o xerife relatasse esse diálogo ao júri. No entanto, Montanos nunca testemunhou para a acusação.

Isso não quer dizer que muitos de seus colegas de trabalho deixaram de testemunhar – e não apenas os subxerifes de Marin (vários dos quais tinham sido designados para me vigiar na prisão do condado), mas também policiais de todas as cidades da região – San Rafael, Novato –, sem mencionar os agentes prisionais de San Quentin.

Harris tentou recriar com precisão matemática cada momento do incidente. Ficou tão envolvido em minúcias – quem estava posicionado onde, quando e por quantos segundos – que nem sequer percebeu que sua interminável procissão de testemunhas se tornou tediosa e começou visivelmente a aborrecer algumas pessoas do júri.

Quando o sargento Murphy, de San Quentin, testemunhou, Leo o questionou durante o interrogatório cruzado sobre a política da prisão em relação a fugas.

"Para ter certeza de que compreendo o que quer dizer essa política, senhor, será que ela significa que se as pessoas estão tentando fugir, e se fizerem reféns, e se os agentes prisionais são capazes de impedir essa fuga, eles devem evitá-la mesmo que isso signifique a morte de cada refém?"

A resposta sem emoção do sargento Murphy: "Está correto".

"E isso significa que, quer estejam mantendo reféns um juiz ou cinco juízes, uma mulher ou vinte mulheres, uma criança ou vinte crianças, a política dos agentes de San Quentin é que a fuga deve ser impedida a todo custo. Certo?"

"Isso também inclui funcionários que trabalham na instituição, senhor."

"Tudo bem. Mesmo que estejam mantendo reféns outros funcionários que trabalham na instituição, isso não deve impedir os agentes penitenciários de San Quentin de evitar uma fuga a todo custo. Certo?"

"Está correto."

"Em outras palavras, é mais importante evitar a fuga do que salvar vidas humanas. Correto?"

"Sim, senhor."

A sala de audiências estava alvoroçada. Júri, imprensa e público esperavam com ansiedade e nervosismo que o promotor chegasse à passagem crítica de minha carta a George. No entanto, ele não parava de falar, com suas palavras monótonas rompendo de forma maçante o silêncio praticamente intacto do salão.

"Escolher entre vários caminhos de sobrevivência significa a disponibilidade objetiva de alternativas. Espero que você não tome isso como uma postura escusatória. Estou apenas tentando entender as forças que conduziram a nós, mulheres negras, ao local onde agora estamos. Por que sua mãe repreendeu você em vez de lhe dar a espada flamejante? O que equivale a fazer a mesma pergunta sobre todas as outras mulheres negras – e não apenas com relação aos filhos, mas também às filhas (isso é realmente crucial). Em Cuba, no verão passado, vi admiráveis combatentes vietnamitas – todas mulheres. E sabemos que, sem a participação ativa das mulheres, a guerra argelina pela libertação nacional estaria fadada à derrota desde o início. Em Cuba, vi mulheres patrulhando as ruas com fuzis nas costas, defendendo a revolução. Mas também jovens *compañeras* educando seus maridos e amantes – desmitificando o machismo. No fim das contas, se as mulheres podem lutar, gerenciar fábricas, então os homens devem ser capazes de ajudar com a casa, com as crianças [...].

No entanto, voltando à questão: aprendemos com nossa ancestralidade revolucionária que nenhum ato ou resposta individual pode tomar o cetro do inimigo. O escravo ataca seu mestre imediato, subjuga-o, escapa, mas ele não fez nada mais do que dar o primeiro passo na longa espiral ascendente em direção à libertação."

Eu podia ver as gotas de suor rolando pelo rosto de Albert Harris enquanto ele se esforçava para ler perante o júri a carta que escrevi a George. Muitas vezes, sua leitura me lembrava a de uma criança que sabe pronunciar as sílabas, mas não tem consciência do sentido daquilo que está lendo.

"'E com frequência essa fuga individual é uma evasão do verdadeiro problema.'"

Harris leu a última frase como se a notasse pela primeira vez. Como se ele estivesse percebendo que minhas palavras não ofereciam qualquer prova de minha participação na rebelião de 7 de agosto; que, pelo contrário, tendiam a me inocentar dos crimes de que ele me acusava. Embora parecesse que ele queria acabar com aquilo e jogar fora todo o maço de cartas, ele não podia parar. Continuou, monótono, hesitante.

> "É apenas quando todas as pessoas escravizadas despertam da letargia, articulam seus objetivos, escolhem suas lideranças, firmam um compromisso inquebrantável de destruir qualquer obstáculo que as possa impedir de inscrever suas visões de um novo mundo na superfície da Terra, na carne e no sangue dos homens...
> Uma mãe não pode deixar de gritar pela sobrevivência do sangue do seu sangue."

Harris leu isto como se fosse um estudante estrangeiro de inglês repetindo uma frase proferida pelo professor. Olhei para o júri. Algumas mulheres, particularmente a sra. Timothy, pareciam se esforçar para entender o objetivo de Harris ao ler aquelas passagens.

> "Proibiram que nós buscássemos a verdade sobre a sobrevivência, que se trata de um empreendimento coletivo e deve ser ofensivo, em vez de defensivo; para nós, o princípio da sobrevivência dita a aniquilação de tudo o que nos obriga a ordenar nossas vidas em torno desse princípio."

Ele pronunciou "aniquilação" com ênfase excessiva, como foi o caso de cada palavra que ele pensava ter relação com a violência.

> "Ansiedades, frustrações geradas pelo espectro de uma criança morta de fome convergem nossas mentes e nossos corpos para as necessidades mais imediatas da vida. A arenga sobre 'trabalho', a arenga sobre 'tornar-se alguma coisa'. Exortações baseadas no medo, um medo criado e sustentado por um sistema que não poderia subsistir sem as pessoas pobres, o exército de reserva de pessoas desempregadas, o bode expiatório. Instintos de sobrevivência corrompidos e desencaminhados por uma estrutura que me força a expulsar meu companheiro desempregado de casa para que assistentes sociais não suspendam aqueles cheques de que preciso para alimentar minha criança faminta."

Ele se apressou nesta frase a fim de torná-la o mais discreta possível.

"Uma rede labiríntica de instituições assassinas para impossibilitar ao meu companheiro qualquer flexibilidade, qualquer espaço, me permite receber os cheques, me deixa entrar pela porta dos fundos para esfregar o chão (de maneira que a força de trabalho de reserva continue viva) e tem a audácia de considerar isso um favor em troca do qual devo me submeter ao estuprador branco e/ou subjugar meu companheiro negro. O princípio da Troca (in)Justa é onipotente."

Harris puxou seu lenço branco amassado e enxugou o suor do rosto. Essa pausa foi obviamente deliberada. Ele estava prestes a ler o trecho que considerava ser o mais incriminador de todos. Era como se, realçando essa passagem com uma pausa, ele conseguisse fazer o júri esquecer todas as outras ideias expressas na carta e concentrar sua atenção e suas memórias exclusivamente nestes tópicos.

"Frustrações, agressões não podem ser reprimidas indefinidamente. Uma eventual explosão deve ser esperada. No entanto, se o caminho revolucionário está enterrado sob uma avalanche de mecanismos de contenção, nós, mulheres negras, apontamos nossas balas na direção errada e, além disso, nem sequer compreendemos a arma. Para a mulher negra, a solução não é se tornar menos agressiva, não é abaixar a arma, mas aprender como fazer a pontaria corretamente, mirar com precisão, apertar em vez de sacudir e não ser vencida pelo estrago. Temos de aprender a nos alegrar quando o sangue dos porcos é derramado."

Harris falou devagar, com toda a determinação e o drama que ele conseguiu reunir.

Eu esperava que o júri não fosse tão pouco inteligente quanto ele contava que fosse. Algumas das pessoas deviam ter ouvido falar em metáfora.

Harris recobrou seu tom monótono.

"Tudo isso pressupõe, no entanto, que o homem negro se livre do mito de que sua mãe, sua companheira, precisam ser subjugadas antes que *ele* possa travar uma guerra contra o inimigo. A libertação é um movimento dialético – o homem negro não pode se libertar como homem negro, a menos que a mulher negra possa se libertar de todo esse lodo – e isso funciona no sentido contrário. E isso é *apenas* o começo. É coincidência que LeRoi Jones, Ron Karenga e todo o grupo de nacionalistas culturais covardes exijam a submissão total da mulher negra como retificação por 'um século de atitudes erradas que ela cometeu contra o Homem Negro'? Como você disse, George, existem certos critérios óbvios para medir até que ponto a contrarrevolução está sendo alimentada por aquelas pessoas que se dizem nossas companheiras de luta. A atitude que têm em relação às pessoas brancas é um critério. A atitude em relação às mulheres, outro."

Eu achava que Harris queria desviar a atenção do júri da crítica que fiz à parcela nacionalista do movimento que era indiscriminadamente contrário às pessoas brancas. Ele dependia que o júri me associasse de forma instintiva à ala antibranca do movimento de libertação negra, reforçando, assim, seus preconceitos políticos já existentes.

"'Na revolução, a libertação das mulheres é inseparável da libertação dos homens.'"

Ele leu esta última frase como se não tivesse significado aparente.

"'Eu divaguei. Espero não ter falado por meio de tautologias.'"

Aqui, ele recorreu à mesma pausa intencional de antes. O último trecho da carta era o que ele queria ler de forma mais dramática, mais enfática. Era disso que ele queria que se lembrassem.

"Jon e eu fizemos uma trégua. Enquanto eu tentar combater minha tendência a lembrá-lo de sua juventude, ele tentará combater seu chauvinismo masculino. Não me critique antes de compreender – eu nunca disse que Jon era jovem demais para alguma coisa, acabei de mencionar como é incrível que, apesar da escola católica etc., ele tenha se recusado a permitir que a sociedade o aprisionasse à adolescência. Ainda assim, ele não gosta de qualquer menção à idade."

As palavras soaram de um jeito estranho quando Harris tentou projetar sua voz: "'Eu nunca disse que Jon era jovem demais para *alguma coisa…*'". Aquela frase, que eu tinha rabiscado no papel de modo casual, aquela frase, com a qual eu queria dizer a George que sabia o quanto ele amava e respeitava seu irmão, aquela frase, Harris queria utilizar como praticamente uma confirmação de sua teoria da conspiração. Contudo, ele tinha apenas começado; havia mais:

"Depois que vi você no tribunal pela primeira vez em meses, à noite sonhei (ou ao menos o sonho foi significativo o suficiente para entrar na minha consciência) que eu estava junto com você, lutando contra os porcos, vencendo. Estávamos aprendendo a nos conhecer."

Era como se Harris quisesse que o júri pensasse que eu estava tão envolvida nessa suposta conspiração que conspirava até em meus sonhos.

"'Amo você. Saudações revolucionárias do Che-Lumumba e do Comitê de Defesa dos Irmãos Soledad. Angela.'"

Quando Harris chegou ao final da carta, respirou fundo e deixou escapar um grande suspiro. Não exibia a confiança que se esperaria de um promotor que acabara de apresentar trechos críticos de suas provas. Ao contrário, sua conduta parecia indicar uma profunda sensação de derrota. E seu suspiro era um suspiro de alívio — como se tivesse pensado que nunca chegaria ao final daquela carta que tinha sido forçado a recitar, tal como um menino na escola.

A ambivalência que eu sentia me desarmou. Por um lado, vendo a carta como prova, tive o impulso de proclamar mais uma vez a falência total do argumento do Estado – foi com esse tipo de evidência que me mantiveram presa por dezesseis meses. Por outro, deprimiu-me ter de ver meus sentimentos mais íntimos atirados ao público dessa maneira, por meio da apresentação fria e calculista do promotor. E revivi o luto não mitigado, o luto pela morte de Jon, o luto pela morte de George e a raiva ardente por seus assassinos. Eu não podia chorar, não podia gritar. Tinha de ficar ali, sentada, na mesa da defesa, esperando a próxima prova que seria usada pelo promotor para tentar convencer o júri de minha culpa.

Uma das testemunhas seguintes a depor foi a sra. Otelia Young. Uma mulher negra, com cerca de sessenta anos de idade, ela era bastante baixa e tinha as costas curvadas como as de quem trabalhou duro por décadas. Contudo, ela se aproximou do banco com passos firmes e determinados. Seu rosto, embora não fosse totalmente carrancudo, revelava uma seriedade quase furiosa. Eu me perguntava se as pessoas estavam interpretando aquela determinação, aquela seriedade, como sendo dirigida contra mim; o júri parecia intrigado.

A sra. Young morava no andar debaixo do meu no apartamento da rua 35. Trocamos cumprimentos inúmeras vezes, e eu usei seu telefone em diversas ocasiões. Eu gostava muito dela – havia nela uma vitalidade que era, obviamente, o segredo de sua sobrevivência. O brilho em seus olhos e seu senso de humor agradavelmente cáustico me fizeram querer ter uma amizade mais do que casual com ela. No entanto, não houve tempo.

Ela tinha visto Jonathan na casa algumas vezes, e eles se deram muito bem, divertindo-se com o sutil jogo de *dozens**. Com um carinho inconfundível, Jon dizia: "Como você está, sua bruxa velha?". E, antes que ele tivesse a chance de recuperar o fôlego, ela retaliava: "O que você tem feito, seu pirralho doido do cabelo amarelo?". E, assim, continuavam.

---

* Jogo de palavras comum nas comunidades negras dos Estados Unidos, que consiste em trocar insultos com a pessoa adversária até que um dos lados desista. (N. T.)

Agora, ela estava sendo convocada pelo Estado para testemunhar contra mim.

Harris queria preparar o terreno para sua teoria da conspiração. Por meio de seu método habitual de tentar converter em atividade conspiratória tudo o que eu havia feito no período anterior à rebelião de Marin, ele ia procurar mostrar – assim disse em suas observações iniciais – que eu tinha alugado o apartamento na rua 35 com o propósito expresso de conspirar com Jonathan, que, segundo ele, também se mudou para o local. Ele estava convocando a sra. Otelia Young para provar sua hipótese.

Sim, ela disse, ela tinha visto Jonathan Jackson na casa da rua 35. Ele tinha estado lá com frequência? Não, não com frequência, apenas algumas vezes. Teria ela visto eu me mudar para o apartamento, levando meus pertences em uma caminhonete branca? Sim, ela disse, ela tinha visto a caminhonete. Jonathan estava comigo quando me mudei? Ele carregara as coisas para o andar de cima? Não, a caminhonete estava cheia de livros, e eu os carregara sozinha.

Expressões perplexas se espalhavam pelo tribunal. Era perceptível que o júri se perguntava por que Harris tinha se dado ao trabalho de chamar a sra. Young para o banco das testemunhas. Já tínhamos imaginado que ele chamaria todas as pessoas negras que pudesse reunir – quase independentemente do que diriam. Um plano racista, baseado na ideia de que membros do júri pensariam duas vezes sobre minha inocência se pessoas negras atuassem como testemunhas do Estado. Obviamente, o testemunho da sra. Young foi um tiro pela culatra.

Uma coisa que sobressaiu foi sua resposta à pergunta de Harris sobre sua situação de emprego.

"Você passa muito tempo no trabalho?"

"Sim, eu trabalho – trabalho das sete horas da manhã às oito horas, oito e meia da noite." Ela falou com raiva e do fundo de sua garganta, lançando as palavras como um trovão pela sala de audiências. Todas as pessoas entenderam imediatamente que ela era trabalhadora doméstica na casa de alguma família branca, labutando diariamente da hora do café da manhã até a hora do jantar. Eu me perguntei se parte do júri pensou no que escrevi a George sobre as mulheres negras. Será que perceberam que eu estava escrevendo sobre Otelia Young e todas as suas irmãs na luta pela sobrevivência?

Era evidente que Harris havia interrompido o interrogatório antes de levá-lo a uma conclusão. Nesse duelo, ele tinha sido o agressor, mas não conseguira reunir coragem para lutar até o fim.

Para nós, não era necessário interrogá-la, então, a sra. Young desceu do banco das testemunhas com o mesmo orgulho que demonstrou ao se aproximar dele. Seus olhos miravam diretamente à frente – na direção da porta no fundo do tribunal. Foi surpreendente, portanto, quando ela chegou ao gradil e, de repente, virou-se para mim com um sorriso imenso, quase extravagante. Com o velho brilho em seus olhos, ela disse um longo e afetuoso "Oi", e acenou com a mão do mesmo jeito que alguém acenaria para uma criança pequena.

Março tinha sido rapidamente consumido por nossos esforços para escolher um júri que penetrasse na cortina de fumaça das dezenas de testemunhas chamadas pelo Estado. (A lista original incluía mais de quatrocentas pessoas.) Agora, não havia sobrado nada de abril.

Fazia bastante tempo que eu tinha esquecido como relaxar; embora jamais tenha conseguido me estabelecer no modo de existência que nos é imposto, havia algo de muito assustador na maneira como o julgamento desenvolvera vida própria – uma vida que estava devorando as nossas. De segunda a quinta--feira, Margaret e eu saíamos correndo de casa para o nosso encontro das nove e quinze com o juiz, o júri e o promotor, como se estivéssemos correndo para um emprego ou tentando chegar às aulas. Às sextas-feiras, eu tinha de me apresentar ao Probation Department [Departamento de Liberdade Condicional] do condado de Santa Clara para que tivessem certeza de que eu não tinha fugido.

Sábados e domingos eram dedicados às nossas reuniões – dias em que avaliávamos nossas posições legais, dias de críticas, autocríticas, discussões e, finalmente, de um acordo coletivo sobre qual seria nossa postura no tribunal na semana seguinte. Depois, havia as reuniões com a equipe do Comitê de Defesa, onde expúnhamos e formulávamos ideias para a disseminação em massa de informativos sobre o julgamento, planejávamos protestos e manifestações e coordenávamos o esforço de defesa global com os eventos que se desenrolavam na sala de audiências.

Minha vida não foi a única a ser apropriada pelo caso. Margaret, Howard, Leo e Dobby trabalhavam incessantemente. Charlene, Kendra, Franklin, Fania, Bettina, Stephanie, Rob, Victoria, Rodney e as demais lideranças da campanha de massa tinham organizado suas rotinas inteiramente em torno da construção do movimento. Até mesmo no dia em que Fania deu à luz, ela passou algumas horas antes na prisão discutindo a campanha comigo. Vários meses depois, ela pediu à minha mãe que ficasse com Eisa em Birmingham, para que todo o seu tempo pudesse ser dedicado à organização. Quando minha mãe viajou pelos

Estados Unidos e pelo Canadá em busca de apoio para mim e para todas as pessoas presas por razões políticas, levou Eisa em seus braços.

Em 4 de maio, uma das principais testemunhas da promotoria contou a história que, assim esperava a acusação, definitivamente convenceria o júri da minha culpa. Alden Fleming, um homem rechonchudo e de pele cor-de-rosa, cujas roupas pareciam pender de seu corpo, era dono de um posto de gasolina situado ao pé de uma das entradas do centro cívico do condado de Marin. Ele testemunhou que me viu com Jonathan em seu posto em 6 de agosto, o dia anterior à revolta. O interrogatório cruzado revelou que, inicialmente, ele tinha me identificado a partir de uma série de fotografias selecionadas com cuidado para não lhe deixar escolha. A série incluía retratos policiais de diversas mulheres negras de cabelos lisos, junto com seus nomes. Havia uma foto de Fania, uma de Penny Jackson, uma de Georgia Jackson e cerca de seis ou sete fotos minhas, todas tiradas durante a manifestação do Comitê Soledad, que recebeu enorme cobertura e foi realizada em 19 de junho, dia em que fui demitida de minha posição na Ucla. Em algumas das fotografias, eu estou falando ao microfone, enquanto outra mostra até mesmo Jonathan andando ao meu lado. Ninguém poderia deixar de entender o ponto – pediam a Fleming que identificasse Angela Davis.

No tribunal, ele não só identificou todas as minhas fotos na série mas também apontou para minha irmã Fania e disse que não tinha certeza, mas achava que a foto de Penny Jackson também podia ser eu. Quando Leo perguntou a ele sobre suas experiências de relacionamento com pessoas negras, ele rapidamente nos informou que vinte por cento de sua clientela era negra – o que parecia incrível em um condado cuja população negra mal chegava a três por cento.

"Você teve alguma experiência em que viu mulheres negras com penteados afro?", Leo perguntou.

"Sim."

"Você já as viu muitas vezes em sua vida?"

"Desde que se tornou popular."

"Tudo bem, e há quanto tempo você diria que o cabelo afro é um estilo de cabelo popular para as mulheres negras?"

"Ah, talvez sete anos."

"E posso dizer que durante esse tempo você viu muitas mulheres negras usando penteados afro? Essa seria uma afirmação justa?"

"Vinte por cento das pessoas que entram no meu posto."

"Você quer dizer que todas as pessoas que entram no seu posto usam penteados afro?"

"Eu diria quinze dos vinte por cento."

"Então você viu um grande número de mulheres negras com cabelos afro?"

"Certo."

Então, Leo seguiu outra linha.

"Quantas pessoas negras de pele clara você teve a experiência de ver em sua vida?"

"Tão clara quanto a desta senhora, eu diria que não mais que dez."

(Qualquer pessoa negra ou que tenha passado algum tempo com pessoas negras saberia que, se vinte por cento de sua clientela fosse realmente negra, ele teria visto muitas pessoas com a pele tão clara quanto a minha e várias outras com a pele ainda mais clara.)

"Essa é uma das coisas que ajudaram você a identificá-la?"

"Sim."

"Algo mais?"

"Seus traços."

E quando Leo pediu que ele fosse mais específico ao descrever o que se destacava em meus traços, ele disse:

"Bem, ela tem, eu diria, olhos grandes. As maçãs do rosto são mais altas. Não diria que ela tem um rosto tão forte, tão pesado quanto o das pessoas de cor."

Então, Leo fez a inevitável pergunta, de modo zombeteiro, pronunciando "pessoas de cor" com o sotaque de Fleming.

"Na sua opinião, existe algum tipo de rosto que as 'pessoas de cor' costumam ter?"

Depois de gaguejar um pouco, Fleming, enfim, disse: "Bem, eu diria que, entre aquelas com quem lidei, seus rostos eram mais planos, e é isso".

"Os rostos eram mais planos?"

"Sim."

"E o rosto da srta. Davis não era plano, e isso a tornava diferente. Certo?"

"Bem, eu... Eu não acho que ela tenha um rosto plano."

Leo olhou nos olhos de Fleming, permitiu a intervenção de uma pausa perceptível e, depois, disse: "Sr. Fleming, o senhor não acha que todas as pessoas de cor são parecidas?".

E, como se estivesse provando de modo definitivo sua veracidade perante o júri, ele respondeu sem hesitar: "Não no caso da srta. Davis".

Ficou claro que as atitudes daquele homem eram tão permeadas de racismo que ele seria incapaz de fazer a identificação honesta de uma pessoa negra, mesmo que sua vida dependesse disso. Os resultados do nosso interrogatório cruzado nunca foram publicados na imprensa tradicional – o que recebeu toda a publicidade foi o interrogatório direto de Harris, cujo roteiro, acreditávamos, havia sido aperfeiçoado e ensaiado antecipadamente.

O júri pareceu impressionado com um pouco de drama ao estilo de Perry Mason que Howard produziu. Sem meu conhecimento, uma semana antes, ele pedira a Kendra para levá-lo a Marin, onde pararam no posto de gasolina de Fleming. Tal qual tinha sido autorizado a fazer com qualquer uma das testemunhas do promotor, Howard questionou Fleming sobre o conteúdo da declaração que ele havia dado ao procurador-geral. Antes de irem embora, no entanto, Kendra saiu do carro, pediu a Fleming para verificar o óleo e, fazendo-se notar o máximo que pôde, engajou-o em uma conversa casual.

Foi uma surpresa para mim quando Leo perguntou a Fleming se ele já tinha visto a mulher negra sentada ao meu lado, atrás da mesa da defesa. Imaginei que ele estivesse apenas tentando confundir a testemunha. Fleming respondeu que, embora nunca a tivesse visto pessoalmente, pensava se lembrar de ter visto uma notícia na qual sua foto aparecia. Acontece que, ainda que tivesse insistido em não ter visto mais de dez mulheres negras com a pele clara como a minha, ele não tinha absolutamente nenhuma lembrança de ter conversado com Kendra em seu posto de gasolina.

Enquanto a defesa atacava as provas mais importantes da acusação, as irmãs e os irmãos do Comitê alimentavam o fogo entre as pessoas nas ruas. Quanto mais o movimento pela minha liberdade aumentava em número, força e confiança, mais se tornava imperativo que ele fosse visto não como algo excepcional, mas como uma parte pequena de uma grande luta contra a injustiça, um galho em uma árvore de resistência solidamente enraizada. Não era apenas a repressão política, mas o racismo, a pobreza, a brutalidade policial, as drogas e todo um sem-número de maneiras pelas quais as pessoas negras, pardas, vermelhas, amarelas e brancas da classe trabalhadora eram mantidas acorrentadas à miséria e ao desespero. E não só nos Estados Unidos, mas em países como o Vietnã, com as bombas caindo como chuva dos B-52 estadunidenses, carbonizando e esquartejando crianças inocentes.

Queríamos que a manifestação de massa que marcaria o auge da campanha reunisse todas essas lutas em uma única e unificada representação de nosso poder.

Separados, nossos movimentos – pessoas presas por razões políticas, direitos sociais, libertação nacional, trabalho, mulheres, oposição à guerra – podiam gerar tempestades aqui e ali. Mas somente uma poderosa união de todos eles poderia gerar o grande furacão para derrubar o edifício da injustiça por inteiro.

Várias organizações se juntaram ao nosso Comitê para lançar a convocação de uma manifestação contra o racismo, a repressão e a guerra, a ser realizada no local do meu julgamento – San Jose, Califórnia – no dia 26 de maio. As condições da fiança me proibiam de estar presente. Entretanto, para minha sorte, as pessoas que moravam do outro lado da rua do parque, exatamente atrás do palanque, colocaram sua casa totalmente à nossa disposição. Assisti e ouvi a manifestação de um quarto no sótão.

A multidão não era apenas impressionante em números – milhares vindos de todo o estado – mas também, o que era mais importante, em sua composição, dividida igualmente entre pessoas negras, latino-americanas e brancas. E não era a multidão de pessoas envolvidas com política acostumadas a frequentar manifestações, em especial porque muitas delas eram de San Jose, que não tinha uma longa tradição de protestos políticos radicais. Era possível sentir o frescor vibrante e o entusiasmo das pessoas que, pela primeira vez na vida, se sentiam impelidas a juntar suas vozes a essa demanda unificada por justiça.

Discursaram nomes como Richard Hatcher, o prefeito negro de Gary, Indiana; a irmã Elizabeth McAllister, uma das acusadas no julgamento de oito ativistas de Harrisburg; Phillip de la Cruz, do Sindicato da Classe Trabalhadora Rural; Raul Ruiz, representando o partido La Raza Unida; Pat Sumi, que falou sobre a relação entre o movimento de mulheres e a repressão; e Franklin Alexander, representando o nosso Comitê.

Quando os discursos terminaram e a multidão multicolorida estava rouca com seus gritos de aprovação, ninguém podia negar que pelo menos uma vitória espiritual havia sido obtida. Tudo o que precisávamos fazer agora era planejar cuidadosamente nossos próximos movimentos e executá-los com habilidade, tanto na sala de audiências quanto nas ruas.

Nos últimos meses, a equipe jurídica – principalmente Dobby e Margaret – reuniu um grupo impressionante de testemunhas de defesa. Sabíamos desde o início que não tínhamos de nos preocupar tanto com a contestação dos fatos – já que não havia um caso factual bem definido contra mim – quanto com a política implícita na apresentação do promotor. Uma vez que ele, em um esforço final, recorreu à sua teoria da paixão, teríamos de apresentar o verdadeiro cenário do meu envolvimento com o caso Soledad, especialmente com George, e fornecer ao júri uma visão panorâmica de meu engajamento político anterior, em particular no que se referia às pessoas presas por razões políticas. Estávamos em um dilema porque, embora quiséssemos apresentar nossas testemunhas, o vazio da argumentação do promotor era tão óbvio que não se fazia realmente necessária uma defesa para que ela desmoronasse. Harris não provou que eu era culpada acima de qualquer dúvida razoável. Assim, não tínhamos qualquer obrigação de provar que eu era inocente.

Fizemos várias reuniões longas e bastante acaloradas sobre qual deveria ser a natureza da defesa. Entre a equipe jurídica e as lideranças da campanha que acompanhavam de perto a situação legal, algumas pessoas achavam que a acusação era tão frágil que apresentar uma defesa seria conferir-lhe a legitimidade e a credibilidade que ela não podia reivindicar por si mesma. Inicialmente, senti que deveríamos continuar com a defesa completa que tínhamos planejado, não tanto porque uma defesa fosse legalmente necessária em meu caso particular, mas porque eu a enxergava como uma maneira extremamente eficaz de expor os métodos repressivos utilizados pelo governo para silenciar todos os seus oponentes. Talvez a firmeza com que defendi essa posição também tivesse algo a ver com minha relutância pessoal em lançar pela janela meses de preparação. Parecia que Margaret, Dobby e eu tínhamos trabalhado juntas por séculos em meu depoimento e nas evidências políticas que seriam apresentadas por meio de outras testemunhas.

Quem era a favor da postura de "não defesa" nos lembrava de que, durante todo o julgamento, expusemos tais métodos de repressão – e que ainda havia o argumento final, em que tudo seria resumido. Redirecionando nossa atenção para o julgamento em si, essas pessoas destacavam o fato de que ao longo do processo dissemos ao júri que o ônus da prova estava com o promotor – não com a defesa. Se ele não pudesse provar sua acusação "acima de qualquer dúvida razoável", então não tínhamos a obrigação de proferir nem uma palavra. Se apresentássemos uma defesa que durasse semanas e meses, os jurados poderiam pensar que temíamos algo que eles mesmos tinham deixado passar durante a apresentação do caso pelo promotor. Por outro lado, se não houvesse defesa alguma, o júri poderia pensar que estávamos em silêncio porque não tínhamos nada a dizer em resposta.

Depois que as discussões terminaram e os ânimos se acalmaram, concordamos com uma terceira abordagem – uma pequena lista de testemunhas cujos depoimentos eram sucintos tanto nos pontos factuais quanto nos políticos.

O fim estava próximo. Depois que Leo defendeu a moção por um veredito dirigido – que Arnason, como previsto, negou –, levamos adiante nossa defesa de dois dias e meio. Alguns camaradas, uma pessoa amiga e outra a quem pedi assessoria jurídica em São Francisco nos dias que antecederam a revolta testemunharam sobre minhas razões para estar na região da baía na época. Interrogamos o amigo cuja casa eu estava visitando quando soube da revolta e da morte de Jonathan. Minha colega de apartamento, Tamu, foi ao banco das testemunhas para oferecer provas sobre o armamento. Ela explicou que as armas e munições eram usadas por membros do Coletivo Che-Lumumba para a prática de tiro ao alvo e que o lugar onde eram guardadas – a casa da rua 45 – era de fácil acesso a um grande número de irmãs e irmãos. Nossa testemunha final foi o dr. Robert Buckhout, especialista em depoimentos de testemunhas oculares. Ele descreveu experimentos e mostrou *slides* que demonstraram que as pessoas têm uma tendência natural para preencher detalhes sobre indivíduos e eventos dos quais não conseguem se lembrar por completo. Um experimento que pareceu impressionar o júri envolvia um estudante universitário branco que andava pelo *campus* com um saco preto na cabeça. Como se constatou mais tarde, muitas pessoas que depois foram questionadas sobre ele tinham certeza de ter visto um homem negro.

Encerramos a defesa, Harris colocou várias testemunhas de réplica no banco e, depois, fez sua argumentação final diante do júri. Sua confiança havia sido minada consideravelmente desde o primeiro dia do julgamento, e tive a sensação de que ele só queria acabar com aquilo de uma vez.

Leo apresentou a argumentação final da defesa. Houve momentos em que fiquei tão envolvida em sua fala – que foi eloquente e emocionante – que me peguei esquecendo de que era a *minha* vida em jogo. Ele concluiu a argumentação, referindo-se à equipe de defesa:

> Carregamos em nossos ombros uma grande responsabilidade. Tentamos carregar essa responsabilidade com verdade e com dignidade. Com estas minhas últimas palavras, transferimos agora essa responsabilidade de nossos ombros para os de vocês. Esperamos que, deste modo, quando vocês, doze pessoas experientes, escreverem o capítulo final no caso do Povo contra Angela Davis, possam dizer que foram escolhidas, colaboraram, consideraram e trouxeram o único veredito que poderia

ser compatível com a justiça neste caso. E esse veredito é *não culpada*. Tenho certeza de que assim o farão.

Naquela manhã de sexta-feira, pouco antes do meio-dia, o júri se retirou para a sala secreta no andar de cima. O público da sala de audiências, ativistas do movimento e jornalistas se reuniram no gramado em frente ao tribunal para participar da vigília organizada pelo Comitê ou para observá-la. O gramado estava lotado de placas, crianças, comida, cachorros e brincadeiras.

Horst, um jornalista da República Democrática Alemã que acompanhou o julgamento desde o começo, vinha nos convidando há semanas para almoçar. Sempre recusávamos, porque nos reuníamos para discutir algumas coisas nos intervalos do almoço. Com o júri recolhido, não havia mais nada a discutir, então, fui almoçar com Horst, Margaret, Stephanie, Kendra, Franklin, Victoria, Rodney, Benny e Sylvia. Ainda estávamos no bar, aguardando uma mesa, quando um garçom me chamou ao telefone que o *barman* tirou de trás do balcão.

Ninguém disse uma palavra quando peguei o fone. Era Fania.

"Angela. Espere um minuto. O juiz quer falar com você."

"O que está acontecendo?", perguntei. "O que o juiz quer comigo?"

"Eu sei tanto quanto você. Ele só me perguntou se eu sabia onde você estava. Tenho de dizer a ele que você está na linha."

"É o juiz", sussurrei alto para as outras pessoas, com a minha mão sobre o bocal. Pensamos o inevitável: "Um veredito, já!". O silêncio naquele meio-tempo foi longo e me fez questionar se ele viria, afinal.

Mas ele finalmente pegou o fone e perguntou: "Srta. Davis? Onde está?".

Fania sabia onde estávamos. Tive uma sensação estranha de que poderia haver algum motivo para ela esconder aquela informação do juiz Arnason. No entanto, para começo de conversa, por que ela ligaria se não quisesse que ele soubesse nossa localização?

"Estamos no Plateau 7", respondi. "Por quê?"

Ignorando minha pergunta e com uma grande urgência em sua voz, ele disse: "Não saia daí. Fique aí até eu entrar em contato novamente". Ele encerrou a conversa de maneira tão abrupta quanto a havia começado.

Antes que conseguíssemos encontrar palavras para nossas muitas especulações – um veredito?, tentativa de influenciar o júri?, ameaças? –, homens à paisana, obviamente policiais, entraram no bar e se postaram em vários pontos da sala.

Alguém tentou mitigar a tensão, sugerindo que pedíssemos nossas refeições. O garçom nos conduziu por um corredor, onde notamos mais homens à paisana que pareciam tentar ser discretos, até uma área privativa. A sala era grande demais para nosso pequeno grupo e a mesa parecia ter sido posta para um banquete – certamente, não para nós. Franklin, Victoria, Rodney e Benny temiam por nossa segurança. E se tivesse havido uma ameaça e ela estivesse prestes a ser executada? Franklin ia verificar o andar do restaurante para ver se alguma coisa incomum estava acontecendo, mas foi impedido por um policial que estava a postos do outro lado da porta de nossa sala.

"*Sabia* que havia algum motivo para esta sala", disse Franklin ao voltar para a mesa. "Eles realmente nos trancaram aqui, e policiais estão vigiando as portas."

Poucos minutos depois, Howard entrou na sala com o tenente Tamm, o homem de relações públicas do Departamento do Xerife. Howard estava sem fôlego. "Houve um sequestro e eles acham que os sequestradores querem que você vá com eles."

Ficamos todos aturdidos. Não fazia o menor sentido.

"O juiz quer uma reunião. Dobby e Leo já estão lá. Você e Margaret devem vir comigo."

O tenente Tamm não disse nada.

Fora do Plateau 7, dois carros da polícia esperavam. A reunião no tribunal foi breve e não esclareceu a situação. "Não a estou colocando sob custódia, srta. Davis", disse Arnason na presença de todos os advogados e advogadas, "mas, para sua própria segurança, peço que fique no tribunal até que o problema seja resolvido."

Não havia me ocorrido até então que pudessem pensar que eu estava envolvida no sequestro. Afinal, se eu realmente quisesse partir, havia maneiras menos arriscadas de fazê-lo e eu não precisaria ter esperado até o início das deliberações.

Leo e Dobby descobriram mais alguns detalhes. De acordo com o agente do FBI postado no tribunal, um avião havia sido sequestrado por quatro homens negros depois de decolar em Seattle. As exigências foram transmitidas pelo rádio do avião. O agente disse que, quando aterrissassem no aeroporto de São Francisco, queriam que eu estivesse no final da pista com US$ 500 mil e *cinco* paraquedas. (Supostamente, eram *quatro* homens.) Eu deveria usar um vestido branco.

Felizmente, eu estava vestida de vermelho. Se tivesse usado um vestido branco naquela manhã, algumas pessoas, sem dúvida, teriam ficado convencidas de minha participação no sequestro.

Uma vez que não havia como dizer por quanto tempo nos manteriam na sala de audiências, Howard providenciou para que a família se juntasse a nós.

O tenente Tamm entrou, anunciou que os sequestradores tinham explosivos plásticos a bordo e que, caso suas exigências não fossem atendidas, ameaçavam explodir o avião com quase cem passageiros.

Enquanto permanecíamos na sala, Leo e Dobby tentavam descobrir mais desdobramentos do sequestro no gabinete do juiz. Leo nos informou que Arnason não permitiria, sob nenhuma condição, que eu fosse levada ao aeroporto. Mais tarde, Dobby se aproximou, sacudindo a cabeça e sorrindo com ironia:

> "Você não vai acreditar no que aconteceu. Aparentemente, o avião acabou de aterrissar no aeroporto de Oakland. O agente do FBI estava ao telefone, em pânico, dizendo a alguém para levar o avião de volta ao ar – todos os agentes do FBI estão em São Francisco, vestidos como comissários de bordo; há apenas um agente em Oakland."

Eram cerca de sete horas quando a história real do sequestro finalmente veio à tona. E não tinha absolutamente nada a ver comigo, com vestidos brancos ou com paraquedas. Meu nome, na verdade, nunca havia sido mencionado pelos sequestradores. Nem sequer havia quatro sequestradores. Todos esses enfeites foram alinhavados à narrativa enquanto ela passava da torre de controle de rádio, por meio do FBI, até nós. Não pudemos deixar de especular que o FBI tentou me envolver no sequestro a fim de perturbar as deliberações do júri.

O *San Jose News* estava nas esquinas de toda a cidade com a manchete SEQUESTRADORES EXIGEM ANGELA, baseada nos primeiros relatos equivocados do FBI. Embora o juiz tivesse ordenado que os televisores fossem retirados dos quartos de hotel de membros do júri, ainda não havia garantia de que nenhuma dessas pessoas tinha visto a manchete em algum lugar do percurso entre o tribunal e o hotel. Se uma pessoa do júri visse o jornal e fosse influenciada por ele, poderia ser declarada a anulação do julgamento. Só nos cabia ter esperanças de que não soubessem de nada.

Em meio ao caos do primeiro dia de deliberações, houve um motivo indiscutível de celebração. Mary Timothy foi eleita presidente do júri. Desde o início, nós a colocamos entre as pessoas mais honestas e objetivas do grupo. Durante o *voir dire*, ficamos felizes em saber que o filho dela havia se recusado a entrar para o Exército dos Estados Unidos. Quando o bombardeio ao Vietnã estava particularmente intenso, ela foi ao tribunal usando um bóton com o símbolo da paz. Durante todo o julgamento, chamamos a atenção do júri para os esforços do promotor em explorar os estereótipos predominantes acerca das mulheres, atacando persistentemente sua argumentação por tentar me retratar como uma mulher irracional e guiada por emoções. O fato de Timothy ter sido escolhida para presidir as discussões indicava que os membros do júri estavam pensando sobre a questão da discriminação social contra as mulheres. Seu primeiro gesto ativo como júri foi rejeitar a noção de que apenas homens são qualificados para liderar.

Howard tinha uma teoria sobre as deliberações, que o ouvimos repetir diversas vezes nos últimos dias do julgamento. Se o júri decidisse pela absolvição, seria um veredito unânime desde o início e o grupo permaneceria recolhido por não mais do que algumas horas. Se o júri ficasse fora por mais de um dia, então provavelmente assim ficaria por muito tempo e, no final, não conseguiria chegar a uma decisão. Na sexta-feira, com nossas preocupações voltadas para aquele avião na rota de Seattle a São Francisco, mal tivemos tempo de pensar no veredito. Sábado de manhã, Howard dizia que teriam o resultado antes do almoço. Então, quando o oficial ligou para o Moorpark Apartments para dizer que o juiz queria ver alguém da equipe jurídica, achamos que o júri pudesse estar se aproximando de uma decisão. Em silêncio e com ansiedade, fomos ao tribunal. No entanto, não havia veredito em mãos, apenas um pedido do júri para ter acesso a algumas das provas. Nosso entusiasmo aumentou um pouco, porém, quando percebemos que a nota ao juiz trazia a assinatura "Mary Timothy, primeira membra do júri"*. Tomamos esse pequeno sinal de humor como um indício de que não havia uma batalha completa em andamento.

Lá fora, no gramado, a vigília estava em pleno vigor. Depois de afugentar jornalistas, Victoria, Rodney e eu andamos pela multidão, comendo sanduíches da grande cesta de comida, brincando com bebês e agradecendo às pessoas pelo encorajamento.

Entre os participantes da vigília estava Andy Montgomery, um dos principais porta-vozes da comunidade negra de San Jose e membro ativo do Comitê de Defesa local. Foi ele quem encontrou um escritório e alojamentos para integrantes

---

* No original, "ForeMs", que não teria tradução em português. Aparentemente, a presidente do júri optou por criar uma palavra que contempla uma discussão do feminismo estadunidense no início dos anos 1970 quanto à prática, em inglês, de designar mulheres casadas como o título "Mrs." (que, literalmente, significa que a mulher casada é de seu marido) e "Miss" (senhorita, disponível para o casamento). Em 1971, as feministas sugeriram usar apenas o título "Ms.", de modo a não revelar o estado civil de nenhuma mulher, exatamente como acontece com o termo "Mr." (senhor) usado para os homens. A partir deste momento, no livro, Davis começa a tratar Mary Timothy por Ms. Timothy. (N. T.)

da equipe jurídica. Ele havia falado em meu nome nas reuniões da Black Caucus [Convenção Parlamentar Negra] e tinha conseguido engajar membros da convenção na campanha. Fez um apelo bem-sucedido a integrantes de sua igreja para que se juntassem à campanha e, em geral, era a pessoa responsável por grande parte das atividades locais em torno do caso. Na sexta-feira, tínhamos prometido que, caso o júri ainda estivesse deliberando, jantaríamos em sua casa. Como se viu depois, todo mundo que tinha alguma conexão com o caso – minha família, a equipe jurídica e suas famílias, Bettina, Kendra, Franklin, Rodney, Victoria e membros do Comitê em San Jose – estava na casa de Andy ou do lado de fora, na rua.

O jantar na casa de Andy deveria ser uma trégua de nosso purgatório de espera. No entanto, as tensões eram agonizantes demais para um relaxamento tranquilo. Quando cheguei, uma corda dupla girava no meio da rua e Margaret pulava aos gritos de "Mais rápido! Mais rápido!". Eu me juntei a ela. Depois de me enredar nas cordas algumas vezes, aprendi e não quis mais parar. Era assim que pulávamos corda quando eu era criança e passei o verão em Nova York. Bettina brincou, Howard, Leo, Charlene – e até conseguimos persuadir meu pai a participar. Depois que ele começou, também não quis parar. Um pouco mais abaixo na rua, Benny tinha organizado um jogo de futebol, e gritamos com as jogadoras e os jogadores por atrapalharem nossos saltos com seus passes errados.

Quando o frango, as costelas, a salada de batata, as verduras e o pão de milho ficaram prontos, comemos como se celebrássemos o fim de um longo período de fome. Ninguém falava muito sobre o julgamento, mas começou a circular na vizinhança a notícia de que estávamos na casa de Andy e, pelo resto da noite, houve um interminável fluxo de visitas.

No fim, descobrimos que tínhamos brincado um pouco demais – Kendra foi vítima da nossa celebração prematura. Durante o jogo de futebol, ela torceu o tornozelo, e Franklin teve de levá-la ao hospital para radiografias, uma atadura elástica e muletas. Talvez tivéssemos exagerado, mas o aperto em meu peito quase desapareceu e a preocupação com o tornozelo torcido de Kendra diminuiu um pouco nossa ansiedade em relação à decisão do júri.

4 DE JUNHO

Era domingo de manhã. Presumíamos que seria o início de um dia inteiro de espera e ainda não tínhamos nos dado ao trabalho de trocar telefonemas entre nós. Eu tinha passado a noite no apartamento de Leo e Geri no Moorpark. Leo e eu nos concentrávamos em nosso debate crônico sobre o peso do movimento de massa na direção do caso.

De repente, Howard invadiu o local, sem fôlego – ele veio correndo de seu apartamento, que ficava do outro lado do complexo. Disse-nos apenas que era hora de ir. Por um instante, nem sequer compreendi o que "hora de ir" significava. A ideia de que o júri chegaria a um veredito no domingo de manhã era tão improvável que eu nem me dera ao trabalho de trocar de roupa. Sem dizer isso a Howard, eu tinha mais ou menos aceitado sua teoria sobre as deliberações.

Os momentos finais foram os mais agonizantes. Tínhamos esperado por dois dias, enquanto o júri deliberava; por três meses, enquanto o julgamento se desenrolava; por vinte e dois meses, desde a revolta no condado de Marin; e, agora, recebíamos a informação de que, antes que pudéssemos ouvir o pronunciamento da decisão, tínhamos de esperar até que a imprensa fosse reunida. Naquela sala dos fundos, onde aguardamos tantas vezes que o tribunal se reunisse, minha equipe jurídica continuava a assegurar a mim e a si mesma de que não havia como o veredito ser diferente de "não culpada". Além do mais, com a fragilidade do caso e a pressão do movimento de massa, nunca tinha havido qualquer questão sobre um veredito de "culpada". De fato, nunca tínhamos considerado isso como uma alternativa – era a absolvição ou o impasse no júri. Agora, o impasse podia ser descartado: já tinham anunciado que chegaram a uma decisão. Havia, no entanto, uma possibilidade que relutávamos em discutir – um veredito acordado entre o júri, que, apesar de teoricamente ilegal, acontecia o tempo todo nos júris de julgamentos em que o réu respondia por várias acusações. Contudo, ninguém havia dito, ao menos não na minha presença: "A única coisa com que realmente devemos nos preocupar é a absolvição das acusações de assassinato e sequestro, e a condenação por conspiração".

Leo tentou afastar parte da tensão, observando que, no momento em que o júri entrasse no tribunal, já saberíamos: as expressões em seus rostos – especialmente nos de Timothy e Delange – denunciariam a decisão tomada. Obviamente, nada disso ajudava muito. O suspense, a ansiedade – tudo ia além do que podia ser remediado. Eu não conseguia ficar sentada por mais de um minuto sem dar um salto para apaziguar um pouco da tensão. E, quando comecei a andar de um lado para o outro, precisei me sentar novamente, pois a sala era pequena demais para acomodar minha energia. Eu só podia cerrar os dentes e cravar as unhas profundamente nas palmas das mãos. Margaret continuava me dizendo que tudo o que tínhamos de fazer era manter a calma por mais alguns minutos; logo, tudo seria passado. Kendra lutava para manter o controle.

Quando entramos na sala do tribunal, as pessoas estavam apinhadas no corredor, mas aparentemente a imprensa ainda não tinha chegado; tivemos de esperar mais um pouco. No corredor, minha mãe insistia que queria esperar do lado de fora enquanto o veredito fosse anunciado. À medida que eu tentava acalmá-la e assegurá-la de que logo estaria livre, minha própria força e minha própria confiança começaram a voltar.

Em algum lugar do corredor, no meio da multidão, uma voz começou a cantarolar baixinho – um *spiritual* negro. Alguém entrou na melodia, acrescentando as palavras: "Acordei esta manhã pensando em liberdade". Em pouco tempo, todas as pessoas participavam, inclusive minha mãe. O capitão Johnson, que era o terror da imprensa e do público que assistiu ao julgamento, saiu, olhou ao redor e, pela primeira vez que alguém pudesse se lembrar, não fez objeções.

Finalmente, ocupamos nossos lugares na sala de audiências. Howard, Dobby e Leo sentaram-se à mesa da defesa, enquanto eu me sentei diante da barreira de segurança com Margaret, de um lado, e Kendra, do outro. O oficial de justiça anunciou a entrada do juiz. Em poucos minutos, o júri começou a atravessar a porta. Ao ver a primeira jurada, Margaret, até então a mais calma entre nós, soltou um abafado "Oh, não" e afundou-se na cadeira. Inclinei-me e repeti a ela as mesmas palavras de conforto que ela tinha me dito. Ela chorou baixinho.

Olhei para as pessoas do júri, procurando sinais reconfortantes em seus rostos. Mas todas elas estavam sem expressão, como se tivessem expurgado os traços de emoção. Comecei a suar e senti meu corpo ficar fraco. Não havia nenhum sinal da cordialidade habitual no rosto de Ms. Timothy, que estava frio feito mármore, e o brilho nos olhos de Delange tinha se transformado em um olhar opaco que não se dirigia a ninguém em particular. Como o trecho de um disco riscado, as palavras de Leo ecoavam em meu cérebro. "Saberemos imediatamente qual é o veredito pelas expressões em seus rostos."

Durante o ritual judicial que precedeu a leitura do veredito, eu procurava alguma explicação para aquela súbita mudança de postura do júri. Seus rostos diziam: "condenação", "culpada". Mas isso era impossível, ilógico, absurdo. A menos que a coisa toda tivesse sido uma grande farsa. A menos que, de modo deliberado, tivessem tentado nos enganar nos últimos meses e aqueles olhares glaciais fossem a realidade por trás das máscaras das quais haviam finalmente se livrado. Eu queria me apressar e salvar minha mãe das consequências. Nascidos do desespero e da incapacidade de compreensão, aqueles pensamentos desconexos me abalaram de maneira tão furiosa que precisei me esforçar para ouvir o oficial enquanto ele lia os papéis que a Ms. Timothy havia entregado ao tribunal.

A primeira acusação foi a de assassinato. Houve um alto e claro "não culpada". Um choro alto rompeu o instante de silêncio que se seguiu. Era Franklin. Parecia que todas as pessoas respiravam fundo, com dificuldade e em um só ritmo. A segunda acusação foi a de sequestro. As palavras "não culpada" ressoaram novamente. Franklin chorava mais alto. Eu achava que não conseguiria me segurar por muito mais tempo. Entretanto, tinha de ouvir o último veredito, a acusação de conspiração. Minha mão direita se enroscou apertada à mão de Kendra, e a outra, à de Margaret.

Quando o oficial leu "não culpada" pela terceira vez, gritamos, rimos, choramos e nos abraçamos – ignorando completamente o barulho do martelo do juiz. Ele queria encerrar o julgamento com o mesmo decoro com o qual o havia presidido. Leu uma longa passagem de *Twelve Men* [Doze homens], de G. K. Chesterton, parabenizou a defesa, a acusação e o júri, dispensou este último de suas funções e declarou o processo de número 52613, o Povo da Califórnia contra Angela Y. Davis, encerrado.

Em sua alegria, minha mãe estava tão bonita que me lembrou suas fotos de quando era muito jovem. Eu me sentia mais feliz por ela do que por qualquer outra pessoa, inclusive por mim mesma.

A última coisa que eu desejava era uma coletiva de imprensa – não queria ter de estruturar meus pensamentos e emoções de maneira a articulá-los diante de câmeras e microfones –, mas era a única forma que eu tinha de falar com todas as pessoas e agradecer a elas. Quando entramos na sala de imprensa, membros do júri terminavam sua entrevista. Sem nunca ter trocado uma palavra com aquelas pessoas, não sabia como me relacionar com elas. Fiquei na porta. A primeira jurada a deixar o tablado foi aquela que pensávamos ser a mais simpática à promotoria. Eu me perguntei qual seria sua reação. Quando ela se aproximou, estendi uma mão, mas ela estendeu os dois braços, me abraçou e disse: "Estou tão feliz por você". O restante do júri seguiu seu exemplo.

Uma multidão havia se reunido em frente ao tribunal. Assim que ouviram o veredito, as pessoas correram para o centro cívico. Com a regra da mordaça e as restrições da fiança agora no passado, pude falar diante de uma multidão pela primeira vez em 22 meses desde a revolta. Agradeci a todo mundo por ter vindo, por todo seu apoio, e disse que era hora de empregarmos nossas forças para libertar Ruchell, os seis de San Quentin e todas as outras pessoas presas por razões políticas.

Do tribunal, fomos para a casa de Gloria e David, que estavam hospedando minha mãe e meu pai. Minha família, a equipe jurídica, pessoas amigas, camaradas, integrantes do Comitê e a maioria do júri – nós nos sentamos todos ao sol, no gramado do quintal. Eu me entreguei profundamente ao momento, cultivando aquele prazer, acumulando-o. Pois eu sabia que seria efêmero. Trabalho. Luta. O confronto se colocava diante de nós como uma estrada cheia de pedras. Nós a percorreríamos...

Antes, porém, a grama, o sol... E as pessoas.

EPÍLOGO

Na festa da vitória, na noite do veredito, nossa alegria não conheceu limites e nossa celebração não teve restrições. Ainda assim, nos ecos de nosso riso e no frenesi de nossa dança, também havia cautela. Se víssemos aquele instante de triunfo como um ponto de chegada, e não como um ponto de partida, estaríamos ignorando todas as outras pessoas que permaneciam envoltas em correntes. Sabíamos que, para salvar suas vidas, tínhamos de manter e ampliar o movimento.

Aquela era a preocupação da reunião de equipe do NUCFAD convocada por Charlene na segunda-feira à noite, o dia imediatamente posterior à absolvição. Temendo que alguns comitês locais considerassem sua missão cumprida, decidimos enviar de pronto um comunicado solicitando que mantivessem suas operações. Para garantir que essa mensagem chegasse às massas, decidimos que eu faria uma turnê de discursos. Ao expressar nossa gratidão às pessoas que se juntaram ao movimento responsável por conquistar minha liberdade, eu apelaria para que permanecessem conosco enquanto o racismo ou a repressão política mantivessem Ruchell, Fleeta, os irmãos Attica ou qualquer outro ser humano atrás das grades.

Minha liberdade ainda não tinha completado uma semana quando fui com Kendra, Franklin e Rodney para Los Angeles. De lá, seguimos para Chicago e Detroit, onde quase 10 mil pessoas compareceram à manifestação. Em Nova York, falei em um show de arrecadação de fundos no Madison Square Garden, organizado meses antes por nosso Legal Defense Fund [Fundo de Defesa Legal].

Uma enorme responsabilidade política havia sido depositada em mim – e eu estava mais assustada do que nunca, porque sabia que vidas humanas estavam em jogo. Nossa capacidade de manter vivo o movimento oferecia a única esperança para nossas irmãs e irmãos atrás dos muros. Nos encontros de massa, frequentados predominantemente por pessoas negras, explicava que minha presença diante delas significava nada mais, nada menos que o poder imenso de pessoas unidas e organizadas para transformar sua vontade em realidade. Muitas outras pessoas também mereciam ser beneficiárias de seu poder.

Segui para Dallas, Atlanta e, depois de passar algum tempo com minha família em Birmingham, preparei-me para fazer uma turnê de um mês no exterior. A campanha internacional não só exerceu uma forte pressão sobre o governo, mas também estimulou o crescimento do movimento de massa nos Estados Unidos. No centro do movimento internacional estava a comunidade de países socialistas. Foi por esse motivo que decidimos visitar a União Soviética, incluindo a Ásia Central, a República Democrática Alemã, a Bulgária, a Tchecoslováquia e Cuba. A última parada foi o Chile.

Encarávamos a viagem como uma continuação natural da turnê pelos Estados Unidos, sendo o seu principal objetivo agradecer às pessoas que contribuíram para a luta pela minha liberdade e voltar sua atenção para outras pessoas presas por razões políticas. Nesses países, compareceram às manifestações mais pessoas do que eu jamais tinha visto reunidas em um só lugar – centenas de milhares na República Democrática Alemã, por exemplo, e quase 750 mil em Cuba. Em Havana, mencionei em minha fala o caso de Billy Dean Smith, um soldado negro ativista contra a guerra acusado pelo assassinato de dois oficiais brancos dos Estados Unidos no Vietnã. Quando o primeiro-ministro, Fidel Castro, proferiu seu discurso, ele prometeu em nome do povo cubano que, da mesma forma como haviam lutado por minha libertação, agora levantariam suas vozes pela liberdade de Billy Dean Smith. Na manhã seguinte, como por mágica, os muros de Havana estavam cobertos de cartazes exigindo que Billy Dean Smith fosse libertado. Enquanto viajávamos para cima e para baixo pela ilha, as crianças que pintaram quadros e compuseram canções sobre Billy Dean queriam ter certeza de que salvaríamos seu *hermano*.

Nos Estados Unidos, já estava em andamento o trabalho para fortalecer a frente única que poderia salvar Billy Dean e, no futuro, todas as pessoas presas por razões políticas. Comecei imediatamente outra turnê pelos *campi* e comunidades para divulgar o trabalho, arrecadar fundos e reunir informações sobre pessoas presas por razões políticas para a organização que estávamos construindo.

Hoje, um ano e meio depois, consolidamos a Aliança Nacional contra a Repressão Racista e Política, que tem seções em 21 estados. Nossa associação é formada por pessoas negras, latino-americanas, porto-riquenhas, asiáticas, indígenas e brancas. Nós nos orgulhamos de ter sido capazes de produzir unidade entre membros dos partidos Comunista, Socialista, Nacionalista e da ala radical do Partido Democrata; entre pastores e pessoas que não frequentam igrejas; entre as classes trabalhadora e estudantil. Entendemos que a unidade é a arma mais poderosa contra o racismo e a perseguição política. Enquanto escrevo este epílogo, trabalhamos nos preparativos para levar milhares de pessoas à Carolina do Norte, em 4 de julho, para um protesto nacional. Precisamos garantir que o reverendo Ben Chavis, uma liderança negra, não seja condenado a 262 anos de prisão pelas acusações que aquele estado apresentou contra ele. Devemos libertar Donald Smith, sentenciado a quarenta anos atrás das grades quando tinha dezesseis anos de idade porque participou do movimento em sua escola. E devemos resgatar nossa inocente irmã Marie Hill, cuja condenação à morte, pronunciada quando ela tinha dezesseis anos, é agora uma condenação à morte em vida – prisão perpétua sem possibilidade de liberdade condicional.

Existem nos Estados Unidos centenas e milhares de pessoas como o reverendo Chavis, Donald Smith e Marie Hill. Nós – você e eu – somos sua única esperança de vida e liberdade.

21 de junho de 1974

Concluída em 14 de março de 2019, quando se completou um ano do brutal assassinato da vereadora carioca Marielle Franco, esta edição brasileira da autobiografia de Angela Davis – que durante toda a sua vida lutou, como Marielle, por justiça e igualdade, articulando classe social, raça e gênero – foi composta em Adobe Garamond Pro, 11,5/15,5, e reimpressa em papel Avena 80 g/m² pela gráfica Rettec, para a Boitempo, em maio de 2021, com tiragem de 3 mil exemplares (brochura).

QUEM MANDOU MATAR MARIELLE?